Жужа Хетени

•

Сдвиги
Узоры прозы Nabokova

Academic Studies Press
Библиороссика
Бостон / Санкт-Петербург
2022

УДК 82.01/.09
ББК 83.3(2)6
Х41

Серийное оформление и оформление обложки Ивана Граве

Хетени Ж.
Х41 Сдвиги: Узоры прозы Nabokova / Жужа Хетени. — Санкт-Петербург : Academic Studies Press / Библиороссика, 2022. — 463 с. — (Серия «Современная западная русистика» = «Contemporary Western Rusistika»).
ISBN 978-1-6446975-3-5 (Academic Studies Press)
ISBN 978-5-6046148-9-1 (Библиороссика)

Венгерская исследовательница Жужа Хетени занимается изучением творчества Владимира Набокова уже более двадцати лет, и эта книга — своеобразный промежуточный итог ее работы. Книга изначально написана на русском языке — что резонирует с собственным творческим методом объекта исследования. Автор в попытке открыть «некоторые закрытые ящики большого письменного стола Творчества Набокова» подробно изучает эротические мотивы в текстах писателя, особенности его языка, связи между Набоковым и его предшественниками и современниками.

УДК 82.01/.09
ББК 83.3(2)6

ISBN 978-1-6446975-3-5
ISBN 978-5-6046148-9-1

© Zsuzsa Hetényi, text, 2019
© Academic Studies Press, 2021
© Оформление и макет,
ООО «Библиороссика», 2022

СДВИГИ

В предисловии принято представлять авторов, их книгу и предмет их исследования. Статьи о Владимире Набокове, вошедшие в этот сборник, были написаны ученым «посторонним», то есть не русским или американцем, и даже не французом (если перечислить три языка творчества Набокова). С самого начала своей академической карьеры, даже раньше учебы в университете, меня интересовали межкультурные явления, в том числе двуязычные писатели, та вибрация, которую придает литературе и повседневной жизни двойственность взгляда, синхронизация позиции дистанции и вовлеченности, раздвоенности и удвоенности одновременно. Только со временем я отдала себе отчет о том, что общее качество этих явлений заключается в отклонении от нормы, в тех сдвигах, которые осуществлены в напряжении между слоями на месте разломов, как это наблюдается в природе в геологических деформациях. Деформация, смещение, нарушение границ и разлом структур в материале и в метафорическом смысле этих терминов раскрывают скрытые раньше слои, поддерживают напряжение и тем самым оплодотворяют мышление для создания новых качеств в искусстве. Под таким сдвигом можно понимать эмиграцию[1], диглоссию, гибридизацию языков, синестетическое восприятие, результат необычных связей нейронов в мозгу, можно считать и провокацию в сфере этики и эротики, номадизм как отклонение от традиционного и расшатывание роли как рассказчика, так и автора-демиурга в наррации — все

---

[1] См. главу «Антропоним как прием проблематизации идентичности в изгнании».

эти явления и темы творчества Набокова получают развитие в отдельных главах. В этих сдвигах основ нормативности проявляется роль Набокова как предшественника эпохи постмодерна.

Однако как в геологических явлениях, так и в текстах при разломе и исходный материал, и полученный метафорический обладает системными чертами — в случае литературных формаций стремление к интерпретации всегда обладает признаками структуры: сетевым строением ткани текста. Мой подход к анализу текстов Набокова — это движение по опорам и вершинам микроструктур к раскрытию и выстраиванию тех вездесущих мотивных узлов, которые охватывают творчество, ибо, как мне кажется, через них просвечивается нечто целостное, что можно назвать набоковским мироощущением. Эта целостность поддерживается тем истинно особым языком, который полиглот и синестет Набоков на редкость поэтизировал и осложнил узорами.

Достоинства иноязычного и во многом стороннего взгляда вряд ли нужно особенно подчеркивать при литературном анализе, в котором принципиально взаимосвязаны эмоциональная вовлеченность и интеллектуальные рефлексии. Мои наблюдения над набоковским письмом углубило приближение к нему через процесс перевода его трех романов, восьми рассказов и некоторых эссе на венгерский язык. Я перевела «Машеньку», «Подвиг» и «Пнина», рассказы «Слово», «Благость», «Ужас», «Письмо в Россию» («A Letter That Never Reached Russia»), «Путеводитель по Берлину», «Василий Шишков», «Набор» и «Знаки и символы» и два-три эссе. Все произведения переведены с английского, поскольку так было предписано Дмитрием Набоковым[2].

Набоков интенсивно меня занимал в течение более двух десятилетий, я с ним «жила», как я «жила» с героями моих более ранних монографий. Результатом моих размышлений стала большая монография на венгерском языке и ряд статей на разных языках (список которых помещен в библиографии, в том числе и для того, чтобы ориентировать читателя в датах и источниках первых вариантов глав этой книги); самые важные из них вошли

---

[2] См. главу «Набоков, Nabokov, Набоков...».

в доработанном виде в настоящий сборник. А предшествующую ему книгу, да и свой подход мне хотелось бы представить читателю ниже, отрывками из моего интервью[3] 2015 года.

Новая книга создается, когда автор желает обозначить ранее не поставленные вопросы, или использовать новый метод, новый взгляд, новую форму. Я поставила тройную цель перед собой, потому что в Венгрии не было (или очень мало было) написано о Набокове. Моя книга, помимо того что это *handbook, manual* (где в конце книги даты, большая библиография, всякого рода списки и указатели), в первую очередь — исследование; и его новшество в том, что я анализирую *все* романы Набокова в хронологическом порядке их публикации.

Неожиданно для меня оказалось, что такой книги, где все романы анализируются одним и тем же автором, нет. Нам известны большие и прекрасные монографии, где избранные романы Набокова анализируются по различным аспектам или рассматриваются определенные темы, или же есть сборники статей, где анализируются не только романы, но и другие произведения писателя, но разными авторами — это мне показалось недостаточно полным или же некогерентным из-за того, что взгляд каждый раз, в каждой главе менялся. И вот мне захотелось именно связать воедино все, главным образом романное творчество писателя.

В своей монографии я следовала собственному исследовательскому методу, который звучит в ее названии: «По тропам романов Набокова». Тропинка, тропа — один из инвариантов корпуса текстов Набокова. С одной стороны, я определяю и вижу его тексты как текст-«тропинку». Этот текст вьется, идет не по главной дороге, а по тем побочным путям, которые разными ссылками, реминисценциями, ассоциациями рассчитывают на живое участие разных способностей и знаний читателя — визу-

---

[3] Интервью брал Иван Толстой («Венгерец Набоков», Радио Свобода, 5 июля 2015. URL: https://www.svoboda.org/a/27113728.html (дата обращения: 27.06.2021)).

альных, интеллектуальных, иногда эмоциональных. С другой стороны, тропинка характеризует и мой метод, так как — помимо того, что я провожу комплексный анализ отдельного произведения, каждый роман анализируется в отдельной главе — я дала свободу своим ассоциациям. Там, где я увидела возможные влияния, я изложила и доказывала свои мысли, оставляя окончательное решение за читателем, насколько мои выводы достоверны, насколько они вдохновляют читателя. Если возникали дальнейшие ассоциации (строго на основе текста), то я пишу о них тоже, таким образом в книге проявляется или присутствует и филологическое исследование текста, и диалогичность, и теория, и игра с читателем. Такой подход оправдывается тем бесспорным фактом, что о Набокове нельзя говорить в однозначных категориях или по линейной логике.

Один из моих основных аспектов — раскрытие сильной визуальности набоковских текстов. Я говорю об этом, конечно, не потому, что это модная область исследований и я поддаюсь моде. О визуальности в связи с Набоковым можно говорить в нескольких отношениях. Безусловно, он употребляет огромное количество образов, которые прямо приглашают читателя к внутренней визуализации — столь важному процессу мышления в развитии человека. Но визуализация проявляется у него и в том, что форма слова, буква, можно сказать, «тело языка» появляется зримо в его текстах, в каждой букве, как мне кажется, — это связано с его синестетическими способностями. Я проводила анализ романов «от филологии до философии», то есть с самой конкретной, самой маленькой единицы текста до его идей, до угадываемых мыслей писателя. Визуальность в моей книге поставлена в контекст современного для Набокова авангардного искусства. Визуальность появляется в текстах и в прямом смысле: фотография, кино и театр вплетены в сюжеты, — но проявляется и в отвлеченной театрализации. Визуализация связана и с многоязычностью Набокова, потому что разные образы, фразеологизмы в одном языке переносятся в совершенно другие образы, свойственные другому языку. Его синестетические способности подвергаются сомнению со стороны многих критиков, но я исхожу из того, что такая физиологическая данность, во-первых, существует, во-вторых, что он был ею одарен. В главах на эту тему я показываю и те девять факторов, которые в специфическом случае Набокова могли усилить и активизировать его склонность к визуализации и поэтому должны быть вовлечены в интерпретацию.

Одна из моих центральных идей, или тезисов, что Набокова, да и любого писателя, лучше понимаем, если читаем его произведения именно хронологическо-биографически, то есть по ходу его развития, растем с ним, как будто мы его читатели-современники, а не делаем «ход конем». К этому тезису я пришла на примере процесса публикации романов Набокова в Венгрии. Он начался с «Лолиты» в 1987 году, а завершился в 2010 году «Машенькой», то есть первый его роман вышел последним[4]. Я думаю, что «Лолиту» без «Машеньки» можно понять по-другому или, наоборот, с «Машенькой» можно понять уже по-другому. Я предлагаю хронологическую логику чтения и понимания — и не только предлагаю такой тезис, но моя книга и построена именно так. Таким образом, все двадцать книг Набокова показаны «линейно», но не только — в них показаны и внутренние взаимосвязи в их развитии.

Я анализирую «Speak, Memory» и те романы, которые были написаны по-английски, на основе английского текста, а те, которые были подвержены автопереводу, на основе двух текстов (не авторские или не авторизованные переводы не приняты как источник текста).

В линии творчества я выделяю примерно 130 так называемых *инвариантов* — это понятие используется не только в набоковедении.

---

[4] Венгерский читатель долго не знал Набокова, потому что у нас была в силе советская цензура, и только в 1987 году первой вышла «Лолита». Позже пришла очередь переводов, изданных в сумбурной последовательности, и сначала переводы русского текста, потом снова те же книги — в переводе с английского. После «Лолиты» опубликованы «Лужин», «Пнин», «Приглашение на казнь» и «Машенька» — думается, из-за этого он не занял достойное ему место среди писателей мировой литературы в Венгрии (где совершенно не представляли, что такое русская эмиграция в Берлине, в Париже, потом в Америке и в Швейцарии).

Понятие инварианта я считаю ключевым в литературе — это те образы, те матрицы, те маленькие или большие единицы текста, которые появляются всегда в одном и том же значении. Помимо линии инвариантов я провожу линию полигенетических мотивов (многослойно закодированных на основе разных культурных сфер), линию фонетических средств, образов, реалий и т. д. по ходу аналитического чтения всех двадцати книг, чтобы представить когерентный и комплексный образ всего творчества писателя, нечто целое, холистическое.

Другое соображение, поддерживающее хронологическое чтение, дает сам автор: почему Набоков после «Лолиты» вместо того, чтобы написать еще больше замечательных романов, посвятил половину своей жизни автопереводу более ранних русских романов? Кажется, он именно так и думал — что без ранних романов не поймут его более поздние произведения или поймут превратно. «Лолиту» никто не прочел бы в качестве порнографии, если бы знали более ранние произведения и женские образы в них, его концепцию любви. Я не говорю, что нельзя его понимать; я просто говорю, что целостно, хорошо, основательно понимать писателя нельзя, если не знать предыдущие романы хотя бы по той линии, на которой «Лолита» находится.

Почему я говорю «по той линии»? Потому что я рассматриваю не только тематически и по цепочкам инвариантов его творчество, но в середине моей книги (между русским рядом и английским рядом романов) есть довольно большая глава, которая суммирует и предлагает схему, как эти две половины творчества отражают друг друга. Я предлагаю идеи о том, как связаны все романы Набокова, две половины его творчества связаны между собой. И отнюдь не только темы, не только образы, здесь появляются и нарративные псевдодвойники, скорее копии (я не называю их двойниками, согласно тому, как предлагал сам Набоков). Я вывожу или ввожу термин, который беру у Эдварда Мунка, норвежского живописца: он применял термин *фриз жизни*, *Livsfrisen*, к своей выставке и творчеству. Он имел в виду, что одни и те же темы он нарисовал в разные периоды жизни и творчества — 1900-е годы, потом в 1910-е годы, например больную сестру в постели или целую серию знаменитого «Крика». Те же темы, казалось бы, а выглядят совершенно другими картинами. На основе этого я нарисовала фриз творчества Набокова именно по тем тематическим повторам, которые отражаются в его книгах. «Лолита», как было сказано, связана с «Машенькой», но и с многими другими предшественницами и, конечно, с более поздней «Адой…». При этом я уверена, что большинство творцов искусства и даже науки обладает таким фризом творчества.

Пограничные ситуации в творчестве Набокова являются ключевыми. Без родного русского языка и без русской культуры он никогда не стал бы носителем особенного, свойственного именно ему английского языка и не стал бы уникальным американским писателем. От вопроса двойного характера его творчества берет свое начало разрыв между англоязычным и русскоязычным руслами набоковедения — ранние американские исследователи Набокова не считались с русским творчеством Набокова, и это отсутствие баланса было характерно и для русских специалистов, не всегда читающих своих английских коллег. Верится, такой исследователь, как и я, стоящий вне этих сильных и объемных культурных сфер, но владеющий тремя основными языками Набокова, может найти себе свою территорию или тропинку между ними. С этой точки зрения, может быть, лучше понимается и его «гибридизация» языков, о которой сам Набоков говорит, и его пограничная позиция.

В моей монографии 2015 года три непропорциональные части. Первая часть — это вводные главы, как я называю, предисловие, где я объясняю свой метод, что такое тропинка, тропы, то есть греческое слово «образы».

Вторая глава — это эстетический анализ «Speak, Memory», через который я показываю его предков, детство, юношество, то есть российский период, начало, откуда он пришел. Тем не менее это литературный анализ того, что такое автобиография и какое отношение она имеет к *fiction*, то есть рассмотрены связи художественной литературы и мемуаров. Здесь говорится и о памяти с психологической точки зрения: как она работает, как в ней все перерабатывается.

Глава о берлинском периоде называется «Хрупкая ирреальность», где показано непосвященному читателю, что такое русская эмиграция, с одной стороны, а с другой — подробно анализирую рассказ «Путеводитель по Берлину», чтобы дать понять, как обращается Набоков с текстом. Это микроанализ в полном смысле слова. Рядом — разбор рассказа «Набор» для иллюстрации того, как Набоков разрабатывает метод метафикциональности, и как того *Я*, который появляется в тексте, нельзя ни в коем случае отождествлять с автором.

Третья вводная глава — это «Узор Кэрролл Кэрролл» (Набоков назвал Льюиса Кэрролла таким пародийным именем типа Гумберт Гумберт). Здесь я выдвигаю тезис о том, что двуязычный писатель и будущий автор-переводчик, с одной стороны, а с другой стороны, прозаик Набоков был определен, создан этим переводом, и показываю, какие аспекты Кэрролла вошли в качестве «ингредиентов» в его творчество. Далее я провожу в хронологическом порядке анализ русского ряда романов, а затем — английского, и книга завершена главой о том, как Набоков выстраивал свой *public image*, как контролировал внешнюю картину своей жизни.

Интенсивная работа над Набоковым — не только безмерное удовольствие, но и страшное испытание. Со временем мне казалось, что я умею «думать его головой», и однажды сказала в шутку своим студентам, что если бы сейчас случайно нашли рукопись, еще один роман Набокова, то я могла бы сказать очень многое об этом романе без единого взгляда на него. Когда я это поняла, я написала короткую пародию по-венгерски. А когда была презентация моей монографии, я объявила, что будет игра-квиз. Возмущенная публика успокоилась, только когда я уточнила, что не я, а слушатели будут задавать мне вопросы: я им предложила сказать любое слово и обещала связать его с Набоковым.

Философия Набокова как таковая, казалось бы, не существует; однако она — или некоторая позиция и определенное мировоззрение — выстраивается косвенно на основе его сюжетов и морального облика персонажей. В его отношении к религии явно, что он отталкивает всякие византийские черты восточной церкви из-за «пошлости», во имя деликатной «резервации», приватности. Интересно, конечно, поставить вопрос о вере, «Набоков и Бог». Его остроумные высказывания, как ни странно, соответствуют правде — это не просто громкие и красочные слова. Некоторые считают Набокова агностиком, хотя Набоков убежден, что там наверху есть что-то, если не кто-то. Агностик говорит, что он не уверен, что Бога нет, но и не уверен, что есть. А Набоков знает, что там кое-кто есть, и у него очень интимные отношения с тем, кто там, в другом мире, или в других мирах. Я настаиваю на множественном числе *других миров*, ибо потусторонность для него — это не просто «смерть».

Когда же он говорит о политике, о большевизме, или резко высказывается о других писателях — на это нужно смотреть таким же взглядом нарративного анализа, как на высказывания литературных персонажей, и стараться разобрать, что же рассказчик раскрывает о себе своими словами, что он скрывает ими, чего он сам не понимает в себе. Когда Набоков говорит, что он не любит Фрейда, тогда это меня настораживает — ведь Набоков не принимает, когда кто-то доводит до последней точки свои идеи, а тут он сам в этом повинен. Никто не будет отрицать, что без категорий Фрейда нельзя обходиться — его термины стали обязательными элементами нашей жизни, без которых нельзя думать о теле, о психологии сексуальности. Некоторые романы Набокова прекрасно можно анализировать ключом Фрейда. Правда, это предлагает только одно прочтение, и этого совершенно недостаточно для того, чтобы понять их. Например, родители Лужина несчастливы в браке, и они недостаточно заботятся о душевном развитии сына, от него скрыта измена отца с тетей, на него давит напряжение от лжи и конфликтов в семье; он одинок, поэтому он к женщинам будет относиться ребячески, у него разные травмы... и так далее. Но это лишь одно прочтение. Когда Фрейд доводит до крайней точки поиск сексуальности и анализ снов, это озадачивает любого читателя Фрейда. Кстати, Набоков к концу жизни вел дневник снов с целью понять, возможно ли предвосхитить события в снах... Набоков не любит (в других) крайности и чрезмерной уверенности, хотя его речь афористична, мнения — неопровержимы. С этим связана и его нелюбовь к Достоевскому, хотя там играют роль и другие факторы, главным образом дидактичная идейность.

Гарольд Блум тоже исходит из тезиса Фрейда, что в смене поколений можно застать проявление эдипова комплекса, что каждое предыдущее поколение нужно побороть, как отца. Такой общий тезис истории культуры очень сильно чувствуется в начале набоковского творчества, в его отталкивании от предыдущих поколений. Набоков многим обязан символистам, хотя и так же резко отрицает многие из их тезисов. Отвергает прежде всего жизнетворчество, как и употребление символов, хотя он сам часто использует символы и прочно строит на этом свои тексты. Правда, его понимание символа отличается от символистского — это снова точка отталкивания для него, ибо его отношение в целом — амбивалентного отрицания-опоры. Не менее важны, многогранны и тесны его связи с авангардом и с романтизмом (как будет показано и в этом сборнике). Это три точки опоры в русской литературе, без которых нельзя понять Набокова.

Кажется, интертекстуальная канва работ Набокова бесконечна, хотя, как мне думается, гениальный многоцветный его ковер сплетен из мастерски составленных, но бесхитростных фигур. Несомненно, что он сильно влиял на эпоху с общим названием постмодернизм. Его читают все писатели мировой литературы, и в совершенно неожиданных местах выглядывает его влияние, его цитаты. И у Алена Роб-Грийе, и у Милана Кундеры, например, в «Медленности», и у Томаса Пинчона, и у Дэвида Фостера Уоллеса, и у В. Аксенова в 1970–80-х, и в текстах В. Сорокина, даже прямыми цитатами (в «Теллурии», в «Dostoevsky-Trip»), или в пелевинском «Т». Весомый писатель, которого не обойти.

В философии Набокова центральное место занимает концепция смерти, или, как я назвала, «смерть-сон». Эту идею я возвожу к лирике Лермонтова, особенно к финалу «Выхожу один я на дорогу...» и стихотворению, которому Набоков дал при переводе новое название «Тройной сон» (в предисловии к «Герою нашего времени» и в томе «Три русских поэта»). Из этого сна нельзя вернуться в реальный мир: просыпаешься — и опять находишься во сне, вновь просыпаешься и снова все еще находишься во сне, к тому же неизвестно, кому что снится. Известный восточный пратекст этой парадигмы — «Сон Чжуан Цзы»: когда снится бабочка (!), то неизвестно, бабочка ли снится мне, или я — бабочке. Из восточных мотивов (а их множество в «Даре») и лермонтовской концепции сна-смерти выстраивается общая идея, появляющаяся в больших романах, в том числе и в «Лолите». Я не первая считаю, что самая главная тема творчества Набокова — это потусторонность, точнее — смерть, хотя я несколько иначе понимаю этот концепт, чем набоковедение до сих пор [Alexandrov 1991].

Пограничная ситуация смерти, как я показываю, неотделима от концепции экстаза Набокова. Мне кажется, что именно поэтому нужно говорить не просто о потусторонности как одном пространстве, параллельном с этим миром; существует несколько других миров, и главным оказывается переступание черты или границы по ту сторону. На эту черту, через которую можно перейти, лучше только посмотреть и возвращаться. (Например, в «Подвиге» эротический экстаз называется взглядом в рай.) Взглянуть по ту сторону, пройти в эти иные миры возможно тремя «тропинками»: возможен эротический, предсмертный или творческий экстаз. Эротика плотская и интеллектуальная в своей взаимосвязи осуществляет синкретический эротекст (мой термин), отличие которого от порнографии хотя и не подлежит сомнению, все же нуждается в теоретическом обосновании (см. главы о «Лолите» в части 1 «Эротекст»). Источник концепции, что мы связаны с теми, кто находится уже в мире Элизиума, конечно, сопряжен со смертью отца писателя. Третий путь, ведущий к переходу через эту границу и возможности вернуться оттуда, — это творческий экстаз, непосредственно описанный в главке о рождении первого стихотворения в воспоминаниях «Speak, Memory» («Память, говори»). Экстатическое состояние характеризует и космическую синхронизацию, те моменты, в которые синхронная работа мозга позволяет разуму создать ощущение всего того мира, в том числе того, в котором мы не живем. Конечно, при этом ощущение другого мира ставит под вопрос реальность нашего видимого мира, который не более чем видимость, театр, симулякр.

Вряд ли можно отыскать писателя, более тесно связанного с «транс»-понятиями, чем Набоков, особенно если принимать во внимание не только широкое семантическое поле слов с латинским префиксом «транс», но присоединить к нему и более древнее греческое соответствие «мета». В необъятной критической литературе Набоков объявляется мастером метаромана. Его в основном двуязычный творческий путь и полиглоссия его произведений, переводческая деятельность охватывают проблематику трансфера, трансляции и транскрипции в самом широком смысле. Его «логомантия»[5] (ребусы, головоломки, палиндромы, анаграммы, шарады) основаны на принципе транспозиции. В понимании замысловатой системы наррации в его прозе применение понятий металептических терминов [Genette 2004: 9; Dällenbach 1977] могут играть существенную роль. Центральное понятие творчества Набокова — «потусторонность» соприкасается с трансцендентальным и метафизическим. Переход между «этим» миром реалий и «тем» миром творчества, как и между миром слов и миром образов, Набоковым осуществляется с помощью инвариантных мотивов (с общим значением или коннотацией в творчестве). Среди инвариантов его творчества центральное место занимает бинарная структура пространства измерений «тут» и «там», с переходами в третий, в потусторонность. Мнемозина-Память свободно перелетает через границы времени между прошлым, настоящим и будущим, и это позволяет нарратору с легкостью воображения «подглядеть чье-то будущее воспоминание» («Путеводитель по Берлину»).

В творчестве Набокова меня занимают прежде всего явления и приемы, создающие когерентность его текстов. Предварительными работами-звеньями настоящей книги были мои статьи, посвященные отдельным лейтмотивам творчества Набокова,

---

[5] «Он был начитан. Он говорил по-французски. Он знал толк в *дедалогии и логомантии*. Он был любителем эротики» [НАП, 2: 306] (об оформлении ссылок на издания произведения Набокова на русском языке см. ниже. — *Примеч. ред.*).

связанным прежде всего с переходом между мирами. В статье о синкретическом эротексте я попыталась определить набоковское понимание эротического транса, экстаза, невозможности перехода через образ тютчевской бездны и состояния парения над ним. Чувство прикосновения смерти, растворения в мире, птичий взгляд на реальность, интенсивное ощущение природы (например, опасности гор), смены близкого и далекого ракурса, возвышенное состояние, обострение пяти чувств, соединение физического, душевного и духовного, одним словом, ощущение близости неба — вот элементы набоковского экстаза.

У Набокова переплетаются эротическое неназывание и эзотерическое[6] неназывание — его метафорический язык осуществляет попытку пересечь границы «невыразимого», подступая, но не прикасаясь к самому существенному и таинственному. В этом мире противоположных движений одинаково возможно переступить в мир картины по нарисованной на ней лесной тропинке («Подвиг»), и картина раскрывается в полной красоте только тогда, когда не видна ясно, когда ее таинственные краски покрывает туман. После инициации в «материальную» женственность полагается восстановить дистанцию, которая разделяет эротическое и сексуальное.

В видении мира у Набокова это двунаправленное движение наблюдается в метафоризации хиастического характера: эротизация действительности (не только любовного сюжета, но и материального мира вокруг) и десексуализация эротического (поэтизация сексуального в сюжете) влияют в противоположном направлении, как будто чередуются, создавая этой неопределенностью вибрацию, характерную для романтических произведений.

Процесс дешифрирования и чтения такого текста полон эротического напряжения, вожделения, вызова, волнующей игры, сознания бесконечного поиска зовущих, но недоступных истин. Методы поиска скрытого таинства в текстах восходят к разным

---

[6] Под эзотерическим подразумевается в узком смысле то знание, которое доступно путем инициации.

кодовым ключам: библейской герменевтике, экзегетике, мистицизму и т. п., соединенным полигенетическим приемом. Стадии движения в приближении к недоступному и в постижении тайны обозначены стремлением к познанию, посвящением, интуитивным подходом. Понимание текста — это возвышение, экстатический (сладостный) подъем в стремлении к «потустороннему». Текстуальное и сексуальное — две тропинки инициации, две сферы, где возможен восторженный прорыв в непознаваемое. Таким образом создается система слов-ключей и герменевтический, синкретический эротекст Набокова.

Огромная признательность всем, кто в течение четверти века проявлял интерес к моей работе и помогал мне материалами, источниками, обменивался идеями. Среди них на первом месте все издатели и редакторы моих ранее опубликованных (перечисленных в начале глав и в конце книги) работ: я выражаю свою благодарность всем издателям и редакторам журналов, сборников, томов и книг, которые пригласили или приняли мои тексты о В. Набокове.

Я выражаю благодарность всем иностранным коллегам, которые, приглашая меня на конференции и лекции, обеспечили мне возможность поработать в заграничных библиотеках, может быть даже не имея представления о скудности материала венгерских библиотек. Этот список насчитывает более ста имен из десяти стран.

Мой университет ELTE (Eötvös Loránd Tudományegyetem), Будапешт, обеспечил скромную, но максимально возможную финансовую помощь для подготовки этой книги: спасибо научному совету за поддержку.

Я выражаю благодарность Венгерскому Дому перевода (Magyar Fordítóház, Balatonfüred) за месячную стипендию для работы над русским текстом моих венгерских статей.

Отдельная благодарность «The Wylie Agency» за доступ в архив В. Набокова в Коллекции Г. и А. Бергов Нью-Йоркской публичной библиотеки (The Henry W. and Albert A. Berg Collection of English and American Literature, The New York Public Library). За поддержку во время моей работы в архиве я сердечно благодарю профессора Миклоша Мюллера (Miklós Müller), который помог мне получить стипендию в Университете Рокфеллер (Rockefeller University, New York).

Наконец, я благодарна издательству за интерес и доверие к моей книге, и особенно за замечательное сочетание профессионального сотрудничества с теплой рабочей атмосферой.

Об источниках текста в настоящем издании

Основными источниками русского текста произведений В. В. Набокова являются следующие издания (если не указано иное):

Набоков В. В. Собрание сочинений русского периода в 5 томах / сост. Н. И. Артеменко-Толстая; предисл. и примеч. А. А. Долинина, Ю. Левинга, М. Э. Маликовой и др. Т. 1–5. СПб.: Симпозиум, 2000–2008;

Набоков В. В. Собрание сочинений американского периода в 5 томах / сост. С. Б. Ильин, А. К. Кононов; предисл. и коммент. А. М. Люксембурга, С. Б. Ильина. Т. 1–5. СПб.: Симпозиум, 2004–2008.

Ссылки на них даны в квадратных скобках с указанием названия собрания НРП или НАП соответственно, тома и страницы.

Для произведений, написанных Набоковым на английском языке, русский текст воспроизводится по более поздним автопереводам Набокова.

Цитаты даются на языке оригинала, в необходимых случаях параллельно приведен текст перевода. Переводы цитат без ссылки на источник выполнены Жужей Хетени.

Все тексты на русском языке приведены к нормам современной орфографии и пунктуации с сохранением авторского стиля.

ЭРОТЕКСТ

Синкретический эротекст Набокова («Лолита»)[1]

Аспект имени и наименования, вообще номинализм для русской культуры связан с силой слова. Под номинализмом подразумевается «представление о реальности слова» [Топоров 2001: 62]. Номинализм в этом понимании безусловно лежит в основе концепции слова Набокова и его особого понимания эротики, «философии» эротики, а проблему называния и неназывания в сфере эротического интереснее всего рассмотреть в «Лолите», и именно в свете мифов и герметической традиции. Имена собственные у Набокова созданы (сознательно составлены) с использованием — с одной, семантической стороны — ссылок и реминисценций из исторических, культурных, литературных текстов и с другой, поэтическо-лингвистической стороны — элементов (фонетических, семантических и прочих) нескольких европейских языков. Нам известен демиург этих слов: вся «история слова» происходила в голове автора[2].

---

[1] В главе использованы материалы статей автора: L'érotexte syncrétique de Nabokov // Le tabou dans le léxique de «Lolita». Noms et choses. Le corps de l'écriture dans la modernité slave / Dir. M. Weinstein. Aix-en-Provence: Publications de l'Université de Provence, 2007. P. 165–175; Nabokov erotextusa: szinkretikus szöveg és nominalizmus a «Lolitában» // Szóba formált világ. Tanulmánykötet A. Han születésnapjára / szerk. Zs. Hetényi. Budapest: ELTE, 2008. P. 85–100; Мифологические парадигмы женственного, общение между земным и небесным в «Лолите» Набокова. Синкретический эротекст Набокова // L'ordre du chaos — le chaos de l'ordre. Hommages à Leonid Heller / Dir. A. Dobritsyn, E. Velmezova. Bern: Peter Lang, 2010. P. 225–233.

[2] По произведениям Набокова нужно бы составить словарь имен собственных и написать по нему монографию. См., например, анализ в [Shapiro 1996].

Исходным пунктом анализа будет текст небольшого стихотворения 1928 года «Лилит», принятый в качестве ключа к «Лолите» (1955). Эта параллель была затронута в критической литературе раньше, я ограничусь лишь своими новыми наблюдениями. Но прежде небольшое отступление в сферу изучения имени.

Лингвист-семиотик пишет: «В языке всякое имя (нарицательное) склонно иметь денотат, то есть соотносится с классом, в норме бесконечным, объектов реального мира одной и той же онтологической — или таксономической — категории» [Падучева 1999: 761]. При анализе эротики с точки зрения таксонометрии внимание исследователя сосредоточено в первую очередь на именах существительных, обозначающих половые органы. Богатство этих слов и их стилистика характеризует данный язык (лучший показатель этого — словари на данную тему, словари эротики, обсценных или похабных слов). Проблема таких словарей состоит в том, что, выражаясь научно, они не «частотные» словари, в них часто фигурируют словоформы случайного, даже «одноразового» употребления, ведь в определенном контексте название любого предмета продолговатой формы может стать фаллической метонимией, например у Набокова «рукоятка». В предисловии к роману «Лолита» Джона Рэя, который якобы подготовил текст Гумберта Гумберта к печати, оговорено, что «во всем произведении нельзя найти ни одного непристойного выражения» [НАП, 2, 12–13].

Заметка воспринимается как «приглашение на вальс», направленное к исследователям: какими же в таком случае словами избегаются непристойные выражения в эротических сценах[3]? В то же время она указывает на более обширную проблему общего смысла, скрытого под оболочкой псевдопорнографического романа. В творчестве Набокова линией проходит прием со-

---

[3] Попытки такого рода были сделаны на основе английского текста «Лолиты», см. [Couturier 1996]. Автор приходит к выводу, что Набоков «поэтизирует» свой текст именно неназыванием половых органов.

крытия в образе ненормального человека всего, что он хотел сказать о нормальном мире [Hetényi 2015].

В то время как главными строительными камнями сюжета являются прежде всего сказуемые (преимущественно глагольные), подлежащие же — чаще всего имена собственные и нарицательные — способны вызывать визуальные образы и ассоциации. Они составляют первую ступень к обобщению, к абстракции понятий, включая предметный мир в более широкое семантическое поле. Именам присуща визуальная статичная эмблематичность, лишенная действия и движения. Именная сфера воспринимается читателем в психическом и интеллектуальном процессе, который психология называет «образованием символов» (К. Г. Юнг, Ж. Пиаже).

Называние-наименование является особой проблемой набоковской философии языка. Вещь-денотат и название в его текстах часто не состоят в связи тождества — шахматная фигура ладья имеет три названия в зависимости от говорящего, она и *тур*, и *пушка*. Из этого вытекает два вывода для философии языка писателя: вещь невозможно назвать однозначно и, кроме этого, в попытках называть нужно идти по нескольким путям, а несколько слов вмещают, включают значительно более широкий круг семантической игры ассоциаций. В приведенном примере: *башня* — одиночество, тяжесть, тучность; *пушка* — выстрел из пушки (мальчик боится его), Петербург, Пушкин; *тур* — Турати, турнир, круг и т. п. (см. в главе «Мост через реку...»).

Имя может быть гипонимом целого ряда родственных ему имен — родственных по значению и по форме (см., например, ниже о розе). Набоков использует не только семантические (чаще всего), но и все возможные приемы, которыми слово, с одной стороны, можно включить в мотивную связь с другими словами произведения, и с другой — можно ощущать в качестве исходного пункта к словам вне произведения, включить его в более широкий круг слов и понятий путем ассоциаций. Такие же «импульсы», привлекающие внешние элементы в круг ассоциаций, представляют собой и языковые и фонетические игры — перестановки звуков, букв, слогов, перескакивание границ между языками, ритмизация с рифмизацией. Такие расширения связей создает и интертекстуальная сеть ассоциаций, увеличивающая диффузию ассоциаций. Из-за такого «иносказательного» языка некоторые исследователи причисляют Набокова к ряду орнаменталистов [Медарич 2000: 333–341]. В таком отношении к слову как к Имени заключается одна из важнейших черт миропонимания (*Weltanschauung*) и философии языка (некоего «*Textanschauung*») Набокова, родственных с философией языка видных мыслителей начала и первой половины XX века. Приводим лишь три примера для подтверждения этой связи:

> У мистиков нельзя искать точности, ясности выражений, логической последовательности; в их образном языке одно и то же слово может иметь различные значения. Еще меньше можно искать разграничения у Бёме, который сам предупреждает читателей, чтоб они не понимали его материальным образом: небесному поневоле приходится давать земные имена. <...> небесное и земное перемешивается, самые отвлеченные мысли одеты в самые чувственные земные образы [Веселовский 1999: 193–206].

А «слово» обладает загадочной силой пропускать через себя только то, что годится для жизни. Слово было для жизни и изобретено: чтоб скрывать от людей тайну вечного и приковывать их внимание к тому, что происходит здесь, на земле. Сейчас же после сотворения мира Бог позвал человека и велел ему дать имена всем тварям. И когда имена были даны, человек этим отрезал себя от всех истоков жизни. Первые имена были нарицательные: человек называл, нарицал вещи, то есть определял, что из вещей и как он может использовать, пока будет жить на земле. Потом он уже не мог больше постигнуть ничего кроме того, что попало в их название. Да и не хотел, нужно думать: ему казалось, ему продолжает казаться, что главное, существенное в вещах, это то, что в них есть общего и чему он дал имя, название. Даже в людях, даже в самом себе он ищет «сущность», то есть опять-таки общее. Вся наша земная жизнь сводится к тому, чтоб выдвинуть общее и растворить в нем отдельное [Шестов 1975: 203–204].

Определение «смысла каждого элемента языка текста как неуклонное соблюдение норм, выработанных наукою» является первой ступенью, «низшей герменевтикой», по Вяч. Иванову («Дионис и прадионисийство», 1923), который указывает на «Высший» ее вариант, который

> …восходит по ступеням обобщения от эмендации и интерпретации текста к объяснению и оценке всего произведения, далее — всего автора, потом всего представляемого им направления и литературного рода, наконец — к характеристике духа эпохи <…> Прамиф высказывает — и исчерпывает — древнейшее узрение в форме синтетического суждения, где подлежащим служит имя божества или анимистически оживленной и воспринимаемой как daimon конкретности чувственного мира, сказуемым же глагол <…> зерно будущего мифического повествования [Иванов 2015: 352–353, 364–365].

В набоковедении часто подчеркивается отличие Набокова от символистской традиции, противостояние ей:

> Набоков перевернул точку зрения символистов: в то время как символисты стремились открыть мир за реальностью — высшую реальность, он стремился скрыть высшую реальность за обыденной <…> Морализм Лолиты представляет собой как раз лицо обыденного, скрывающее то, что стоит по ту сторону его [Сендерович, Шварц 1999: 70–71].

Но отталкивание его — не всегда значит отрицание. В своей философии языка Набоков, кажется, сильнее привязан к традиции русского Серебряного века, в частности к пониманию культуры и памяти, к «горним и дольным (небесным и земным) путям» (я отсылаю к названию его книги стихов «Горний путь», 1923 [НРП, 1: 468–560]). Многослойные, герметические тексты писателя именно в смысле «отталкивания от земного» можно называть мистическими[4].

Стихотворение «Лилит» (подробный анализ которого вышел бы за рамки данной главы) как нельзя лучше показывает эту связь. Небесному здесь дается земное имя (А. Н. Веселовский); земное называние скрывает вечную тайну (Л. Шестов); и в имени соединяется божественная и «даймоническая» конкретность чувственного мира (Вяч. Иванов).

Не только открыто эротическое содержание, но и явное созвучие имен Лилит и Лолита, да и упоминание Лилит в «Лолите»[5] прямо предлагает провести параллель между этими двумя взаимодополняющими произведениями, поэтическим и прозаическим. У Набокова два жанра переплетаются: в обоих произведениях детально описаны эротические сцены (более характерная для прозы сюжетность появляется в стихотворении, что, кстати, присуще лирике романтизма). В то же время метафоризация (атрибут поэзии) то и дело углубляет условность прозаического текста.

Сосредоточим анализ на метафорических словах-наименованиях, обозначающих половые органы[6]. Женский половой орган назван «незабытая», что является типичной эллиптической словоформой для табу (причастие в роли существительного). Это

---

[4] Философский мистицизм, сознание соприкосновения другого, божественного мира и общения с ним, первоначально означал «закрыть глаза и уста» (греч. *муэйн*). В состоянии немом (чтобы не называть мистерию) и незрячем (в медитации) наступало состояние экстаза, общения с божественным.

[5] «Гумберт был вполне способен иметь сношения с Евой, но Лилит была той, о ком он мечтал» [НАП, 2: 30].

[6] В «Лолите» название женского полового органа выступает лишь алфавитной — о татуировке («кобальтовая ижица», [НАП, 2: 301]) и ботанической метафорой — о Лолите («замшевое устьице», [НАП, 2: 340]). В английском тексте выступает одна и та же геометрическая метафора: «indigo delta»; «velvety delicate delta» [Nabokov 1970a: 247, 280]. При менее метафоричных описаниях других деталей женского тела в русском тексте встречается редкое древнерусское слово *лядвия* в описании Шарлотты: «с царственными сосцами и тяжелыми лядвиями» [НАП, 2: 98].

слово не только создает связь между настоящим (измерение после смерти) и прошлым («еще не забыл» жизнь при жизни), но своей словоформой внушает отвлеченность (ср. *прошлое, невыразимое, незабываемое*), только здесь грамматически предполагается дополняющее существительное женского рода. Отсутствует именно то слово, которое невозможно произнести. В неполной, эллиптической языковой структуре таким образом зафиксирован акт неназывания — существенное, то есть существительное, скрыто, и при этом семантически и грамматически подразумевается связь с прошлым.

Более конкретными топосами назван пенис: «пламя» (метафора) и «булава» (метонимия), и сюда присоединяются два слова «змея в змее, сосуд в сосуде», которые в своей хиастической грамматической и бинарной половой амбивалентности (змея мужчины — женского рода, а сосуд женщины — мужского) представляют здесь и семантически, и спациально-визуально (по форме) соединение противоположностей.

Эти слова сами по себе являются ключом к отвлеченному толкованию всего произведения: *незабытая, змея, сосуд, пламя* — этот ряд вызывает целый символичный семантический круг ассоциаций. Первый круг ассоциаций включает те слова из стихотворения, которые дополняют их и поддерживают их, дают легитимизацию выбранного направления ассоциаций (*Лилит, рай, ад, вода, гранаты, крылья, ветер, дверь, семя*). Группа этих слов приведет к обобщению, к определению абстрактных семантических категорий.

Образцом анализа может служить парадигма, нарисованная на основе мотивов и семантики абстрагирующих ассоциаций стихотворения «Лилит», где (благодаря краткости текста) легко проследить, каким путем из отдельных слов создается группа и потом сумма слов (столбец 1) и как это приводит к обобщению (столбец 2), какой «язык», ключ, код культуры как общая философская система прочтения (столбец 3) позволяет открыть данное значение, и как это втекает в большую основную парадигму общения между небом и землей (столбец 4) (см. таблицу):

ГРУППА СЛОВ	ПОНЯТИЕ	КОД	ПАРАДИГМА
Лилит, змея, рай, ад	сотворение мира	Библия	НЕБО, НЕЗЕМНОЕ
пламя, вода, сосуд, змея, весна	соединение, (со)творение	алхимия	ЗЕМНОЕ
женщина, вода, гранаты, лилия, весна	плодородие женское начало	Библия, мифы	ЗЕМНОЕ
солнце, семя, змея, весна	плодородие мужское начало	мифы, фольклор	ЗЕМНОЕ
ветер, рай	бог	Библия	НЕБО
крылья, дверь, рай, ад	потустороннее	Библия, мифы	НЕБО
сосуд	Грааль, инициация	христианство, тамплиеры	переход между НЕБОМ — ЗЕМЛЕЙ
восторг, путь к блаженству, проник(новение)	экстаз, эротика проникновение, соитие	мифы, мистицизм	переход между НЕБОМ — ЗЕМЛЕЙ, соитие

Иерархия между разными степенями и категориями, с одной стороны, представляется как линейный (и отчасти сакральный) подъем по лестницам философского обобщения, но, с другой стороны, связь между степенями столь же динамична и двунаправленна, как осцилляция между правым и левым полушариями мозга при создании из слова образа (поэтического или визуального), а потом отвлеченного понятия.

Благодаря именам в эротическом стихотворении вырисовывается герметическая система взаимосвязанных полигенетических символов [Тамми 1992], соединяющих мифологическое, библейское и прочие ассоциации. Ключи-коды направляют нас в прошлое, к традициям, к «незабытому» (в стихотворении) — «земные» имена ведут к скрытому смысловому единству. В таком понимании невозможное соединение женщины и мужчины в «Лилит» становится доминантой в значении перехода между небесным и земным, проникания, соития, *coniunctio mystica*. Алхимический семантический ряд углубляют слова «вся золотая», «солнце», «лилия», «испепелились»[7].

Недостигнутое соединение можно рассматривать и в каббалистическом ключе и контексте как незавершенную *unio mystica*, которая включает в себя кроме эротического и теософского элемента и экстатическое качество. Экстаз является «техникой», ритуальным методом проникания в высокие сферы [Idel 1988][8]. Представление (даже учение) о том, что в языке закодированы элементы отвлеченных понятий, поднимающих мыслящего-медитирующего к божественным открытиям, являлось практикой не только гематристов, а позже и каббалистов, но и разных течений нумерологии в философии «межзаветного» времени синкретизма: пифагорейцев, валентиниан (ср. Валентинов в «Защите Лужина») и «теологии букв» гностицизма по следам Абрасакса. В романе «Лолита» авторская «игра словами», «логомантия» [НАП, 2: 276] — ребусы, головоломки, палиндромы, анаграммы, шарады — в аналогичной магической роли игры скрывают внутренний смысл текста, составляют метаязык произведения. Набоков прибегает к таким емким образам, которые способны стать «триггерами» ассоциаций и поэтому способны стать полигенетическими.

От таксономии имен существительных, обозначающих половые органы, можно отталкиваться и в анализе «Лолиты»; она поможет проследить, как рождается концепция эротического

---

[7] Этим объясняется высокий «пушкинский» тон большей части произведения, в том числе устаревших и поэтических названий других частей тела (чресла, персты), не соответствующих таким словам, как «подмышка», «хищный гуляка».

[8] Основой нумерологии является то свойство еврейской и греческой азбуки, что буквы означают и цифры.

у Набокова как двуединства низкого (сексуального-«порнографического») и высокого (эзотерического-герметического)[9].

При изучении сексуальных коллизий и эротического в творчестве Набокова исследователи часто прибегают к понятиям фрейдизма несмотря на то, что писатель не упускал случая отрицательно высказываться о психоанализе, и главным образом о Фрейде. Прочитать сексуальные сюжеты Набокова через призму фрейдизма можно и даже очень удобно, но при этом их суть остается скрытой. Лучшие анализы — пародийные замечания самого автора, где он проводит психоаналитическую интерпретацию стихотворения [НАП, 2: 315] своего героя не хуже, чем сделала бы венский психоаналитик Бианка Шварцман. Гораздо ближе к набоковским принципам стоит, кажется, концепция К. Г. Юнга, который в эротическом подчеркнул двойственность телесного и духовного, а сексуальность рассматривал как «выражение психической целостности», пытаясь «исследовать и объяснить ее духовную сторону и ее нуминозный-божественный смысл» (см. «Erinnerungen, Träume, Gedanken von C. G. Jung», 1961, цит. по: [Аверинцев 1970: 121]). В этом определении Юнга выделены те полюсы (низкое / телесное и высокое / духовное), которые в «Лолите» являются основными.

Юнг определил основу эротического принципа так:

> ...эротика всегда сомнительна, и остается таковой, что бы ни говорили о ней будущие законодатели. Она является частью первоначальной животной натуры человека, с одной стороны, и это будет так до тех пор, пока человеку принадлежит животное тело. С другой стороны, она родственна самым высоким проявлениям духовности, но может расцвести только в том случае, если дух и инстинкт состоят в настоящей гармонии [Jung 1989: kap. 2]. (Вспомним слова повествователя по поводу двойственной фигуры Лолиты. — *Ж. X.*)

Приводить теорию Юнга тем более уместно, что юнгианство рано (то есть вскоре после появления трудов философа) попало

---

[9] См. также главу «Душеубийственная прелесть...».

в круг интересов символистов. Идея архетипов совпадала с их идейными поисками, ибо Юнг (в отличие от более упрощающего метода аллегоризации Фрейда) занимался прежде всего образотворческой способностью человека, которая лежит в основе символотворчества и, следовательно, тесно связана с активной художественной деятельностью (творчеством) и пассивным художественным восприятием (восприятием и анализом искусства и литературы). Душа человека, по определению Юнга, содержит все образы, которые некогда создали мифы. Архетип представляет собой такой общий для всех людей символ, который «лишен всякого оценочного содержания» [Аверинцев 1970: 125]. Архетип — это форма, феноменологическая структура, формообразующая закономерность. Архетип как таковой — чрезвычайно продуктивная категория при исследовании такого «антиидейного» автора, как Набоков, который прекрасно понимал, что анализ читателя, критика, а тем более литературоведа зависит от миропонимания воспринимающей стороны. «Проверять, не является ли обнаруженный символ собственным следом на песке», — советовал читателям Набоков [Аппель 1989: 412]. Позже Юнг обнаружил (к великому своему удивлению), что категории и идеи алхимиков имеют ближайшее родство с символообразующей деятельностью человека. Писатель составляет свой текст из узоров внутренних и внешних образов, как «персидский ковер» (слова Набокова), и за деталями-«кусочками» он возвращается во времени во все свое духовное и душевное наследие, в культуру; именно так, как дети всех поколений семьи могут собрать — согласно описанию Набокова на последней странице «Других берегов» — «чашу, разбитую итальянским ребенком Бог весть где и когда...» [НРП, 5: 334]. Эти метафоричные слова как будто пересказывают теорию архетипов Юнга. Произведения Юнга об архетипах, вероятно, попали в круг чтения Набокова уже в студенческие годы, а произведения зрелого Юнга выходили как раз перед тем, как была написана «Лолита». (К теории Юнга еще вернемся ниже в контексте «пистолета» и «персоны».)

Для того, чтобы показать разницу между использованием в интерпретации учения Фрейда и Юнга, достаточно обратиться к теме инцеста в «Лолите». Какие возможности интерпретации предлагает фрейдизм, который нашел в глубине проблем пациентов скрытое с детства сексуальное влечение к родственникам? Можно указать на некоторые параллели между теткой Гумберта Гумберта и Лолитой; можно раскрыть детскую травму рассказчика, потерю матери, — но такие доводы психологического порядка возможны, только если литература воспринимается миметически, словно копия жизни. Юнг же видит в кровосмешении стремление к идеальному, даже не платоновскому, а «священному» единству первосостояния мира (см. ниже о соединении близнецов). Человек нарушает социальные нормы, потому что недозволенным образом видит себя рядом с богами. Эдипов комплекс для Юнга означает не матрицу роковых и скрытых семейных пересечений, а имманентный символ-закон мифического мышления человека, в котором индивид выходит за пределы своего биологического существования. В таком свете Юнг показывает и объясняет основные образы и христианства, и алхимии, и греческих мифов. Образы, как упомянуто выше, вызываются в произведениях Набокова определенными словами-символами. Помимо архетипических сюжетов в его творчестве выстраивается удивительно единая система мотивов-инвариантов [Левин 1998][10]. Набоков часто использовал для сгущения семантических ассоциаций именно номинальный стиль, строя чуть ли не загадки: лучший пример для такого рода перечисления — каталог предметов в музее («Посещение музея», 1938[11]), где надо искать более глубинное значение каждого слова, а затем и связующую их логику[12]. В этом поиске подтверждается, что большинство постоянных мотивов писателя можно причислить к полигенетическим символам.

---

[10] Образы, значение которых можно определить при помощи раскрытия не одного, а нескольких источников из разных культур. См. анализ около 130 инвариантов [Hetényi 2015].

[11] Юнг считал, что не только тело человека является музеем, который хранит филогенетическую историю, но и его душа.

[12] См. об этом главу «Идеальная нагота...».

Мифы и бинарность ходят рядом. Главная задача записок Гумберта Гумберта определяется так: «отделить адское от райского <...> в странном, страшном мире», то есть увидеть разницу Евы и Лилит. «Чудовищное и чудесное сливались в какой-то точке, эту-то границу хочется закрепить» [НАП, 2: 167]. Его борьба за выражение-определение-закрепление и есть путь к наименованию, стремление к называнию[13].

Эротический принцип заложен у Набокова в самом слове-определении нимфетки. Амбивалентность телесности / духовности в этом слове восходит к его греческим значениям. Значения с первого по пятое называют молодых женщин и девушек (невеста; новобрачная; взрослая девушка; молодая женщина; невестка, сноха). Затем следуют пункты: 6) низшее женское божество, олицетворяющее элемент природы, дочери Зевса (бывают: горные, лесные-древесные, водяные); 7) источник; 8) куколка, личинка; 9) молодая пчела (с неразвитыми крылышками) [Древнегреческо-русский словарь 1958].

Излишне подчеркивать, что среди мотивов-инвариантов Набокова горы (например, Крым, Альпы), леса и реки занимают весьма важное место.

Животное (инстинктивное) начало и метафорический нуминозный (божественный) принцип, таким образом, соединены в значении этого ключевого слова. Нетрудно заметить здесь возможность прямого перехода от водяной нимфы к русскому фольклорному и пушкинскому мотиву русалки и в «Лилит», и в «Лолите» (в критической литературе это широко обсуждалось).

Двойственность фигуры Лолиты возводится к этому же принципу. То, что по критериям психологического романа критикам представляется пошлостью американской культуры тинейджера (манера одеваться, поглощенность рекламой, увлечение коммерческой культурой — как определяет Набоков, «идеальный потребитель, субъект и объект каждого подлого плаката» [НАП, 2:

---

[13] Аналогичная ситуация создается в романе «Приглашение на казнь», в другом дневнике, где эта экзистенциальная борьба за «слово» равна борьбе за жизнь.

183]), воспринимается низким полюсом ее фигуры. Повествователь говорит:

> Меня сводит с ума двойственная природа моей нимфетки — всякой, быть может, нимфетки: эта смесь в Лолите *нежной мечтательной детскости* и какой-то жутковатой *вульгарности*, свойственной курносой смазливости журнальных картинок и напоминающей мне мутно-розовых несовершеннолетних горничных у нас в Европе (пахнущих крошеной ромашкой и потом), да тех очень молоденьких *блудниц*, которых переодевают детьми в провинциальных домах терпимости. Но в придачу — в придачу к этому мне чуется *неизъяснимая, непорочная нежность*, проступающая сквозь *мускус и мерзость, сквозь смрад и смерть* (курсив мой. — Ж. Х.) [НАП, 2: 59].

Набоковым обыгрывается не только психологический фактор влечения низкого полюса эротической двойственности в натуре человека, который Юнг определяет «животным», но и саркастическое изображение противоположной, высокой культуры (причем сарказм распространяется на обе стороны, направлен и на некоторый снобизм повествователя). Поэтизация и фонетическая инструментовка перечисления «мускус и мерзость, сквозь смрад и смерть» подчеркивает, насколько повествователя волнует блудное, вульгарное и порочное в характере девочки, «тело бессмертного демона во образе маленькой девочки» [НАП, 2: 172]. Эта двойственность в образе девочки используют и порнографические шаблоны вызывающей проститутки, отражающиеся в образе Риты, следующей партнерши Гумберта, далеко вышедшей за рамки нимфеточного возраста, но доброй, наивной проститутки, «которая из чистого сострадания могла бы отдаться любому патетическому представителю природы» [НАП, 2: 316][14].

---

[14] Рита является весьма ироничным ответом на Соню Мармеладову Достоевского. Пародия на роман Достоевского развивается в грехе Гумберта и в том, что он пишет в «похожей на могилу темнице» [НАП, 2: 375]. В предпоследней патетической фразе «спасение в искусстве» [НАП, 2: 376] — тоже отголосок этой иронии. «Сознательная» сторона искусства определяется автором

Неожиданное слово «патетический» (в тройной и поэтому иронической аллитерации) заключает прекрасную семантическую амбивалентность греческого языка: это слово соединяет страсть и страдание, связанные и другими коннотациями именно чувственного порядка, граничащие с эротическим качеством: волнением, возбуждением, восторгом (см. ниже слова Э. Левинаса о «патетическом»). Но в первоначальном русском значении это слово означает «подъем», подчеркивая именно путь к вершине и возвышенное качество в эротическом (см. мои рассуждения об экстазе в предыдущей главе этой книги и далее).

В топосе порочной женщины важнейшую роль занимает Елена, спутница Симона мага. Женские фигуры в мифе и ритуале, объединяющие эти два полюса, являются предшественницами Лолиты. Топос порочной блудницы в образе героини связан с коннотацией ритуальной проституции, коренящейся в культе Астарты. Гностическая легенда — вариант мифа о падшей Софии, которая видит в Елене даже «первую мысль божью», — утверждает, что Елена была Еленой Спартанской и прошла через ряд перевоплощений, пока не наступил час искупительной встречи с ее божественным отцом в лице Симона мага [Мифы народов мира 1982: 942; Аверинцев 2000; Grimel 1951] (и здесь перед нами мотив псевдоинцеста, столь важный в «Лолите»). Топос «святой проститутки» связан не только с актом инициации (ср., например, культ Исиды в Древнем Риме), но и с высоким значением эротики, которое выражено в крылатых (то есть взлетающих, связанных с небом) героях мифов — Психее, Эроте, Купидоне и даже нимфах (у Набокова, естественно, связанных и с бабочками).

в послесловии совершенно по-другому: «Взаимодействие между Вдохновением и Комбинаторным Искусством» [НАП, 2: 377]. В эпизодической фигуре Риты, кстати, тоже спрятана ссылка на библейскую традицию — она испанского или вавилонского происхождения, таким образом подтверждается библейская парадигма образа Лолиты. Ее «хулиганское веселье» [НАП, 2: 165], ее двойственность во всех отношениях, кажется, оказала большое влияние на вихрастых героинь-предательниц у В. Аксенова, например, в «Ожоге» или в «Острове Крым».

Эрос и Логос, текстуальное и «сексуальное» у Набокова связаны прочно, поэтому мифопоэтическое прочтение его полигенетических мотивов способно раскрыть ассоциативное поле семантики. Литература, по определению Набокова, доставляет эстетическое наслаждение, то «особое состояние, при котором чувствуешь себя — как-то, где-то, чем-то — связанным с другими формами бытия, где искусство (т. е. любознательность, нежность, доброта, случайность, восторг) есть норма» [НАП, 2: 209]. Все пять понятий, перечисленных героем Набокова, и даже шестое — наслаждение — являются основными для определения эротического[15]. Эротическое в процессе чтения и есть взаимосвязанность Эрота и Логоса[16], физиологическое общение с текстом, «ощущение связанности с другими формами бытия».

Набоков изящно играет и словом *логос*, прячет его в тексте в самых замысловатых формах. Называет «логовищем» комнату Гумберта Гумберта [НАП, 2: 82]; магию слова, прекрасно понимаемую и Гумбертом, и Куильти, называет вышеупомянутой «логомантией»[17], а игру в имена в погоне за Лолитой — «криптографическим пэпер-чесом», в котором «тайный смысл <...> его дьявольской головоломки вдруг эякулировал мне в лицо» [НАП, 2: 307]. (Отметим и эротический элемент в игре словами.) «О, Лолита моя, все что могу теперь — это играть словами» [НАП, 2: 44], такое кажущееся снижение определения акта письма выражает истинный смысл творчества.

Сопоставление мифа о божестве Эроте с набоковским пониманием эротики освещает, какие элементы-мотивы романа

---

[15] В миропонимании самого же Набокова «случайность» связана с божественным. «Всякий человеческий день — череда случайностей, в этом его божественная сила» [Набоков 1999а: 13].

[16] Об отношении и связи такого эротического напряжения и наслаждения, то есть Эроса текста и эстетики детективных романов, см. [Hetényi 2015: 197–199]; а о соотношении эротекста и удовольствия чтения как такового см. [Hetényi 2020].

[17] Слова с частью *-мантия* означают разные методы дивинации (предсказания судьбы). Такого метода нет. Есть, например, *пиромантия, гидромантия, картомантия, библиомантия*.

входят в группу гипонима «эротика» (эти элементы я выделяю курсивом).

Эрот — одно из четырех первоначал наравне с Хаосом, Геей (Землей) и Тартаром (Преисподней). По некоторым мифам, Эрот родился из первоначального яйца, принесенного Ночью, которое позже разделилось на две части, на *Землю* и на *Небо* (в розенкрейцерских текстах вариант Хаоса-протоматерии, яйцо состоит из *воды* и *огня*). Эрот — сила земная, и он связывает землю с небесным, с космосом. Эроту поклонялись, изображая его в виде аморфного, неотесанного, грубого камня (основной символ-образ масонства). У Платона Эрот — *крылатый* демон, на *полпути между человеком и богом* (эти образы и понятия присутствуют в творчестве Набокова начиная с ранних стихотворений). Разные мифы говорят о том, что Эрот считался сыном Гермеса и Афродиты (связь с герметической традицией). Он был *крылатым* богом и только позже, в эпоху эллинизма приобрел более беззлобный облик ребенка со стрелами (отсюда происходит римский Амур / Амор / Купидон). Известны изображения Эрота, *играющего в костяшки* (игра в судьбу), и Эрота, наказанного матерью, потому что укололся шипами *розы*. Фигура Эрота переплетается с мифом о Психее (рассказанным у Апулея в «Метаморфозах»), которая в сказочной истории попадает в его *замок* и живет с ним до тех пор, пока, вопреки запретам, не желает посмотреть на него. Из-за этого они должны расстаться. Психея бродит по миру и даже спускается в Аид, пока Эрот не добивается разрешения Зевса жениться на ней. Психея изображается как *молодая девушка с крыльями бабочки* (она похожа на нимфу)[18].

---

[18] Герметическая традиция продолжала развивать концепцию Эрота начиная с философии Средних веков вплоть до наших дней, до философии Э. Левинаса и каббалистов-талмудистов постмодерна, таких как М.-А. Уакнин (M.-A. Ouaknin). Уакнин рассматривает эротическое в трансцендентальном, с одной стороны, в совпадении божественного имени со словом «груди» в древнееврейском *шаддай*, а с другой стороны, в совпадении слов «обрезание», «слово» и «губы» (*мила*) застает эротику как физическое стремление к выражению, как «язык тела» [Ouaknin 1992: 89–97]. (Об эротическом в мистицизме каббалы см. далее.)

Имя Лилит появляется всего один раз в еврейской Библии — следует подчеркнуть, что именно в еврейской, ибо русские переводы Библии передают ее имя как «ночное привидение» (Исаия 34: 14). (Английский перевод, следуя латинской Вульгате, имя Лилит заменяет «совой». Только французский перевод дает имя Лилит.) «Энциклопедический словарь Брокгауза и Ефрона» 1896 года (возможный первый источник Набокова) сообщает о Лилит, что значение этого имени: «ночная», Лилит «в Таргуме царица Смарагда, по раввинистской традиции первая жена Адама и мать исполинов и бесчисленных злых духов; позже ночное привидение, преследующее детей» [Брокгауз, Ефрон, 1896: 684]. Лилит в качестве «ночной женщины», демонической бесстыдной женщины, *femme fatale* — противоположность Евы, женщины, родившей детей, символизирующей домашний очаг. В богатом фольклоре о Лилит выделяется два момента нарушения запрета. Она, считая себя равной Адаму, желала быть наверху при совокуплении (атрибут эротически вызывающей женщины), и она совершает страшный грех — произносит божье имя. Акт называния — по теории П. Флоренского — всегда означает переход границы, порога, предела, что и выражено, например, в самом слове *термин* [Флоренский 1999: 222]. Акт называния табуированных вещей или понятий — прямое нарушение закона таинства, недозволенный шаг за черту (см. ниже о значении *ворот*, *ключа* и *terminus*).

Перед нами пример нарушения святого табу, которое примордиально с точки зрения философии словесного искусства (и попыток определения порнографии). Женские «уста» Лилит названы «неназываемое». Божественное имя написано в священных текстах во многих вариантах и получает различные устные формы для определенных моментов ритуала в иудаизме, чаще всего произносится-заменяется словом, ключевым с точки зрения исследователей номинализма — Имя (*Шем*)[19].

---

[19] Табуирование произношения тетраграмматона было установлено и зарегистрировано масоретами только в первом тысячелетии нашей эры.

В романе Набокова Лилит названа, как и в Библии, всего один раз[20], зато райская обстановка воспроизводится очень часто: комната проститутки называется «тесный Эдем» [НАП, 2: 33], а яблоко появляется в сцене на тахте, к которой еще вернусь далее.

Для объяснения сути Лилит рабби Нахман, используя каббалистическую традицию гематрии, вычисляет сумму букв-цифр имени Лилит (она равна 480) и выбирает слово, из букв которого получается такая же сумма. Это слово — *клипа*, «скорлупа», является принципом зла, телесного негатива. Лилит, по его соображениям, — только раковина, внешняя оболочка, и, если не прочитать вслух ее имя, она не существует, ей придает жизнь только называние. Имя Лилит по сумме букв коррелирует еще со словом *пламя (эш)* — эта коннотация в кульминации стихотворения Набокова получает текстовое оправдание. И пламя, и раковина были широко использованы русскими символистами и акмеистами в литературе Серебряного века.

Качество недоступности, тайны, скрытости является неотъемлемым элементом эротического в мифе об Эроте. При свете лампады Эрот испаряется с ложа Психеи — разоблаченная тайна, больше не тайна, граница переступлена.

Э. Левинас, разбирая один из пратекстов «Лолиты», «Послеполуденный отдых Фавна» С. Малларме, пишет о «*патетической стороне эротики*» (то есть, по-гречески, о подъеме): ласки представляют собой поиск, поход за невидимым. Ласки выражают любовь, которая неспособна выражаться в словах, ласки заменяют называние [Lévinas 1965][21] (см. ниже о Шестове и о Платонове). В философии языка Набокова акт «называния» соответствует соединению, переходу; а в концепции или философии эротики — это достижение вожделенного, завершение пути, убийство возможностей. Словами Набокова-лирика (стихотворение Вадима из романа «Look at the Harlequins!», 1974):

---

[20] «Гумберт был вполне способен иметь сношения с Евой, но Лилит была той, о ком он мечтал» [НАП, 2: 32].

[21] То же самое слово «патетический» употребляется у Набокова в связи с любовниками Риты, как было указано выше.

> Мы забываем, что влюбленность
> не просто поворот лица,
> а под купавами бездонность,
> ночная паника пловца.
>
> Покуда снится, снись, влюбленность,
> но пробуждением не мучь,
> и лучше недоговоренность,
> чем эта щель и этот луч.
>
> Напоминаю, что влюбленность
> не явь, что метины не те,
> но может быть, потусторонность
> приотворилась в темноте
> (перевод С. Ильина) [НАП, 5: 120].

Эротическая эмблематичность слов *щель* и *луч* образно и также грамматически выражает женское и мужское начала. (О символике щели / входа / пещеры и логоса / луча / солнца / жезла подробнее уже было и будет сказано.)

Именно качество недостигнутости, опосредованности делает особо эротическим первый оргазм Гумберта Гумберта с Лолитой, его тело только косвенно, через одежду, ощущает ее, и даже не все ее тело, только ногу. Описание этой сцены, равно как и ожидание или подготовка соединения с Лолитой в первую ночь в гостинице занимают несколько страниц, в то время как последующие «постельные занятия», с частотностью три раза в день в течение двух лет, вовсе не описаны.

Набоков создал двойственного героя, который плохо ощущает свою двойственность, сам себя не понимает, жестоко разрушает объект своего наслаждения тем, что заменяет эротику сексуальностью. Он сам убил свое же чувство и наслаждение — «словно я сидел рядом с маленькой тенью кого-то, убитого мной» [НАП, 2: 172]. Идентичная мысль выражена Тютчевым в его стихотворении «О, как убийственно мы любим...». Разоблачение тайны убивает объект вожделения. Шестов пишет, что понятие красоты нельзя определить: «...овладевши "источником" красоты, мы потеряем красоту <...> То, что мы считаем источником, по своей природе не источник, а обманчивый блуждающий огонь» [Шестов 1975: 192][22].

В этом самоограничении-воздержании от счастья находим точку совпадения философии эротики Набокова с другим писателем-мыслителем, Андреем Платоновым. Словарь интуитивного философа Платонова во многом отличается от эрудита Набокова, зато в его чувственном мироощущении ярко выражена борьба за выражение, что и является источником настоящего пафоса. В его письме к жене читаем: «Любовь — мера одаренности жизнью людей, но она, вопреки всему, в очень малой степени сексуальность <...> Как электричеством, ею можно убить, светить над головою и греть человечество...» [Платонов 1989: 390–391][23]. «Как хорошо не только любить, но и верить в тебя как в Бога (с большой буквы), но и иметь в тебе личную, свою религию. Любовь, перейдя в религию, только сохранит себя от гибели и от времени» [Платонов 1989: 401].

Платонов эту мысль выразил и в своих сюжетах. Его Дванов («Чевенгур») должен бежать от Сони в ночь, в бессознательное состояние болезни, в объятия крестьянки, воплощающей «только» Землю, женскую силу, природу. Его Бертран Перри («Епифанские шлюзы») бежит от своей любимой невесты в далекую Россию, где в конце рассказа, после его поражения, казнит его палач-гомосексуалист. Причиной провала его невыполненного проекта косвенно являются вода и земля — искусственный канал проходит через озеро, дно которого как колодец проглатывает всю воду. В рассказе «Река Потудань» герой не способен лечь в постель жены после свадьбы, а бежит без ума куда глаза глядят,

---

[22] По моему интуитивному убеждению, пока что основанному только на параллельных чтениях, между Набоковым и Шестовым много сходства помимо параллели их философии слова, концепции красоты, понимания случайного и хаоса; и эту общую черту я бы называла логикой иррационализма, в которой отвергается ложь и автоматизмы мысли и языка недозволены.

[23] Он сообщает жене о появлении темы рассказа «Такыр»: «...нашел <...> фольклорную тему. Так же, как когда-то Апулей нашел где-то в Азии тему Амура и Психеи» [Платонов 1989, 396].

пропадает в канавах на два года и при возвращении только со временем способен привыкнуть к телесной близости.

Метафорическое называние половых органов в «Лолите» раскрывает стилистику «называния». В эротическом романе внимание сосредоточено на словах, обозначающих табуированные половые органы, и особенно важен их ценностный и узуальный стилистический аспект — принадлежность к вульгарной, похабной, или же высокой, эвфемизирующей сфере языка. Узуальный аспект метафор и метонимий Набокова, выраженных именами, расширяет семантический фон романа. Хотелось бы подчеркнуть, что имена создают статическую, образную сеть романа. Этот семантический фон вырисовывается благодаря их визуальной эмблематичности, лишенной действия и движения, и он воспринимается читателем специфическим путем (см. ранее). Прослеживание истоков этих образов в истории культуры разрешает анализу раскрыть метод, которым рождаются набоковские инварианты.

Скипетр [НАП, 2: 24]. Метонимия, перенос по сходству формы. Семантически передает властность, силу, превосходство мужчины, вертикальность — готовность к действию. Ценностный аспект: возвышенное слово. Узуальный аспект: 1) мифологическое; 2) историческое (времена королей); 3) фольклорное, важный символ субкультуры (Таро), первоначально одна из четырех мастей карт; 4) восточные культуры, например тантризм, именно так называют пенис.

Корень (тела, состава) [НАП, 2: 27, 72, 77]. Метафора-метонимия, перенос по форме (продолговатое ответвление) и перенос по смыслу (начало будущей жизни). Корнем или основой тела мужской половой орган называется в каббале, это — сефира «Иесод». Десять сефирот[24] в каббале изображаются в форме дерева, которое соответствует фигуре человека, отдельные же сефирот — частям его тела и библейским персонажам. Корень — «сила, производящая жизнь», залог репродукции жизни, отсюда передаются соки природы. Его представитель Иосиф [Гинзбург

---

[24] Множественное число от *сефира*.

1912]. В слове *корень* («основа») передается и то, что в этом «месте» совершается физическая конкретизация духовного завета, который был заключен между еврейским народом и Элохим — обрезание.

Струны низменной плоти [НАП, 2: 55]. Музыкальная метафора приобщена к физиологическому, к названию из эвфемического медицинского языка. Струны, как нервы, передают импульсы волнения, возбуждения. Вспоминается «Защита Лужина», описание чувственного наслаждения героя во время музыкального переживания шахматной игры. Струны музыкального инструмента отсылают также к лире, и дальше — к поэзии.

Мужская сила [НАП, 2: 56]. Эвфемизм. Понятие, напоминающее название сефира «сила, суд, строгость» («Гевура»), которая с левой (женской) стороны дерева. Мужская половина — правая, где на уровне «силы» находится «любовь, милость» («Хесед»). Хиастически-андрогинное единство — общий принцип сефирот, который не обязательно соответствует физическому полу их воплощений, в данном случае — Исааку и Аврааму.

Приап [НАП, 2: 57]. Эвфемизм, мифологическое олицетворение. Приап в античной мифологии — итифаллическое божество производительных сил природы, собственно, и первоначально — фаллос. Варианты его взаимосвязи в разных мифах: сын нимфы (или Афродиты) от Диониса (или Гермеса). В Римской империи его культ амбивалентен: с одной стороны, он покровитель садов, земледелия, рыбаков, родников, плодородия вообще и — что отсюда и вытекает, и противостоит — «проституток, развратников, евнухов, сводник, кутила и педераст <...> помощник Геракла, олицетворение "порождающего логоса" стоиков, создатель моря и суши, тождественный Эроту, Пану и Доброму демону» [Мифы народов мира 1982: 336].

Жезл моей жизни [НАП, 2: 165]. Метафора. Фаллический символ, вертикальность, власть. То же самое, что *скипетр*, *булава* (см. стихотворение «Лилит»). Жезл Аарона: посох превращается в змею, магический поступок. Этот же посох, чудесно расцветший, эмблема плодородия. Атрибут родоначальника священнической касты. Сефира «Ход» в каббале представляет собой блеск, величие, славу (олицетворяет эту сефира как раз Аарон). «Жезл Аарона» — важное для символистов произведение А. Белого. Жезл Гермеса — со змеями, фаллический символ, но не только в значении плодородия, но и как атрибут Психопомпа, который переходит в преисподнюю. Жезл его указывает в неизвестность, символ-знак проникания в нее, переступание через границу. С ним связана не только потусторонность, но и освободительный акт исцеления (см. такой же знак у Асклепия). Гермы изготовлялись в форме фаллоса (см. исследования К. Керени (K. Kerényi)). Проникновение с жезлом в трансцендентальное отмечено и крыльями, которые украшают жезл, — крылья, возможно, происходят от египетского бога Тота с головой птицы, тоже Психопомпа. К нему восходят и крылья Меркурия. Символика Гермеса родственна символике Эрота, но, по мнению Керени, более простая, так как не включает в себя все три элемента телесного, душевного и духовного, несмотря на то что некоторые концовки гимнов Гермеса отражают мистическую традицию [Kerényi 1942].

Рукоятка ракетки [НАП, 2: 204] — на первый взгляд несложное по смыслу сравнение, но аллитерация и фонетическое созвучие согласных подчеркивают скрытые ассоциации слов (*рука* — прикосновение, *ракета* — эякуляция), усиливают игривую эротичность.

Сосиска [НАП, 2: 206] — метафора с оттенком пошлости, но фонетика [с-с-с] и скрытые элементы слова (*сосать, соски, сиськи*) играют с эротическим подтекстом (см. контекст: «выбирая между сосиской и Гумбертом — она неизменно и беспощадно брала в рот первое»).

Пистолет является метонимией, по форме и по функции (стреляет), его узуальный аспект подразумевает насилие, и в некоторой мере еще примыкает к лейтмотиву охоты, хотя пистолет — не охотничье оружие. Пистолет как *«символ праотцовской конечности»* [НАП, 2: 265]. Зоологическо-анатомическим словом «конечность» снова введено метонимическое преувеличение в размер ноги, а в целом этот оборот — пародия фрейдистского сведения широкого круга предметов к узкому понятию или однозначной эмблеме. Доля пародии наблюдается и в том, что эти ассоциативные образы только повседневный язык называет символом, настоящий символ вовсе не однозначен, а наоборот — многозначен. Отсылка к праотцу вовлекает библейскую сферу в полигенетизм образа, одновременно высмеивая стремление Фрейда связать диагнозы с мифологическими и библейскими прототипами (Эдип, Мойсей). Праотец — это и первочеловек Адам, и ветхозаветные святые, почитаемые православной церковью.

Снасть сатира [НАП, 2: 291] (прибор, инструмент, снаряд) — метонимия с оттенком прямой пошлости, но в ней аллюзия на греческие мифы и снова звукопись — аллитерация тройное [с-с-с], см. *сосиски*.

Толстый фаллос с длиною в фут [НАП, 2: 312] — прямое, но иноязычное называние, карнавальное преувеличение размера.

Пятиногое чудовище [НАП, 2: 314] — фольклорно-мифологическое (да и карнавальное) преувеличение, не только чудовище, но и размер мужского органа в длину ноги.

В интерперсональных соотношениях Набоков систематически следует принципу нарушения норм. Схемы инцеста, раздвоения в проблемах *Я* (принцип «персоны») и эмблематичность удвоения (близнецы) подвергаются метафоризации и мифопоэтизации.

Неуклюже составленные правила пользования пистолетом указывают на сложные отношения между рассказчиком и Куильти.

> ...длина [пистолета] — около одной девятой роста Лолиты, рукоятка — ореховая в клетку, стальная отделка — сплошь вороненая. Я его унаследовал от покойного Гарольда Гейза вместе с каталогом[25], где в одном месте, с беззаботной безграмотностью, объявлялось: «так же хорошо применим в отношении к дому и автомобилю, как и к персоне». Он лежал в ящике, готовый быть немедленно примененным к персоне или персонам; курок был полностью взведен, но «скользящий запор» был на предохранителе во избежание непроизвольного спуска. Не следует забывать, что пистолет есть фрейдистический символ центральной праотцовской конечности [НАП, 2: 265].

---

[25] В составе этого слова есть и *логос*.

Схожесть Гумберта Гумберта и Куильти очевидна, подчеркнута в тексте записок главного героя несколько раз, и критики часто рассматривают их как двойников (подобно другим удвоенным или параллельным героям Набокова), не считаясь с решительным возражением самого автора против двойничества.

Ключевое слово *персона*, если понимать его не в значении «человек», а в психологическом смысле как термин Юнга, точно выражающий роль «зеркального отражения» героя в образе Куильти. Он, в качестве известного писателя, владельца замка, хозяина оргий, остроумного похитителя Лолиты и объекта ее любви, носит все маски и роли, которые желал бы воплощать Гумберт Гумберт. Убийство Куильти подобно ритуальному убийству короля, которое обязывает сместить предыдущего, некогда сильного, но уже постаревшего, некомпетентного в своей роли. Этот прамиф смены королей (основной для популярных этнографических исследований Дж. Фрэзера начала XX века «Золотая ветвь») представляет собой не только смену поколений, но и инцестуозный акт, связанный с заявлением о мужской потенции нового короля (король — отец всего племени, убить его — отцеубийство).

Еще более интересную пару героев составляют юный Гумберт Гумберт и Аннабелла. Их схожесть то и дело подчеркивается («Аннабелла была, как и автор, смешанного происхождения», родители «столь же щепетильны», в них возбуждено «одно и то же острое страдание» [НАП, 2: 20]. «Наше неистовое стремление ко взаимному обладанию могло бы быть утолено только, если бы каждый из нас в самом деле впитал и усвоил каждую частицу тела и души другого» [НАП, 2: 21]). Они видят один и тот же сон одновременно [см. Hetényi 2015: 132, 165, 351, 651, 695]:

> Духовное и телесное сливалось в нашей любви в такой совершенной мере, какая и не снилась нынешним на все просто смотрящим подросткам с их нехитрыми чувствами и штампованными мозгами. Долго после ее смерти я чувствовал, как ее мысли текут сквозь мои. Задолго до нашей встречи у нас бывали одинаковые сны. Мы сличали вехи.

> Находили черты странного сходства. В июне одного и того же года (1919-го) к ней в дом и ко мне в дом, в двух несмежных странах, впорхнула чья-то канарейка [НАП, 2: 23].

Идеальное и идиллическое андрогинное единство двух молодых тел и душ вызывает широкий круг ассоциаций архетипических двуединых пар анимус — анима, основной для всей «Лолиты» греческий миф об Эроте и Психее, об Адаме и Еве, но их близость и схожесть направляет мысли прежде всего к мифологическим фигурам богов-близнецов разного пола. Самые известные среди них — праобразы герметических мифов, братья и сестры Осирис и Исида, двуполое существо в диалогах Платона об Атлантиде, божества египетских и орфических традиций. На карте Таро номер 19 в знаке зодиака Близнецов они изображаются двуполыми. Таким образом, в детской любви «близнецов» Гумберта и Аннабеллы можно увидеть присутствие или оттенок инцеста. Если же рассматривать в параллельности фигур Куильти и Гумберта Гумберта тоже близнецов-братьев, соперничающих за общую сестру, то нужно ссылаться на ветхозаветный источник. Комментарии к Торе (Мидрашим) указывают на то, что человечество происходит от инцестуозных отношений: Каин и Авель имели сестер — иначе не продолжался бы род человеческий[26].

Слово *пламя*, употребленное в стихотворении «Лилит» в телесном конкретном значении, в романе вместе с синонимом «пылающий огонь» являются повторным ключевым понятием эротических описаний в значении любовной страсти и сладострастия.

Роман начинается со слов, в которых огонь может пониматься как метафора самой Лолиты или ее женского органа, места любви: «Лолита, свет моей жизни, огонь моих чресел» [НАП, 2: 17].

---

[26] «О происхождении племен, или Пещера сокровищ», дошедший до нас из IV в. на сирийском языке, сохранил вариант истории о создании мира, где эта фаза происхождения человечества описана. Любопытно, что (по объяснениям комментаторов) запрет инценстуозного брака между братьями и сестрами поддержан законом в иудаизме и потому, что это было бы повторением того «изначального» акта, который еще принадлежал к божественной сфере сотворения.

Высокий стиль архаизма *чресла* и музыкальный ритм поднимает предложение в возвышенные регистры. В первой метафоре выступает нагруженное эзотерическим (гностическим) смыслом слово *свет*, поэтому и огонь вызывает бинарно-амбивалентные ассоциации — земное и возвышенное, эротическое и эзотерическое. Ср. еще параллельное с этим выражение «жезл моей жизни» [НАП, 2: 165].

Набоков помещает и пародию этого мотива в тексте: «...мне негде было преклонить голову (чуть не написал: головку), и к общему моему неудобству прибавилась мерзкая *изжога* (от жаренного в сале картофеля, который они смеют тут называть "французским"!)» [НАП, 2: 160]. Изжога застает Гумберта во время первой ночи рядом с Лолитой. Выделенное слово «французский» усиливает контекст сексуальности, и французский язык — язык любви эротических романов со времени Средневековья в мировой литературе и в «Лолите» (см. главу «Liber libidonis, ad liberiora...»).

Пламя выступает и в коннотации «адского пламени» как физическое ощущение бесовских страстей: «рая, небеса которого рдели как адское пламя»; «бес либо находился в Тартаре, или весело горел у меня в можжечке (где греза и горе раздували пламя)» [НАП, 2: 114, 115].

Встречается эзотерическо-символический гипоним пламени, мифическая птица Феникс [НАП, 2: 54], создающий в этой узуальной сфере и в этой обстановке постоянной игры со словоформами звуковую ассоциацию «пенис» (Феникс появляется и как имя города, и как мифическая птица). Лолита подходит к новым платьям «...как если бы была оцепеневшим ловцом, у которого занялось дыхание от вида невероятной птицы, растянутой им за концы пламенистых крыльев» [НАП, 2: 150].

Огонь один раз выступает уничтожающей силой, как в «Лилит», как в претексте романа «Лолита», в «Волшебнике» (1939) и в более позднем романе «Transparent Things» (1972) [Hetényi 2015: 596]. Повествователь оставляет дом после убийства Куильти словами: «я покинул этот деревянный замок и пошел сквозь петлистый огонь солнца к своему Икару» [НАП, 2: 370]. Употребление образа Икара подразумевает огонь солнца и предзнаменует приближение смерти.

Доминантой философии эротики в «Лолите», насыщенной мифопоэтической символикой, являются образ розы и символика розового цвета. Символике розы посвящены монографии, тема выходит далеко за пределы одной главы.

Классическая библейская герменевтика учит, что значение любого слова определяется первым его появлением в тексте (в Библии). В случае слова *розы* в «Лолите» читателя смущают не только обилие значений, но и разные образования от этого корня. Розовый цвет — смесь красно-алого и белого, которые и являются основными оттенками цветов в мифологии и религиях. Символика розового цвета не связана с культурной традицией, в современности она скорее означает пошлость, слащавость, некоторую жеманность или китч. Розовый цвет не входит в семь основных цветов радуги. В «Лолите» именно эта словоформа выступает первой, и, как мы увидим, в результате окружающих цитат, слово *розовое* воспринимается не как цвет, а как нечто происходящее от розы, связанное с розой.

«У тети Сибиллы были лазоревые, окаймленные розовым глаза и восковой цвет лица. Она писала стихи. Была поэтически суеверна. Говорила, что знает, когда умрет — а именно когда мне исполнится шестнадцать лет — и так оно и случилось» [НАП, 2: 18]. Тетя — любовница отца, вторая мать повествователя (см. аналогичную ситуацию в романе «Защита Лужина», 1930). Розовая оправа очков беременной Лолиты варьирует этот образ («Выросла дюйма на два. Очки в розоватой оправе» [НАП, 2: 330]).

Гумберт говорит «о некоторых неожиданных явлениях отрочества, происходивших в розовом саду школы» [НАП, 2: 19]. Розовый сад — наполненный символикой образ. Его архетопосы, Эдем или рай, незастроенное место Нового (небесного) Иерусалима, Рай у Данте, символ невинности (Мария в розовом саду). В то же время закрытый розовый сад — аллегория вульвы в фольклоре самых разных культур и литературных традиций (ср. французский «Роман о Розе» XIII века, средневековую галантную и христианскую мистическую литературу, каббалу или символику ордена розенкрейцеров). Оборвать розу — образное выражение для нарушения невинности или лишения девственности, «инициационного» полового соединения. Из бесконечного ряда полигенетического декодирования *розового сада* выявляется амбивалентность образа, категория святого / возвышенного и эротического, с промежуточными или объединяющими, двойственными понятиями. Первое — это эротическое значение: красота, Венера, Афродита, и вышеприведенные примеры *невинность, небесность*. *Роза* — атрибут Эрота, шипы — его стрелы. Второе — святое значение: загробная жизнь, могилы, Рай у Данте, Богоматерь, Христос (его пять ран, шипы в этом контексте соответствуют тернам); святой Грааль — красная роза на кресте, след капель крови Иисуса — эмблема розенкрейцеров, мистический символ христианства; витражи соборов *rosace / rose* (гармония, мандала); в руках Марии роза заменяет скипетр — это женская, амбивалентно-бинарная пара фаллического символа.

Красный цвет розы происходит от поцелуя Евы в раю.

В каббале роза — код единства и тайны (уже в египетской культуре и в Античности тайна связана с розой и закрытым садом, ср. происхождение понятия *sub rosa*), в алхимии — огонь, пламя[27].

Первое сексуальное переживание Гумберта в розовом саду задает, таким образом, основной для всего романа двойственный образ, в котором эротическое связано с мистическим, с нуминозным. Песочный берег, где дети ласкают друг друга, находится «в лиловой тени розовых скал» [НАП, 2: 22], в мифологической инсценировке берега моря. Лиловый становится другим цветовым лейтмотивом любви и Лолиты (см. схожую звукопись ее имени с именем Лилит). Название цвета происходит от лилий, в основном белых, и лилия прямо отождествлена с девочкой. Символику цветов, так же как и явление бесконечных имен, образованных из Розы (Розанна, Розато, Розалина и т. п.), в ро-

---

[27] Нет места и нет нужды здесь вникать в особо важную роль образа розы для символистов, в первую очередь для Белого и Блока. О соотношении Блока и Набокова см. [Сендерович, Шварц 1999: 63–72].

мане исследователи уже отметили. Лолиту повествователь ощущает «в живой беседке имен, под почетным караулом роз, стоящую, как сказочная царевна» — этой аллегорией в полигенетизм вводится сказочно-фольклорный сюжет [НАП, 2: 68].

Нужно подчеркнуть, что лилия в мистической литературе взаимно заменяет розу в значении той же амбивалентной бинарности. Эротическое значение в Песни Песней носит лилия-шошана. Аналогичное женское имя стало эмблемой в апокрифе о Сусанне — ее нагота и эротична, и невинна в двойственном значении. В атрибутах разных святых и праведниц, но главным образом Девы Марии, Богоматери, роза и лилия означают уже канонизированную чистоту и невинность.

Лиловый цвет находится в такой же тесной связи с лилией, как роза с розовым цветом, и два цвета связаны друг с другом в весьма физиологических метафорах: «на ее смуглом плече *розово-лиловое* вздутье» [НАП, 2: 193]; «горные формации розовой и лиловой окраски; фараонические, фаллические» [НАП, 2: 194]; «Дивные миндали в лиловато-розовом цвете» [НАП, 2: 336]. Миндаль — символ-эвфемизм вульвы в народном искусстве со времен древнеегипетских изображений. Розовый цвет лица Лолиты и сад роз воссоединены в упоминаниях картин Боттичелли [НАП, 2: 83, 331], усиливающих раскрытую выше образность сада с его картиной «Сад наслаждений».

«Она состояла вся из роз и меда; на ней было ее самое яркое ситцевое платье с узором из красных яблочек» [НАП, 2: 139]. В этом саду другие эротические атрибуты рая, мед и яблоки, так же двойственные, как роза (см. игру с яблоком во время сцены на тахте). Амбивалентные ассоциации вокруг яблока расширены библейской историей Евы и сатаны, греческим мифологическим сюжетом выбора Париса, в широкой символике бинарные значения плодородия, знания, мудрости сосуществуют с обманчивостью и смертью.

Представление о мотиве розы дополняется и расширяется при последних встречах Гумберта Гумберта, как с Лолитой, так и с Куильти. Первый выстрел Гумберта попадает в розовый ковер Куильти, а потом в упор в него: «Я выстрелил в него почти в упор, и тогда он откинулся назад, и большой розовый пузырь, чем-то напоминавший детство, образовался на его губах, дорос до величины игрушечного воздушного шара и лопнул» [НАП, 2: 370]. Розовый цвет, до тех пор атрибут Лолиты, переносится на Куильти. Любопытно, что длительные поиски хозяина в доме Куильти, потом погоня за ним, чуть ли не игра в прятки, в сопровождении детального описания событий и внутренних переживаний повествователя, наполненного напряжением диалога перед убийством между убийцей и жертвой весьма похожи на эротическую игру, подготовительные фазы совокупления — предчувствия, предвкушения, ретардации с увеличением напряжения. Эта игра напоминает волнующее введение к половому акту, его предвкушение, предчувствие, подготовительное состояние вожделения, также и игровую фазу, «когда поднимаешься по лестнице», и этот подъем к экстазу и завершению изображен дословно в нелепых движениях между этажами. Эту странную параллель (соединение в убийстве как в половом акте с мужчиной, объектом любви женщины, в которую влюблен убийца-рассказчик) расширяет несомненная ритуальная роль лестниц — места и средства душевного-духовного подъема к святым культовым местам (горным, как правило). При помощи «розового» мотива Куильти окончательно включен в треугольник отношений Гумберта и Лолиты, правда, в сферу действия «розовости» включены еще три женщины: Валерия, Шарлотта и Рита.

Мотивом розы Набоков совершает эротизацию действительности, одновременно десексуализируя эротическое, возвращаясь к первоначальному смыслу эротики как амбивалентного единства телесного и духовного. Он поэтизирует свой текст плетением фонетических игр в тексте: слово *роза* использовано во всех возможных скрытых формах, которые хотелось бы называть «косвенными» в смысле неприкосновения в эротике (см. сцену на тахте). Розы рассыпаны в словах *проза, прозрачный, гроза* (важный инвариант в творчестве Набокова), *угроза, гроздь*; особенно наглядно это в слиянии слов *Пондерозовая Сосна*, переделанных в *Пондерозу*. Эти абстрактные розы проникают повсюду во все более «розовеющий» эротекст, получивший изящное выражение в палиндроме или анаграмме *узор эрозии* [НАП, 2: 193], консонантная паронимия и хиазм [-*зор-роз-*] которого обращает внимание на то, что «роза» фонетически близка к греческой форме слова (и русскому корню) *Эрос*. (Параллельная паронимия из *голоса* — *Логос*, а также *взор и узоры прозы*.)

Пещера является одним из мифопоэтических инвариантов «Лолиты».

В описаниях поездки и посещений достопримечательностей американской декорации Набоков следует принципу, разработанному уже в рассказе «Посещение музея». В перечислениях орнаментально-номинального стиля вехами логики являются имена существительные, почти без исключения скрывающие сексуальные метафоры.

> Поставленная цель могла быть чем угодно — маяком в Виргинии, пещерой в Арканзасе, переделанной в кафе, коллекцией револьверов и скрипок где-нибудь в Оклахоме, точным воспроизведением Лурдского Грота в Луизиане, или убогими фотографиями времен процветания рудокопного дела [мины], собранными в Колорадском музее [НАП, 2: 187].

> ...величайший в мире сталагмит, находящийся в знаменитой пещере, где три юго-восточных штата празднуют географическую встречу (плата за осмотр в зависимости от возраста: с мужчин — один доллар; с едва опушившихся девочек — шестьдесят центов); гранитный обелиск в память баталии под Блю-Ликс [НАП, 2: 193].

> Зал Хрусталей в длиннейшей в мире пещере <...> Адский Каньон — двадцатый по счету. Наше пятидесятое преддверие какого-то парадиза [НАП, 2: 194].

> Наша сотая пещера — со взрослых доллар, с Лолиты полтинник [НАП, 2: 195].

Среди посещенных мест выделяются — и по количеству упоминаний, и по широте символического содержания — фаллические мужские, вертикальные символы продолговатовой формы (маяк, сталагмит, обелиск) — и женственные пещеры и гроты.

Пещера — место первого любовного опыта Гумберта и Аннабеллы: они прячутся на пляже «в лиловой тени розовых скал, образовавших нечто вроде пещеры» [НАП, 2: 22]. Пещера — символ двойного содержания, как и роза. С одной стороны — аллегория материнского лона. Ее ворота (щель, мандорла, то есть миндаль — слова, присутствующие в этой метафорической роли в романе Набокова) — эротическая аллегория входа в женское влагалище. Другая группа значений происходит от древнего обычая хоронить мертвых в пещерах (см. могилу Адама и Христа), связанного с поверьем, что боги и солнце ночью прячутся в пещеры. Пещера — синоним лабиринта, глубины земли, преддверия потустороннего (ср. выше с «Наше пятидесятое преддверие какого-то парадиза» [НАП, 2: 101]). Двойной характер символа отражают народные поверья, согласно которым в пещерах обитает нечистая сила (ведьмы и т. п.).

В пещерах совершались ритуалы, мистерии, были установлены культовые места. Как раз в середине июня, в день летнего солнцестояния (Иван Купала, *midsummer night*) 1949 года Лолита и Гумберт Гумберт (фатально) опаздывают на «Пляски в Волшебной Пещере» [НАП, 2: 271] — по всей вероятности, на пляски ведьм, и вместо этой программы они попадают случайно (?) на пьесу Куильти. Но знаменателен день солнцестояния и ранее, в 1948 году: именно 21 июня на тахте происходит сладкая игра «косвенного» оргазма Гумберта Гумберта от ног Лолиты. Ритуалы этого дня в самых разных культурах включают игру с огнем, например перепрыгивание костра (см. Купальский костер), где огонь по аналогии с земным солнцем, дающим теплоту и свет, представляет собой и мужскую, и оплодотворяющую сексуальную силу.

Образ входа в пещеру объединяет эротическую и мистико-трансцендентную коннотацию в миропонимании Набокова. С одной стороны, потусторонность и верхний или нижний мир (небеса и преисподняя) соприкасаются с женским началом (ср. мировая душа, София, вечная прекрасность и т. п.), а с другой стороны, женское и эротическое приобретает трансцендентально-божественную возвышенность и недоступность.

Третий коннотационный смысл пещера обрела в философии: пещера Платона является аллегорией, ставшей синонимом опосредованного восприятия действительности, всего мира в форме мира теней. Психология же пользуется метафорой пещеры для прошлого состояния человечества и также личности, подсознательного индивида. Это второе значение тоже восходит к Платону и его теории о скрытой памяти и скрытом знании о лично не пережитых явлениях, оставивших, однако, свой след в сознании. Это неосознанное происхождение личности «откуда-то» легло в основу идеи архетипов Юнга, который, кажется, влиял и на концепцию Набокова о памяти и забвении, о роли Мнемозины в психике и в процессе творчества. В пещерах часто хранились сокровища погребенных или просто спрятанные вещи. Но «спрятанное сокровище» понималось и в переносном смысле — в контексте плодородия, в эротическом и в духовном смысле. Эзотерические учения (инициационные культуры) связывают эти значения: пещера скрывает тайну, туда есть вход только посвященным. В поиске философских тайн и скрытых знаний, обозначенных порою символом философского камня, нужно войти в пещеру, спуститься в глубину земли. Подобно символу закрытого сада, знание (интуитивное, обретенное в инициации и выученное в социуме) является тем ключом, который открывает Ворота. Это учение определяет и гностические сюжеты, повлиявшие на все романы Набокова.

Ключ — опять символ двойственного характера, взятый из герметических и гностических учений: «Желающий войти в Розовую Рощу Философов без ключа похож на человека, который хочет ходить, не имея ног» (эмблема XXVII) [Maier 1658][28]. В «Лолите» ключ оказывается важным двигателем сюжета. Ключ от столика, в котором Гумберт Гумберт держит свои записки, хранится под бритвой в бархатном футляре. Этот ключ раньше напрасно требовала Шарлотта, она находит его в отсутствие

---

[28] Книга Михаэля Майера «Atalanta Fugiens» («Бегство Аталанты») состоит из 50 алхимических эмблем с рассуждениями, сопровождаемыми эпиграммами, прозой и музыкальной фугой.

мужа. В шоке от прочитанного в дневнике она выбегает на улицу и попадает под машину. Ее смерть освобождает путь для Гумберта, он может стать опекуном Лолиты и может осуществить свой план. Ключ открыл эту дорогу перед героем, и роль ключа в переносном смысле подчеркивается появлением в тексте другого ключа, сюжетно, казалось бы, нейтрального:

> Я вышел от него в отличнейшем настроении. Одним пальцем управляя жениным автомобилем, я благодушно катил домой. Рамздэль был в общем не лишен прелести. Свирестели цикады; бульвар был только что полит. С шелковистой гладкостью, я свернул вниз по нашей крутой улочке. Каким-то образом все в этот день складывалось так удачно. Так сине и зелено. Я знал, что сверкало солнце, оттого что никелированный ключ стартера отражался в переднем стекле [НАП, 2: 120].

Ассоциативные связи ведут образцового читателя Набокова от конкретного к абстрактному, при этом используя в начале свойственный писателю нарративный обман: когда вводятся слова о том, что все в порядке или же (как в этой цитате) настроение отличное, все складывается удачно и идиллично («цикады», «шелк», «гладко»), это обязательно предзнаменует в сюжете беду и поворот к несчастью. Впрочем, перемену внушает и фраза «ключ стартера», начало нового.

Следующая веха, преодолимая при помощи ключа, — первая ночь с Лолитой. Ключ от номера в гостинице «Привал Зачарованных Охотников» открывает дверь, за которой голая спящая Лолита ожидает Гумберта Гумберта.

> Ключ с нумерованным привеском из резного дерева тотчас же превратился в увесистое «*сезам-отворись*», в сказочную отмычку, могущую отпереть блаженное и страшное будущее. Он был мой, он был *часть моего горячего, волосистого кулака*. Через несколько минут — скажем, двадцать, скажем полчаса (sicher ist sicher, как говаривал мой дядя Густав), *я отопру дверь* номера 342 и найду мою нимфетку, мою красу и невесту, в *темнице хрустального сна*. Присяжные! Если бы мой восторг мог звучать, он бы наполнил эту бур-

жуазную гостиницу оглушительным ревом. И единственное, о чем жалею сегодня, это что я не оставил молча у швейцара *ключ 342-ой* и не покинул в ту же ночь город, страну, материк, полушарие и весь земной шар. <...>
Она моя, моя, *ключ в кулаке*, кулак в кармане, она моя. Путем заклинаний и вычислений, которым я посвятил столько бессонниц, я постепенно убрал всю лишнюю муть и, накладывая слой за слоем прозрачные краски, довел их до законченной картины. <...> *Огромный ключ со смуглым ореховым привеском* был у меня в кармане. <...>
Я бродил по различным залам, озаренный снутри, сумрачный снаружи: ведь лицо вожделения всегда сумрачно; вожделение никогда не бывает совершенно уверенным — даже и тогда, когда нежная жертва *заперта у тебя в крепости* — что какой-нибудь дьявол-конкурент или влиятельный божок не норовит отменить приготовленный для тебя праздник (курсив мой. — Ж. Х.)[29] [НАП, 2: 153–156].

Здесь Набоков открывает перед читателем семантически-ассоциативную дорогу инвариантов эротических отсылок к разным культурным кодам, к фольклору, к народным заклинаниям, к восточной символике ключа. Образ невесты в хрустальном дворце — не только общеизвестная тема сказок, но и символическое проявление тайны (ср. с пещерой). Ключ выполняет двойную функцию: он закрывает эту тайну и девушку, и он открывает дорогу к ней для избранных. Одновременно в символике ярко выражен эротический «физический» образ ключа — фаллического знака, мужского начала, способного распечатать и тайну, и вход-скважину женского «негатива», то есть принимающую сторону. «Можно было еще спастись — но ключ повернулся в замке, и я уже входил в комнату». Описание ключа — «с привеском» — не оставляет сомнения, что он — аллегория всего

---

[29] О. Воронина определила, что 342 — номер русского паспорта Набокова, выданного ему в Севастополе, с которым он покинул Россию 27 мая 1919 года, что открыло перед ним дорогу на свободу (см. доклад «Тайнопись открытым текстом. Комментарии к материалам из архива В. В. Набокова в Нью-Йоркской Публичной библиотеке», Международные Набоковские чтения, 3 июля 2020 года). Паспорт хранится в архиве Набокова [Berg Collection].

комплекса мужского полового органа («увесистое "сезам-отворись"», «ключ в кулаке, кулак в кармане», «огромный ключ со смуглым ореховым привеском был у меня в кармане», «часть горячего, волосистого кулака»).

Следующий ключ в роли двигателя сюжета закрывает ящик, полученный для шахмат, в котором Гумберт Гумберт прячет пистолет. Пистолет как фаллический символ переплетается со значением названия игры *шахматы* — «король мертв». Эта связь снова обращает ассоциации к пониманию убийства как ритуального акта, как смены королей. (Выше было указано, что круговорот природы отмечался ритуальным убийством старого короля молодым, см. этнографические исследования Фрэзера, упомянутые при обсуждении инцестуозного убийства.)

Последние ключи прячет в карман Гумберт Гумберт перед убийством Куильти — это ключи разных комнат в замке Куильти: «...в продолжение пяти минут по крайней мере, я ходил — в ясном помешательстве, безумно-спокойный, зачарованный и вдрызг пьяный охотник, — и поворачивал *ключи в замках*, свободной рукой суя их в левый карман» [НАП, 2: 359].

Несомненно (как выше говорилось), что в этом приближении убийства есть эротический оттенок ожидаемого соединения (пуля из пистолета проникает в тело). Перед Куильти закрывается дорога, он исключен из своего царства, загнан в глубину своей пещеры без выхода, но эту бинарность проникновения в тайны и в тело другого человека оттеняет еще другой, до этого еле заметный, но постоянно присутствующий мотив Синей Бороды: в комнатах Куильти закрыты убитые женские судьбы. Карл Проффер в своей основополагающей книге о «Лолите» упоминает мотив Синей Бороды, но не распространяет его на мир Куильти. Кстати, вопреки многообещающему названию, среди мотивов Лолиты он не упоминает ни мотив ключа, ни пещеры, ни пламени [Проффер 2000][30].

---

[30] Английский текст написан в 1968 году. Роза в книге: 1. «Розы» в тексте как доказательство того, что Куильти был в гостинице «Привал Зачарованных Странников» [НАП, 2: 107, 113]; 2. Упоминание некоторых примеров из текста как одного из мотивов, которых книга не коснулась [НАП, 2: 211].

Ключ в своем двойном значении был символом двуликого Януса в Риме (от лат. *ianua* — «дверь», божество, связанное с идеей предела, охраны и пересечения границы; изображался с терминусом — межевым столбом), одним лицом обращенного в прошлое, другим — в будущее (такая двуликая фигура, восковая кукла в витрине парикмахерской, у Набокова появляется в «Защите Лужина», см. об этом в главах «Душеубийственная прелесть...» и «Мост через реку...»). Ключ, таким образом, и начало нового, и конец пройденного. Первая ночь с Лолитой подразумевает этот переходный пункт между ними, инициацию. Ключ в христианской традиции сохраняет свое мистическое значение: «...так говорит Святый, Истинный, имеющий ключ Давидов, Который отворяет — и никто не затворит, затворяет — и никто не отворит» (Откровение 3: 7). В Откровении от Иоанна Ангел снисходит с небес с ключом от бездны и сковывает сатану, заключает его туда на тысячу лет (Откровение 20). В романе иронически описано, как Гумберт Гумберт, лежа ночью в постели в ожидании подходящего момента, замечает, что места ему оставлено недостаточно: «Я остался лежать неподвижно на краю бездны» [НАП, 2: 160]. Если ключом с небес открывается бездна, то перед нами аллегория рая — один из самых очевидных лейтмотивов в романе. А образ небесной бездны введен уже в начале романа: «Россыпь звезд бледно горела над нами промеж силуэтов удлиненных листьев: эта отзывчивая бездна казалась столь же обнаженной, как была она под своим легким платьицем» [НАП, 2: 23].

Мощный мотив ключа выходит за рамки названия вещи-ключа, даже за рамки мифологического-герметического осмысления. Словоформы (так же, как в случае псевдонимов Куильти в гостиницах) теряют границы, и таким образом в волшебный круг слова *ключ* попадают и иные: ис*ключ*ительно, при*ключ*ение, зло*ключ*ение, за*ключ*ение, в*ключ*ить и вы*ключ*ить (радио и в качестве сувенира саму Лолиту), *ключ*ица девушки... Таким образом создается лейтмотив, подобно тому как анаграммы создают группы слов, которые я называю клеточными анаграммами

[Hetényi 2015: 98–99] в творчестве Набокова (см. подробнее в главе «Взор и узоры прозы…»). Набоков обращается к образу ключа и в послесловии к русскому изданию:

> История этого перевода — история разочарования. Увы, тот «дивный русский язык», который, сдавалось мне, все ждет меня где-то, цветет, как верная весна за *наглухо запертыми воротами*, от которых столько лет *хранился у меня ключ*, оказался несуществующим, и за воротами нет ничего <…> а ключ в руке скорее похож на отмычку [НАП, 2: 348].

Этот образ отсылает обратно и к тексту, но там поставлен в эротический контекст, цитированный выше: ключ превратился «в сказочную отмычку, могущую отпереть блаженное и страшное будущее» [НАП, 2: 153]. Ключ — один из инвариантных мотивов Набокова и является доминантой в «Даре» (1938), см. [Hetényi 2015: 435–478].

Мотив бездны связан с экстазом, который в мире Набокова единственный способен освободить от уз «реальности» и преодолеть бинарное восприятие действительности. Мотив задан в объяснении в важной сцене первой близости на тахте, где экстаз описан исчезновением пространства, реальности и самого Я. Бездна, помимо тютчевского понимания космической бесконечности, приобретает коннотацию искусства и молитвы, или даже искусства как молитвы:

> Повисая над краем этой сладострастной бездны (весьма искусное положение физиологического равновесия, которое можно сравнить с некоторыми техническими приемами в литературе и музыке), я все повторял за Лолитой случайные, нелепые слова — Кармен, карман, кармин, камин, аминь… [НАП, 2: 78].

Бездна, пропасть, по-английски *abyss, depths, chasm*, у Набокова означают ту крайнюю черту, переступить через которую заманчиво, но опасно, а то и нельзя, но балансировать на которой — блаженство. Эта черта отмечает границу иного измерения, не нашего мира, «край иррационального» [Набоков 1979]. В этом секрет «ненормальности» Гумберта Гумберта, в его стремлении к несбыточным безднам:

> Кто знает, может быть, истинная сущность моего «извращения» зависит не столько от прямого обаяния прозрачной, чистой, юной, запретной, волшебной красоты девочек, сколько от сознания пленительной неуязвимости положения, при котором *бесконечные совершенства заполняют пробел между тем немногим, что дарится, и всем тем, что обещается, всем тем, что таится в дивных красках несбыточных бездн* (курсив мой. — Ж. X.) [НАП, 2: 323].

Подобный эротический подтекст определяет лексику в «Защите Лужина», в точной середине текста, которая совпадает и с кульминацией — Лужин проигрывает партию, и на него падает беспамятство. Важно еще подчеркнуть, что это читаем в сюжете романа, где совершенно нет эротической развязки или темы: «не удалось войти в желанное сочетание»; «очаровательная, хрустально-хрупкая комбинация»; «в упоительных и ужасных дебрях бродила мысль»; «одно последнее неимоверное усилие и он найдет тайный ход победы»; «он понял ужас шахматных *бездн*» [НРП, 2: 389–390].

Набоков «спациализует», конкретизирует в пространстве край, границу рационального и иррационального, ту линию, которую переступать нельзя, потому что попадаем в бездну, развитую в один из инвариантов его текстов.

> Этакое *приятное таяние под ложечкой со щекоткой «распространенного осязания»* плюс мысль, что нет ничего ближе к опровержению основных законов физики, чем умышленная езда не по той стороне. В общем, испытываемый мной *прекрасный зуд был очень возвышенного порядка*. Тихо, задумчиво, не быстрее двадцати миль в час, *я углублялся в странный, зеркальный мир*. <…> Проезд сквозь красный свет напомнил мне запретный глоток бургундского вина из времен моего детства <…> извлекающего *диковинную усладу из собственной вялости*… (курсив мой. — Ж. X.) [НАП, 2: 372, 373].

Здесь, на предпоследних страницах своего романа Набоков вставляет воспоминание рассказчика о таком же состоянии духа сразу после исчезновения Лолиты, которое опять-таки содержит ключевые слова экстаза и встречи, общения с иным измерением на краю пропасти.

> Как-то раз, вскоре после ее исчезновения, приступ отвратительной тошноты заставил меня оставить машину на старой, полузаросшей горной дороге, которая то сопровождала, то пересекала новенькое шоссе и вся пестрела от *диких астр*, купавшихся в разбавленном тепле *бледно-голубого* дня в конце лета. После *судорог* рвоты, *вывернувшей меня наизнанку*, я сел отдохнуть на валун, а затем, думая, что свежий *горный* воздух мне пойдет впрок, прошел несколько шагов по направлению к низкому каменному парапету на стремнинной стороне шоссе. Мелкие кузнечики прыскали из сухого придорожного бурьяна. *Легчайшее облако как бы раскрывало объятия, постепенно близясь к более основательной туче, принадлежавшей к другой, косной, лазурью полузатопленной системе. Когда я подошел к ласковой пропасти, до меня донеслось оттуда мелодическое сочетание звуков, поднимавшееся, как пар*, над горнопромышленным городком, который лежал у моих ног в складке долины. Можно было разглядеть геометрию улиц между квадратами красных и серых крыш, и зеленые дымки деревьев, и змеистую речку, и драгоценный блеск городской свалки, и, за городком, скрещение дорог, разделяющих темные и светлые заплаты полей, а за этим всем — лесистые громады гор. Но даже ярче, чем *эти встречные, безмолвно радовавшиеся краски — ибо есть цвета и оттенки, которые с умилением празднуют свои встречи, — ярче и мечтательнее на слух, чем они для глаза, было воздушное трепетание сборных звуков, не умолкавших ни на минуту при восхождении своем к гранитной полке, на которой я стоял*, вытирая мерзостный рот. И вдруг я понял, что все эти звуки принадлежат к одному роду и что никаких других звуков, кроме них, не поднимается с улиц прозрачного городка. Читатель! Мелодия, которую я слышал, составлялась из звуков играющих детей, только из них, и столь *хрустален был воздух, что в мреющем слиянии голосов,*

и величественных и миниатюрных, отрешенных и вместе с тем волшебно близких, прямодушных и дивно загадочных, слух иногда различал как бы высвободившийся, почти членораздельный взрыв светлого смеха, или бряк лапты, или грохоток игрушечной тележки, но все находилось слишком далеко внизу, чтобы глаз мог заметить какое-либо движение на тонко вытравленных по меди улицах. Стоя на высоком скате, *я не мог наслушаться этой музыкальной вибрации,* этих вспышек отдельных возгласов на фоне ровного рокотания, и тогда-то мне стало ясно, что пронзительно-безнадежный ужас состоит не в том, что Лолиты нет рядом со мной, а в том, что голоса ее нет в этом хоре (курсив мой. — Ж. Х.) [НАП, 2: 373–374].

Перед нами элементы экстаза: чувство прикосновения смерти, растворение в мире, птичий взгляд на реальность, интенсивное ощущение природы, изменение ракурса, возвышенное состояние (ощущение опьянения), обострение пяти чувств, даже обман чувств (слуховые эффекты, мнимая музыка), ощущение близости неба. Эти же элементы присутствовали в сцене на тахте, где восторг достигается благодаря тому, что «реальность Лолиты была благополучно отменена» [НАП, 2: 77].

Основное качество эстетики эротики — недоступность и недостигаемость, которые проходят по всему сюжету, на разных поэтических уровнях. Сама теория нимфеток Гумберта Гумберта, разница в возрасте служит точкой отталкивания для множества других препятствий и разных форм погони и охоты в сюжете. В стремлении к предмету эротики достигается сладостное состояние экстаза, возвышенного автором полигенетическими культурными кодами и доведенного (уже в стихотворении «Лилит») до *unio mystica* [Idel 1988: 59–73]. Предмет эротического вожделения привлекает, ибо его волнующая красота заключается в самодостаточности и независимости. Адекватная форма общения с ним — легкое прикосновение, приближение, поиск, угадывание, одним словом — интуитивное познание (третий путь поиска истины, предлагаемый герметическими учениями, помимо релевации и философского познания, согласно Филону

Александрийскому). А если попробовать «овладеть» объектом стремления, эротика может перенести в другую, трансцендентальную сферу бытия. Недаром «отнимает» Набоков от своего героя молодую Аннабеллу, сначала в сцене на берегу моря, перед завершением их соединения («собирался овладеть моей душенькой» [НАП, 2: 22]), а потом она и вовсе умирает. Преодоление бинарного восприятия физического мира переводит в измерение трансценденции. Но это конечное, успешное овладение объектом стремлений смертельно, убийственно: вожделение лишается цели, убита сама цель.

Стихотворение «Лилит» выражает этот же концепт: из рая вожделения дорога ведет в ад и в одиночество пустого удовлетворения, во взаимности и в соединении исчезает самое важное. Незавершенность, недоступность тайны является в поэтике Набокова формообразующим элементом, о чем свидетельствуют загадочные концовки романов (например, в «Машеньке», «Защите Лужина», «Приглашении на казнь», «Подвиге») (см. [Hetényi 2015: 456 и далее]). В «Посещении музея» совершен переход в Россию, достигнута страна мечты и снов — и ужасно осознать разочарование и опасность враждебного мира. Лужин не может завершить партию и не участвует в собственной брачной ночи. Он не сойдется на вершине треугольника с партнером (а открытый треугольник — символ сатаны, см. начало «Фауста»). Идея недостижимости унаследована Набоковым от символистского миропонимания недоступности тайны мира, неопределимости мировой души, а также от Паскаля и религиозных философов-мистиков. В этом смысле для эротического существенна точка прикосновения с идеей Логоса, непознаваемой сущностью мира, божественным мировым законом. Греческая словоформа пары слов *Эрос — Логос* может определить тот общий подход, который одинаково применим и в герметических системах, и при чтении произведений Набокова, см. [Хетени 2003], [Хетени 2005]. Эротексты писателя предлагают читателю сложный инициационный путь, при котором сам процесс интеллектуального поиска, мышления содержит эротический элемент «наслаждения» в стремлении, в надежде приблизиться к недоступному.

В заключение я предлагаю схему соотношения понятий, вовлеченных в определение *синкретического эротекста*.

1. Полигенетические символы (синкретизм)
Слова-коды эзотерических учений, точки опоры для ассоциаций (например, роза, пламя, пещера, смарагд).
Культурный фон в системах кода: Библия (оба Завета, иудаизм и христианство), греческие мифы и философия, гностические учения, каббала, алхимия, масонство.
Герметизация текста — недоступный смысл, игра со скрытым (энигматичным) смыслом, угадывание, догадки, процесс поиска смысла.
Методы библейской герменевтики и экзегетики, каббалистики (эзотерика чисел и букв).

2. Эротекст
Чтение: «логомантия» — недоступность, расплывчатость смысла текста подобна прикосновению, приближению, вожделению смысла.
Элемент недоступности: образ не поддается описанию словами, цель в приближении к тайне (наследие символистов).
Мистическое измерение, прикосновение к «потустороннему», «божественному», трансцендентальному, мышление «адом-раем». Постижение мистического: экстаз, устанавливающий связь между небесным и земным.
Экстаз: приближении к тайне-цели, восторг, подъем, «Иное» состояние души и тела, бессловесное, чувственное музыкальное переживание, преодоление бинарного восприятия мира.

Для прозы Набокова характерно расширение значения слова. Предметы и явления абстрагируются путем полигенетических кодов, становясь инвариантными (лейт)мотивами, которые выступают в качестве архетипов и поднимают сюжет на уровень универсальной матрицы. Эти слова-ключи в роли полигенетических символов открывают дорогу ассоциациям богатого культурного наследия (Библия, греческие мифы, гностицизм, каббала, алхимия) и живут самостоятельной жизнью: устанавливая между собой связь, образуют герметическую основу закодированного текста, через которую возможна «текстовая» инициация, отвлеченная интерпретация, эротическое неназывание и эзотерическое неназывание переплетаются.

Неназывание у Набокова (ср. традиция «невыразимого» в русской литературе) выражает бессилие языка, неспособность достигать-называть самое существенное. В этом видении мира происходит двунаправленный процесс — эротизация действительности и десексуализация эротического. Процесс дешифрирования такого текста полон эротического напряжения-вожделения-вызова, волнующей игры, сознания бесконечного поиска зовущих, но недоступных истин. Методы поиска скрытого таинства в текстах восходят к разным кодам-ключам: библейской герменевтике, экзегетике, мистицизму — их синкретическую разнородность можно объединить набоковским понятием «логомантии». Стадии движения в приближении к недоступному и в постижении тайны обозначены стремлением к познанию, посвящением, интуитивным подходом. В итоге понимание текста — это возвышение, экстатический (сладостный) подъем в стремлении к «потустороннему». Текстуальное и сексуальное — две тропинки инициации, две сферы, где возможен восторженный подъем в непознаваемое, из слов-ключей создан синкретический эротекст.

Остров Цирцеи

Полигенетические параллели оборотней, свиньи и собаки («Лолита», Гомер и Джеймс Джойс)[1]

Если обратиться к творчеству Набокова холистически, то слова-ключи, о которых уже шла речь, создают лейтмотивы и, благодаря этому выступая за пределы границ отдельных произведений, становятся элементами набоковской системы знаков.

В фигуре Лолиты тщательно развиты в мотивы все атрибуты Деметры, сплетаясь в лейтмотив нераздельности женственности со смертью, Эроса с Танатосом. Наиболее известные образы мифа о Деметре: яблоко, лилия, ива, тополь уже рассматривались мной раньше [Hetényi 2008b], но не было уделено должное внимание, казалось бы, менее поэтическому образу свиньи. Однако свинья — древний символ, соединяющий коннотацию плодородия и богатства, с одной стороны, и нечистоты, разврата, неприглядности, низости — с другой; вписываясь в двойную натуру Деметры, сестры и «свекрови» Аида, воплощения и подземного царства, и божественного плодородия земли.

---

[1] В главе использованы материалы статей автора: Привал Очарованных Охотников в «Лолите» Набокова и остров Цирцеи у Гомера и Джойса. Полигенетические параллели и образы оборотня, свиньи и собаки // Russian Literature. 2011. Vol. 69(1). P. 39–55; Prenoćište začaranih lovaca u «Loliti» V. Nabokova i Kirkin otok kod Homera i Joycea. Poligenetske paralele i likovi transforma svinje i psa // Transfer. Zbornik Radova o transferima u kulturi / J. Vojvodić. Zagreb: Hrvatska Sveučilišna Naklada, 2012. P. 155–172.

Свинья в греческой мифологии ассоциируется и с Цирцеей, которая заворожила воинов Одиссея и превратила их в свиней на своем острове. Остров по праву может восприниматься, согласно названию гостиницы из «Лолиты», «Привалом Зачарованных Охотников», тем более что узуальный аспект слова *привал* семантически связан с мореплаванием. (В английском тексте слово *hotel* не придает этого значения, но другое повторяющееся выражение, «enchanted island» — начиная уже с четвертой главы — компенсирует разницу между английским и русским текстами и даже делает ассоциацию с островом Цирцеи прямой.) О том, что зачарованные охотники, давшие название гостинице, понимаются в мифологическом плане, Набоков сообщает посредством экфрасиса, описания фрески в ресторане гостиницы, где охотники изображены в стилизованном греческом пейзаже, в окружении животных, дриад и деревьев.

Из этого слишком гостеприимного привала Цирцеи выход проложен через Аид. Согласно совету Цирцеи:

> Переплывешь наконец теченья реки Океана.
> Берег там низкий увидишь, на нем Персефонина роща
> Из тополей чернолистных и ветел, теряющих семя.
> Близ Океана глубокопучинного судно оставив,
> Сам ты к затхлому царству Аидову шаг свой направишь.
> Там впадает Пирифлегетон в Ахеронтовы воды
> Вместе с Коцитом, а он рукавом ведь является Стикса
> [Гомер 1953: 123, стихи 508–524].

В этих гомеровских строках появляется целая гамма будущих набоковских мотивов: плавание в другой мир, Елисейские деревья тополь и ива, реки преисподней и глубина бездны. То, что выход из такой ситуации возможен только путем катабасиса (в подземное царство, в подсознание или глубинное измерение), из мифологического стало архетипическим в литературе[2], а у Набокова характерной аксиомой — такой выход завершает роман «При-

---

[2] В том числе и в фантастической литературе, например в «Големе» Густава Майринка, «Родине» Льва Лунца.

глашение на казнь» (казнь Цинцинната), в таком плане представлена кончина Лужина, переступание границы в пространстве рассказчиком «Подвига» и «Посещения музея».

Гомеровские воины-оборотни, превращенные в свиней, теряя человеческий облик, опускаются не только морально, но и в буквальном смысле в Аид, поэтому неудивительно, что Одиссей только при помощи Гермеса-психопомпа способен вернуть им человеческий облик. При этом (сам очарованный) он должен провести ночь с Цирцеей и остаться на год на острове. Этот его «арест» несколько аналогичен зачаровыванию Персефоны гранатовым семенем и ее беременности, которая обязывает ее к неподвижности в аду. (О мотиве пещеры и семени см. [Хетени 2007; Hetényi 2008b].) Гермес — псеглавый полубог-посланник, возникший в древнегреческой культуре по следам египетского психопомпа Анубиса, изображен иногда с шакальей головой (см. еще главу «Из чего состоит "живая собака"...»).

В комплексе изображений Деметры свинья занимает вовсе не второстепенную роль. «Свиной знак» богини закреплен и в ритуалах греков: раз в год ей посвящались свиньи. Жест жертвоприношения по определению направлен на метаморфозу, нечто «земное» и материальное отправлено дымом к божествам в небо. Праздник Деметры (Цереры) у римлян был приурочен ко дню зимнего солнцестояния, на самый темный день, когда праздновалась Сатурналия — это день смерти Лолиты[3].

---

[3] Свиньи (как и кабаны) считались опасными и нечистыми, поэтому или нет, но связанными также с ночными силами и покойниками. Их нечистота и физическая, и метафизическая — помимо запрета есть свинину иудаизмом и исламом; демоническое начало закрепилось за ними и сохранилось в христианстве. Набоков в качестве общепризнанного топоса ссылается на сцену исцеления Иисусом бесновавшегося в Гадаре, когда демоны перешли в свиней и их эти нечистые духи утопили в море (Марк 5: 1–20; Лука 8: 26–39). Набоков пишет о бесновавшихся критиках: «having missed not only the point of my book but also their rodential Gadara» [Nabokov 1974b: 22]. Библейское место заслуживает особое внимание, потому что полностью цитируется в романе Достоевского «Бесы» (гл. 7, ч. 2). В новозаветной традиции свиньи означают вульгарность, презрение черни (Матфей 7: 6). Библейский код свиньи очень близок к набоковской коннотации пошлости.

Мотив деметрийной и цирцейной свиньи вводится в «Лолиту», когда действие приближается к первой ночи с Лолитой в «Привале Зачарованных Охотников». Гумберт Гумберт с трудом находит дорогу, и когда добирается до гостиницы, нет места для его машины на стоянке:

> Сначала показалось, что запаркованные автомобили, устроившиеся рядком, как у корыта свиньи, закрывают подступ; но вдруг, как по волшебству, внушительных размеров открытая машина <...> попятилась под управлением широкоплечего господина — и мы благодарно скользнули в образовавшееся пространство. Я тут же попенял на свою поспешность, заметив, что мой предшественник теперь воспользовался чем-то вроде гаражика [НАП, 2: 146].

> ...a row of parked cars, like pigs at a trough, seemed at first sight to forbid access [Nabokov 1970a: 119].

Это машина Куильти, который идет перед ним, и, как окажется позже, это — эпизод-предзнаменование, ведь он украдет место Гумберта Гумберта не только на стоянке, но и в любви, когда похищает Лолиту из больницы.

В гостинице весь персонал, появляющийся по очереди, по одному: владелец, его жена и служащий-портье, и даже семья, которая заняла по ошибке номер Гумберта и Лолиты — все до последнего без исключения похожи на свиней. Все розовые и лысые, «с розовыми волосками, растущими из ушных и других дыр» [НАП, 2: 147]. В английском тексте: «a bold porcine old man», «pink old fellow», «Potts, also pink and bold, with white hairs growing out his ears and other holes» [Nabokov 1970a: 119, 120].

Скоро произойдет групповое превращение этих людей в оборотней, когда они получают от рассказчика фамилию «Mr. and Mrs. Swine». В русском варианте текста фамилия персонажей Швайн закрепляет немецкое произношение, а немецкий язык у Набокова носит коннотацию пошлости и жестокости (как в рассказе «Облако, озеро, башня», 1937, или в «Даре»; см. главу «Hybridization of tongues...»). Не ограничиваясь шуточным переименованием персонажей, Набоков путем синекдохи доводит их до полной метаморфозы, носители имен превращаются прямо в свиней: «К этому времени обе розовые свиньи забыли свое гумбертофобство...» [НАП, 2: 148]; «the two pink pigs were now among my best friends», «Pink pig Mr. Swoon» [Nabokov 1970a: 120, 141]. Текстовое оборотничество проходит следующие метаморфозы: сравнение (автомобили как свиньи) переходит в метафору (свиной старик), потом в имя (мистер Швайн) — то есть определение в подлежащее, таким образом в повторениях создан мотив, способный отсылать к архетипической эмблеме.

В контексте «свиной» семантики даже нейтральная лексика встраивается в ряд мотива свиньи. Словесная игра, в которой слово рассматривается как набор слогов и оторванные от слова слоги встраиваются элементами в другое слово, рельефно вырисовывает глубину мотива в тексте, в английском варианте более наглядно. Как раз перед приездом в гостиницу упоминается «*pig*ment» (пигментация) машин как кожи. А завидя гостиницу, Лолита восклицает: «Wow! Looks *swank*!» (курсив мой. — *Ж. Х.*) [Nabokov 1970a: 119], с согласными [свн].

Мы находимся в палатах Цирцеи, но здесь не она, а Одиссей поит свою Лолиту волшебным напитком соблазна, чтобы заворожить свою «жертву» и прикрепить ее к себе (на два года), как эта делала Цирцея с Одиссеем (на год). Снотворная таблетка, которую Лолита проглатывает, соответствует гранатовому семени, проглоченному Персефоной и привязывающему ее к Аиду. Лолита же пленена в объятиях и объездах Гумберта Гумберта. Из этого чертога, как и от Цирцеи, тоже выход ведет только через Аид, или же смерть. Смерть Лолиты и ее дочери при родах в завершении романа можно понимать вариантом возвращения Персефоны в Аид (см. подробнее [Hetényi 2008b: 42–43]).

В гостинице, в «Привале Зачарованных Охотников», Лолита встречает Куильти в первый же момент, когда входит в холл, но это остается незаметным при первом чтении из-за ограниченного ракурса косвенной наррации: для отвода глаз Набоков приводит предположение Гумберта, ошибочно посчитавшего хозяйкой собаки старуху, сидящую рядом. Проходной момент, когда Лолита начинает ласкать собачку с черными ушами, должен привлечь внимание своей эротической лексикой: собака осыпана ласками, на флоре (!) ковра, кокер-спаниель тает под ладонью Лолиты: «Lolita hank down on her haunches to caress a pale-face, blue-freckled, black-eared cocker-spaniel swooning on the floral carpet under her hand» [Nabokov 1970a: 119]. Набоков в русском варианте выбирает название породы мужского рода, и собака в дальнейшем развитии мотива вскоре станет признаком присутствия, чуть ли не призраком Куильти в повествовании (см. главу «Из чего состоит "живая собака"...»). В глаголе «*swoon*ing» здесь снова всплывает фонетическая ассоциация «свиных слов», соединяя ее с мотивом собаки и подразумевая демоническое начало в фигуре Куильти. Мотив собаки, сопровождающий Куильти вплоть до конца романа, прикрепляется к нему таким образом, что «на сцене» появляется то хозяин, то собака, отдельно, и усиливает впечатление оборотничества. Мотив связан и с Аидом, и с пошлостью именно в контексте Цирцеи. Это подтверждается к концу, когда Куильти назван кабаном, *hog* [Nabokov 1970a: 278], и убит в своем доме, на розовом ковре с розовой пеной на губах. «Я выстрелил в него почти в упор, <...> и большой розовый пузырь <...> образовался на его губах, дорос до величины игрушечного воздушного шара и лопнул» [НАП, 2: 370]. Даже употребление слова *hog* вместо *pig* подчеркивает взаимосвязанность мотивов свиньи и собаки, ибо фонетическая близость *hog* — *dog* подчеркивает в семантическом поле их общую полосу значения, бинарность божественного и бесовского. (Если прибавить слово *God* и создать ряд *hog* — *dog* — *God*, это становится более очевидным, см. ниже подобную тройку образных слов, и в главе о мотиве собаки.)

Розовый цвет соединяет фигуры Куильти и Лолиты, но у девочки над свиной пошлостью (что несомненно есть в её визжании и персиковых волосиках) преобладает ассоциация роз, эротики и нежности тела, в то время как в Куильти пошлость берет верх (описание его дома, розовый ковер [НАП, 2: 364]). Русский язык позволяет Набокову еще фонетическую игру словами «свинья» и «свинец» (пули в теле Куильти), усиливая эффект фонетического рельефа так же, как в описании машин в английском тексте связал слова *pigment* и *pig* со свиньей.

Сцена в бассейне в главе 21 второй части заслуживает особого внимания. Лолита играет с собакой Куильти в воде, и за ней наблюдают одинаково возбужденные Куильти и Гумберт. Последний замечает соперника, называя его свинюгой (снова соединены мотивы собаки и свиньи вокруг Куильти). Здесь феномен оборотня не только описан, но открыто назван «метаморфозой», когда Куильти из сатира (который сам по себе переходной фигуры между человеком и зверем) превращается в подобие швейцарского дяди Густава Траппа (как будто опять свиной фонетической аллюзией [шв]).

Параллель между «Привалом Зачарованных Охотников» и чертогом Цирцеи позволяет обнаружить более широкие соответствия не только между путешествиями Гумберта и Одиссея, но и параллель с романом «Улисс» Джойса, чьи «Поминки по Финнегану» получают несколько сатирических реминисценций в «Лолите»: «this idea of children-colors had been lifted by authors Clare Quilty and Vivian Darkbloom from a passage in James Joyce» [Nabokov 1970a: 223], («идею "радуги из детей" Клэр Куильти и Вивиан Дамор-Блок стащили у Джойса» [НАП, 2: 271]).

Чрезвычайно интересно рассмотреть у двух упомянутых авторов пьесы (Куильти и Дамор-Блок) переходность пола, их транссексуальные фигуры, тоже метаморфические в своем роде. Не только авторское супер-Эго, носящее анаграмму имени и фамилии Набокова, Вивиан Дамор-Блок, но и Куильти упоминаются (в обоих случаях в словах Лолиты) то женщинами, то мужчинами, ибо оба носят имена, близкие в письменной форме, и фонетически омонимы с женским именем-вариантом (Vivian — Viviane; Clare — Claire), создавая впечатление андрогинности. Этот игровой обман со стороны Лолиты разоблачается к концу: «It had been horrid of her to sidetrack me into believing that Clare was an old female» [Nabokov 1970a: 275].

Механизм один и тот же, но значения противоположные: Вивиану полагается возвышающий камуфляж сверхчеловечности, ибо он — писательский двойник, а фигуре Куильти придается снижающая коннотация «суб»-человечности, бесовского начала, своеобразного двойника или брата-близнеца Гумберта Гумберта. Любопытно, что в английском тексте Гумберт называет дьявола сначала «он» («...for all the devil's inventiveness, the scheme remained daily the same. First he would tempt me — and then thwart me, leaving me with a dull pain in the very root of my being» [Nabokov 1970a: 57]), через 20 строк «ему» дается женское имя Aubrey McFate. В русском тексте эта мнимая андрогинность утрачена, дьявол назван подчеркнуто Мистером Мак-Фатумом [НАП, 2: 73][4].

Действие главы 15 «Улисса» (150 страниц делирия, одна шестая всего романа) происходит в публичном доме и в кабаке, в которых появляются тоже оборотни, свиньи и собака (среди них «собака Ада»). Собака сопровождает пьяного Блума, напоминая ему о мертвом отце, в подтексте — о мертвом сыне. На коленях проститутки сидит фаустовский пудель. Старая мадам обретает кабаньи клыки, время от времени подаются разные блюда из свинины. Персонажа с глазами сатаны зовут Свини (Sweny, см. звукосочетание [св]), а в качестве визуальной эмблемы (другой роли в сюжете у этого персонажа нет) появляется фигура в охотничьей форме, судя по странной сцене, довольно «зачарованная». Происходит массовая метаморфоза, или даже метемпсихоз всех желанных девушек прошлого в нимф, не говоря о метаморфозе слов, «порнозофической филотеологии и метафизики Мекленбургской». А в конце о Блуме сказано: «Он идет дальше, к адским вратам, за ним сзади скулящий пес» («Followed by the whining dog he walks on towards hellsgates») [Джойс 1993: 342; Joyce 2021].

Метемпсихоз вводится Джойсом не только угадываемым приемом сюжета, но и само понятие метемпсихоза обсуждается в тексте прямо, в виде мотива, развитого в повторениях. В 4-й главе («Навсикаа») Блум пытается объяснить Полли значение этого слова, и Набоков в своем эссе о Джойсе цитирует как раз это место как «один из величайших отрывков в мировой литературе...» [Набоков 2000b: 388]:

---

[4] А. И. Фаркаш (Á. I. Farkas), оставляя вне внимания русский текст, делает выводы исключительно на основании английского [Farkas 2009:117].

Как бы ей лучше запомнить это слово: метемпсихоз. Хорошо бы пример. Пример.
Над кроватью «Купанье нимфы». <...> За рамку отдано три и шесть. Обнаженные нимфы — Греция — а вот и пример — все люди, что тогда жили. <...>
— Метемпсихоз, — сказал он, — так это называли древние греки. Они верили, что человек может превратиться в животное или, скажем, в дерево.
Что они называли нимфами, например.
Она перестала вдруг помешивать ложечкой. Смотрела прямо перед собой и втягивала воздух округлившимися ноздрями.
— Горелым пахнет, — сказала она. — У тебя там ничего на огне?
— Почка! — возопил он [Набоков 2000b: 388–391].

Покупке и приготовлению этой свиной почки посвящается подробное описание до этого. Поход Блума к «свиному мяснику», где описаны разновидности мясных изделий в черном, белом и розовом цветах: «The ferreteyed porkbutcher folded the sausages he had snipped off with blotchy fingers, sausagepink» [Joyce 2021]. В метафоре, превращающей пальцы в сосиски, наблюдается общее стремление текста к оборотням, то есть перехода живого в неживое. В системе пространственных образов у Джойса, в соответствии с мифологическими атрибутами Персефоны, смерть и свинья визуализируются рядом:

> Father Conmee passed H. J. O'Neill's funeral establishment where Corny Kelleher totted figures in the daybook while he chewed a blade of hay. A constable on his beat saluted Father Conmee and Father Conmee saluted the constable. In Youkstetter's, the porkbutcher's, Father Conmee observed pig's puddings, white and black and red, lie neatly curled in tubes [Joyce 2021][5].

---

[5] Отец Конми миновал похоронное заведение Г. Дж. О'Нила, где Корни Келлехер, жуя сухую травинку, подбивал сумму в своем гроссбухе. Констебль, делавший обход, приветствовал отца Конми, и отец Конми приветствовал Констебля. В витрине Юкстеттера, торговца свининой, отец Конми окинул взглядом свиные колбасы, белые, черные и красные, свернутые аккуратными кольцами [Джойс 1993: 171].

Черт и свинья упомянуты рядом и в фразеологизмах: «Gob, the devil wouldn't stop him till he got hold of the bloody tin anyhow and out with him and little Alf hanging on to his elbow and he shouting like a stuck pig, as good as any bloody play in the Queen's royal theatre» [Joyce 2021], («его сам черт не остановил бы, пока он не заграбастал эту треклятую жестянку и с ней обратно, малыш Олф виснет сзади на нем, он орет как свинья резаная, спектакль почище чем в Королевском театре» [Джойс 1993: 267])[6].

Ивы и тополя не только у Набокова (см. [Hetényi 2008b]), но и в «Улиссе» эмблематизируют Аид: «Metempsychosis. They believed you could be changed into a tree from grief. Weeping willow» [Joyce 2021], («Метемпсихоз. Они верили, что от горя можно превратиться в дерево. В плакучую иву» [Джойс 1993: 293]).

В лексической канве «Улисса», особенно в главе 15, часто мелькают словосочетания и обороты, гапаксы со словом *pig* — и существующие, и новосозданные метафоры: *pigtail, pig'sfeet, pigdog, pigsticky, pig's whisper*[7] и т. п. Вираг Липоти / Virag Lipoti является оборотнем с чертами собаки и свиньи, к тому же с бесовскими качествами, он молится к Собачьему Богу, переменив буквы в слове, которым дублинские женщины обзывают Блума: из *pigdog* делается *Pig God*. Эта пародия, в которой возвышенное и низменное перемешано паронимически[8], восходит к Рабле, к средневековому (карнавальному и фольклорному) жанру игровой литургии, *parodia sacra*[9].

Набоков тоже использует подобное обратное чтение этих слов: «What is this jest in majesty? This ass in passion? How do God and Evil combine to form a live dog?» [Nabokov 1971b: 56]. В подобном перемещении букв трансформируется и сливается образ или фигура

---

[6] Обратим внимание на созвучие имени Gob слову God.

[7] Статистически у Джойса слова dog, pig и hog приведены около 50, 100 и 20 раз и используются, естественно, ритмически и в рифмах, например: «You hig, you hog, you dirty dog!», и в единичных словосочетаниях.

[8] Смешение паронимов зачастую получает пародийный смысл. Типичная богохульная паронимия: «Во имя Овса и Сыра и Свиного Уха».

[9] См. «Всепьянейшую литургию» XIII века в переводе Б. И. Ярхо [Ярхо 1974: 44–48].

Демона с Богом в именах героинь, стоящих рядом в рассказе «Сказка» (*Demon — Monde, Frau Ott* без начального *G* для слова *Gott*). Это двуединство развито Набоковым в образе падшего ангела вплоть до членов семейства Демонов в «Аде...» (1969), с аллюзией на «Демонов» Лермонтова и Врубеля [Ronen 1981: 371–372, 375][10].

Блум в своих галлюцинациях сначала подвергается трансформации и превращен в женщину Беллой Коган (которая предварительно тоже превратилась в Белло, мужчину). Потом Блум виртуально пересекает и порог смерти, откуда возвращен нимфами — теми самыми, с картины в его спальне. Эти нимфы, вероятно, изображены на дешевой копии полотна Бёклина, романтического символиста, превращенного в массовый китч, чьи картины Набоков вешает чуть ли не в каждой квартире русских эмигрантов в своих берлинских романах. Стивен же вырывается из своих инфернальных галлюцинаций ударом палки, атрибутом Гермеса, повторяя жест Одиссея, который пользуется для выхода из очарования Цирцеи подаренной Гермесом палкой. Время действия полночь, время смерти, аналогия зимнего солнцестояния в цикле времен года.

Соответствия и параллели между «Лолитой» и «Улиссом» уже затрагивались исследователями, в первую очередь в зеркале высказываний Набокова о влиянии или не-влиянии Джойса. «Лолита» и «Улисс» ставились рядом уже и самым близким к автору истолкователем творчества Набокова, А. Аппелем, в предисловии к аннотированному изданию «Лолиты» [Nabokov 1970a: 970], книге, вне сомнения апробированной самим автором романа. Аппель пишет: «Lolita is surely the most allusive and linguistically playful novel in English since "Ulysses" (1922)» [Nabokov 1970a: ix]. Н. Корнуэлл соотносит «Лолиту» со многими предшественниками и пратекстами, образами и сюжетами сначала внутри творчества писателя, затем в русской и мировой литературе [Корнуэлл 2005]. Здесь подробно рассматривается влияние

---

[10] Подобные слова-оборотни (палиндромы) Набокова: *pot — top* («Pale Fire»), *Otto* («Путеводитель по Берлину»), *bog — gods* («Nikolai Gogol») — обычно связаны у Набокова не только с криптограмматической игрой, но и — через секреты языка — с иррациональным началом.

«Улисса» на «Лолиту», ранее уже трактованных у Проффера [Proffer 1968: 20, 134] и в комментариях Аппеля к «Лолите» [Nabokov 1970a: 325–326].) Корнуэллом детально рассмотрена глава 11 («Сирены»), испанские мотивы, созвучие имен и предметного мира, параллели между Гумбертом и Блумом[11]. Ю. Мойнахен (J. Moynahan), проводя добросовестный осмотр возможного влияния Джойса на Набокова, полагается лишь на слова Набокова в интервью и эссе, с одной стороны, и на его университетские лекции — с другой [Moynahan 1995].

«Улисс» на страницах «Strong Opinions» поставлен несравненно выше, чем любое иное произведение Джойса, но Набоков решительно отрицает какое бы то ни было его влияние, ибо, как он пишет, в 20-е годы он только мимоходом прикасался к нему, а в 30-е, когда по-настоящему с ним ознакомился, он уже сформировался как писатель и у него появился иммунитет к литературным влияниям. Третий период знакомства с Джойсом, в этот раз основательный, наступил для Набокова, когда он готовился к серии лекций о европейской прозе в Корнеллском университете и начал читать курс, в котором отделялось Джойсу семь недель, с двумя лекциями в неделю [Nabokov 1990: 71].

---

[11] Корнуэлл указывает и на «Этюды психологической сексуальности» Эллиса Хейвлока, которые содержали исповедь пациента гумбертовских наклонностей (см. «The Confessions of Victor X», переиздание в «Caliban», 1984). Книгу, упомянутую в романе «Look at the Harlequins!», Набоков получил от Эдмунда Уилсона. Корнуэлл утверждает: «Nabokov considered Bloom to be an 'undinist'» [Корнуэлл 2005], но указанная в исследовании ссылка неверна, в указанном месте нет упоминания. Но главное, что не отмечена интересная деталь и контекст. Набоков называет Куильти «repressed undinist»: «He did not use a fountainpen which fact, as any psychoanalyst will tell you, meant that the patient was a repressed undinist. One mercifully hopes there are waternymphs in the Styx» [Nabokov 1970a: 252], («Он не пользовался самоструйным пером — верное указание (как подтвердит вам всякий психиатр), что пациент — репрессивный ундинист. Человеколюбие понуждает нас пожелать ему, чтобы оказались русалочки в волнах Стикса» [НАП, 2: 307]). Термин «ундинист» создан Хейвлоком, он описал собственный симптом перверсии (не опознанной им до 60 лет); и самим употреблением этого слова, вместо урофилии, Набоков не только указывает на свой источник, на Хейвлока, но вместе с тем обогащает мотив воды и влаги в романе.

Стоит только взглянуть на хронологию и даты, чтобы убедиться в биографическом совпадении и параллельности лекций о Джойсе и начала работы над «Лолитой»: Набоков летом 1950 года начал готовиться к лекциям и в июле того же года приступил к написанию «Лолиты». Правда, остался недоволен и пытался сжечь рукопись, которую спасла его жена, отговорив писателя: «I recall that there was a moment, in 1950, and again in 1951, when I was on the point of burning Humbert Humbert's little black diary» (из интервью журналу «Playboy», 1964) [Nabokov 1990: 20].

В сентябре он начал свои лекции, которые доходили до Джойса каждый учебный год в конце весеннего семестра, следовательно, в начале лета. Именно ранним летом 1952-го, потом, с перерывом, снова ранним летом 1953 года Набоков возобновил работу над «Лолитой». В перерывах, осенью 1952 года, был занят последними рассказами, а в 1953 году комментариями к «Онегину», счастливым обязательством по стипендии Гуггенхайма, полученной для этой работы [Garland Companion 1995: xiii–xiv].

Набоков читал лекции о Джойсе, в которых можно искать и обнаружить некоторые намеки на его собственный писательский метод, в частности интерес к подробностям и деталям текстов Джойса. С точки зрения мотива свиньи, рассмотренного выше, любопытно, что Набоков обсуждает каждый случай, в сумме пять сцен, когда в «Улиссе» подается свинина на стол, не забывая и о словах Молли, которая вспоминает еще раз утренний разговор о метемпсихозе: «...и еще спросила про то слово, метим чего-то там, а он развел насчет воплощения такое что черт ногу сломит, никогда не может объяснить просто, чтобы человеку понятно стало, потом он удалился и сжег сковородку все из-за своей Почки...» [Джойс 1993: 526][12]. Джойс пишет слово «почка» с прописной буквы, доведя до уровня символа или собственного имени человека. Набоков же называет почку «внутренний орган меньшего брата» [Набоков 2000b: 399], тоже оборачивая свинью чело-

---

[12] Ср.: «...and that word met something with hoses in it and he came out with some jawbreakers about the incarnation he never can explain a thing simply the way a body can understand then he goes and burns the bottom out of the pan all for his Kidney» [Joyce 2021].

веком, но по-иному, и, главное, не раскрывая ассоциацию между свиньей и бесовским началом, хотя почки у Джойса выступают в роли антибожества и монстра, и по соседству с мертвыми людьми. Притом что Набоков особо отмечает любовь Блума к собакам, опять-таки не указывает на то, как строится дальше мотив собаки, а довольствуется наблюдением сюжетного порядка, как бы имитируя наивного читателя. Следуя плетению текста Джойса, он не мог не отдавать себе отчет в присутствии бесовского начала и коннотации смерти в собачьих образах в «Улиссе», ведь Джойс открыто доводит свой мотив до этой расшифровки, как мы видели. Здесь можно понять или, скорее, поймать Набокова, который поступает как игрок в шахматы. Он указывает читателю дорогу (он цитирует без исключения все места, где собаки и кладбище появляются в общих описаниях у Джойса[13]), но даже на своих уроках не выдает сокровенные тайны метода, который он освоил отчасти как наследие мифопоэтического видения символистов, отчасти как урок, взятый у Джойса. Набоков поступает, как его психопомпы-обманщики, доводит читателя до половины дороги и потом оставляет инициируемого одного.

---

[13] «Также отметьте участливое отношение к собакам — к примеру, когда по пути на кладбище он вспоминает Атоса, собаку покойного отца: "Старый Атос, бедняга! Будь добрым к Атосу, Леопольд, это мое последнее желание". И Атос в мыслях Блума предстает как "смирный пес. У стариков обычно такие". Блум обнаруживает чуткость к зоологическим эмблемам жизни; в художественном и человеческом плане он здесь не уступает Стивену, сочувственно наблюдающему за собакой на пляже Сэндимаунта. <...> Блум разделяет курьезный интерес Джойса к мочевому пузырю. Исполненный сочувствия к животным, он даже кормит морских чаек, которых я лично считаю неприятными птицами с глазами пьяниц. В книге есть и другие примеры доброты Блума по отношению к животным. Во время прогулки перед вторым завтраком он обращает внимание на стаю голубей возле здания Ирландского парламента. Интересно, что сама тональность наблюдения: "Резвятся после кормежки" — в точности соответствует по ритму и настроению размышлениям Стивена на пляже: "Простые радости бедняков" (ироничное искажение "Элегии, написанной на сельском кладбище" Томаса Грея, 1751), где пес, когда его позвали, поднял заднюю лапу и "быстро, коротко помочился на необнюханный валун"» [Набоков 2000b: 399–400, см. также 380]. Доброе отношение к животным появляется у Набокова в искаженном свете в фигуре жены Лужина, которая жалеет собак так же фальшиво, как и Антоша, герой романа для детей, написанного отцом Лужина.

Полигенетические оборотни, собака и свинья затрагивают сферу ассоциаций повелителя Аида, беса. Прежде всего намечают круг персонажей-психопомпов, которые и предвещают смерть, и одновременно являются помощниками по дороге в смерть. Их миссия — трансмиссия. Они и зловещи, и обманчивы, как их архетипический образ, Гермес-психопомп, помогающий в переправе. В мотивах собаки и свиньи показана и адская, плотская сторона эротики, архетипический роковой элемент Танатоса в Эросе. Вследствие этих низменно-плотских «животных» мотивов фигура Лолиты появляется в амбивалентном свете, и в таком ореоле обнаруживается закономерность глубинной связи Лолиты не с Гумбертом, а с Куильти, она предназначена для него, ибо создана именно из его элементов: «родной город Лолиточки в кукурузно-угольно-свиноводческом районе» [НАП, 2: 190] «...little Lo's birthplace, in a corn, coal and *hog* producing area» (курсив мой. — Ж. Х.) [Nabokov 1970a: 156], ср. у Джойса слова проститутки Zoe (Зоя): «Hog's Norton where the pigs plays the organs. I'm Yorkshire born» [Joyce 2021]. В Лолите заложены плодородие Персефоны (кукуруза), адская чернота (уголь) и свиное чародейство похоти. Этот комплекс коннотаций разоблачает иллюзорность наррации Гумберта Гумберта, потому что разрушает возвышенный, но мнимый образ девочки, созданный исключительно в его воображении и его стилистическими играми. Если для него Лолита существует в форме нимфетки, переходной, временной стадии между гусеницей и бабочкой, столь удивительной и ценной именно своей эфемерностью, то невидимые для него черты и поступки девочки показывают совсем иной ее характер и ее скрытую для него жизнь, и скрытую смерть.

Полная метаморфоза является каждодневной практикой перерождения бабочек, которое до сих пор рационально не объяснено эволюционистами. Должно быть, Набокову энтомология стала интересной и поэтому: уловить рождение одного качества из другого путем нерациональной трансформации, присущей только искусству. Для этого открытия естествознания не менее пригодны, чем «псы-хология».

Насыщенное нулевое состояние после взрыва-экстаза (слово, образ, музыка и физика)[1]

> Птенцом на ветке пустоты
> душа озябшая дрожит,
> и звездочки, разинув рты,
> глядят, беднягу окружив.
> *Аттила Йожеф*

Мой совсем простой тезис стал формулироваться в процессе размышлений над набоковской концепцией экстаза. Раньше я занималась процессом, который предшествует взрыву, религиозному, творческому и / или эротическому экстазу. Теория экстаза и приближающих к нему состояний охватывает всю историю философии от Плотина через Хайдеггера до Левинаса, однако до сих пор в литературоведении не исследовался вопрос о том, как описывается момент непосредственно после экстатического взрыва. Именно на этом я сосредоточу свое внимание.

Интуитивная гипотеза заключается в том, что после взрыва следует момент пробела, состояния Ничто, лишенности каких бы то ни было качеств (*void, no-thing, absence of qualities, Nirvana,* плавание в воздухе) — именно поэтому экстаз создает связь с потусторонним, которое представляется именно как отсутствие качеств, характерных для «земной» жизни. Необходимо уточнить, что здесь

---

[1] В главе использован материал статьи автора: Насыщенное нулевое состояние после взрыва-экстаза // Категория взрыва и текст славянской культуры / ред. Н. В. Злыднева, П. В. Королькова, Е. А. Яблоков. М.: Институт Славяноведения, 2016. С. 25–33.

имеются в виду не ужас и пустота, столь важные для литературы и искусства XX века вплоть до концептуализма и постмодерна, а как раз противоположный полюс — ощущение метафизического.

Теоретические суждения А. Эйнштейна обосновывают амбивалентность такого, как я предлагаю его назвать, насыщенного нуля в момент сингулярности, предшествующей Большому взрыву как математически nonsensical state («бессмысленное состояние») — «singularity of *zero* volume that nevertheless contained infinite density [сгущенность] and infinitely large energy» [Penn State 2007] — бессмысленное я понимаю одновременно как бессознательное. Эта амбивалентность воспринимается легче при сравнении с черными дырами космоса, ибо и в них также воплощено состояние насыщенного нуля: при бесконечной сгущенности материи величина объектов приближается к нулю. Не вникая в недоступные для меня научные глубины, остановлюсь еще на примере рождения молекулы воды из кислорода и водорода, на взрыве двух молекул, двух атомов водорода H и одного атома кислорода O. Во время этого химического процесса из газов создается жидкость при значительном уменьшении объема, что создает вакуум — значит, и здесь возникает минус-качество (отсутствие, ничто) при создании чего-то.

Общеизвестно, что взрыв отличается неожиданностью, и при его приближении нелегко установить конкретный момент, который предшествует взрыву. Не менее проблематично определение или описание момента после взрыва.

Взрыв можно оценить только как прошедшее время, как событие прошлого, ибо во время взрыва наступают глухота и слепота, и его результаты видны лишь после того, как пыль осела (шум и световой эффект достаточно ослабели). Для сравнения можно привести образ звезды, возникающей вследствие взрыва, свет которого, однако, доходит до нас только из ее прошлого: то, что мы видим, есть уже «бывшее» состояние звезды.

Опираясь на повседневный опыт, можно пояснить вопрос метафорически. Звук вроде резкого удара барабана или кнута создает моментальную глухоту; такое же действие производит взрывоподобный гром сверхзвукового самолета (вызванный всего лишь «волновым кризисом», а не преодолением звукового барьера, как принято считать). Физиологическая реакция распространяется и на зрение: резкая и сильная вспышка при взрыве вызывает эффект внезапной слепоты. Неожиданное чувственное созерцание может обмануть нервы — боль и наслаждение не отделяются друг от друга, а смешиваются до неразличимости, если, например, поставить ногтем крестик на коже в месте комариного укуса [НРП, 2: 115].

При перегрузке нервных путей наступает сначала пере-чувствие, затем бесчувственность: организм способен проводить только ограниченное количество химической информации. Этим объясняется многое. Человек, у которого акула откусила руку, не чувствует ничего. Такой же механизм приводит к смерти при передозировке MDMA-наркотиков на основе амфетамина (способствующего выделению в межклеточное пространство нейронов вызывающего экстаз серотонина): организм отказывается принимать и обрабатывать сверхколичество вещества наслаждения. И последний пример — шок (например, смерть близких) длится так долго, потому что организм снова и снова принимается обрабатывать запредельное количество боли.

Согласно теоретическим предположениям, Большой взрыв (Big Bang) сопровождался резким сокращением объема. В каббалистической концепции сотворения мира этот взрыв называется *Цимцум* (добровольный акт самосжатия бесконечного Бога, в результате которого образуется пустое пространство, *техиру*). Этот же процесс сгущения и взрыва отражается в гностической идее о сверхтечении (*overflow*) Софии, ее излиянии через собственные границы в форме света; это сверхтечение создает материальный мир в виде воды. Я ссылаюсь на гностицизм как на дополнительное философское выражение общей (архетипической) концепции о возникновении, начале мира в виде взрыва.

Верхняя точка экстаза похожа на состояние, которое в физике называется «мертвой точкой» (*deadlock*)[2]. Этот пик экстаза соеди-

---

[2] В программировании *deadlock* обозначает взаимную блокировку, когда несколько процессов находятся в состоянии бесконечного ожидания ресурсов, занятых самими этими процессами.

няет и радостность (достижение пика-конца), и два типа боли (утонченность чувств и предчувствие возврата с пика). Состояние пиковой парализованности полно желанием продлить кульминационный момент, и, как мне представляется, здесь наблюдается парадоксальная амбивалентность: продлить это бессознательное состояние способно лишь сознание, причем путем контролированного самоограничения. Иными словами, сознание заботится о том, чтобы оно само не включалось, а расслаблялось и, остановив телесные функции и осознавая остановку времени, осознавало «ничто» — отсутствие активности и внешних ощущений.

Момент взрыва — это момент насыщенности, сингулярности, которая описывается так же, как экстаз: максимальное количество возможностей. По Плотину, экстаз — кульминация человеческих возможностей. После него наступает отсутствие, зияние, пустота, вакуум, ощущение ничего. Восстановление (выравнивание энергии по энтропии), согласно законам физики, непременно наступит — при условии, что сохранена жизнь и не наступил хаос небытия, которое возможно лишь теоретически, ибо сознание и тело не могут его регистрировать. Однако осознать результат взрыва — понять причиненный ущерб, оценить, чтó было уничтожено, трансформировано и создано, в какое измененное состояние перешел мир (какие новые системные связи образовались между элементами, вещами или людьми), можно только после возвращения из «ничего» на «эту» сторону сознания.

В описаниях теории и практики (техники) экстаза в разных метафизических и / или мистических системах — суфи, хасидизм, каббала, буддизм, исихазм — неожиданно вырисовывается как раз обратный рождению мира путь. Стремление к экстазу путем медитации означает вступление в связь с исходным — изначальным состоянием мира и / или возвращение в это состояние. Это обратный путь, обратные трансгрессии между фазами или консистенциями, преодоление материального посредством самоэкспансии, расширения — в то время как материальное Нечто создавалось из духовного трансцендентально невидимого Ничто путем сгущения. Иными словами, человек, находясь в материальном конечном мире, стремится обратно в сферу Ничто, в нематериальное, в бесконечное (ибо Ничто — бесконечно). Что проверяемо на ощупь, достигается и разумом, имеет очертания, подвергается логике и определению. По хасидскому преданию-легенде, умирающий уже не видит потолка, а смотрит непосредственно в небо, и ему (уже) ясны мировые взаимосвязи.

Медитация (лат. *meditatio* — «размышление») указывает на то, что переход осуществлен путем сосредоточения умственных усилий с целью оторвать телесное от материи — это некая тихая версия экстаза. Азиатские школы подчеркивают переход в ощущение исключительно данного момента и места; мистически-религиозные школы указывают на подъем и контакт с верхним миром. Предполагалось, что раз шаман в состоянии экстаза не реагирует на внешние импульсы, значит, он находится в коммуникации с другим миром, с потусторонним. Хлысты воспринимали экстаз как нечто сверхъестественное.

Связь состояний экстаза и смерти устанавливалась по разной логике. Приверженцы культа Диониса во время празднований впадали в такое бешенство, что нападали на встречных и разрывали, убивали их. Аналогично более древнее объяснение глагольной формы еврейского слова *пророк*: *наби / нави* при семантическом ряде «говорить», «проповедовать», «призывать» и «быть призванным» означает также «неистовствовать», «впасть в забытье» (1-я Царств 10: 5; 10: 11)[3].

В техниках медитации методы устно-тематических молитв и религиозных ритуалов связаны с телодвижениями, ибо посредством физических упражнений (танцы, йога, диета) с особым ритмом дыхания и очищением пищеварительных органов и путей

---

[3] «...когда войдешь там в город, встретишь сонм пророков, сходящих с высоты, и пред ними псалтирь и тимпан, и свирель и гусли, и они пророчествуют»; «Все знавшие его вчера и третьего дня, увидев, что он с пророками пророчествует, говорили в народе друг другу: что это сталось с сыном Кисовым? неужели и Саул во пророках?» См. также в Новом Завете (Деяния 16: 16) эпизод о девушке, одержимой злым духом прорицания. Ср. словарные значения προφητεύω, μαντεύομαι: прорицать, предсказывать, провещать, пророчествовать; пророчествовать, прорицать; пророчествовать, быть в пророческом экстазе; бредить, безумствовать, вести себя странно.

тело действительно переходит в другое состояние: повышается или понижается давление, кружится голова, может наступить обморок.

Сокращение в объеме объясняет сложное понятие «синкопы» у Набокова, которое я связываю с идеями Эйнштейна и описанием Цимцума в каббале:

> The break in my own destiny affords me in retrospect a syncopal kick that I would not have missed for worlds. Ever since that exchange of letters with Tamara, homesickness has been with me a sensuous and particular matter. <...> ...give me anything on any continent resembling the St. Petersburg countryside and my heart melts. What it would be actually to see again my former surroundings, I can hardly imagine [Nabokov 1989a: 190].
>
> Перелом моей собственной участи дарит меня, в ретроспекции, обморочным упоением, которого ни на что на свете не променяю. С самого времени нашей переписки с Тамарой тоска по родине стала для меня делом чувственным и частным <...> дайте мне, на любом материке, сельский простор, напоминающий Петербургскую губернию, и душа моя тает (реконструкция С. Ильина) [НАП, 5: 531].

Б. Строуманн (B. Straumann) считает, что этот перелом касается потерянных близких, боль по которым питает вдохновение [Straumann 2008: 69–70]. Б. Бойд обращает внимание на череду эмиграций, смену двух родин, противопоставление домашнего образа жизни и романтических приключений[4].

На самом же деле здесь смешаны два слова и два события. В словосочетании *syncopal kick* греческое слово несет семантику параллельных ударов, выражающих в музыке и / или в стихах поглощение первого, короткого звука или слога длинным вторым. Медицинский же термин означает обморок. Общий элемент в них — удар (греч. *kopein*), в том числе, возможно, и удар судьбы. Но общим элементом является и утрата, потеря: звука и ритма —

---

[4] Два героя романа «Pale Faire» («Бледный огонь») Шейд и Кинбот могут считаться репрезентацией этого противопоставления.

в музыке, сознания — в физиологии. Она возникает вследствие сильного удара, который меняет ритм и передвигает временны́е рамки. Для точности понимания у Набокова следует сопоставить приведенную английскую цитату с другим примером словоупотребления, более ранним и русскоязычным, ибо в многоязычном мире писателя семантические поля разных языков пересекаются, взаимовлияют друг на друга: «...вот что я хочу выразить: между его движением и движением отставшей тени, — эта секунда, эта синкопа, — вот редкий сорт времени, в котором живу, — пауза, перебой, — когда сердце, как пух...»[5] [НРП, 4: 75].

Расширение *Я* и его подъем в трансцендентальное, который писатель в своих воспоминаниях «Speak, Memory» назвал «cosmic synchronization» (космической синхронизацией) [Nabokov 1989a: 165], является основным среди инвариантных мотивов писателя. Данному вопросу посвящена монография В. Александрова, в центре которой — концепт потусторонности [Александров 1999]. Мне же хочется указать на то, что способность осуществить переход или бросить взгляд в другой мир у Набокова подготовлена различными топическими инвариантами, атрибутами спирального подъема как пути к состоянию экстаза. Экстаз-взрыв может осуществляться в оргазме — в «Подвиге» (1932) употреблено выражение «заглянуть в рай» [НРП, 3: 125]. В сцене на тахте в главе 13 романа «Лолита» описана пограничная ситуация потери *Я* во всех стадиях:

> Я уже был в состоянии возбуждения, граничащего с безумием. <...> Я перешел в некую плоскость бытия, где ничто не имело значения <...> Малейшего нажима достаточно было бы, чтобы разразилась *райская буря*. Я уже не был Гумберт <...>. Я был *выше* смехотворных злоключений, *я был вне* досягаемости кары. <...> ...свободно, с ясным сознанием *свободы*... повисая над краем этой сладострастной *бездны* (весьма *искусное положение физиологического равновесия, которое можно сравнить с некоторыми техническими*

---

[5] Такую остановку сердца испытывает Мартын при ночной встрече с пьяным бандитом в «Подвиге».

приемами в литературе и музыке), я все повторял за Лолитой случайные, нелепые слова — Кармен, карман, кармин, камин, *аминь* (курсив мой. — Ж. Х.) [НАП, 2: 99].

Подобный экстаз вызывается смертельной опасностью в высоких горах («Подвиг») либо видом сверху на простор равнины или моря, ощущением космоса (финал «Лолиты», Крым в «Подвиге»), а самое главное — творческим упоением (рассказ «Набор», 1935). Общий элемент — расширение границ собственного *Я*, чувственный и умственный охват вселенной, элементы космической синхронизации, во многом похожие на сингулярные. Элементу вакуума в этом метасостоянии соответствуют потеря ощущения земной тяжести и ликование этой легкости, при остром и чувственном переживании внешней природы, обострении слуха (хор голосов из долины в «Лолите») и зрения (чернота моря в «Подвиге»). Ощущение, сопровождающееся неосознанием себя как *Я* и растворением в космосе, приводит одновременно (синхронно) к осознанию разных далеких точек мира и, главное, к эвристическому пониманию и охвату связи между ними, их высшего, но неопределяемого (не поддающегося описанию) смысла[6]. В такой контаминации создается органическая связь между Ничто и экстазом — возвышенное является выражением чувства собственной ничтожности перед явлением, и создание соответственного нарратива возможно с помощью пафоса[7].

Все это происходит в момент взрыва, после которого первоначальный материальный мир вновь входит в свои права и все, включая личность, прошедшую через экстатическое состояние,

---

[6] См. подобный экстаз и познавание тайного смысла в ином мире в рассказе «Слово».

[7] Полотно Каспара Давида Фридриха «Монах у моря, или Утренний туман в горах» — расплывчатые оттенки серо-белого лишены очертаний, связь между верхним и нижним миром создается сферой Ничто. Балатонские пейзажи венгра Йожефа Эгри получили словесное выражение в стихах Шандора Вореша: «Сверху большое ничто, снизу большое ничто, между ними смутное живое ничто» («fönn egy nagy semmi / lenn egy nagy semmi / köztük a kusza eleven semmi...» [Weöres 1980: 85]).

становится на свое место. В «Лолите» даже переживание «самого длительного восторга, когда-либо испытанного существом человеческим или бесовским» [НАП, 2: 78], не меняет состояние мира (NB: измерение преисподней). Есть, однако, исключение — после творческого экстаза мир уже не прежний, и творческое *Я* обогащено («Набор»), и в мире появляется произведение:

> По странному стечению чувств, мне казалось, что я заражаю незнакомца тем *искрометным счастьем, от которого у меня мороз пробегает по коже*... Я желал, чтобы... Василий Иванович разделял бы страшную силу моего блаженства, соучастием искупая его беззаконность; так, чтобы оно перестало быть ощущением никому не известным, редчайшим видом сумасшествия, чудовищной радугой во всю душу... и через это приобрело бы житейские права, которых иначе мое дикое, душное счастье лишено совершенно. <...> ...он был уже мой. Вот с усилием он поднялся... спокойно двинулся прочь — если не ошибаюсь, *навеки*, — но как чуму он уносил с собой *необыкновенную* заразу и был *заповедно* связан со мной, обреченный появиться на минуту в глубине такой-то главы, на повороте такой-то фразы.
> *Мой представитель* был теперь один на скамейке, и так как он передвинулся в тень, где только что сидел Василий Иванович, то на лбу у него колебалась та же липовая прохлада, которая венчала ушедшего (курсив мой. — *Ж. Х.*) [НРП, 4: 561–562].

Наконец, мне хотелось бы указать на то, что пауза, остановка, тишина, умолкание, отсутствие звука является неотъемлемой частью экстатического в музыке. Легко приводить примеры произведений многих классиков (имеется в виду не только характерное нарастание напряжения с неожиданным концом, тишиной после мощной бури звуков, как в «Болеро» Равеля или у эффектного Вагнера), но самым наглядным оказалась музыка А. Н. Скрябина, который считал своей задачей разработку музыкального Экстаза и теории экстаза. Как писал Н. А. Бердяев, «оргиазм был в моде. Искали экстазов <...> Эрос решительно преобладал над Логосом» [Бердяев 1990: 140]. Экстаз определялся биографом Скрябина Б. Шлёцером как выражение «жажды избавления от уз ограниченного бытия», «мгновения преодоления всех пределов индивидуального существования и достижения абсолютной свободы», «радостное переживание неограниченности, совершенства и полноты бытия»[8] [Шлёцер 1916: 147].

В заключение сопоставлю известное полотно Густава Климта «Поцелуй» (1908) с очень похожей работой венгра Лайоша Гулачи того же 1908 года и с идентичным названием. На обеих картинах изображены экстатически-страстно обнимающиеся пары в почти идентичных позах, с одинаковыми изгибами спин. На обеих соединение тел сопровождается контрастом мотивов женщины и мужчины (цветы и круги на женщинах). Казалось бы, венгр впал в эпигонство. Однако мужские персонажи различны: у Климта доминирующий мотив — квадрат (угловатость, резкость и рационализм), а у Гулачи на мужчине снежинки, зимний холод.

Существенно различается и фон. Климт расположил свою пару в гармоническом пузыре, который ассоциируется с рождением, утробой, первобытными водами рождения жизни на земле. Если Гулачи знал картину Климта, то сознательно полемизировал с ним, ибо у венгерского художника доминирует полюс смерти — фон картины представляет собой склеп, темнота похожа на кладбище. На таком фоне нагота женщины вызывает не эротические коннотации, а впечатление безжизненности: живое тело напоминает труп и смерть в целом. Таким образом, в этом сопоставлении представлены измерения начала и конца, экстаз занимает пограничное положение между смертью и жизнью.

---

[8] См. произведения А. Н. Скрябина: поэмы «К пламени» (ор. 72, 1914) и «Прометей» с партией света («Поэма огня», op. 60, 1908–1910) в исполнении Симфонического оркестра Йельского университета, дирижер Т. Шимада (T. Shimada, Yale Symphony Orchestra), партия света подготовлена А. Гэбой и Дж. Тоунсеном (A. Gawboy, J. Townsen, Yale School of Music, 2010); а также танец «Мрачное пламя» (ор. 73, № 2, 1914), где пауза наступает после спиральных повторений.

«Душеубийственная прелесть»

Порнография, эротизм и смерть («Лолита»)[1]

Если спросить литературоведов, можно ли «Лолиту» Набокова считать порнографической, они, несомненно, ответят отрицательно — так же, как и Джон Рэй, фиктивный автор предисловия к роману. Рэй опровергает обвинение романа в порнографичности и противопоставляет понятия «профессиональный порнограф» (*commercial pornography*) и «эрудит» (*learned*) [НАП, 2: 13] [Nabokov 1970a: 7]:

> ...во всем произведении нельзя найти ни одного *непристойного выражения*; скажу больше: здоровяк-филистер <...> будет весьма шокирован *отсутствием* оных в «Лолите». Если же <...> редактор попробовал бы разбавить или *исключить те сцены*, которые <...> могут показаться «соблазнительными» <...>, пришлось бы вообще отказаться от напечатания «Лолиты», ибо именно те сцены, <...> представляют

---

[1] В главе использованы материалы статей автора: Pillantások a Paradicsomba — a pornográfia definiálhatatlanságáról // A megértés mint hivatás. Köszöntő kötet Erdélyi Ágnes 70. születésnapjára / szerk. T. Bárány, Zs. Gáspár, I. Margócsy, O. Reich, Á. Vér. Budapest: L'Harmattan, 2014. P. 221–236; Dva lica raja — pornografija u teoriji, pornografija kod Nabokova // Umjetnost Riječi. 2015. № 59 (1–2). P. 53–64; Pornografija u teoriji, pornografija kod Nabokova // Tijelo u tekstu. Aspekti tjelesnosti u sovremenoj kulturi / Ed. J. Vojvodić. Zagreb: Disput d.o.o, 2016. P. 53–64.

собой на самом деле *конструкционно необходимый элемент* в развитии трагической повести, неуклонно движущейся к тому, что только и можно назвать моральным апофеозом (курсив мой. — Ж. Х.) [НАП, 2: 12–13].

В качестве аргумента Рэй заявляет, что в произведении нет непристойных выражений и сцены, которые могут показаться соблазнительными (*aphrodisiac*)[2], функциональны в развитии действия, двигающегося к «моральному апофеозу». Проблема этой правдоподобной аргументации — что искусство никогда не может быть порнографическим — заключается в том, что ни искусство, ни порнография не располагают однозначным терминологическим определением[3]. Не менее проблематична и другая аргументация, связанная с разделением высокой культуры и субкультуры в теоретической литературе более позднего времени. М. Реа (Michael C. Rea) указал на то, что изображения в порнографических журналах не лишены красоты и художественно обработаны [Rea 2001]: одна и та же фотография обнаженной Мэрилин Монро на страницах «Life» будет воспринята художественной, в «Playboy» — откровенной, а в «Hustler» — нарочито порнографической, ибо предрасположенный подход и намерение играют решающую роль в восприятии[4]. С другой стороны, К. Манчестер, К. Мак-Киннон и Р. Дворкин в нескольких исследованиях [Manchester 1997; MacKinnon 1987; Dworkin 1991] указали на то, что элементы «жесткого порно», изображение насилия, нарушение законов и морали даже в крайних их формах представлены и в высокой культуре (разумеется, не в ранге обычного или принятого). Критерии порнографии, как и сама

---

[2] Суд Новой Зеландии, рассматривавший в 1960 году дело о возможности распространения романа «Лолита», именно этим словом определил то качество текста, из-за которого запретили роман [Lolita Aphrodisiac 1960].

[3] Поэтому в европейском сообществе еще не принят закон о порнографии [Parti 2008].

[4] Согласно его выводу, порнография определяется как продукт целевой коммуникации, созданной для возбуждения сексуальных желаний.

категория, и субъективны, и неустойчивы, они меняются согласно вре́менным общественным конвенциям[5].

Эстетический принцип, то есть вопрос о том, возможно ли провести линию разграничения искусства и порнографии, рассматривался в юридическом контексте именно во время опубликования «Лолиты», но вовсе не по поводу скандала вокруг ее публикации, а в связи с романом Д. Г. Лоуренса. Это тем более любопытно, что в это время автора уже тридцать лет не было в живых, то есть обсуждался текст, а не взгляды автора. Вопрос о соотношении текста и секса был поднят по случаю изменения первого в мире закона о непристойности (Великобритания, 1857) вековой давности. В параграфе 4 нового закона фигурирует категория «общественная польза»: то есть если произведение создано «в интересах науки, литературы, искусства или учебы, или для другой общеполезной цели» [Hall 1960: 289; Whiting 1998: 860][6], оно оправдано. Кингсли Эмис, желающий провести черту литературных приличий, в анализе «Лолиты» 1959 года связал эстетический принцип с моральным: если произведение нехудожественно, значит, оно аморально («bad as a work of art — that is, and morally bad») [Amis 1959: 635] (этот афоризм цитирует и F. Whiting [Whiting 1998: 861]; см. также [Koppelman 2005]). Как видно, определения по-прежнему весьма расплывчаты.

В обширном обсуждении коммуникации в текстах с якобы порнографическим содержанием внимание сосредоточено преимущественно на двух факторах: реципиенте (читателе, зрителе) и самом сообщении (на предмете-объекте восприятия). Вопрос о том, являлся ли посыл намеренно порнографическим, в литературоведении отменяется в силу несостоятельности самой интенции — во-первых, нельзя гадать о намерении автора (желал или не желал создать порнографию); во-вторых, интерпретация произведения не в его власти. Итак, исходя из этих факторов

---

[5] То, что некогда считалось обсценным, непристойным, сегодня может считаться мягкой эротикой.

[6] «Public good», «in the interests of science, literature, art or learning, or of other objects of general concern».

(автор, реципиент-субъект, и перцепция артефакта), пока не удалось определить категории и качества порнографичности изображения.

Юридическая трактовка гласит, что порнография — то, что вызывает возбуждение. Заявить, что литература не должна вызывать среди прочих чувств и возбуждение (*lust, desire,* то есть «похоть», «желание», «вожделение»), было бы не только затруднительным, но и бессмысленным [Trilling 1958]. Наоборот, стимуляция эмоциональной и интеллектуальной эмпатии является первичной среди функций искусства. Эмоциональные же реакции естественным образом сопровождаются телесными реакциями — было бы странно вытеснять из рамок приличия плач, смех, вздохи и — физиологическое желание.

Если же утверждать, что порнографичность определяется самим воспринимающим, то есть порнографию находит тот, кто имеет определенное намерение ее найти [Rea 2001; Strohl 2012], то придется отказаться от общего определения, ввиду субъективности и единичности взгляда воспринимающих. В «Лолите» употреблены простейшие предметы фаллической формы (сосиски, пистолет) в виде очевидных метафор-эвфемизмов, известных как в литературе, так и в простейших анекдотах, способных вызвать у любого человека эротические ассоциации и соответствующие физические реакции — если он на это субъективно готов в данный момент. Набоков всегда готов на создание простейших и сложнейших семантических игр с эротическим подтекстом. Как показал Э. Найман (E. Naiman), такая двусмысленность проходит по всему творчеству Набокова [Naiman 2010].

Из акта сообщения мы вычеркнули как негодных для категоризации: передатчика-автора (интенционализм), реципиента-читателя / зрителя с его субъективностью и сам объект-сообщение. Никто не рассматривал, однако, связующий их коммуникативный канал, который для большей наглядности я бы назвала полем, ибо оно находится в сфере влияния всех трех элементов и между ними, связанными и отдельными путями. Визуализация этой взаимосвязи возможна в виде треугольника, а полем (метафорическим и семантическим) я называю пространство между ограничивающими его линиями-путями наподобие природного или магнетического поля. Нужно рассматривать главным образом определяющие это поле коды, что и является, на мой взгляд, ключевым.

Коды канала, то есть этого поля, в случае художественной литературы и изобразительного искусства представлены художественными приемами, специальным языком искусства, распознание и понимание которых становится возможным в том случае, если восприятие происходит с полагающимся для художественной рецепции пониманием. Иными словами, когда восприятие изображения подвергается сознательному декодированию при понимании того, что это — художественное изображение, то даже если оно вызывает возбуждение, то не может определяться как порнографическое. Акцент здесь ставится на активизации сознания, которое единственно способно разоблачать манипуляцию, столь важный элемент коммерческой порнографии. Декодирование создает дистанцию, которая требуется для распознавания механизма порнографии, расчета на эффект.

Представим себе просмотр фильма «жесткого порно» под таким взглядом — сведущий в искусстве может оценить актеров, приемы постановки, эффекты, осознавать машинальность и вульгарность постановки, их фальшь — соблюдая и создавая дистанцию. Потребитель же порнографии, желая получить главным образом физическое удовольствие, стремится преодолеть дистанцию и, наоборот, все виденное приблизить к себе, ближе к телу, ближе к делу. В этом восприятии элиминируется дистанция и изображенное воспринимается как непосредственный эквивалент жизни, то есть вторичность модели и знаковость системы не осознается. Так поступит не посвященный в язык искусства потребитель, не-знаток.

Сознательный читатель или наблюдатель тоже расположен верить всему изображенному с первого момента восприятия, но только как вторичной, а не первичной реальности[7]. Разделение

---

[7] Дети четко проводят границы игры и сказки, даже при полной эмоциональной отдаче.

этих двух видов восприятия легко иллюстрировать и бахтинской теорией карнавала, где самые обсценные телесные детали и акты насыщены общей и когерентной системой народного сознания ренессансной субкультуры. Непосвященный наблюдатель, не имея доступа к кодам этого сознания, увидит только вульгарные сцены разврата, соответствующие понятию порнографии. Из сказанного следует, что порнография связана только с миметическими формами искусства — правдоподобных текстов, картин, фотографий и фильмов. (Поэтому нет порнографической музыки — «Болеро» Равеля можно назвать только эротическим.) Миметическое изображение можно легче обвинять в порнографии — по причине его жизнеподобия, а абстрактное изображение — вряд ли или весьма условно. Миметическое качество порнографических словесных и визуальных изображений приближает категорию порнографии к копированию и в итоге — к китчу.

Следовательно, порнографическое и художественное восприятие разделимы по критериям применения или неприменения, распознавания и нераспознавания художественного кода[8]. Восприятие же делится на потребительское и декодирующее[9]. Набоков работал для последнего: многокодовость «Лолиты»

---

[8] Те, кто посылает деньги для помощи бедным персонажам телесериалов эпохи рабовладения, являются идеальными потребителями порнографии и рекламы. Именно это высвечивает социальный аспект распространения порнографии, связанный в итоге с проблемой массового обучения.

[9] Нечто подобное отражает понятие Р. Барта (R. Barthes), «кодированное иконическое», которое он принимает в интерпретации фотографии, разделяя денотативность и коннотативность как два этапа, или метода к подходу; однако он указывает на те возможности коннотирования, которые зависят исключительно от рецепции. Среди анализа отдельных аспектов фотографии еще одно может соприкасаться с мыслями о порнографии — размышления о возбуждении желаний. Он говорит не о сексуальном желании, а о желании переместиться в какое-либо место, изображенное на картине. Он располагает это чувство желания между эмпирическим и онейрическим, фантастическим, и описывает как двойное движение — вперед, в утопическое время, и обратно, в глубину Я, представляя, как будто он уже был в этом месте. А место, в котором все уже были и желают вернуться, это материнское лоно [Barthes 1980: 60–62]. В случае порнографии желание тоже можно охарактеризовать этим двойным движением фантазии, уходом и возвращением.

направлена на разрушение, элиминацию порнографических стереотипов.

Первым приемом для элиминации порнографии в «Лолите» становится эстетизация риторики. Порнография обычно и преимущественно обсуждается в двух теоретических дискурсах: в законодательстве и в философии эстетики (и в примыкающей к ней литературной критике). Именно эти два контекста встречают читателя на первой странице романа: весь нарратив Гумберта Гумберта преподносится как его письменное признание перед судом с повторяющимися обращениями к присяжным, и он (позже) приводит немало прецедентов из истории юридической практики в оправдание своей педофилии.

Эстетический же контекст — насыщенная кодированность, богатая инструментовка, эстетизация риторики короткой первой главы — с первых строк переключает повествование в высокие регистры романтического лиризма[10]. На поверхности текста порнография стирается тем, что половые органы обозначены метафорами, половые акты не описаны, инцест ненастоящий[11].

---

[10] Этот лиризм, просвечивающий и в стилистике рассказа Гумберта Гумберта, понятен только в контрапункте с иронией, в столь свойственном дуализме патетики и иронии стиля Набокова. Не будем сейчас останавливаться на многоярусной наррации романа, на том, что различия языка рассказчика в главе 1 и языка автора предисловия Джона Рэя приводят к резкой смене стиля. Язык Гумберта — как это детально рассматривалось в критической литературе — направлен на обман, который вовлекает читателя в ловушку сочувствия к педофилу, психологически унижающему и физически оскорбляющему малолетнюю девочку. Любопытно, что педофилия не упоминается среди восьми критериев порнографии у К. Мак-Киннон [MacKinnon 1987: 176], из которых два все-таки можно найти в «Лолите»: девочку заставляют против ее воли совокупляться со своим похитителем и она ограничена в личной свободе. Критерии Мак-Киннон созданы для определения сексуального унижения женщин в словесном и визуальном изображении.

[11] В наррации «обмана» от первого лица не понятно, является ли Лолита в сцене соблазнения действительно уже сексуально просвещенной (ее рассказ о летнем лагере передает, возможно, ограниченные знания подростка о сексуальном акте, о чем свидетельствуют ее слова в машине о насилии со стороны главного героя; сложно определить однозначно, является ли она инициатором сексуальных игр [Tamás 2020]).

Набоков систематически уничтожает порнографические стереотипы и в сюжете: помимо очевидной вульгаризации вводятся романтические клише (похищение, ревность, охота за объектом любви и ее покорение словами). Но этим он не ограничивается.

Набоков применяет метод мифологизации и символизации эротических мотивов, следуя образцам Ренессанса, той эпохи, когда под вуалью изображения мифологических сцен и персонажей, под видом обращения к искусству Античности появился культ развязного отношения к телу (до того умерщвленного с наступлением официальной культуры христианства). Культурные коды Ренессанса, в первую очередь имена Петрарки и Данте, в тексте «Лолиты» выполняют функцию отдаления от коннотации порнографического. Органичность этого аспекта обеспечивается у Набокова тем, что он делает своего героя филологом, к тому же родом с берегов Средиземного моря, богатого мифологическим прошлым. В стиль Гумберта таким образом легко вписываются упоминания фавнов, Приапа, Венеры, Дианы и т. п. (см. главу «Остров Цирцеи...»). Мифологизация переакцентирует и теорию нимфеток как малолетних соблазнительных девочек.

В мифологизации большую роль играет демонизация фигуры Лолиты. Демонизация представлена в двойном ключе: пошлый стереотип порочности сублимируется аллюзиями на Лилит. «Гумберт был вполне способен иметь сношения с Евой, но Лилит была той, о ком он мечтал», — пишет рассказчик о себе [НАП, 2: 30]. Фигура Лилит присваивает однозначную и мощную коннотацию смерти девочке и связывает ее с другими мифологическими подтекстами, фигурой Персефоны и Цереры (с примыкающими мотивами тополя, пещеры, свиньи и собаки (см. [Hetényi 2008b]).

Тему смерти, потусторонности нельзя назвать неожиданной в творчестве Набокова, но удивительна ее вездесущность до степени взаимосвязи, даже взаимоединства с темой эротики. Мой тезис о «Лолите» можно суммировать в следующем: кроме эстетизации риторики, псевдовульгаризации в сюжете и мифологизации мотивов Набоков философски элиминирует порнографичность истории Лолиты тем, что изображает телесную любовь в двуединстве со смертью — рай представлен одновременно как царство сенсуального блаженства и как потустороннее. На это указывает сам Набоков, давая своему герою всего одну возможность услышать искренние (ибо не ему сказанные) слова Лолиты — и они о смерти: «Знаешь, ужасно в смерти то, что человек совсем предоставлен самому себе» [НАП, 2: 347][12].

Сексуальное блаженство в «Подвиге» называется взглядом в рай («peek into the paradise» [Nabokov 1971a: 45]), где английское «взгляд» совпадает с произношением слова peak «пик», «высшая точка». Эта метафора реализуется в романе повторно, лейтмотивом[13].

Переживание пограничной ситуации между жизнью и смертью — будь то оргазм или смертельная опасность, любое ликование может восприниматься своеобразной нирваной, разъединением души, духа и тела. Секунды смерти и блаженства одинаково переживаются одиноко, по причине нарушения сознания[14]. Это сравнение поднимает вопрос: если из одной нирваны есть возвращение, возможно ли возвращение из другой? При этом нельзя забыть, что для Набокова потустороннее неотделимо от метафизического пространства, где находится его отец.

В «Лолите» не меньше смертей и мотивов смерти, чем в некоторых трагедиях Шекспира. Это обстоятельство читателю открывается раньше, чем начинается само действие романа, — и это одна из функций той кажущейся «ошибки» в конструкции, когда

---

[12] В романе то и дело повторяются обороты «до смерти хотелось», «бессмертный день», «смертельно боялся», «смертоносная вода».

[13] Мартын переживает пограничную ситуацию экстаза, близости смерти на скале, в горах, и перед пистолетом пьяного бандита ночью, который называет Мартына Умерахметом [НРП, 3: 106] («Dedman-Akhmet» [Nabokov 1971a: 24]). Имя Ахмет само состоит из элементов «смерть» и «Бог» (Богом благословленный или тот, кто хвалит Бога). Впоследствии он окажется актером, а сцена с тахтой описана, как в сценарии [Hetényi 2015: 289–291].

[14] Ср. в «Крейцеровой сонате» Л. Толстого Позднышев говорит об опасности музыки словами, которые эвфемизируют эротическое переживание: «Музыка заставляет меня забывать себя, мое истинное положение, она переносит меня в какое-то другое, не свое положение: мне под влиянием музыки кажется, что я чувствую то, чего я, собственно, не чувствую, что я понимаю то, чего не понимаю, что могу то, чего не могу» [Толстой 1982: 178].

в предисловии сказано о смерти всех героев еще до того, как читателю они вообще представлены и показаны. К тому же с первых строк предисловия известно, что автор текста не только вдовец, но сам уже покойный (сразу две смерти в одной фразе), а в первой же главке рассказчик (этот самый покойный вдовец) сообщает о том, что он убийца — то есть предвидится еще одна смерть[15]. И сразу еще две, четвертая и пятая:

> Жена «Ричарда Скиллера» умерла от родов, разрешившись мертвой девочкой, 25-го декабря 1952 г., в далеком северо-западном поселении Серой Звезде. <...> Сторожа кладбищ, так или иначе упомянутых в мемуарах «Г. Г.», не сообщают, встает ли кто из могилы [НАП, 2: 12].

То, что миссис Скиллер — сама Лолита, будет ясно только через 60 глав и 300 страниц, а произношение фамилии Schiller не на немецкий лад, а на английский (Скиллер) выясняется только из русского автоперевода, выявляя в фамилии убийцу (*killer*). Имя Лолиты, созвучное с именем Лилит[16], заключает ее смертоносную натуру, которая умерщвляет и ее новорожденную, или, правильнее сказать, новоумершую дочь[17]. Умер брат Лолиты после рождения, умер и ее отец (в фильме Стэнли Кубрика урна с прахом отца стоит на камине)[18]. Отец призрачно участвует и в сцене на диване, описанной самим Гумбертом Гумбертом как сцена из фильма:

> Главное действующее лицо: Гумберт Мурлыка. Время действия: воскресное утро в июне. Место: залитая солнцем гостиная. Реквизит: старая полосатая тахта, иллюстрированные

---

[15] Ошибки в его тексте названы памятниками (надгробными, «tombstones»).

[16] С корнем общим слову *ночь* в древнееврейском.

[17] Восстание их из могилы — возможно, ссылка на возвращение Персефоны из загробного мира (см. главу «Остров Цирцеи...»).

[18] Сам Гумберт рано потерял мать и любимую тетю Сибиллу, которая предсказала день своей смерти, затем смерть ее мужа, дяди героя, наследство которого привело Гумберта Гумберта в Америку.

журналы, граммофон, мексиканские безделки (*покойный Гарольд Е. Гейз — царствие небесное добряку!* — зачал мою душеньку в час сиесты...) [НАП, 2: 74] (курсив мой. — Ж. Х.).

«Привал Зачарованных Охотников» — не менее призрачное место, сюда ездили некогда родители Лолиты, а сам Гумберт Гумберт первоначально планировал поездку сюда вовсе не с Лолитой, а еще с ее матерью Шарлоттой, за несколько дней до ее смерти. Значит, тени покойных родителей стоят над постелью Гумберта и Лолиты в первую их ночь. «Пародия на гостиничный коридор. Пародия на тишину и на смерть», — отмечает Гумберт Гумберт той же ночью [НАП, 2: 148]. Этой же ночью первой сексуальной встречи Гумберт выдвигает патетический тезис, в котором чувствуется и нарративная игра с голосом рассказчика-лицемера: «...я не интересуюсь половыми вопросами. Всякий может сам представить себе те или иные проявления нашей животной жизни. Другой, великий подвиг манит меня: определить раз навсегда гибельное очарование нимфеток» (курсив мой. — Ж. Х.) [НАП, 2: 166].

В романе вымирает вся семья Гумберта Г., пять человек в двух поколениях; у Лолиты умирают пять человек в трех поколениях, умирает и Аннабел, первая любовь Гумберта (копия Аннабель Ли из поэмы Эдгара По, любителя переходов в потустороннее); умирает и Куильти, и Жан Фарлоу. Гумберт сладострастно мечтает о кораблекрушении, где он остается «один с озябшей дочкой утонувшего пассажира». По приезде в Рамздель рассказчика отвозят в дом Лолиты «в погребальном лимузине» [НАП, 2: 30, 49] («funeral car» [Nabokov 1970a: 38]). В этот контекст вписывается, что Гумберт Гумберт отождествляет нимфеток с демонами и они «обнаруживают истинную свою сущность — сущность не человеческую, а нимфическую (т. е. демонскую)», Гумберт ищет в них «душеубийственной прелести»; для созерцания нежности для него важна материальность тела и тления одновременно: «мне чуется неизъяснимая, непорочная нежность, проступающая сквозь мускус и мерзость, сквозь смрад и смерть» [НАП, 2: 26, 59]. В самоанализ героя то и дело вплетен Набоковым своеобразный оттенок некрофилии, который перерастает в мотив Эроса и Танатоса, развитый в двойном семантическом регистре: «каждый мой нерв <...> как кольцом охвачен и как елеем смазан ощущением ее тела — тела бессмертного демона в образе маленькой девочки» [НАП, 2: 172]. Охватывающее кольцо и влага кроме ассоциации с влагалищем отсылает и к удушению, а елеем можно не только ласкать тело, но и бальзамировать мертвеца[19].

Микроанализ текста можно было бы без труда продолжать, чтобы показать, что в набоковской концепции сексуального переживания в «Лолите» оно является не жизнеутверждающим, не продуктивным принципом.

Горизонтальное неподвижное нагое тело, вид отсутствия эмоций и лишенность желания, души и духа, разъединение физической оболочки тела и личностного в изображении разоблачает такую физическую наготу тела, которая напоминает наготу трупа, и эта ассоциация с трупом приводит к мысли о тленности материи[20]. Такая «трупизация» может возникнуть и в результате детализации, изображения расчлененных деталей тела[21].

---

[19] В этом комплексе метафор эротики и смерти, несомненно, важную роль играет набоковский инвариант нимфетки как стадии метаморфоза бабочки и также прием театрализации перевоплощения женщин в демонов и ангелов. Демоническая, Лилиточная сторона отражается в странном явлении моды, появившемся в Японии: «готические Лолиты» носят одежду с черными и розовыми кружевами, выражая уже выбором окраски детскую неиспорченность и смертельно вампирский разврат [Jimenez 2008].

[20] Л. Штерн (L. Stern) считает, что отвращение является отличительным знаком порнографии. Нагота и физиологические детали могут отталкивать, вызывать страх или отвращение [Stern 2013].

[21] Первое приближение Гумберта к Лолите возникает в ее сне. В фильме С. Кубрика запоминается сцена раскрашивания ногтей на ноге Лолиты — Гумберт обращается с ногой девочки как при обмывании трупа. Другой пример — сцена в любовном триллере «Первый этаж» И. Минаева (1989), когда с помощью кипятка снимают примороженные чулки с проститутки. Стоит отметить, что секреция телесных соков не во всех культурах связана с жизненными флюидами и понятием плодородия, наоборот, в греко-романском понимании это означает высыхание, в исламе и даосизме же терять эти соки означает потерю энергии и приближение к смерти.

Это двуединство смерти и эротики у Набокова разрешает и дальнейшую интерпретацию. Прежде всего, в нем имплицирован принцип близости, почти тождественности страстей — *passion*[22] как страдания и как любовной страсти. Этимологически слово связано с пафосом (возвышенным, приподнятым, всходом), а в английском произношении его можно связать и с уходом (*passing away*). В сюжете это можно понять и как «страсть убивает» — и кажется, Набоков сознательно играет этим сентиментальным стереотипным псевдопрочтением.

Естественно, здесь первой ассоциацией возникает архетипичная связь Эроса и Танатоса, но набоковское понимание эроса и танатоса-смерти вместе и в отдельности отличается от теории фрейдизма о противоборстве «влечений» инстинкта жизни к смерти[23]. Эта своеобразная «эросмерть» Набокова станет еще понятнее в русле семантики французского эвфемизма для оргазма *la petite mort*, в котором подсказывается параллель с трансцендентальным переживанием или «перемиранием» в состояние безжизненности. На это указывает лексика оргазма и на других языках, подчеркивая то уход, то приход (рус. *кончать*; англ. *to come,* фр. *arriver* — «приходить»; венг. *elmenni* — «уходить»). В обоих образах метафоризована граница, некие ворота, точка или линия, разделяющая два разных мира (а русское и венгерское слова «ухода» выражают и смерть). Такая концепция двусторонности появляется в римской мифологии в локусе границы, терминуса, одно лицо которого принимает, другое провожает (это — прообраз двуликого Януса, выступающего в образах Набокова, см. двуликую восковую фигуру в «Защите Лужина»).

Думается, что в этой амбивалентности можно видеть главный прием элиминации порнографического в «Лолите». В сцене на тахте это тройное кодирование наблюдается лучше всего. Рито-

---

[22] Значение «любовной страсти» в английском языке впервые появилось в 1580 году.

[23] Не только в том, что резко критикует и отрицает всеопределяющую роль сексуса, но, главное, в его текстах смерть не связана с деструкцией и отсутствует какая бы то ни было целенаправленность этих качеств (в то время как у Фрейда все имеет причинный источник и объект).

рически поднятый стиль соединен с мифологизирующим кодом, библейскими и античными мотивами (яблоко, Венера и т. п.). Здесь очевидно, что, благодаря аллюзиям на архетипический топос Адама и Евы, мотивы обнаженности и покрывания наготы переакцентированы и абстрагированы, отосланы в сферу философии[24]. В сцене на тахте происходит одинокий, в буквальном смысле отвлеченный оргазм, при котором Гумберт еще и одет — что может привести к мысли о том, что телесное познание между Адамом и Евой стало возможным только после осознания собственной наготы и благодаря тому, что они сначала покрыли свою наготу[25].

Приближая высокую риторику к эротическо-сексуальной теме и псевдовульгаризации, а мифологизацию — к демонизации, в качестве третьего дистанциирующего элемента мы можем увидеть коннотацию смерти или потустороннего. Набоков раскрывает широкие возможности для интерпретации, когда вовлекает культурные коды. Для этого требуется отказ от ситуационности, от понимания искусства как копии жизни. Помимо этого, в нарративной модели Набокова читатель поставлен в ситуацию неизбежного выбора между аналитическим и потребительским восприятием. Только первое, аналитическое восприятие способно поставить и определить барьер между порнографическим восприятием и литературным прочтением, ибо надобно разделить и опознать не искусство высокое и низменное, а отделить друг от друга искусство и действительность, а в итоге — тело и телесность, да и тленность.

---

[24] Вне контекста иудаизма или христианства как религий и Библию следует причислять к мифам, которые утратили свою религиозную основу и стали архетипами, культурными кодами.

[25] Такое покрытие наготы, как ни странно, повторяется в Библии во время второго сотворения мира, после потопа — сыновья Ноя (десятое поколение после Адама) должны покрыть срам пьяного отца.

Liber libidonis, ad liberiora

Амор и мораль, либертинаж и дендизм
(«Ada or Ardor: A Family Chronicle»)[1]

Темой этой главы являются понятие и явление либертинажа и дендизма в творчестве Набокова. В первой части я касаюсь некоторых теоретических аспектов и биографических данных, затем остановлюсь на интертекстуальных заимствованиях и возможных образцах набоковских текстов из французской литературы либертинажа. В третьей части я обращусь к тексту «Ады...» («Ada or Ardor: A Family Chronicle», 1969). Прежде всего коротко остановлюсь на понятии либертинажа и дендизма.

Определение денди теоретически относится к разным областям науки, от этно-социографии до философии, ибо дендизм проявляется во взглядах, внедряемых в жизненной стратегии, в поведении, в эстетике и в мышлении в целом и определяется эпохой и актуальным обществом. Характеристика денди видоизменяется и в зависимости от геокультурных пространств и исторических обстоятельств, отличных в Лондоне, Париже и Петербурге, и разные их периоды могут выражаться в нескольких разновидностях типологии денди. Интересен вопрос, в какой мере поколения денди влияли друг на друга, наблюдается ли какая-то

---

[1] В главе использован материал статьи автора: «Ada»: Liber libidonis, ad liberiora. Амор и мораль, либертинаж и дендизм в «Аде» Набокова // Russian Literature. 2014. Vol. 76(1–2). С. 177–200.

внутренняя временная нить континуума и можно ли установить связь между разными геокультурными сферами и традициями.

Автора «Лолиты» рассматривать с точки зрения либертинажа кажется хрестоматийно очевидным, если либертинаж понимаем в узком смысле этого понятия на плоскости свободной морали, распоясанной сексуальности, рафинированного культа эротики и изображения их в искусстве. Однако под либертинажем следует подразумевать полное определение Кальвина, который, описывая в 1544 году секту анабаптистов, ввел понятие «либертин» и охарактеризовал их как обладающих «свободой духа и критики» (подробнее о ранней истории либертинства см. [Schneider 1970]).

В подобном соединении свободы мышления и сексуального поведения мы встречаем это понятие на век позже, у Мольера в «Дон Жуане». (В «Аде...» фигура Дон Жуана, «стареющего либертина», является прототипом протагониста Вана Вина, который в первоначальном варианте и назывался Жуаном).

Строго исторически, однако, термин утвердился во Франции лишь накануне эпохи Просвещения, где рационализм отстаивал свои позиции против церкви и феодальной иерархии. Впоследствии либертинская литература стала пониматься как пропаганда свободных нравов и свободомыслия, и основой ее стала довольно простая философия: все, что от природы и даже от Бога, является более вечным и естественным, чем меняющиеся моральные законы эфемерных общественных строев и людей, чем-то всегда ограниченных. Все дозволено в жизни между женщинами и мужчинами: «La Nature est un Etre de raison», «tout est de Dieu», «il n'y a rien de mal dans le monde en yeux à la Divinité», «tous ce qui s'appelle bien où mal moral, n'est que rélatif a l'intérêt des sociétés établies parmi les hommes» («Природа — существо разума», «все от Бога», «в мире нет ничего плохого перед Богом», «все, что называется добром или моральным злом, связано всего лишь с интересами обществ, созданных среди людей») [Thérèse Philosophe 1748: 95–96]. Настоящая либертинская литература, однако, всегда использовала эротические темы и жанры для того, чтобы преодолеть их штампы и перейти с их помощью к сфере философии и высокого искусства.

Принимая во внимание многообразие трактовок понятия либертин и денди в зависимости от указанных выше факторов, строгой формулы для них не может существовать. Отчасти и поэтому здесь предлагается не типология, а нечто обратное: будут рассмотрены фигуры и некоторые произведения Набокова с точки зрения феномена либертинажа и дендизма разных эпох и культур, то есть обсуждается заимствование обоих понятий или подражание им, важность их в культурной традиции. Богатый интертекстуальный фон, постоянное влияние / присутствие французской и английской культуры позволяют говорить об органичной связи набоковского текста с либертинажем и дендизмом.

В основе философии сексуальности и эротики либертинажа лежит концепция свободы тела. Либертины, стремясь, с одной стороны, к разрыву с узами и с порядком морали, а с другой стороны, с религией; отрываясь от библейских законов и Бога, да и следуя принципу антидогматизма и материализма, считали своим идеалом полную свободу обращения с собственным телом.

Философия тела попала в центр внимания феноменологии XX века, когда в дихотомии «дух и тело» последнее утратило свою негативную или позорную окраску и телесность перестала пониматься как антитеза общественной морали и индивидуального разума. Этика тела и его интерсубъективное значение были предметом философии Э. Левинаса (E. Lévinas) и М. Мерло-Понти (M. Merleau-Ponty). Последний раскрыл рождение разума из плотского путем игры и наслаждения и создал комплекс проблем «инаковости» (*alterité*), согласно которой личность *Другого* при эротическом акте оттеснена и не может проявляться вследствие неразрушаемости интерперсонального барьера. Левинас же, отталкиваясь от *alterité* Мерло-Понти, пришел к переосмыслению плотской сенсуальности и, отрицая элемент нарциссизма и эгоизма в наслаждении, выдвинул элемент трансцендентальности в эротике, в которой он подчеркивает чувство в смысле *sentiment* в отличие от чувства как сенсорного прикосновения (*sensation*). В целом, у Мерло-Понти отношение к *Другому* абстрактно-анонимно, а у Левинаса — трансцендентально (в качестве управляемого желаниями желания *Другого* [Merleau-Ponty 1968; Levinas 1961, 1995], см. также [Thierry 1987]).

Соотношение *Я* и *Чужого* и есть та сфера, которая поднимает вопрос этики, то есть проблему интерперсонального поведения и личных переживаний в отношениях между двумя телами, и касается также личной ответственности. Существенным элементом в обмене импульсов является язык (и *langue*, и метакоммуникация жестов). Эрос, Либидо и Логос взаимно поддерживают и питают друг друга, поэтому всякое поэтическое и вообще словесное выражение является такой же безнадежной, но возвышенной попыткой эротического характера, как чувственное общение, как прикосновение. На этом построены эротексты Набокова (см. соотв. главу). В свете этих идей и «Лолита», и «Ада...» касаются самых теоретических вопросов переосмысления эротического.

Определение денди в словаре Набокова не нуждается в догадках, ибо он сам дал пространный комментарий к знаменитой пушкинской строке в «Евгении Онегине» («как dandy лондонский одет...», глава I, IV) в своем скрупулезно-точном стиле.

> The word «dandy» which was born on the Scottish border c. 1775, was in vogue in London from 1810 to 1820 and meant «an exquisite», «a swell» <...> Pichot, in a footnote to his «translation» (1820) of Byron's «Beppo», LII, inexactly says of «un Dandy»: «Petit-maître anglais». Pierce Egan, in his «Life in London» (1821), bk. I, ch. 3. thus describes the pedigree of a London dandy. Beau Brummell's dandy days in London lasted from 1810 to 1816, but he was still living elegantly in Calais in Onegin's time. His biographer, Captain William Jesse, writing in London in the 1940s, when the term «dandy» had been replaced by «tiger», makes the following remark: «If, as I apprehend, glaring extravaganzas in dress <...> constitute dandysm, Brummell most assuredly was no dandy. He was a beau... His chief aim was to avoid anything marked». Onegin, too, was a beau, not a dandy [Pushkin 1991: 43–44].

Ниже Набоков дает целый ряд синонимов к словосочетанию «модный чудак» (глава I, XXVII): *щеголь*, *франт*, *чудак*, *оригинал*, *merveilleux*, *эксцентричный*, *странный* человек [Pushkin 1991:

111]. Отсюда нетрудно установить, что для Набокова денди означал не франта, который следует моде («красавчик») в желании соответствовать и принадлежать к какой-то группе, а человека, который старается отмежеваться от моды (и этим, может быть, и создает ее), предпочитает уединение и тщательно стремится отличаться от массы. По комментариям к «Онегину» очевидно, что Набоков досконально знал британскую литературу дендизма (тема, которая выходит за рамки этой статьи и требует отдельных исследований).

Кроме Пушкина у него был и другой источник для понимания русской специфики денди, когда он создавал «Аду…». После «Лолиты» и перевода «Онегина» он перевел на английский и роман Лермонтова «Герой нашего времени» (в соавторстве с сыном), вышедший в 1958 году. Фигура Печорина определила образ русского денди не в меньшей степени, чем характер Онегина. Как известно, описание внешности Печорина преподносится с нескольких нарративных точек зрения. В главе «Максим Максимыч» в глазах старшего офицера Печорин кажется нежным, почти андрогинным явлением, похожим на французскую кокетку. В тексте же дневника самого Печорина читаем, что он видит себя настоящим мужчиной и денди вовсе не в модной и не петербургской, а кавказской одежде, в боевом облике:

> Мне в самом деле говорили, что в черкесском костюме верхом я больше похож на кабардинца, чем многие кабардинцы. И точно, что касается до этой благородной боевой одежды, я совершенный денди: ни одного галуна лишнего; оружие ценное в простой отделке, мех на шапке не слишком длинный, не слишком короткий; ноговицы и черевики пригнаны со всевозможной точностью; бешмет белый, черкеска темнобурая. Я долго изучал горскую посадку: ничем нельзя так польстить моему самолюбию, как признавая мое искусство в верховой езде на кавказский лад [Лермонтов 1957: 281].

В переводе Набокова фраза «совершенный денди» («absolute dandy» [Lermontov 1958: 107]) была сохранена. Мужественно рыцарское поведение, спасение женщин и завоевание их сердец при сохранении независимости и дистанции было общей матрицей в сентиментальной, приключенческой, романтической и либертинской литературе, к которым юный Набоков был чувствителен (к примеру, к роману Майн Рида «Всадник без головы», непременно в лондонском издании). Он говорит о нем в своих мемуарах с некоторой иронией, но вместе с тем и с намерением указать на эстетический и этический принцип в подобных сюжетных приемах [НРП, 5: 271–273], которые он вставил и в свои романы («Подвиг» [НРП, 5: 170]), подчеркивая и развивая элемент недоступности в эротическом.

Слова *либертин* и *денди* относятся к активному словарному запасу Набокова вплоть до «Оригинала Лауры» («The Original of Laura», 1977), но первый пример в этом ряду — Мартын в «Подвиге» (1932). Дендизм Мартына описан с долей самоиронии к юному герою, выразившему авторское Я из прошлого. Романтические мечты и любовные приключения Мартына, желающего жить свободно (инициация со зрелой женщиной, проститутка в первую ночь в Лондоне, официантка из кафе в Кембридже и параллельные любовные связи), оказываются ничтожными перед тем, что прошел и чего достиг его друг-поэт Дарвин в настоящей Жизни. Однако Соня остается для них обоих недоступной[2].

Выросший в семье англоманов и франкофонов, Набоков начал писать на этих языках раньше, чем по-русски, и был связан с идеями и поведением в либертинаже и дендизме не только в творчестве, но и в желании следовать примеру отца. Биографический фон исследований творчества учитывает и семейную манеру одеваться, и занятия спортом, и врожденную аккуратность. Утонченность вкусов вместе с либеральными взглядами и с демократизмом в обращении с людьми незнатного происхождения или других сословий стали тем редким для России соединением

---

[2] В романе «Король, дама, валет» дендизм и щегольство означают снобистскую моду: универмаг Курта называется «Дэнди» (Э воспроизводит у Набокова латинский шрифт), на Kurfürstendamm маршируют «dandies». Как было добавлено в позднем и в значительной мере переделанном английском варианте, жизнь часто копирует французских писателей («life not unfrequently imitates the French novelists») [Nabokov 1988: 102].

ценностей, которые приближали русских дворян Набоковых к европейскому аристократизму.

В семье Набоковых родителями и дядями В. И. Рукавишниковым и К. Д. Набоковым был задан светский тон общения в духе европейской цивилизации и русского дворянства, уважения к индивидуальности и к отклонениям от норм. Эти явления наблюдались и у предков, по крайней мере, именно так показывает их Набоков, который охотно и детально, с юмором и некоторой гордостью пишет в третьей главе своей автобиографии «Speak, Memory» о событиях, близких к скандалу.

Изысканность вкусов и утонченность занятий, огромная библиотека с библиотекарем и напечатанным в 1913 году каталогом, две автомашины, пять ванных комнат, прогулки на английских велосипедах в белой кружевной одежде до пола, летние поездки в Западную Европу, к американскому зубному врачу в Берлине и на французскую Атлантику, замок в Пиренеях, теннис, бокс, шахматы и бабочки — все это свидетельствует о том, что семья отличалась не только богатством, но и тем, на что тратились деньги. Как Ван отмечает в «Аде...»: в Ардисе то, что было для него аксиоматическим, нарушалось, не соблюдались ни гигиена, ни изысканный вкус [Nabokov 2000: 65].

Семейная атмосфера англомании отражалась не только в ежедневных реалиях, но и в языке и оставила следы в полиглоссии и стиле Набокова.

> За брекфастом яркий паточный сироп, golden syrup, наматывался блестящими кольцами на ложку, а оттуда сползал змеей на деревенским маслом намазанный русский черный хлеб. Зубы мы чистили лондонской пастой, выходившей из трубочки плоскою лентой. Бесконечная череда удобных, добротных изделий да всякие ладные вещи для разных игр, да снедь текли к нам из Английского Магазина на Невском. Тут были и кексы, и нюхательные соли, и покерные карты, и какао, и в цветную полоску спортивные фланелевые пиджаки, и чудные скрипучие кожаные футболы, и белые как тальк, с девственным пушком, теннисные мячи в упаковке, достойной редкостных фруктов <...> Я научился

читать по-английски раньше, чем по-русски; некоторая неприятная для непетербургского слуха — да и для меня самого, когда слышу себя на пластинке — брезгливость произношения в разговорном русском языке сохранилась у меня и по сей день <...>

В доме было пять ванных комнат... Клозеты, как везде в Европе, были отдельно от ванн, и один из них, внизу, в служебном крыле дома, был до странности роскошен, <...> в готическое окно можно было видеть вечернюю звезду и слышать соловьев в старых неэндемичных тополях за домом; и там, в годы сирени и тумана, я сочинял стихи [НРП, 5: 188–189, 193].

На самом деле все здесь кажется «неэндемичным»... Смешение культур и языков осталось неизменным и в эмиграции; немецкий язык не мог нарушить 'тройку' основных для писателя — русского, французского и английского, о функции которых свидетельствует и ответ отца Набокова на вопрос сына о сексуальном возбуждении: «Это, мой друг, всего лишь одна из абсурдных комбинаций в природе — вроде того, как связаны между собой смущение и зардевшиеся щеки, горе и красные глаза, shame and blushes, grief and redeyes... Tolstoi vient de mourir» [НРП, 5: 279].

Требования порядка и чистоты относились одинаково и к морали, и к ежедневному автоматизму гигиены. Они стали такими рамками повседневной жизни, которые сохранились при любых условиях, и в эмиграции, и в небогатые годы. Утреннее купание не пропускалось даже в поезде и происходило в специальной портативной надувной резиновой ванне, которую постоянно возят с собой и герои Набокова, например Мартын в «Подвиге». Неопрятность же его персонажей, наоборот, разоблачает их пошлость (Франц в романе «Король, дама, валет» (1928), Черносвитов с дырявыми носками в «Подвиге» или неряшливый к одежде и к вещам Иоголевич). Надо, однако, отличать чистоту от брезгливости — Набоков в детстве имел возможность свободного приобщения к природе и познания ее, проще говоря — возможность испачкаться, о чем свидетельствуют фотографии, на которых белая одежда детей бывает и порванной, и в пятнах. Брезгливость в героях Набокова выражает их внутреннюю дезинтеграцию — Франц, этот провинциальный антиденди, падает в обморок при виде любой физиологической детали (рвоты, слюны, сморкания), но хладнокровно готовится к убийству изучением разных видов и возможностей акта убийства.

Любопытно обнаружить маленькие детали внешности персонажей Набокова, вероятно, заимствованные им из своего юношества: белые панталоны, сиреневые носки у Ганина в «Машеньке» (гл. 4), или гардероб Мартына в «Подвиге»: «сорочки с крахмальными манжетами и твердоватой грудью, любимые ярко-лиловые носки, оранжевые башмаки с шишковатыми носами», или его светское поведение, мастерство в теннисе и на балах, где «превосходно танцевал под гавайский плач граммофона тустеп, которому научился еще в Средиземном море» [НРП, 3: 136].

Набоков записывает в своем дневнике после покушения на отца и его смерти, как тот накануне, в последний свой вечер помогал своему сыну натягивать брюки на специальный аппарат, который без утюга за ночь возвращал безупречную остроту стрелок [Boyd 1990: 192]. А когда сестра Набокова вспомнила, как она пришила пуговицу отцу в ночь перед покушением, Набоков с сарказмом ответил: «Напрасная трата времени. Пришивать пуговицу на такой короткий срок» [Field 1977: 81]. Денди ведь относится к эмоциям со своеобразной, амбивалентной элегантностью — скрывает их остротами, на английский манер. В семейной переписке Набоковых внимание друг к другу непременно пропитано иронией, остроумием и ритуалом игры, при этом эмоции скрыты. В минуты же настоящих кризисов стиль Набокова поднимался до пафоса его русской поэзии, к примеру в письмах Набокова к матери из Кембриджа во время последних летних экзаменов в 1922 году, после смерти отца.

В родословной Набокова, в более длинном втором варианте в «Speak, Memory» (1967), нежели в первом английском и, следовательно, чем в русскоязычных «Других берегах» (1954), насчитывалось немало необычных личностей. Однако некоторые факты биографии скрывались или переписывались автором. Среди фигур со странными наклонностями, чудаков, инакомыслящих и вольнодумцев были и родственники с особыми сексуальными наклонностями, что умалчивалось Набоковым, оттеснялось на задний план сознания. Гомосексуализм его дяди, который оставил ему все свое имущество в наследство, также и гомосексуализм младшего брата Сергея в первых изданиях не упомянуты, что указывает на некоторую ограниченность во взглядах сына того человека-либерала, который являлся автором законодательного предложения, облегчавшего юридическое положение гомосексуалистов и впервые придумал русский термин для этого явления («равнополая любовь»). Тема гомосексуализма в творчестве Набокова уже затронута критикой [Эткинд 2002], Набокова называли гомофобом, но не было отмечено, например, какое утрированное, и заодно завуалированное выражение эта тема получила в «Аде...»[3].

«Отличаться» было нормой и даже потребностью юного Набокова, и с годами это стало все острей. Его герои-извращенцы и развратники (помимо главного, философско-поэтического назначения такого их качества, конечно) были отчасти и средствами эпатажа для снобов, ведь снобизм — разновидность поведения, противопоставляемого дендизму и либертинажу.

Английская манера *privacy* не противоречит поведению денди. Набоков жил размеренной, публичной жизнью писателя и при этом скрывал, отделял интимную сферу от публичной, от внешнего мира. В то же время Набоков был не прочь разыгрывать театральные сцены в жизни, некоторый «внешний» дендизм в его поведении регистрируется им в письмах и воспоминаниях. Уже немолодой Набоков отмечает в своем дневнике, как он, будучи вовсе небогат в первые годы американской эмиграции в 1944 году, бросает жестом юнца из «золотой молодежи» деньги на сиденье таксиста вместо того, чтобы передать их ему в руки. «You know in

---

[3] «But girls — do you like girls, Van, do you have many girls? You are not a pederast, like your poor uncle, are you? We have had some dreadful perverts in our ancestry...» [Nabokov 2000: 183].

all those romantic novels the hero throws money down on the seat. I wanted to see how it feels, and how it looks» [Boyd 1991: 62].

Подведя некоторые итоги в отношении фактов биографии писателя, можно установить, что Набоков, в отличие от поколения русского Серебряного века, от которого он многое наследовал эстетически, не следовал практике и идее жизнетворчества. Выходец из высших сословий, выросший в роскоши, в эмиграции он создал свой особый мир интеллектуальной элитарности, в котором детали повседневной жизни и морали одинаково следовали принципу некой чистоты. Одно из проявлений этого принципа — отказ от пошлости в искусстве, поведении, морали и высмеивание их. К этому сложному принципу можно причислять и отказ Набокова от дидактического искусства, литературы с «направлением» и любой ангажированности в общественных и политических делах. Элемент эпатажа был семейной чертой Набоковых, и всю жизнь он был готов идти против массового вкуса. Кажущаяся небрежность в манере одеваться пришла к нему после юношеского периода щегольства, который он позже с теплым юмором передает своим героям. Дендизм выражался и в резкости его взглядов, и в повышенном, даже напряженном самонаблюдении, в постоянной авторефлексии, в некоторой театральности в расчете на эффект в повседневной жизни и во время встреч, в солипсизме и даже культе индивидуальности.

Набоков во многом, среди прочих влияний, и в своем поведении следовал примеру своего отца, ранняя смерть которого только углубила эмоциональное желание вспоминать его жесты и принципы. Его не только писательская, но органическая связь с дуэльной этикой русских денди подтверждается одним из самых травматичных воспоминаний в автобиографии: он описывает день, когда он в школе узнал о готовящейся дуэли отца и представил его мертвым [Nabokov 1989a: 142–146]. Здесь же отмечается, что русская дуэль более серьезна, чем французская: «A Russian duel was a much more serious affair than the conventional Parisian variety» [Nabokov 1989a: 142]. Дуэль прямо входит в семейную традицию через культурный контакт: семейное имение Батово — место дуэли Пушкина и Рылеева в 1819 году [Nabokov 1989a: 40].

Воспитанный поколением, для которого дуэли еще были практикой отстаивания позиции, Набоков в своих произведениях в каждой дуэльной сцене (реализованной и планированной одинаково) отдавал честь своему отцу. В «Аде...» так же отцовской традиции поклоняется молодой Ван, вспоминая отца-денди и его указания о должном поведении перед дуэлью. Причина этому не только в «отсталости России» и в этом на 200 лет, но в той линии, которая представляет собой череду лучших поэтов-романтиков русской литературы:

> ...I refought all the famous duels a Russian boy knew so well. I saw Pushkin, mortally wounded at the first fire, grimly sit up to discharge his pistol at d'Anthès. I saw Lermontov smile as he faced Martïnov. I saw stout Sobinov in the part of Lenski crash down and send his weapon flying into the orchestra. No Russian writer of any repute had failed to describe *une rencontre*, a hostile meeting, always of course of the classical *duel à volonté* type (not the ludicrous back-to-back-march-face-about-bang-bang performance of movie and cartoon fame). Among several prominent families, there had been tragic deaths on the dueling ground in more or less recent years [Nabokov 1989a: 144].

Либертинская литература опирается на обширную традицию, прежде всего французскую, которая для текстов Набокова становится подводным течением, широко изученным исследователями. Но доступные мне материалы не обсуждают связи творчества Набокова с литературой французского либертинажа. Любопытно, что даже те сравнительно ранние работы, которые установили некоторые черты параллели между «Лолитой» и П. Шодерло де Лакло [Aldridge 1961], не продолжали исследования после появления «Ады...» или ограничивались проблематикой отделения порнографии от искусства [Morawski 1967]. Литературу либертинажа не учитывает и самый глубокий анализ Б. Бойда (B. Boyd) [Boyd 1985], и даже в его текущем онлайн-проекте комментариев к «Аде...» в объяснении выражения «eighteen-century libertines» ограничивается лаконичным «such as Casanova and the Marquise de Sade» [ADA].

Ключевой и объемный полигенетический мотив сада в романе Набокова мобилизует и развивает широкий символический ареал значения, общего для библейской символики, античной и восточной мифологии, галантной и французской эротической литературы, ставший, естественно, ходячим и в литературе либертинской (например, «Новая Элоиза» Ж.-Ж. Руссо или «Опасные связи» Шодерло де Лакло, эмблематические произведения эпохи разгара французской либертинской литературы).

В описании характера Ады говорится, что такие девушки встречаются в экстравагантных романах («portrayed in extravagant romances», [Nabokov 2000: 172]). Широкий эротический словарь «Ады...» Набокова строится на пикантных анаграммах и разночтениях [Naiman 2010: 250–268], — и этот язык был разработан во французской литературе предшественниками либертинов, в некоторой мере Ф. Рабле и поэзией вагантов. Ваганты были не только бродячими студентами и странствующими шутниками, но и поэтами, которые на основе мотивов античной любовной литературы сочиняли и исполняли похабные песни, более развязные, чем трубадуры. Обязательными элементами их песен были Амор-Купидон, нимфы, сатиры, нагое тело и (обязательно) пародирование церковной морали. Их смело можно считать предшественниками либертинских взглядов и в антирелигиозности. Либертинаж тоже брал свои матрицы из греческой и римской культуры, обращаясь к Античности в поисках дохристианских, античных представлений о морали. Набоков следует этому примеру с целью архетипизации [Hetényi 2007; Hetényi 2008b; Хетени 2007; Хетени 2010; Хетени 2011a]. Литература либертинажа является самым сильным импульсом в той интертекстуальной линии источников и влияний, которыми питается набоковское эротическое письмо, отражая одновременно все свои источники, создавая своеобразный эффект стилистического *mise en abyme*.

Источники из французской либертинской литературы в тексте «Ады...» выступают в цитированных выше словах прямой ссылкой. Ван угрожает гувернантке Ады, которая ограничивает круг чтений своей ученицы, что закажет всех авторов-либертинов для библиотеки, наряду с другими книгами: «eighteenth century libertines, German sexologists, and a whole circus of Shastras and Nefsawis in literal translation with apocryphal addenda» [Nabokov 2000: 105–106]. Эта глава неслучайно посвящается чуть ли не полностью книгам. Во-первых, библиотека является местом первой и бурной любовной сцены между подростками. Во-вторых, что важнее, в книгах и вокруг них развита настоящая либертинская натура письма Набокова, в котором интеллектуальное и эротическое не только взаимосвязаны, но одно другое питает и разжигает (см. [Lévinas 1995]; более того — пожар становится реализованной метафорой). Эротическая сцена чтения вместе и рождение убийственной страсти восходит к традиции Данте, к описанным в его «Аде» (NB: созвучие Ад — Ада!) римских любовников Паоло и Франчески. Диалоги Вана и Ады блещут искрами сверхначитанности, изысканного юмора и эротически насыщенной двусмысленности. Они созданы автором-эрудитом, который строит свой стиль и игровые лабиринты наррации на таком принципе. В романе «Лолита», предшествующем «Аде…» по тематике, многие увидели лишь проявление «свободных нравов», ибо то расширение, та объемность миропонимания через эротику, которые в «Аде…» налицо, были еще более скрыты. Эта закодированность является одной из черт набоковского дендизма-щегольства: он одевает свою эзотерическую (недоступную для непосвященных) прозу в такую яркую текстовую оболочку, которая (благодаря незаурядной эрудиции и изысканности стиля автора) суживает круг понимающих и «посвященных» до числа элиты (см. об эротексте в главе «Синкретический эротекст Набокова…»).

Распутность Вана, который постоянно изменяет Аде (как и она ему) во времена их разлук, определяется словом *либертин*, и в этом описании немало пародированных стереотипов, связанных с вульгарно-субкультурным течением либертинской литературы, например с текстами Казановы. Здесь и донжуановский перечень с числами и датами сексуальных соитий, с разнообразностью наций и мест встречи (среди них с автореферентной Фиальтой), здесь и профессиональные проститутки, случайные любовницы, временные сожительницы и, наконец, любовная утомленность. Инсценировка полностью стилизована под либертинскую:

> During the years of their last separation, his libertinism had remained essentially as implacable as before; but sometimes the score of love-making would drop to once in four days, and sometimes he would realize with a shock that a whole week had passed in unruffled chastity. The series of exquisite harlots might still alternate with runs of amateur charmers at chance resorts and might still be broken by a month of inventive love in the company of some frivolous Women of fashion (there was one red-haired English virgin, Lucy Manfristan, seduced June 4, 1911, in the walled garden of her Norman manor and carried away to Fialta on the Adriatic, whom he recalled with a special little shiver of lust); but those false romances only fatigued him [Nabokov 2000: 573].

В описании целый набор слов с эротико-культурными ассоциациями: здесь не просто вездесущая аллегория женщины, окруженный стенами сад, но и имена собственные призывают к семантическому осмыслению.

Явно искусственно созданная фамилия Manfristan парадоксально опытной девственницы внушает несколько мифологизирующую восточную атмосферу экзотики. Ориентализм или, скорее, ориентализация была излюбленным приемом авторов-либертинов XVIII века, встречаются китайские, японские, еврейские, греческие «письма» и фиктивные имена, например «Les amours de Zéokinizul, roi de Kofirans, ouvrage traduit de l'arabe du voyageur Krinelbol» (Amsterdam, 1746; акт псевдоперевода маскировал автора, не без основания, вероятно, прячущегося за анаграммой, ибо под этим именем он писал и в защиту гугенотов). Еще одно обстоятельство в издательской практике эпохи либертинажа может привлечь внимание набоковеда. Французская эротическая литература издавалась не только в Лондоне, но очень часто и в Амстердаме или Гаге, как, например, и произведения маркиза де Сада. Возможно, этот код французской культуры, связь эротического с голландским, был включен в голландском звучании имени Вана Вина. (Нечто похожее обнаруживается в романе Булата Окуджавы «Путешествие дилетантов» в имени героя Шонховена, заслуживающем анализа с точки зрения дендизма.) Имя Терезы, которая всячески препятствует встречам Ады и Вана, пародийно отсылает не настолько к «Thérèse Philosophe» как к «L' Anti-Thérèse Ou Juliette Philosophe, nouvelle Messine véritable, par M. de T***» (Le Haye, 1750; написан Туссеном) [Anti-Thérèse 1750], но вспоминается и Тереза в романе де Сада «Justine ou les Malheurs de la vertu» (изданном тоже En Hollande, 1791) [Justine 1791]. Спорадические совпадения имен набоковских героинь с характерными женскими фигурами сами по себе были бы поверхностным основанием для параллели, но у Набокова появляются и схожие сюжетные матрицы. Роман О. Мирабо «Le rideau levée ou l'éducation de Laure» (1786) не только именем героини отсылает к Петрарке и вместе с этой реминисценцией подтверждает линию набоковских нимфеток от Лолиты (которая неоднократно соотнесена Гумбертом Гумбертом с атмосферой итальянского Ренессанса) до Лауры, но его сюжет — инцестуозная связь отца с дочерью — говорит о более тесной интертекстуальной связи, которую, кажется, в критической литературе тоже до сих пор еще не упомянули.

Не имея возможности глубже вникать в сюжет, отметим только то, что в заглавии занавес поднят в двух значениях: между спальнями отца и дочери и между «можно» и «нельзя» приличного поведения и морали. В набоковских текстах нечто подобное этой занавеске эротики представляет собой прозрачная бумажка над цветными иллюстрациями книг. Они являются овеществленным барьером, обещающим обнаружить запретное и зажигающим эротическое желание и томление, отделяющим эротику ожидания от сексуальной реализации (к этому я еще вернусь).

Очевидной жанрообразующей чертой «Ады...», восходящей к литературе либертинажа, являются эпистолярные части романа, ибо жанр романа в письмах, сначала наивный, но со временем все более искусный, распространился и совершенствовался именно в этом русле, в эротических и сентиментальных романах XVIII века.

В «Аде...» самой явной связью с французской литературой кажется не только органическое употребление французского языка в тексте как второго языка романа, но и огромное число литературных реминисценций и цитат (или псевдоцитат). Кривое зеркало пошлых французских романов низкого ранга вводится Набоковым через фигуру мадемуазель Лавиньер, но в то же время эта сентиментальная халтура получает сюжетообразующую роль: описанные в ее болтовне события предзнаменуют действие, которое впоследствии происходит, как по сценарию реализуя упомянутую метафору жизни как копии дешевого французского романа из раннего романа «Король, дама, валет».

Параллельное рассмотрение «Лолиты» с романом Мирабо может показать интересный аспект понимания концовки текста Набокова. Моралисты выдвигают разные анализы судьбы Лолиты, которая после рабства у Гумберта Гумберта попадает в дом Куильти и участвует в оргиях, чтобы потом неожиданно вернуться к обыкновенной жизни и выйти замуж за обыкновенного юношу, а в момент нового появления Гумберта Гумберта она уже беременна. Героиня же Мирабо, выучив в раннем возрасте у отца сексуальное мастерство, живет развязной жизнью в его доме, и не только с ним, но участвует и в групповых оргиях (как Лолита у Куильти), но потом, в двадцать лет, она вдруг покидает их и уходит в монастырь. Кажется, в сюжете Набокова возвращение от развязной жизни к «нормальной» можно рассматривать как современный уход в монастырь и через этот акт понять смерть Лолиты [Хетени 2010].

Англичанка с рыжими волосами Lucy Manfristan в «Аде...» — явная дупликация Люсетты, младшей сестры Ады. (Эротичность и рыжие волосы вошли вместе в набоковские инварианты со времен его стихотворения 1928 года «Лилит»; см. главу 3 «Сикретический эротекст Набокова».) Имена собственные в «Аде...» (и не только там) позволяют с первого же взгляда установить тесную связь аллюзий между набоковской и французской эротической литературой. Одним из классиков последней был П. Ж.-Б. Нугаре (Pierre Jean-Baptiste Nougaret), трехтомник которого «Lucette ou le progrès de la libertinage, par M. N***» (1765–1766) стал чуть ли не учебником для последователей [Nougaret 1765–1766]. Подобные книги чаще всего издавались под псевдонимами и представали в жанре признаний или воспоминаний, близких нарративной ситуации набоковских романов (например, «Лолита»). Имя Lucette не только отсылает к еще одному популярному французскому эротическому тексту, к анонимно изданной книге Анри-Жозефа Дюлорана (Henri-Joseph Dulaurens) «Je suis Pucelle, Histoire véritable» [Dulaurens 1767], но действует метафорически и в качестве магического имени (Pucelle в значении нетронутой девочки) реализуется в ее судьбе — она бросается в океан, кончает самоубийством от несбывшейся, не реализованной любви к Вану. Роковой треугольник полубрата и сестер разрешается роковой же «случайностью» — Ада, давно отсутствующая в жизни Вана, вдруг появляется на экране в незначительной роли служанки в фильме, который Ван и Люсетт смотрят на корабле, а фильм «Последнее развлечение Дон Жуана» — о «стареющем либертине». «On the way to the remote castle where the difficult lady, widowed by his sword, has finally promised him a long night of love in her chaste and chilly chamber, the aging libertine nurses his potency by spurning the advances of a succession of robust belles» [Nabokov 2000: 488]. Этот фильм для Люсетты действительно последнее развлечение в ее жизни.

Набоков многому мог научиться у еще одного автора-либертина французской литературы, Денона (Dominique Vivant, Vivant Denon). Его роман «Point de lendemain» (1777) не случайно привлек внимание Милана Кундеры, который целиком основал на нем свой роман-эссе «Медленность» (La lenteur, Paris, 1995). Кундера многим обязан в этом же тексте и литературным лекциям Набокова (это может послужить благодатной темой для компаративного анализа, который не исчерпан и еще не затрагивает эту параллель, см. [Píchová, 2002]). В двух вариантах текста Денона только герой-рассказчик первого назван, его имя Дамон созвучно с именем Демона, отца Вана и Ады (и, конечно, с именем автора, скрытого под инициалом Д — Денона). Помимо (в этот раз не-лермонтовских) демонических аллюзий, в параллели Демона, Дамона и Денона отдана дань отцу писателя и отцам-предшественникам в литературе и в жизни либертина. Отец для Вана — образец поведения на дуэли (как было отмечено выше), в одежде, в обращении со слугами — то есть во всем, что касается светской жизни.

В повести Денона внимание Набокова могли привлечь еще такие либертинские качества, которые вошли в его философию эротики в широком смысле слова. Во-первых, здесь среди почти безликих героев, как в маскараде-игре, стираются понятия морального, добра и зла. Либертинаж следовал логике, выдвинутой в «Терезе-философе», согласно которой мораль установлена вечно меняющимся обществом, в то время как все, что создано природой или Богом, должно принадлежать Добру [Thérèse Philosophe 1748: 95–96]. Гумберт Гумберт и близнецы Ван и Ада наставлены в таком духе и помещаются вне рамок и логики законов общества.

Во-вторых, важный образец для Набокова — целый комплекс эротического восприятия: замедление процесса любви, замедление наблюдения, авторефлексивность и регистрация происходящего как «будущего воспоминания». Этот подход настроенности на будущие воспоминание выражается в прозе Набокова с самого начала, уже в конце раннего рассказа «Путеводитель по Берлину» (1925), независимо от какой бы то ни было эротики. Именно в этом особом взгляде на окружающий мир — углубления, с одной стороны, и регистрирующего размышления, с другой — отражено эротическое отношение к миру и к жизни в целом. В повести Денона Мадам Т***, несмотря на то что физически охотно отдается мужчинам, остается недоступной для них, и игра соблазна, инсценировки и интриги, всегда управляемая ею, является источником такого же наслаждения, как и сам завершающий сексуальный акт; эротическое наслаждение перевоплощается и переливается в эстетическое наслаждение во всех смыслах этого слова: увидеть, осязать, прочувствовать, осмыслять. В этом отношении Набоков пошел дальше, *ad realiora*, более того, *ad liberiora*, о чем речь пойдет далее.

«Аду...» и «Лолиту» можно сопоставлять еще с более поздними французскими авторами. У романтика Шатобриана, которого Набоков читал и знал (и упоминает неоднократно в примечаниях к «Онегину» Пушкина), могла привлечь его внимание одна биографическая деталь. Шатобриан женился на юной девушке, которую скоро оставил одну дома, а сам присоединился к войскам роялистов, потом эмигрировал. Не вернулся он к жене и тогда, когда уже снова жил во Франции. Жена его жила в Британии с младшей сестрой Шатобриана Люсиль (!), к которой же писатель питал все более нежные чувства и в письмах признался сестре в своей «чистой» любви. Набоковская аналогия не только в имени сестры, но и в том, что она называет своего брата «волшебником», *enchanteur* — аналогично заглавию повести — предшественника «Лолиты» («Волшебник»).

Дальнейшие параллели с французской либертинской литературой могут распространяться на Ш. Бодлера, определение дендизма которого стало классическим. Бодлер в своем известном эссе «Художник современной жизни» («Le Peintre de la vie moderne», 1863) касается сатирического изображения денди на гравюрах, поэтому и он склоняется к сатирической тональности. Текст этот Набоков точно знал и принцип фланерства поэта воспринимал творчески уже в берлинских рассказах. Определения Бодлера применимы и к Вану: главным его занятием действительно является любовь в ее самых разных абстрактных и практических формах. Чувственное удовлетворение и наслаждение в «театре жизни» недалеки от жизненных принципов либертинов. Притом что Бодлер выражался с некоторой надменностью интеллигента о дендизме, он воспринимается одним из эмблематических образцов денди во французской культуре.

Сопоставление же «Ады...» с романом «Наоборот» Жориса-Карла Гюисманса (Joris-Karl Huysmans, «À rebours», 1884) обещает плодотворные параллели. Героя этого романа дез Эссента коротко можно было бы назвать западным «лишним человеком», деятельность которого, подобно Вану, исчерпывается поиском приятных моментов жизни и самой какой бы то ни было деятельности вообще. Разочарованный в мире, дез Эссент уединяется в провинции и ищет себе развлечений, эротически-извращенных и интеллектуальных — вот то двуединство, которое лежит в основе понимания и либертинства, и эротизма «Ады...».

В романе Гюисманса то же важное место занимает библиотека, целая череда книг просматривается в тех эссе, которые можно сопоставить с эссе Ван Вина о времени. У обоих героев (и авторов) черты дендизма отражают их презрение к массе и низким вкусам, и у обоих наблюдается некоторая жестокость и цинизм. Гюисмансом поднята и проблема морали, Бога и безбожия, но здесь заметна существенная разница между ним и Набоковым, который менее открыто касается веры Вана и не отделяет его от религиозных чувств, которые, правда, представлены через отношения Вана к микро- и макрокосмосу и его философии времени.

С точки зрения гендерных ролей кажется, что стремление к нарушению традиции и женских стереотипов в фигуре Ады создало своего рода женский вариант дендизма. Женские качества Ады отличаются и от нимфеточности, и от вульгарности Лолиты, и в целом от ее плоскостности, поскольку Лолита оттеснена на задний план нарративной властью повествователя. Ада отличается и мальчишеской внешностью, мальчишеским поведением, но, главное, она бесплодна, зато обладает необычайным сексуальным аппетитом. Если Лолита вульгарна, то Ада амбивалентна — и вульгарная, и изысканная. В ней проявляется мужской (стерео)тип неверности, которую питает нежелание покорять души или утверждать собственную женскую славу, или самоуверенность. Этот «мужской» стереотип включает и то, что ею управляет желание удовлетворения сексуального аппетита и у нее несколько партнеров одновременно. Она нарушает традиционные нормы женственности и своей внешностью (одежда с дыркой и жирным пятном, у нее жесты суфражистки). При инцесте эта андрогинность играет и другую роль: она используется для метафоры приближения некогда разъединенных платонических половин.

Кроме возможных либертинских источников не потерял значимости и опыт сентиментального чтения раннего отрочества Набокова (например, спасать или украсть женщин в стиле Майн Рида, упомянутого и в «Других берегах», и в «Подвиге»). О развлечении Набокова эротическими книжками в более позднем подростковом возрасте, возможно, свидетельствует трехтомная «История проституции», чтение Вана Вина, а похабные, жизнерадостные стишки не перестают развлекать его всю жизнь (от стишка о сучке в «Подвиге» до «Ады...» идет долгий путь, см. [Naiman 2010]). Знания Набокова о французской литературе после отцовской библиотеки могли расширить его специализация на французской литературе в Кембрилде и парижский период эмиграции.

«Лолита» — книга нарушений табу, нападение на моральные автоматизмы. Солипсизм Гумберта не позволяет ему полностью «отменить» реальность Лолиты [НАП, 2: 77], ни растворить свое одиночество, ни утолить жажду чего-то неопределенного. При анализе романа нельзя упускать из виду то немаловажное обстоятельство, что фигура Лолиты и с ней аллегория нимфетки у Набокова вовсе лишена всякого либидо (хотя слово *лолита* в сегодняшнем обиходе употребляется в смысле сверхсексуальной девочки). Но настоящий Liber libidonis, то есть Книга Либидо, где взаимное либидо стало темой, это «Ада...». Я называю ее *Liber libidonis*, потому что здесь еще смелее разрушаются романтические клише путем квазипорнографического романа, чем в «Лолите» (см. главу «Душеубийственная прелесть...»).

Любимой темой живописи Средневековья была античная немифическая сцена выбора Геркулеса, или Геркулес на распутье, сюжет, показывающий колебания героя между Добродетелью и Пороком. Аллегорию выбора между высоким, общественно полезным делом и наслаждениями индивидуалиста как взаимоисключающими путями, противоположными жизненными стратегиями, можно транспонировать в область морали[4].

---

[4] Как Э. Панофски (E. Panofsky) показывает в книге «Геркулес на распутье и другие изо-мотивы античности в искусстве последующих эпох», в таком качестве эта аллегория (восходящая к Продику, в пересказе Сократа, записанная Ксенофонтом, то есть не часть мифа о Геракле) прошла через руки Цицерона (Сон Сципиона), превратилась в христианскую психомахию у Петрарки и прошла дальше к Бену Джонсону, на полотна Аннибале Каррачи и Джироламо Бенвенуто, в музыку Баха и в современную философию [Panofsky 1997].

В этом сопоставлении качеств того, что принято обществом и что приятно индивидууму, мне видится точка, отталкиваясь от которой можно понять, почему Набоков отворачивается от первого и обращается к другому полюсу, к ненормативной, даже аморальной стороне. Именно на этот выбор, на этот значительный в своей категоричности акт указывает Р. Рорти (R. Rorty) в своем эссе о Набокове, которое, однако, основано не на целом тексте, и поэтому выводы его скорее относятся к философии, чем к литературному анализу самого текста [Rorty 1989: 195].

Вопрос морали был поднят самим Набоковым в интервью во время и после скандала вокруг «Лолиты». Гумбертовский рай построен вопреки моральным, юридическим и религиозным правилам, с которыми текст проводит очную ставку в рамках дневника. Ко времени создания текста дневника Гумберт Гумберт освобожден от забот о законах, ведь оригинальным ходом писателя он уже находится в заключении, в котором, собственно, он и жил всегда, в одиночной камере солипсизма. Только более поздняя «Ада...», самый длинный и замысловатый из набоковских текстов, и ее соотношение с либертинажем в сопровождении дендизма дает лучшее понимание, какое именно значение Набоков придает эротике и сексуальной свободе (особенно в главе 35 романа).

Добродетель, то есть чистая мораль, *virtue* вынимается из бинарного противопоставления банальной формулы в паре с неверностью (случаев случайных сексуальных соитий) и в этом непротивопоставлении теряет свою стереотипичность и конвенциональный смысл.

> The color and fire of that *instant reality* depended solely on Ada's identity as perceived by him. It had nothing to do *with virtue or the vanity of virtue in a large sense* — in fact it seemed to Van later that during the ardencies of that summer he knew all along that she had been, and still was, atrociously untrue to him — just as she knew long before he told her that he had used off and on, during their separation, the live mechanisms tense males could rent for a few minutes as described, with profuse woodcuts and photographs, in a *three-volume* «History of Prostitution» which

she had read at the age of ten or eleven, between Hamlet and Captain Grant's Microgalaxies (курсив мой. — Ж. Х.) [Nabokov 2000: 220].

Для элиминации повседневной морали Набоков применяет стратегию метапоэтизации (в «Лолите» он использовал мифологизацию в обманчивой наррации рассказчика). В «Аде...» он переносит обсуждение вопроса сначала в сферу книг, а потом в актуальный процесс письма, в процесс создания текста со всей его спецификой (корректура, поля, гранки, примечание редактора). После этого фраза остается незаконченной, повисает в воздухе. Эта реализованная в риторике сублимация языка — стилистически поднять фразу и, обрывая ее, дать ей улетучиться — представляет собой разновидность амбивалентности, где ироничность нарратива смешивается с пафосом и вызывает эффект катарсиса. При этом Набоков присоединяет философию своего героя к одному из главных своих мотивов, инициации — ведь Ван определяет жанр своих записей как «запрещенные мемуары», которые надобно читать с секретным трепетом в секретных углах библиотеки, ставшей таким образом пространством-святилищем эротических и интеллектуальных знаний в романе.

> For the sake of the scholars who will read this *forbidden* memoir with a secret tingle (they are human) in the *secret* chasms of libraries (where the chatter, the lays and the fannies of rotting pornographers are piously kept) — its author must add in the margin of galley proofs which a bedridden old man heroically corrects (for those slippery long snakes add the last touch to a writer's woes) a few more[5] (курсив мой. — Ж. Х.) [Nabokov 2000: 220].

Секретность книги и неоконченная фраза в конце только подготавливают тот возвышенный тон, в котором книга (*liber*) тоже превращается в пространство, где либидо сублимируется

---

[5] Показательно также примечание «редактора» о неразборчивости текста к этой цитате: «the end of the sentence cannot be *deciphered* but fortunately the next paragraph is scrawled on a separate writing-pad page» (курсив мой. — Ж. Х.) [Nabokov 2000: 220].

и сексуальное соитие обретает свой второй, философский смысл, как и полагается в настоящем произведении либертинажа: мистическое соитие, *unio mystica*. Такой смысл можно увидеть и в развернутой метафоре Лилит, в одноименном стихотворении (см. главу «Синкретический эротекст...»). Набоков уже в раннем «Подвиге» называл половой акт мимолетным взглядом в рай («заглянуть в рай»), а в Лолите употреблял среди прочих античные мифы нимф, Дианы и Персефоны (см. главу «Остров Цирцеи...»). Античные аллюзии здесь присоединяются к тем ключам, при помощи которых текст снова депсихологизуется, и сюжет, отрываясь от плоской фабульности и миметичности, вписывается в философский контекст космического, возвышенного и мистического: «the old myths, which willed into helpful being *a whirl of worlds* (no matter how silly and *mystical*) and situated them within the *gray* matter of the *star-suffused heavens*, contained, perhaps, a glowworm of strange truth» [Nabokov 2000: 33] (курсив мой. — Ж. Х.). Серый цвет обычно означает мозг у Набокова, то есть мифы населили мысли.

> ...about the rapture of her identity. The asses who might really think that in the starlight of eternity, my, Van Veen's, and her, Ada Veen's, conjunction, somewhere in North America, in the nineteenth century represented but one trillionth of a trillionth part of a pinpoint planet's significance can bray ailleurs, ailleurs, ailleurs (the English word would not supply the onomatopoeic element; old Veen is kind), because the rapture of her identity, placed under the microscope of reality (which is the only reality). shows a complex system of those subtle bridges which the senses traverse — laughing, embraced, throwing flowers in the air — between membrane and brain, and which always was and is a form of memory, even at the moment of its perception. I am weak. I write badly. I may die tonight. My magic carpet no longer skims over crown canopies and gaping nestlings, and her rarest orchids. Insert [Nabokov 2000: 220–221].

Из сада (топос и инвариант тайн и любви) в уже виртуальном пространстве Антитерры (варианта Эдема) Набоков, со свойственной ему ассоциацией, перескакивает в космическую сферу.

Огромными скачками визуальных ассоциаций читатель сначала отводится от живота любимой в метатекстуальное иное пространство редакторской работы, потом в космос и дальше в философию, в поэзию звуков (повторение французского слова *ailleurs* с длинным ударным гласным во втором слоге и с последующим растворяющимся в воздухе, неполноценным плавным [р]), после которого следует холодная вытрезвляющая ремарка об ономатопее, затем ракурс суживается от звезд и планет к микроскопу-микрокосмосу и мозгу человека, этому микроглобусу, вселенной личности. Микромир, близкий взгляд — один полюс, в котором можно застать действительность (*realia*), а другой полюс представлен в бесконечном безвременье высшей реальности (*reliora*).

Любопытно сопоставлять эту быструю, соединяющую смену ракурса у русских мастеров прозы 1920-х годов с визуальными эффектами прозы Ю. Олеши[6] или же со словами Е. Замятина:

> Как будто так реально и бесспорно: ваша рука. Вы видите гладкую, розовую кожу, покрытую легчайшим пушком. Так просто и бесспорно.
> И вот кусочек этой кожи, освещенной жестокой иронией микроскопа: канавы, ямы, межи, толстые стебли неведомых растений — некогда волосы, огромная серая глыба земли — или метеорит, свалившийся с бесконечно далекого неба, — потолка, то, что недавно еще было пылинкой; целый фантастический мир, равнина где-нибудь на Марсе.
> И все же это — ваша рука. И кто скажет, что «реальная» — это вот привычная, гладкая, видимая всем Фомам, а та — фантастическая равнина на Марсе? <...> синтез подошел к миру с сложным набором стекол — и ему открываются гротескные, странные множества миров; открывается, что человек — это вселенная... [Замятин 1988: 415].

В райско-утопической обстановке в Ардисе гиперсексуальность детей по-библейски или по-первобытному юного возраста определяется сложной формулировкой, где двойное отрицание

---

[6] См. еще последнюю главу в данной книге о предметном мире Набокова и Хармса.

причисляет Аду к абнормальным людям, и не только в физиологическом смысле:

> Amorously, now, <...> Ada was even more aggressive and responsive than in her *abnormally* passionate childhood. A diligent student of case histories, Dr Van Veen *never* quite managed to match ardent twelve-year-old Ada with a *non*-delinquent, non-nymphomaniac, mentally highly developed, spiritually happy and *normal* English child in his files, although many similar little girls had bloomed — and run to seed — in the old châteaux of France and Estotiland as portrayed in *extravagant* romances and senile memoirs (курсив мой. — Ж. Х.) [Nabokov 2000: 33].

Значит, ее портрет взят из экстравагантных романов и она сама вымышлена, ибо растет в вымышленных местностях и сравнивается с девочками таких же пространств и давних времен. Экстравагантный может означать и высокую степень *вагантности* (см. выше) и заодно выражать существенные либертинские качества: «постороность» (аутсайдерство, чудачество); характерный эпатаж в обоих значениях (утрирование, перелом, переступление границы, поставленной моралью, и также нарочную маргинализацию). Отличие индивидуума осуществляется в двойном смысле: инаковости и отличности в качестве (также в двойном смысле — отличаться и выходить из ряда, *outsider* и *outstand*). Эксцентрик, оригинал, человек со странностями — в какой-то мере все определения характерны не только для персонажей, но и для писателя. Этот поэтический принцип лежит в основе природы его героев и самого Набокова, но также и искусства вообще, стоящего сверх принципа полезности и переходящего в количественно-качественный эксцесс:

> «Natural selection», in the Darwinian sense, could not explain the miraculous coincidence of imitative aspect and imitative behavior, nor could one appeal to the theory of «the struggle for life» when a protective device was carried to a point of mimetic subtlety, exuberance, and luxury far in excess of a predator's power of appreciation. I discovered in nature the *nonutilitarian*

delights that I sought in art. Both were a form of magic, both were a game of intricate enchantment and deception[7] (курсив мой. — Ж. Х.) [Nabokov 1989a: 91].

В «Аде…» интерсексуальные отношения определяют в равной мере *senses and sense* («рассудок и чувства»), что выражается во взаимных и параллельных интеллектуальных и эротических играх. Пренебрежение нормами и отклонение от нормальности здесь идут рука об руку: «Natural history indeed. *Unnatural* history — because that precision of semses and sense must seem unpleasantly peculiar to peasants…» (курсив мой. — Ж. Х.) [Nabokov 2000: 71].

История этой неповторимой «сверхимператорской четы» (в тексте на двух языках «unique super-imperial couple, sverhimperatorskaya cheta», [Nabokov 2000: 60]) описана в сказочно-роскошных декорациях, которые создают утопическую среду не только на выдуманном куске планеты Терры, но и социально. Ограниченное пространство Ардиса — идеальный театр для молодых либертинов. По поводу вымышленных топонимов (о них см. подробнее в главе «Бродячей радуясь судьбе…») стоит снова вспомнить о том, что местом издания произведений французского либертинажа указывались не только заграничные города (чаще всего Лондон или города Голландии), но указывались и псевдотопонимы, например Luxuropolis, Kosmoburg, Eden, Virginopolis [Cotton 1825: 189–190][8]. Вторая половина XIX века — эпоха великих общественных утопий [Baczko, Bosino 1989].

Дети-аристократы, протагонисты «Ады…», отделены от черни, от пошлости и от «филистинов» своеобразным вымышленным хронотопом, что снимает с сюжета «обременяющие» социальные рамки «среды», и, кажется, автор снимает и с себя также и обузу и обязанность психологизма, то есть интригу в традиционном смысле, которая играет третьестепенную роль в романе. Таким образом создается вакуумная свобода, условное пространство

---

[7] В «Других берегах» последнее предложение отсутствует.

[8] Эта игра с топонимами встречается у Набокова все чаще, и шире всего она использована во второй части «Лолиты» и в «Аде…» (см. также главу о номадизме «Бродячей радуясь судьбе…»).

экспериментов. Общественная и психологическая канва текста заменяется метафиктивной борьбой за выражение в сфере языка и памяти. Здесь продолжается та же борьба со словами и за слова (описать неописанное, невыразимое), которую Цинцинната провел в своем тюремном дневнике (и тоже утопическом пространстве): осуществление свободы при помощи слов. Декорация, пейзажи и интерьер заблаговременно осуществляют ту отвлеченность, ту сублимацию, которая и разрешает перенести сгущенный эротизм в более общий план, возвысить его до экстаза философских регистров.

Классификацию либертина Ван присваивает себе при первом в жизни прикосновении к женщине, в 14 лет, желая себя показать более опытным. Слово *новичок* («novice», новиций) в церковном узуальном аспекте Набоков употребляет в смысле инициируемого (о чем свидетельствует и скелетный текст «The Original of Laura» [Nabokov 2009: D 2][9]. Это подразумевает, что сексуальное «знание» обретается не путем воспитания (идея либертинства), а путем посвящения (античная идея ритуалов, например культа Изиды). Элементы инициации, три фазы допущения к мистерии наслаждений тела присутствуют и во французской литературе либертинажа, где этот мотив соприкасался с важным в то историческое время движением масонства. Таково произведение Nerciat «Mon Noviciat ou les joies de Lolotte» (1792), где и имя девочки может вызвать набоковскую ассоциацию. (Звук [л], эротическую натуру которого в произношении Набоков продемонстрировал в фильме, где прочитал вслух начало Лолиты по-английски и по-русски, стал эмблемой демонически эротического качества в именах — Лилит, Лолита, Люсетт, Лаура...) Инициация молодого Вана происходит постепенно, он с некоторым отвращением, но с желанием обрести знание участвует наблюдателем на оргиях, а его отрочество описано Набоковым в образах влажности и вулканических мужских извержений.

---

[9] Здесь и далее текст романа «The Original of Laura» цитируется по карточкам Набокова. Подробнее — в главе «Прозрачность и прочность такой необычной гробницы...».

В творчестве Набокова концепт инициации — одна из ведущих сюжетообразующих структур, ибо он лежит в основе его сюжетов с элементами детективного романа[10] и философии познания (см. главу «Идеальная нагота»), часто проявляющийся в идеях, близких к гностицизму [Grossmith 1987; Mikulašek 1993] (см. в главе «Мост через реку…»).

Глава 3 второй части «Ады…» представляет собой настоящий либертинский текст. Описание сна-проекта Эрика Вина «Организованный сон» представляется онейрическим сном, который, вероятно, только снится Вану, потому что в конце предыдущей главы он засыпает, а в начале последующей главы помещено его эссе о снах. Однако Виллы Венус, иным словом Флораморы упоминаются не один раз в тексте и в биографии Вана раньше этого, в свете чего нужно представить или Флораморы — явью, или весь роман — сном. «What are dreams? A random sequence of scenes, trivial or tragic, viatic or static, fantastic or familiar, featuring more or less plausible events patched up with grotesque details, and recasting dead people in new settings» [Nabokov 2000: 359].

Флорамор — это мировая сеть замысловатых и роскошных борделей, которые придумал пятнадцатилетний Эрик Ван, трагически убитый простым кирпичом (направленным ему в лоб автором, который заранее «убрал» и его родителей, мать — в автокатастрофе, а отца — самоубийством). Дед мальчика оставит память о своем внуке, реализовав его сон (отмечу, что это сон во сне, см. главу «Тройной сон…») — он открывает сеть ста любовных заведений по всему миру. Идиллия и романтика пародированы в этой жутковатой утопии, где описаны своеобразные правила, отборы, выборы, комитеты при участии в них всей элиты мира, как среди работников, так и среди пользователей. Описаны и личные посещения этих домов Ваном, который с ранних лет завсегдатай этих борделей, тайно от отца, который числится полноправным членом клуба. Описаны сначала детали эротических ласк, а в конце — последний декадентский визит еще

---

[10] Обсуждение элементов жанра детектива у Набокова см. по указателю монографии [Hetényi 2015: 910].

действующих Флораморов, когда они уже в стадии распада. Здесь описание незаметно, но как будто естественно переходит в стилистику омерзительности, достойной русских авторов скатологического постмодерна (зады, кал, болезнь мальчика, который весь в ранах от педерастических партнеров, курящая брюхатая баба на подоконнике, колючая кушетка, голые умирающие девочки, изнеженные и измученные Ваном, с изъеденными раком матками).

Эти самые инфернальные развлечения и сексуальные похождения Вана каким-то образом оставляют неприкосновенной его «вечную» любовь к Аде, как будто эти события принадлежат к разным двум сферам жизни (еще одно подтверждение того, что сюжет в мире Флораморов происходит в сфере сна). Сосуществование в Ване чистоты и грязи парадоксальным образом вызывает ассоциацию с женскими фигурами святых проституток в их мужском варианте, и в этой утонченности денди Вана снова проявляется некоторая стереотипность. Однако романтизм этих идей отражает и повествовательную ситуацию обманчивой наррации «Лолиты», где отдельные реальные события сюжета резко противоречат их оценке в словах Гумберта Гумберта, разврат которого неосторожный и наивный читатель может оттеснить на второй план.

Набоков то и дело возвращается к теме невозможности выражения, ведущей теме своего творчества — например, в попытке Вана описать свою особую любовь.

> His own passion for her Van found even harder to study and analyze. When he recollected caress by caress his Venus Villa sessions, or earlier visits to the riverhouses of Ranta or Livida, he satisfied himself that his reactions to Ada remained beyond all that, since the merest touch of her finger or mouth following a swollen vein produced not only a more potent but essentially different *delicia* than the slowest 'winslow' of the most sophisticated young harlot. What, then, was it that raised the animal act to a level higher than even that of the most exact arts or the wildest flights of pure science? It would not be sufficient to say that in his love-making with Ada he discovered the pang, the

ogon', the agony of supreme 'reality'. Reality, better say, lost the quotes it wore like claws — in a world where independent and original minds must cling to things or pull things apart in order to ward off madness or death (which is the master madness). For one spasm or two, he was safe. The new naked reality needed no tentacle or anchor; it lasted a moment but could be repeated as often as he and she were physically able to make love [Nabokov 2000: 219–220].

Текст «Ады...», подобно тексту «Лолиты», балансирует на грани между эротическим и сексуальным, стараясь отличить страсти Вана от повседневной сексуальности и ставить их и его выше. Это осуществляется путем нового определения реальности, которая отличается от действительности. Специфика этой реальности отсылает читателя к идее Вяч. Иванова и вызывает параллель с целым букетом символистских героинь, олицетворяющих Мировую Душу (Софию Соловьева, Прекрасную Даму Блока, вместе с их прообразами — Лаурой Петрарки и дантовской Беатриче). Эта теоретически бесконечная линия женских образов указывает не только на полигенетизм женских фигур Набокова, но снова, как и в генеалогии интертекстуальных источников, создает эффект отражений этих образов, *mise en abyme*. Без понимания их сложного соотношения (то в параллели, то в пародии) не только женские фигуры Набокова остаются непластичными, но и язык Набокова — *ad realiora, ad liberiora*, — как мост между видимыми и невидимыми мирами, непонятен. Как пишет Вяч. Иванов в «Мыслях о символизме»:

> Когда эстетическое переживается эротически, художественное творение становится символическим <...> Истинному символизму свойственнее изображать земное, нежели небесное: ему важна не сила звука, а мощь отзвука. A realibus ad realiora. Per realia ad realiora. Истинный символизм не отрывается от земли; он хочет сочетать корни и звезды и вырастает звездным цветком из близких, родимых корней. Истинный символизм иную ставит себе цель: освобождение души (κάθαρσις, как событие внутреннего опыта) [Иванов 1974].

«Бродячей радуясь судьбе...»

Номадизм Набокова: эскапизм и альтернативные пространства сознания[1]

В этой главе проследим развитие виртуализации пространства в прозе Набокова и специфику передвижения героев в них через раскрытие мотивов, закодированных в нереальных топонимах. Понятие номадизма Ж. Делёза сопоставлено с хронотопом произведений Набокова от самого начала вплоть до «Ады...», где строение хронотопа достигает максимальной концептуальности: время и место в постоянном взаимном чередовании доходят до вершины в том побеге, которым реализовано исчезновение имплицированных авторов в потустороннем посредством акта письма и создания общего текста.

Термин *номадизм* в теории культуры постмодерна получил специфическое значение в трудах Делёза [Deleuze, Guattari 1980; Deleuze 2004]. Слово не новое, поэтому оно не может пониматься независимо от более ранних словарных значений. Номадизм, прежде всего, — кочевой образ жизни непоседы, «ярко выраженная тенденция часто менять место жительства или род занятий (место работы)» [Филиппов и др. 2011]. Термин прижился и в области психологии, он «используется только для обозначения па-

---

[1] В главе использованы материалы статьи автора: Nabokovljevi nomadizmi: iskliznuce, alternativni prostoti spoznaje // Nomadizam: Zbornik znanstvenih radova u spomen na profesora Aleksandra Flakera / J. Vojvodić. Zagreb, 2014. P. 125–136. Текст был значительно дополнен, благодаря заметкам и вопросам Рикардо Николози и Бригитты Обермайр летом 2019 года в Мюнхене.

тологии, при которой упомянутые перемены являются немотивированными, иррациональными, препятствующими учебе, работе, профессиональному росту и созданию нормальной семьи» [Жмуров 2012].

Номадизм широко употреблялся и раньше социологами и антропологами в контексте концепции миграции, «согласно которой будущее человечества видится не в национально-территориальной замкнутости и ограниченности, а в свободном передвижении по всей планете людей и их творений; всепланетное кочевничество» [Яценко 1999]. Этот далекий от филологии подход может стать плодотворным в литературоведческом анализе, если помимо движения, перемены пространств учесть и самоё пространство, нереальность или виртуальность которого создается именно постоянным отвержением любых его конкретных рамок.

В философию постмодерна термин внедрился в трактовке Делёза, который разработал идею о номадическом поведении и мышлении как противостоянии тоталитарным режимам. В этом контексте, восходящем к тезисам Декарта об определении личности мышлением, особое внимание отделено вопросам самоопределения, соотношения нормы и отклонения от норм в рамках идентичности — именно этот аспект заслуживает рассмотрения в прозе Набокова. Термин Делёза уже применялся к текстам Набокова, но только к его юмору, к языковому нарушению существующих систем, наравне с амбивалентностью его нарративных позиций [Wepler 2011]. Юмор, несомненно, соответствует принципу нарративного нарушения системы.

Дж. Стайнер (G. Steiner) раньше Делёза описал матрицу интеллигента-художника-литератора, живущего вне территориальных и национальных культурных пределов (фр. *deterritorialisation*) и между языками, и создал понятие «внетерриториальности» (англ. *extraterritorial*) [Steiner 1972]; сам Набоков же назвал себя «cosmopolitan expatriate» [Nabokov 1989a: 125].

Номадистский взгляд Набокова возможно застать в целом комплексе его внесистемных, условных, воображаемых пространств с искусственными названиями, подчеркивающими закодированность набоковского текста. Первое из них — Зоорланд в «Подвиге»[2], и этот же роман разрабатывает один из центральных инвариантов Набокова, который можно считать эмблематическим для номадистических текстов, тропу / тропинку. Набоков сводит своих героев с больших, вытоптанных жизненных дорог на нехоженые тропинки, в одиночестве, нужном для свободного полета воображения, благодаря которому тропы переводят в альтернативные пространства. Когда упоминаем термин *тропы*, то с ним могут ассоциироваться и греческое *tropos* (*троп*), и словесные образы, продукты индивидуального воображения.

Несмотря на то что в сюжетах Набокова большую роль играют случайности (разоблаченные автором как поделки Мак-Фатума), ни одна из схем хронотопа приключенческого романа, предложенных Бахтиным, для них не характерна, думается, главным образом потому, что в них, его сюжетах, на фоне всегда просвечивается автобиографизм. Ср. у Бахтина:

> Время в романе этого типа [роман странствований] само по себе лишено существенного смысла и исторической окраски; даже «биологическое время» — возраст героя, движение его от юности через зрелость к старости — или вовсе отсутствует, или отмечено только формально <...> Становления, развития человека роман не знает [Бахтин 1979: 189–190].

Перемены в пространстве не похожи на романы странствования:

> Герой — движущаяся в пространстве точка, лишенная существенных характеристик и не находящаяся сама по себе в центре художественного внимания романиста. Его движение в пространстве — странствования и отчасти приключения-авантюры (преимущественно испытательного типа)

---

[2] Набоков сам употребляет слово *номадизм*, сначала отвлеченно по отношению к блуждающим мыслям жены Германа («Соглядатай», 1930), потом конкретно — к кочевому образу жизни Зиланова, занятого антибольшевистскими организационными заботами («Подвиг»). В русском тексте «Лолиты» планы Гумберта Гумберта включают постоянные перемещения: «кочевать с моей сонной нимфеткой из одной гостиницы в другую» [НРП, 2: 132].

позволяют художнику развернуть и показать пространственное и социально-статическое многообразие мира [Бахтин 1979: 189–190].

Некоторые черты номадизма характеризовали и набоковское поведение, а именно его солиптическую посторонность (аутсайдерство — оставаться вне партий, политики, групп и клубов[3]), отраженное и в подчеркнутом индивидуализме его героев, и в его уникальности в художественном плане. Ускользание от систем и противостояние категориям — общая отличительная черта многих набоковских фигур. Нехожеными тропинкам сам автор добирается до собственного романного голоса, насыщенных визуально-словесных структур и тропов.

Номадизм Набокова отмечается и биографическими фактами. Стремление к непроходимым местам с детства захватило воображение Набокова, который в семейных имениях отправлялся в походы к дальнему болоту, названному Америкой, и в тайные ночные экскурсии, в одинокие походы за бабочками ранним утром (об этих приключениях дается отчет в мемуарах «Speak, Memory»). Европейские семейные поездки детских лет прихотью истории перелились в процесс, а затем в состояние эмиграции, где все имения и имущество, оставленные дома, превратились в нечто виртуальное и имагинарное: «intangible property, unreal estate» [Nabokov 1989a: 40]. Четырежды менявший страну жительства, а место жительства — несчетное число, Набоков почти никогда не имел недвижимости (редким исключением был участок под Берлином и домик в США, оба ненадолго). Потеря родного дома, имений и родины вообще, переселение между квартирами, городами и континентами, охота за бабочками в горах и по пустыням мира, охота за заработком по университетам — все это располагало его к тому, чтобы выработать особое отношение к чередованию мест и предметному миру. К перемене

---

[3] Заявление об этом в интервью [Nabokov 1990: 3, 33, 64, 116] не отражает реальности берлинских лет, когда Набоков активно участвовал в культурной жизни русской эмиграции [Долинин 1999].

и разнообразию времени же он приобщился через культуру, в усвоенной в раннем детстве страсти к чтению.

Особой формой социального номадизма можно рассматривать англофильство семьи, проявившееся уже в личности Владимира Дмитриевича Набокова: в его стремлении к аристократизму мысли и либеральным политическим взглядам, в противостоянии деспотизму с позиций морали; в самоидентификации и поведении, в его склонности к дендизму (см. главу «Liber libidonis, ad liberiora...»). Происхождение (европейская родословная) и воспитание Набокова одинаково располагали его к космополитизму. Философия пути и перемещения Набокова-эмигранта взаимосвязаны с его концепцией жизненного пути, который проходят и его герои-космополиты, склонные к бродяжничеству и внезапной перемене мест, включая многочисленные нереальные местности, порожденные фантазией.

Делёз уделяет особое внимание конечной точке путешествий, которые вовсе не потому расплывчаты, что пространства, по которым проходят, виртуальны («Mes territoires sont hors de prise, et pas parce qu'ils sont imaginaires»). Для Делёза абсолютный разрыв с почвой («déterritorialisation absolue») создается благодаря тому, что субъект утратил лицо, форму и материальность, телесность («perdu le visage, forme et matière»). Его скорее поэтическая, чем философская формулировка «...celui que je vais choisir, et qui va me choisir, en aveugle, mon double, qui n'a pas plus de moi que moi» («...кого я выберу, и кто выберет меня, наугад, выберет моего двойника, имеющего не больше от меня, чем я») [Deleuze, Guattari 1980: 244] указывает на психологическую сущность путешествия, но содержит и его парадокс, который наглядно можно интерпретировать при помощи сопоставления этой мысли с творчеством Набокова.

Главная отличительная черта делёзовского и набоковского номадизма заключается в том, что французский философ считает индивида в бóльшей мере зависящим от общественных условий. Общая же почва у Набокова и Делёза маркирована параллельностью трансцендентального понимания времени и пространства, влияющих на субъект. Это последнее дает более чем достаточное основание для применения термина номадизма к творчеству Набокова. Делёз неоднократно ссылается на тексты М. Пруста, одного из авторов, повлиявших на Набокова и не подвергшихся его жестокой критике.

Парадокс заключается в том, что, если суммировать опорные тропы этих умозаключений (удаление за пределы восприятия пространства, условием которого является абсолютное отдаление от жизненных пространств, потеря чувства тела и раздвоения в поиске самого себя), они могут описать Цинцинната, героя «Приглашения на казнь» (1936), которому из всех набоковских героев в тюремной камере выделено самое ограниченное пространство и наименьшая свобода. Цинциннат совершает делёзовское освобождение от телесной оболочки:

> Он встал, снял халат, ермолку, туфли. Снял полотняные штаны и рубашку. Снял, как парик, голову, снял ключицы, как ремни, снял грудную клетку, как кольчугу. Снял бедра, снял ноги, снял и бросил руки, как рукавицы, в угол. То, что оставалось от него, постепенно рассеялось, едва окрасив воздух [НРП, 4: 61].

Цинциннат создает свою абсолютную свободу в крайней ситуации рабства, в тюремной камере, так, что создает самого себя через самовыражение в процессе письма, в дневнике. В то же время именно это указывает на то, что индивидуальный номадизм оказывается поведением, совершенно независимым от внешних, территориальных границ или пространственных рамок, перемещения и даже свободного движения. Иными словами, делёзовский номадизм Цинцинната закодирован в его изначальном отличии от окружающей среды, от тоталитарной диктатуры, несмотря на то что словарное первичное значение понятия номадизма находится в противоречии с физической ситуацией заключения, лишенности свободы передвижения. В набоковской концепции пространства возможно примирение или сближение этих крайних полюсов значений. Биспациальность [Левин 1998], то есть представление такого двумирия, в котором постоянно присутствует виртуальный другой мир (*потусторонность*, *otherworld* [Alexandrov 1991]), само собой подрывает постоянность и прочность этого так называемого реального мира. Трансгрессия в это другое измерение происходит разными, но всегда символическими путями-тропами. Ограничивая исследование романным творчеством писателя, тезисно рассмотрим развитие таких мотивов и сюжетов, где разрабатывается специфика набоковского номадизма, и его разновидности.

Ганин, герой «Машеньки» (1926), воссоздавая свое российское прошлое, постепенно выстраивает альтернативную реальность, которая шаг за шагом восстанавливает его прежнее Я. Это воскресение хиастически подчеркивается противоположным процессом в судьбе другого героя, поэта Подтягина, застрявшего в апатическом созерцании изгнания. Он не восстанавливает, а отодвигает свое российское прошлое, разрушает его в памяти, и вместе со своим творчеством, стихами все считает праздным. Потеряв паспорт (удостоверение личности, *identity card*), Подтягин застревает в Берлине, где постепенно, но неизбежно приближается его смерть. Его парализованное психическое состояние подчеркивает номадизм Ганина и даже сюжетно помогает ему отказаться от всех штампов, связанных с изгнанием. Как раз своего рода ментальный эскапизм приводит Ганина к способности заряжаться силами, полученными от творческого процесса реконструкции прошлого в памяти, чтобы порвать угнетающие человеческие отношения (сначала с Людмилой, потом с пансионом) и затем покинуть место застоя, Берлин[4]. Для акцентирования абстрактного акта номадизма как *acte gratuit* Набоков подчеркивает, что Ганин уезжает без визы и без денег для продолжения пути за границей, которую пересечет нелегально.

В романе «Защита Лужина» главный герой с аутистическими чертами (см. [Hetényi 2015: 222–226]) созерцает пространство только приблизительно, скорее эмоционально, и поэтому является эскапистом по определению. Живя в виртуальном мире шахмат,

---

[4] Любопытно, что сам Набоков с женой-еврейкой (!) тоже с трудом и поздно, только уже во время серьезного обострения ситуации в фашистской Германии, покинул Берлин.

он постоянно ощущает альтернативное измерение, оно открывается перед ним и служит единственно «реальным» домом для его сознания. Интуитивное влечение к другим координатам и желание освободиться от данных рамок в сюжете представлено мотивами возрождения (это передает дантовский код и пасхальная метафорика), но еще ярче построено в сюжете историями побегов, которые начинаются в детстве героя (сначала побег при отъезде с дачи в город перед началом школы; потом от гостей в уединение маленькой комнаты; затем от школьных уроков к тете). Здесь школа эмблематически представляет собой системность и несвободу в противопоставлении с миром шахмат, которые ожидают Лужина и на чердаке, и в комнате, и у тети — означая некий челнок, способ освобождения. Лужинские побеги продолжаются: он убегает и в момент появления его странной любви (он прямо направляется на вокзал, чтобы уехать), и в преддверии финала партии на турнире, где шахматы служат не высокой духовной цели блаженства, а ложной цели. Мотив побега завершается последним выходом из игры, то есть из повседневной лже-жизни, воспринятой героем как система заговоров. Этот выход только на поверхности фабулы можно понимать как самоубийство — на самом деле это полет-возвращение в изначальный духовный мир, которому он принадлежит (см. в главе «Мост через реку...», подробнее в [Hetényi 2015: 209–253]).

Первое конкретное называние альтернативного пространства в романах Набокова появляется в «Подвиге». Страна, выстроенная в воображении Мартына, эмоционально насыщена и создана им с двоякой целью. Зоорланд — это, во-первых, сцепляющее звено, интимный код между Мартыном и Соней, и, во-вторых, совокупность фиктивных визуальных и понятийных подробностей конечной цели Мартына, сказочного царства Зла, постепенно набирающего объем лейтмотива, его главной мечты. Расположение этого пространства на севере выражает атмосферу политического холода и диктатуры[5], и некоторые детали его отсылают

---

[5] Во время произнесения названия Зоорланд появляется белка, образ которой станет впоследствии автографическим личным знаком, сигнатурой Набокова, означающей присутствие русского, а потом североамериканского «духа» и их близости (главным образом в «Пнине»).

и к Петербургу. В романе «Bend Sinister» (1947) край виртуального города называется Северо-Западом, видимо определяя положение и направление Петербурга по отношению к российскому центру, Москве.

Мартын, подобно Ганину, покидает Берлин внезапно (номадически), только направляется из Берлина не на свободу — на Запад (хотя тренировку проводит в Провансе), а на поглотивший его Восток. В этом романе побег тоже (как и у Лужина) не первый акт стремления героя к внесистемности, и это тоже *acte gratuit* — подвиг ради подвига. Он оставляет хоженые дороги ради мелкой тропинки, чтобы покорить скалы Альп (чтобы понять тайный призыв белой гостиницы под ним). Он сходит с поезда на юге Франции при первом интуитивном зове, при виде цепочки огней, которые ему напоминают детскую поездку в эти края, и в его сознании воссоздают (не обманчиво ли?) вид тех же огней. Он сходит даже с той пешеходной дороги, которую ему указали, и следуя своему топографическому чутью, добирается своим, нехоженым, путем до деревни. Прованс — поистине романтическое, номадическое пространство, символ близости к природе и свободы от цивилизации, один из инвариантов набоковского творчества.

Подобный инвариант представляет собой охота за бабочками, которая впервые получает поэтическую разработку в главе второй «Дара», в биографии отца Федора, жизнь которого вписывается в рамки прямого словарного значения номадизма — поездки с приключениями в необитаемые места. Особенность набоковской концепции номадизма проявляется в нескольких моментах, которые варьируют прежние и добавляют новые. Во-первых, в смерти отца, который, подобно ускользанию Мартына, исчезает в неизвестность. Во-вторых, в переходе в другое измерение, который снова происходит на метафорическом Востоке, трансформированный (несмотря на то что создается на основе детально исследованных Набоковым реальных восточных травелогов) при помощи поэтических образов в условное пространство, в своеобразный рай (слово-лейтмотив этой главы «Дара»). В маршрутах отца Федора отражены пушкинские темы и пространства — Кавказ и Сибирь. Одним из важнейших источников Набокова при подготовке к написанию главы были путевые записки Н. М. Пржевальского (1838–1888) (см. [Zimmer, Hartmann 2002]), чья фигура поднимает еще один, весьма важный аспект номадизма в русской культуре — явление передвижничества, связанное с подвижничеством. Эту мысль можно увидеть в некрологе А. П. Чехова о Пржевальском.

> В наше *больное* время, когда европейскими обществами обуяла *лень, скука* жизни и *неверие*, когда всюду в странной взаимной комбинации царят *нелюбовь* к жизни и *страх смерти*, когда даже лучшие люди *сидят сложа руки*, оправдывая свою лень и свой разврат *отсутствием определенной цели в жизни*, подвижники нужны как солнце (курсив мой. — Ж. Х.) [Чехов 1985: 390].

Если собрать антонимы отрицательных понятий, выделенных мною в цитате, получается совокупность положительных отличительных качеств номадизма как бунта против застоя жизни. В набоковском изложении главной тайной отца является именно его внутренний номадизм, снова и снова отправляющий его в поездки.

> Мне иногда кажется теперь, что, как знать, может быть, удаляясь в свои путешествия, он не столько чего-то искал, сколько бежал от чего-то, а затем, возвратившись, понимал, что оно все еще с ним, в нем, неизбывное, неисчерпаемое. Тайне его я не могу подыскать имени, но только знаю, что оттого-то и получалось то особое — и не радостное, и не угрюмое, вообще никак не относящееся к видимости жизненных чувств, — одиночество… [НРП, 4: 298–299].

Это одиночество происходит от секретного знания: «мой отец знает кое-что такое, чего не знает никто», — и это знание таинственно («неизвестность», «волшебство», «колдовство», «каббала») [НРП, 4: 298–299]. Из сказанного явствует, что перемещение в пространстве условно выражает сдвиг сознания и поиск, чтобы разведать тайны, и мотивацией является одинокое творческое стремление к неизвестному, к преодолению границ⁶ на пути к самопознанию.

В тексте Набокова мотивацию в буквальном смысле (то, что толкает в путь) визуально реализует картина о Марко Поло в Венецианском заливе в момент отправления в путешествие, и у Федора возникает мысль «казалось, вот сейчас тронусь в путь». Это путешествие, как и его географический маршрут, носят весьма условный характер, похожий не только на мистические паломничества, но и на психическое перемещение эскапизма. В то же время устремленный в неизвестное поиск отца становится матрицей для поиска-самоопределения сына. Это последнее выражается в динамике личных местоимений в три этапа: от изначально отдельно представленных *я* и *он*, через соединяющее *мы*, наррация переходит к замене *он* на *я*, то есть роль отца занимает сын⁷.

Фигура отца, переходящая в начале главы второй в радугу, однако, ускользает не только от цивилизации, но и от возможности определения обстоятельств его смерти, и даже биографического описания — произведение Федора должно остаться неоконченным. Это — третий вид невозможности завершения и художественно-словесного охватывания явлений, это — ускользание материала из-под эстетического оформления⁸.

---

⁶ О границах цитируются пушкинские слова из «Путешествия в Арзрум»: «Граница имела для меня что-то таинственное; с детских лет путешествия были моею любимою мечтой» [НРП, 4: 278]; (у Пушкина: «мечтою» [Пушкин 1960: 438]). Набоков обрывает цитату, пропуская продолжение, важную для эмигранта парадоксальную антиномию о том, что Пушкин никогда не мог выехать за пределы России, куда, наоборот, устремлена каждая мысль эмигранта. Пушкин оставался номадом, никогда не переступившим границ, вблизи которых писал стихи об их преодолении. Он осуществил символическое внутреннее путешествие: «Долго вел я потом жизнь кочующую, скитаясь то по югу, то по северу, и никогда еще не вырывался из пределов необъятной России» [Пушкин 1960: 438].

⁷ А. Долинин даже делает вывод, что Федор «становится отцовской реинкарнацией» [Долинин 2004: 129].

⁸ Не рассматривая подробно главу четвертую, написанную Федором биографию Н. Г. Чернышевского, и собственно результат его писаний, успешный или же провальный, отметим, что глава не была включена в журнальную публикацию («Современные записки», 1938) и прошла сложный путь до

Подобным провалом кончается попытка В. расследовать жизнь и характер своего сводного брата Себастиана Найта. При этом и сам нарратор (единственный персонаж, который хоть и ограниченно, но все же доступен читателю через его размышления) скрывает и свое имя. Все фигуры ускользают от определений и возможности описания, хотя роман провокативно и с иронией получает название «описание настоящей жизни» — «The Real Life of Sebastian Knight» (1941), но факты в сюжете показывают, что ни материал, ни человек не поддается описанию. Непознаваемость реальной жизни поддерживается сюжетом романа, выстраивающегося из цепи неудачных событий — недоразумений, ошибок и отсутствия людей и информации. Место смерти матери, которое посещает сын в ее память, оказывается ошибочным — она умерла в другой деревне с тем же названием. Рассказчик В. оплакивает вместо своего брата чужого больного в больнице. Письма попадают не в тот конверт и не к тому адресату. Фамилия мужа скрывает девичью фамилию. Себастиан бросает свою любовь, чтобы жить с нелюбимой. Он неожиданно исчезает с места назначенного свидания, а сам В. имеет несколько неудачно организованных или невозможных встреч. В тексте устроены и своеобразные нарративные прятки, смешение автобиографических и фиктивных моментов, в мозаике которых вполне «номадически» ускользает от читателя чувство реальности личностей. (Нелегко определить и то, какие личные, автобиографические элементы передаются автором своему герою.) В заключении романа неожиданно стирается даже раздел между идентичностями братьев В. и Себастиана, и, перечеркнув все сказанное и показанное, вместо решения загадок происходит окончательный побег (*escape*) фактического мира, передающий свое место фиктивному (не только в смысле фикции литературной, но и как отрицание реальной действительности).

полной публикации романа, см. об этом [Leving 2011: 30–60]. Весьма сомнительно рассматривать поход отца Федора как «ответ Набокова» на экспансию русской империи, политическое желание брать под контроль побольше территории [Leving 2011: 85].

Ускользание от систем осложняется той гибридизацией языка, которая достигнет своей вершины в следующем романе, «Bend Sinister» (см. в главе «Hybridization of tongues»). В пространстве абсурдной диктатуры Синистербада более детально разрабатывается реальная жестокая фантастика Северной Зоорландии («Подвиг») и мир неназванной опереточной диктатуры «Приглашения на казнь». Суровость системы «Bend Sinister» в том, что остается минимальная свобода движения, и та под наблюдением, надзором, и нет возможности для нестандартного (номадического) поведения — ни внезапная поездка Круга с сыном в провинцию, ни тайные встречи с агентом, ни дружба со стариками Максимовыми или с Эмбером не спасают от всеобщего террора. Безысходность ситуации подчеркивается металептическим вмешательством автора в сюжет, которым он изымает своего героя из-под власти потока событий, спасая его от смерти. В этом спасательном метанепсисе можно обнаружить своеобразный номадический жест, ибо сумасшествие лазейкой уносит героя вне созерцания реальности.

Концепт номадизма как постоянного пространственного перемещения реализуется во второй части «Лолиты», в двухгодичной поездке. Здесь появляется метафора, которая могла бы стать одной из эмблем набоковского номадизма — Гумберт Гумберт называет свою машину Мельмотом, из романа Ч. Метьюрина «Мельмот Скиталец»[9] (Charles Robert Maturin, «Melmoth the Wanderer»). Настоящий выход из рамок и системности нормативности, однако, заключается в незаконных эротических стремлениях Гумберта. Это обращает наше внимание на характерную для всего творчества Набокова проблематику «ненормальности» как нарушения нормы, противостояния системности. Большинство героев (Лужин, Смуров, Герман, Гумберт, Кинбот, Персон — и даже Цинциннат, Ван Вин, Ада и Пнин) в глазах

---

[9] Роман упоминается в комментариях Набокова к «Онегину» как низкосортное произведение [Набоков 1998: 305]. В русском переводе «Лолиты» машина называется Икаром — значение движения-перемещения и рокового переступления через границы сохраняется.

окружающих выделяются психическим и поведенческим отклонением от их «нормального» мира[10].

Отличие сюжетостроения второй части «Лолиты», этого своеобразного приключенческого романа, от хронотопа первой части является не меньшей загадкой, чем вопрос о морализме романа. Постоянное передвижение, описанное смешением географических названий и поэтических каламбуров, представлено как пространство имагинарное, которое возможно интерпретировать в разных ключах[11]. Во-первых, в семантическом ореоле любовной охоты (зачарованного охотника) и похищенной красавицы, во-вторых, в сюжетных рамках бегства от закона, осуждающего педофилию, и, в-третьих, в аспекте проблемы личности — если рассматривать Куильти в качестве двойника Гумберта (от которого он бежит и которого в конечном итоге убивает, чтобы самому умереть впоследствии).

Этот третий контекст (Гумберт Гумберт бежит от обязанности самоопределения, от того, чтобы социально определиться) вписывает героя с его инаковостью и маргинальным поведением в психологическую парадигму номадизма. Рассказчик сам противопоставляет себя цивилизованному миру («prim and civilized») [Nabokov 1970a: 21]. Его жизнь — цепь нарушения правил и конвенциональных ценностей. Его устраивает только непривычная любовь — желание поймать переходный момент, стадию нимфетки (еще не женщина, уже не девочка). В фигуре нимфеток и Лолиты взгляд Гумберта Гумберта старается найти и поэтизировать необычные черты (в отличие от «нормального сношения с земнородными женщинами» [НАП, 2: 28]), близкие его «странностям». В этом поиске он стремится не только к источнику сексуального возбуждения как оправданию для своих отклонений

---

[10] О вопросе «ненормальности» набоковских героев см. [Hetényi 2015].

[11] Вопрос придуманных названий весьма сложен в свете наррации от первого лица, ведь творцом искусственных слов одинаково правомерно могут восприниматься и рассказчик, и автор. Д. Циммер насчитал 15 метафорических или / и интертекстуальных названий городов [Zimmer 2007]. Названия улиц и мотелей в значительной мере умножает число топографических метафор, не говоря о коннотативных антропонимах.

от нормального: в воображении надевая на женщин временные и стереотипные маски (ему скорее по вкусу Лилит, чем Ева), он наделяет Лолиту чертами цыганки, называет ее Карменситой. В этом улавливается и пушкинская традиция романтического номадизма («Цыганы»), родословную которой, в свою очередь, можно возвести к номадизму Байрона, в корреляции с его культом, связанным с культурами Средиземноморья (Mediterraneum). Эта последняя у Набокова отражается и в уже упомянутой ранней мотивике Прованса и Юга (см. «Подвиг»), маркирующей и начало «Лолиты» в эпизоде с Аннабеллой.

Пушкинский мотив цыган обращает внимание на вопрос собственности в любовных отношениях, и такая сюжетная параллель даже может осветить поставленный выше вопрос об отличии двух частей романа. Ревность оставленного Алеко, который считает Земфиру своей собственностью и убивает неверную возлюбленную, создает ситуацию, сопоставимую с фигурой и действиями Гумберта, с тем отличием, что он убивает соперника. Завоеванная в любви женщина-добыча и оставленный при измене любовник, будущий мститель, составляют матрицу любви, в которой чередование погони и потери одинаково продуктивно для литературы высокой и низкой. Здесь возникает еще одна возможность применения термина номадизм, а именно экскурса «высокой» литературы в вульгарную сферу субкультуры — будь то американская пошлость рекламных атрибутов или романтический штамп экзотики кочевых народов, как и народов, далеких от цивилизации.

Отдаленность от реальных пространств маркируют имагинарные места, название которых нельзя причислить к категории фантастики, ибо их описание или семантика, по простой причине явной авторской интенции в номинации, всегда содержат элемент говорящей метафоры.

Несмотря на то что Набоков в своем предисловии к самому позднему из его английских авто(ризованных)-переводов «Подвига» («Glory», 1971) предупреждает, что Зоорланд не имеет никакого отношения к Зембле (королевству в романе «Pale Fire», 1962) [Nabokov 1971a: 9], есть типологические сходства, аналогичные тем, какие связывают отдаленные и воображаемые местности в рассказах «Terra Incognita» (1931), «Solus Rex» (1940), «Ultima Thule» (1942). В последнем Набоков описывает перемещения своего героя в пространствах реальных и нереальных, существующих не параллельно; из первой, из реальности, переходящие во вторую, нереальную, в потусторонность: «evolving an imaginary country <…> the widower becomes so engrossed in Thule that the latter starts to develop its own reality. Sineusov mentions in Chapter 1 that he is moving from Riviera to Paris; actually, he moves into a bleak palace on a remote northern island» [Nabokov 1997: 680][12].

Северный остров упоминается в «Приглашении на казнь» в топической коннотации смерти — Цинциннат воображает неизвестного автора книги на нем. Цинциннат

> начинал представлять себе, как автор, человек еще молодой, живущий, говорят, на острове в Северном, что ли, море, сам будет умирать, — и это было как-то смешно, — что вот когда-нибудь непременно умрет автор, — а смешно было потому, что единственным тут настоящим, реально несомненным была всего лишь смерть, — неизбежность физической смерти автора [НРП, 4: 121].

В контексте мотивов всего творчества вспоминается река на острове Новая Земля, названная в память прадеда Набокова — таким образом географическая конкретность через автобиографическое приближение в измерении памяти осуществляет удаление в измерении виртуальности:

> …my great-grandfather Nikolay Aleksandrovich Nabokov, was a young naval officer in 1817, when he participated, with the future admirals Baron von Wrangel and Count Litke, under the

---

[12] «…создавая воображаемую страну <…> вдовец настолько вжился в Туле, что оно стало постепенно обретать самостоятельное существование. В первой главе Синеусов говорит между прочим, что перебирается с Ривьеры в Париж, на свою прежнюю квартиру; на самом же деле он переезжает в угрюмый дворец на дальнем северном острове» (перевод Г. Левинтона) [Набоков Pro et Contra 1997: 103–105].

leadership of Captain (later Vice-Admiral) Vasiliy Mihaylovich Golovnin, in an expedition to map Nova Zembla (of all places) where «Nabokov's River» is named after my ancestor [Nabokov 1989a: 52]. (В тексте «Других берегов» этого отрывка нет.)

Временна́я линия семьи составляет и тематическую связь — предок Набокова участвовал в экспедиции, в ситуации, в которой отец Федора ищет себя.

В романе «Pale Fire» зеркальность имагинарных пространств является не только сюжетообразующей, но и философской доминантой — Зембла, со всей ее сказочной историей, с сомнительными персонажами и с их приключениями, оставляет сновидческое впечатление фантазии в мозгу сумасшедшего и именно в таком качестве примыкает к категории номадизма. Ибо подобие Земблы и потерянной земли России (семантическая игра еще основана на созвучии английского *resemble* — «похож») возможно рассматривать скорее не как объект ностальгических воспоминаний, а как пародию, и еще более правильно увидеть в россиеобразности Земблы и в потере единственной Земли симптом болезненной, но творческой фантазии Кинбота, в которой принцип зеркальности реалий-нереалий выражается и в языке Земблы: «our magic Zemblan ("the tongue of the mirror")» [Nabokov 2011: 191].

Небезынтересна в этом русле попытка причислить Набокова к более поздним «транснациональным» писателям вроде Салмана Рушди, на основе сплавления или смешения культур (*cultural fusion*) в их творчестве. Р. Трусдэл (R. Trousdale) детально группирует реалии американской и европейской культуры в трех романах Набокова с соответствиями воображаемых пространств. То, что сводить характеристику или функцию этих альтернативных пространств к стремлению создать «имплицированную идеальную страну, комбинацию всего лучшего из эмиграции и потерянной родины» [Trousdale 2010: 38, 39] является по меньшей мере упрощением, показывает роман «Ада...» и описание Ардиса. Здесь яснее предыдущих романов, но не без их мотивного контекста выявляется то, что понятием номадизма точнее и более комплексно можно охватить генезис имагинарных пространств.

В «Аде...» бытовое пространство окончательно отрывается от географических реалий, и не только от них. Отвергается частично и та мифопоэтизация пространства, которая легла в основу традиции русского Серебряного века [Топоров 1983: 228] и которая заменяется у Набокова созданием персонально-виртуальных альтернативных мест. Космос романа делится на конкретную Терру, которой, однако, никак не соответствует реальная «земля», и монтажом составленную Антитерру, в которой развертываются пунктирно-дискретные места и в них слабо друг с другом связанные узлы-события действия. Подобно пространству и действию, и время дробится. Согласно названию первого наброска романа «Текстура времени», время является его центральной проблемой. Однако его единицы, от субъективно вечных секунд до мигов космической вечности, не охватываются теми многочисленными псевдоконкретными значащими датами, в рамки которых втеснено действие, и напрасна каждая попытка представлять движение героев между географическими точками псевдотопонимов местностей. На условность, игровой принцип и метафорическую осцилляцию этих названий указывает то простое обстоятельство, что рядом равноценно выступают топонимы разной лексической генеалогии: конкретно существующие географические точки, мифологические пространства и названия с релевантными литературными аллюзиями, соединенные по принципу фонетической доминанты звука [а]: Ардис, Антитерра, Амероссия, Аркадия, Атлантис, Альпы, Армения, страна чудес Ады / Алисы и т. п. Налицо и смешение языков, словесные отражения и стяжения, слова-метаформы-метаморфы: Tofyanka, Gamlet, Kalugano или Belokonsk-Whitehorse.

В геофантазиях «Ады...» набоковский номадизм соединяет все инстанции и разновидности, проявленные в более ранней прозе. Фиктивность топонимов создает неуловимое пространство, в котором частое перемещение героев охватывает весь земной шар и также его зеркальное подобие. Внезапность и эмоциональность мотивации, которая толкает героев в путь в ритме взаимных приближений и удалений, выражает их бесконечную свободу, с одной стороны, и их отчаянные, бесконечные поиски ради поисков — с другой. Запоздалый и относительный покой достигается в сфере, которая выше пространственно-временных рамок и причинно-следственных отношений — в самом тексте, который разрешает выход даже во внетекстовое измерение. Приближение к концу текста в процессе творчества (процесса письма в два голоса и четыре руки, Вана и Ады) осуществляет окончательное ускользание в альтернативное пространство, за пределы пограничной реки, в неразведанное царство, откуда еще ни один номадист-путешественник не вернулся.

ЧЕРЕЗ ПОРОГИ

«Мост через реку»
Дантов код в «Защите Лужина»[1]

> Ask yourself if the symbol you have detected is not your own footprint.
>
> *В. Набоков, интервью «Wisconsin Studies», 1967*[2]

Роман «Защита Лужина» (1930) выделяется среди произведений Набокова своим урегулированным сюжетом, который, особенно в ранней критике современников, широко обсуждался по всем правилам психологического романа. Формулы «ненормальности», отчужденности от жизни гения, бремени таланта и вечного ребенка легко вписываются в схему трагической судьбы, самоубийства чудака. Однако в роман встроены очевидные ключи, которые выводят далеко за пределы этого удобно-прозрачного толкования, не лишенного, кстати, и квазифрейдистских схем (неудачный брак родителей, школьные травмы, одиночество гения, выброшенность в эмиграцию и т. п.). В системе мотивов и лейтмотивов ключи к немиметическому прочтению представляют мощную традицию постсимволизма и некоторые элементы своеобразного орнаментализма.

Происхождение Лужина — как будто нечеловеческое. Он «почувствовал успокоение и гордость, что вот с ним говорит, занимается им, улыбается ему настоящий, живой человек» [НРП,

---

[1] В главе использован материал статьи автора: Лед, Лета, лужа: мост через реку. Масонский и дантовский код в романе Вл. Набокова «Защита Лужина» // Sub rosa. In honorem L. Szilard / ред. Д. Соколова. Budapest: ELTE BTK ITDI, 2005. P. 286–298.

[2] Интервью опубликовано в сборнике «Strong Opinions» [Nabokov 1990: 66].

2: 363], он же «драгоценный аппарат со сложным, таинственным механизмом» [НРП, 2: 384].

> Речь его была неуклюжа, полна безобразных, нелепых слов, — но иногда вздрагивала в ней интонация неведомая, намекающая на какие-то другие слова, живые, насыщенные тонким смыслом, которые он выговорить не мог. Несмотря на невежественность, несмотря на скудость слов, Лужин таил в себе едва уловимую вибрацию, тень звуков, когда-то слышанных им [НРП, 2: 408].

Загадочное для сторонников психологического подхода отношение Лужина с женой в этом контексте выглядит понятным. Эмоциональный подход жены не может достигнуть своей цели, вернее сказать, даже своего объекта, ибо направлен на «неживого» человека. Набоков это подчеркивает тем, что сохраняет целомудренную чистоту, нетелесный (детский, астральный, пневматически-духовный, христообразный) характер своего героя (см. сцену брачной ночи и асексуальные моменты близости и после). Лужин — существо, брошенное в этот непонятный мир, выброшенное из Рая, из идеального состояния — в Хаос, который он в конце всего лишь покидает, возвращаясь туда, откуда пришел (откуда и «тень звуков, когда-то слышанных им»)[3]. В этой схеме налицо гностическая легенда о (перво)человеке (Адаме Кадмоне), выброшенном в Хаос земного существования, в Темноту, который может достигнуть возвышения и приближения, обратного движения в царство Света путем приобретения тайного знания, инициации[4].

Помимо прочих важных коннотаций, шахматы в этом истолковании играют роль такого занятия, при котором осуществля-

---

[3] Рай здесь понимается не в смысле потерянного рая детства, России, хотя это толкование, несомненно, тоже верно. См. [Ерофеев 1989].

[4] Долинин перечисляет четыре толкования концовки романа: переход в вечность, в бессмертие; герою дарована реальная потусторонность; Лужин как шахматная фигура приобретает вечность как литературный персонаж, оставляет пространство книги и возвращается к автору; герой получает бессмертие [НРП, 2: 40–41].

ется невербальное общение с другим миром, осуществляется соприкосновение к сфере исходного идеального состояния. Шахматы — «игра богов» [НРП, 2: 326], играя в шахматы, Лужин «священнодействует» [НРП, 2: 341], «…что есть в мире, кроме шахмат? Туман, неизвестность, небытие…» [НРП, 2: 389].

Знакомство с шахматной игрой происходит под властью света: скрипач попадает «в круг света», «по потолку изредка таинственно дугой проходил легкий свет», «на письменном столе была блестящая точка», «буфетчик включил на ходу свет, озаривший лишь письменный стол» [НРП, 2: 325]. Свет сопровождает игру всюду, матчи происходят «при свете лампы», «освещенный стол» [НРП, 2: 339] является остовом в темноте.

Шахматы связаны с борьбой за обретение света с противниками, темными силами. В соответствии с многоплановой системой набоковских мотивов, шахматная доска выступает в роли мозаичного пола, того элемента масонского храма, который взят из Храма Соломона и символизирует, среди прочих значений, борьбу света и тени, добра и зла, равновесие жизненных решений и выборов и т. п.

Повседневный профанный мир для Лужина представляет собой ссылку, тюрьму — в этом налицо аналогия с романом «Приглашение на казнь», где Цинциннат ведет такую же борьбу — с языком, за самовыражение. Переход Цинцинната в другое измерение осуществлен после того, как им написано-достигнуто слово *смерть*, а потом оно перечеркнуто: смерть элиминирована этим жестом. Здесь можно обнаружить ритуальную подготовку масонского адепта перед инициацией, когда профан пишет свое философское завещание в комнате (камере) размышлений и готовится к ритуальной смерти. Как городской пейзаж, так и небесные светила, шатаясь, напоминают бумажную декорацию [НРП, 4: 166], а Солнце и Луна, иногда и бумажные, являются обязательными декорациями масонских лож.

Шахматно-тюремные квадраты решетки составляют самый сильный лейтмотивный ряд в истории Лужина, но они значительны и в мире Цинцинната (тень решетки на столе, ребра Цинцинната, юбка и носки Эммочки, клетчатый лист и т. п.).

Самый важный квадрат — само окно, отделяющее Цинцинната от свободы (ведь, убежав через дверь, он попадает всего лишь в свою квартиру, а дверь оттуда ведет по заколдованному кругу обратно в камеру). Аналогия ситуации становится ключом к завершающей сцене другого романа, прыжку Лужина в окно[5]. Цинциннат тоже совершает прыжок через окно в детстве, и описание Цинциннатом этого прыжка показывает почти однозначно то, что в случае Лужина только подозревается: герои не падают, а летают. Цинциннат, сидя на подоконнике, ощущая свое одиночество и свою инаковость, видит, что «солнце, которое вдруг проливало такой страстный, ищущий чего-то свет, так искрометно повторялось в стекле откинутой рамы» [НРП, 4: 103]. Гностическому мотиву света противопоставляются темные, земные силы (появляется «толстый, потный, с мохнатой черной грудью» воспитатель; он машет полотенцем). (Мотив воды присутствует и в концовке «Защиты Лужина» — сцена происходит в ванной.) Описание полета в дневнике Цинцинната оборвано — «тут, к сожалению, погас в камере свет» (!). Этот параллельный ключ применим и к завершению другого романа: Лужин не умирает, нет никакого самоубийства, он всего лишь перелетает в другое измерение.

Лужин с большим трудом перелезает через узкое окно. В этом изображены все трудности борьбы рождения или перерождения-воскресения в новый мир, процесс «самоуменьшения», редуцирования своего Эго — это самоунижение ритуально изображено и при масонской инициации. Перерождение связано с одной из основных тем двух романов и центральной темой масонского мировоззрения — преодоления смерти, восприятия смерти как

---

[5] В моей первой статье о Набокове я отметила, что этот прыжок в русской литературе продолжает линию прыжка Маракулина в конце романа А. Ремизова «Крестовые сестры» (см. [Hetényi 1997: 301]). У Ремизова тоже появляется мотив возвращения в детство как «потерянной радости», воскресения, и вместо падения подчеркнут полет героя. В последнем предложении романа фигурирует слово «лужа» — вот один из возможных источников имени героя Набокова: «Маракулин лежал с разбитым черепом *в луже* крови на камнях на Бурковом дворе» (курсив мой. — Ж. Х.) [Ремизов 1989: 123].

перехода на вечный Восток[6]. Для достижения состояния готовности к перерождению нужен духовно-душевный подъем, который в случае Цинцинната опредмечен в пододвинутом к окну олицетворенном, кричащем от злости столе [НРП, 4: 58], который перед казнью треснет поперек от сочувствия [НРП, 4: 178], в конце романа — в эшафоте и в лестнице, общем для культуры символе подъема к святым, ритуальным местам (30 упоминаний в романе).

К образу лестниц в случае Лужина присоединяется новый, также аллегоричный образ лифта (см. «небесные облака», «доехала уже до небес» [НРП, 2: 406]; «"На известной вышине", — сказал он и посмотрел на потолок лифта, точно ожидая там увидеть вершину пути» [НРП, 2: 416]). Однако перед заключительной сценой подъем совершается пешком, по лестницам. Духовный подъем к высшим силам ощущается и в минуты (душевного) наслаждения шахматной игрой. Противники, «словно вбираясь по сторонам равнобедренного треугольника, в решительную минуту должны были сойтись на вершине» [НРП, 2: 380]. Одно из значений треугольника как масонского символа знания и познания — движение человека к трансцендентальному[7].

Сам акт перехода в другой мир репетируется в жизни Лужина несколько раз, в виде бегств. Как было отмечено в отношении номадизма у Набокова (но в ином контексте), первое из них — в первой главе, где уже присутствуют почти все предметы, которые вскоре станут мотивными деталями будущих попыток: мост, лес, окно, пушка, шахматы, сирень, лестницы, телефон, музыка, состояние болезни и черно-белая бинарность. Второе бегство — опять вместо школы, «общественной», «нормальной» жизни выбран мир шахмат и дом тети. Фигура тети связывает гностический смысл с софийным, женским началом (у нее Лужин учится первым шахматным шагам, при ее упоминании в конце

---

[6] С. Давыдов коротко указывает на гностический смысл игры в шахматы в романе «Приглашение на казнь» [Давыдов 1982: 136].

[7] На эротическое содержание шахматно-музыкальной встречи указывает Нора Букс в статье «Двое игроков за одной доской — Набоков и Кавабата» [Букс 1993].

романа находит в кармане, как в магическом фокусе, маленькую, запретную, спрятанную шахматную дощечку [НРП, 2: 428–429]). Третья попытка бегства — от будущей жены, от женитьбы (очередного варианта «нормальной» жизни) приводит Лужина в лес, как и четвертая, описанная очень детально (в общей сложности на 20 страницах) и находящаяся в самой середине романа.

Это подсознательное бегство на первый взгляд выглядит отказом переутомленного организма во время решительной партии шахматного турнира[8]. В предшествующих событиях Набоков сначала переводит своего героя в онейрическое состояние: Лужину после сна кажется, что сон продолжается и он попал в Россию, в прошлое («кругом, по-видимому, Россия»; «летний, малиновый вечер, много лет назад»; «возвращение в Россию Лужин отметил с интересом» [НРП, 2: 385]). Затем границы между реальной жизнью и шахматно-подлинной жизнью стираются: «все, кроме шахмат, только очаровательный сон»; «лучи его сознания рассеивались, ощупывая окружавший его не совсем понятный мир»; «этот мир расплылся в мираж»; «стройна, отчетлива и богата приключениями была подлинная жизнь, шахматная жизнь» [НРП, 2: 385]. В день игры с Турати Лужин как будто опять брошен в этот мир из другой сферы: он просыпается полностью одетый, его постель не смята, и он весь дезориентирован («я не мог знать, что все передвинулось»; «Лужин стал преодолевать непонятное пространство» [НРП, 2: 386, 387]). При этом и в гостинице, и на месте турнира ему нужно преодолевать и лестницы (о символике подъема см. выше)[9].

Во время игры снова появляются мотивы масонской инициации. Сама игра называется «прихорашиванием собственных квадратов» [НРП, 2: 388], символическое занятие самоусовершен-

---

[8] В английском фильме по роману Набокова «Luzhin's Defense» (2000, М. Горрис, в главной роли Дж. Туртурро, имя которого удивительно созвучно с именем Турати и случайно связано с символикой башни) этот поворот действия истолкован как коварный шаг Валентинова. Удивительно, что постановщики ничего не поняли или не сохранили из самой важной линии романа — двоемирия.

[9] В анализе описания игры оставляются в стороне музыкальные параллели, широко обсуждавшиеся в критической литературе.

ствования. Лужин блуждает в лабиринте и вдруг испытывает ожог огня — общеизвестный элемент испытаний во время инициации (хотя бы по опере Моцарта «Волшебная флейта»). Когда состязание обрывается, он три раза пытается встать, все безуспешно, «становилось все темнее в глазах» [НРП, 2: 389] — он может встать только с помощью посторонних. Это соответствует положению инициируемого — с завязанными глазами он может двигаться только с помощниками. И он опять на лестницах, идет вверх (подъем) и потом вниз.

Движение вниз, или катабасис, многозначный мотив опущения является полигенетичным сюжетом посещения ада, включающим древние мифы, например об Иштар, Исиде, Персефоне, Орфее, Энее, Христе (см. текст молитвы «Верую...», христианского *Credo*) — и сюжетом Данте. В главе «Идеальная нагота...» я подробно рассматриваю этот топос, который содержит девиз алхимиков, вошедший в традицию масонской инициации: спуститься «в глубины» означает приглашение к познанию и самопознанию.

Ассоциация ада в романе задана уже в начале описания шахматного турнира (причем в пасхально-дантовском контексте воскресения: «еще до пятницы, до субботы... этот ад» [НРП, 2: 384]). Но опущение подразумевает и возвращение в прошлое, в детство и в подсознательное. Повторяются главные мотивы и вся обстановка с характерными деталями первого бегства в детстве (погоня, завод, папоротник, слезы, мельник и т. п.), однако, благодаря повторениям и обогащению мотивов в лейтмотивы, семантический ореол некоторых из них расширен. Тропинка в лесу, дорога домой и особенно мост (инвариантные топосы Набокова) становятся местом перехода в другой мир, через реку «на тот берег» [НРП, 2: 391]. Отблески света, огни — указатели того мира, источника и цели стремления. А конечная цель, «треугольная крыша усадьбы» [НРП, 2: 391] соединяет масонский знак и рай детства. Сцена потерянного блуждания не обрывается в конце восьмой главы, а охватывает еще всю девятую главу, в которой автор маскирует эзотерическое значение своего текста блестящим юмором (проводники появляются в лице пьяных «молодых незнакомцев» на ночной берлинской улице).

Лужину помогают два пьяных друга (литературные родственники тюремщиков из «Приглашения на казнь»), которые принимают его за третьего, Пульвермахера. Это прямо алхимическое говорящее имя подчеркивает нечеловеческое, иноматериальное свойство Лужина (ср. «большая часть неизвестного оказалось на полу», «неподвижное тело», «безжизненное тело» [НРП, 2: 394]), Карл и Курт[10], как и кружащий по берлинским улицам таксист, выступают в роли своеобразных проводников-помощников, что подчеркивается и контекстом таких постоянных, повторяющихся ритуальных деталей описания, как свет и лестницы («каменные ступени», «лестница, мраморная до первой площадки», «не успела эта новорожденная лестница полностью окаменеть», «лестница продолжала рожать людей», «понесли вверх по лестнице», «свет на лестнице потух» [НРП, 2: 395]).

Из этого бегства, как и из второго, Лужин возвращается через болезнь, во время которой он опять ощущает себя ребенком. «Так Лужин вернулся обратно из долгого путешествия»; «То, что его жизнь прежде всего озиралась именно с этой стороны, облегчило его возвращение <...> он вернулся в жизнь не с той стороны, откуда вышел» [НРП, 2: 403].

Это не просто прозрачная параллель выздоровления с воскресением, это и не обратное движение по кругу, а движение, похожее на ленту Мёбиуса, с даже более конкретным интертекстуальным источником, который является ключом к целой гамме мотивов романа. Именно так, в странном перевернутом состоянии попадает Данте при помощи своего проводника Вергилия в Чистилище (в том узком месте, где они достигают дна Ада, центра земного шара, они должны перевернуться, чтобы головой вверх подниматься с другой стороны).

Дантов код, отдельные детали которого были обнаружены в романе разными исследователями, до сих пор не получил дос-

---

[10] Курт и Карл — не двойники, их фигуры потом размножены до «неизвестного» количества. Их происхождение тоже фантастически-нематериально, они своеобразные психопомпы или ангелы-хранители. В их действиях соединены цирковые фокусы и божественное чудо.

таточного, объемного толкования. «Автор одной божественной комедии» [НРП, 2: 439] присутствует в тексте очень конкретно, но и ассоциативно в косвенных реминисценциях. Вспомним, что сама игра шахматы названа при инициации маленького Лужина игрой богов, и учитель играет «божественно» [НРП, 2: 334]. Италия составляет мощный мотив романа — не только как страна происхождения Турати, но и как цель неосуществленных поездок. Лужин, которого неоднократно называют «маэстро», носит с собой «ненужные, неожиданные вещи <…> пачка итальянских открыток, — все синева да мадонны, да сиреневый дымок над Везувием» [НРП, 2: 397, см. также 400]. «Востролицый Данте в купальном шлеме» [НРП, 2: 411] является одним из первых предметов, не понравившихся Лужиной в обстановке новой квартиры — «пушистый чертик» висит в столовой (игровое уменьшение или деградация мотива — любимое средство Набокова, см. шуточную пьяную сцену выше). Употребление словоформы «дантист» для зубного врача (инвариант творчества) связывает роковую последнюю встречу с Валентиновым с мотивом Данте, и, конечно, упоминание Дантеса включается в этот же семантический круг. Но тень Данте / дантиста висит и над брачной ночью, в которой сохраняется идеальная чистота героя («сейчас дверь откроется и встанет дантист на пороге» [НРП, 2: 418]). Лужин в музее «очень долго рассматривал огромное полотно, где художник изобразил все мучение грешников в аду, — очень подробно, очень любопытно» [НРП, 2: 423]. Несомненно, что и числовая символика романа — помимо каббалистического и карточного (Таро) — тесно связана и с традицией «Божественной комедии».

Если вернуться к середине романа, к блужданию Лужина после недоигранной партии с Турати (четвертое бегство), то в этом пути к бессознательному состоянию, параллельно с инициационной линией вырисовывается и дантовская линия метафор. Не только река и «тот берег» вызывают образ ада, но и тропинка в лесу, та самая, на которой Данте заблудился (ведь сам Лужин блуждает по парку, см. выше). Вот известные первые строчки «Комедии»:

> Nei mezzo del cammin di nostra vita
> mi ritrovai per una selva oscura,
> ché la diritta via era smarrita [Dante 1966–1967: 1].

Через «узенький» мост (сравним с узким окном в ванной в заключительной сцене) попав на тот берег, Лужин видит вокруг себя скользящие тени и призраков, и к этим явлениям дантовского Ада присоединяется фигура мельника, «обитателя детских кошмаров» [НРП, 2: 401–402]. Помимо того что мельница в славянской народной мифологии связана с нечистой силой, это и дантовский образ — в самом начале последней, 34-й песни «Ада» Люцифер, размахивающий крыльями и ветром охлаждающий ледяной Коцит, сравнивается с ветряной мельницей.

Лужин в парке (подобии леса) теряет сознание, вернее, теряет физическую оболочку («сплющивался, сплющивался, сплющивался и потом беззвучно рассеялся» [НРП, 2: 392]; «лежал, как мертвый» [НРП, 2: 396]). Роль Харона исполняет «добродушный» таксист, по очереди возящий души по месту назначения[11]. В смешной диалог пьяных товарищей незаметно вклинена реминисценция высокого, философского содержания:

> — Подождем таксомотора — сказал Курт…
> — Эта ночь кончится, — уверенно сказал он и добавил, взглянув на небо: — Как они кружатся.
> — Звёзды, — объяснил Карл, и оба некоторое время неподвижно глядели ввысь, где в чудесно бледно-сизой бездне дугообразно текли звезды.
> — Пульвермахер тоже смотрит, — после молчания сказал Курт [НРП, 2: 393].

Звезды сияют перед взором Данте и до спуска в Ад (песнь 1, строки 17 и 38), но главное, звезда является последним словом «Ада», указывая цель или направление, заданные Богом по до-

---

[11] Таксомотор играет вообще роковую роль в романе, см. последнюю главу. Таксисту надо платить — как и Харону. Можно полагать, что мотив кустов, чаще всего сирени, имеет отношение к золотой ветви, открывающей вход в Ад.

роге дальше в Рай — ибо не только «Ад», а все три части дантовской «Комедии» кончаются словом звезды (*le stelle*) [Dante 1966–1967: 445].

Звезда играет центральную роль в масонской концепции смерти. Умерший брат превращается в звезду на вечном Востоке и указывает путь другим, оставшимся на земле [Jacq 1985: 171][12].

При переходе через реку Лужину мерещится «уловка шахматных богов» (здесь еще раз подтверждается связь шахмат с божественной сферой) в том, что «выросли мокрые от дождя, дрожащие, мокрые великанши, и невиданный отблеск запрыгал в реке» [НРП, 2: 391]. Колодец великанов или гигантов, исполинов (Pozzo dei giganti), находится в «Аду» Данте перед последним кругом (песнь 31). Здесь Данте встречает пейзаж с башнями:

> Poco portai in là volta la testa,
> che mi parve veder molte alte torri;
> ond'io: «Maestro, di', que terra è questa?» [Dante 1966–1967: 128].

Эти башни оказываются гигантами («che non son torri, ma giganti» [Dante 1966–1967: 128]), взбунтовавшимися детьми богов. Ветхий Завет тоже указывает на божественное происхождение исполинов (см. Бытие 6: 4). Один из исполинов, Нимрод [Dante 1966–1967: 130], был строителем Вавилонской башни.

Тура как шахматная фигура играет центральную роль в действии и в символике романа, и она названа тремя словами: *пушка*, *тура*, *ладья* [НРП, 2: 328, 330, 334]. Слово *тура* созвучно с турниром и с именем Турати (но и *пушка* — с Пушкиным, а маленький Лужин боится выстрела пушки, «подальше от пушки» [НРП, 2: 313]). Цинциннат заключен в крепость с густыми, громадными, темными башнями — в образе можно увидеть инвариант в значении угрозы, власти, насилия.

Перед первой игрой в шахматы с сыном отец Лужина предлагает ему играть в кабалу [НРП, 2: 47]. По свободной ассоциации

---

[12] «Quand un Frère meurt… pour nous, il ne meurt pas. Il passe à l'Orient éternel. Son être devient lumière. C'est une étoile qui guide ses Frères demeurés sur terre» [Jacq 1985: 171].

это название игры вызывает игровой вариант каббалы — карты Таро, обозначенные двадцатью двумя буквами еврейской азбуки. Шестнадцатая по очереди карта — «Башня» (la Tour, la Maison Dieu), образ башни или Божьего Дома. Многогранная символика образа включает и Вавилонскую башню (башня начинает разрушаться под ударом молнии из Солнца), и, главным образом, неудачу ее построения в параллели с грехопадением, которое изображено на карте в физическом падении двух фигур: короля (который при этом не теряет своей короны, в знак вечности идеи строения) и строителя (который, наоборот, убит ударом по шее).

Падение органически связано с концом романа Набокова. Падение Лужина из окна предвещается разными ссылками (например, «поезд в пропасть» на картине, нарисованной Лужиным картине [НРП, 2: 439]), но главным образом картиной, увиденной Лужиным в ожидании Валентинова в журнале[13]. Бледный человек

---

[13] Анализ гностических и эзотерических слоев в фамилии и фигуре Валентинова выходит за рамки данной главы. Отметим, что и учителя географии Лужина звали Валентином (но это выясняется только в случайном разговоре для взрослого Лужина и уже в Берлине [НРП, 2: 428]) — как раз его отсутствие из школы освобождает урок, во время которого товарищи по классу начинают играть в шахматы, и с ним же встречается мальчик, первый раз прогуливая уроки на улице. Далее исследования, связанные с именем Валентин(ов), могут пойти по следующим направлениям:
1. В «Фаусте» есть персонаж Валентин.
2. Иоганн Валентин Андреэ — автор знаменитой каббалистически-алхимической книги «Chymische Hochzeit Christiani Rosenkreutz» (1616).
3. Valentinus (Василий Валентин, Basilius Valentinus) — автор алхимической книги «Azoth».
4. Валентин, который почти стал епископом Рима (143 г. н. э.), после неудачи создал в Александрии секту валентиниан, близкую по идеям к гностицизму. Согласно его идеям, люди делятся на три разряда: на материально-телесных, на душевных и на духовных (khoikos, psychikos, pneumatikos). Последние знают высшие тайны, являются посвященными.
5. Базилеос Валентинос — общий псевдоним авторов-розенкрейцеров XV века.
6. Наконец, Валентинов, названный «шахматным опекуном» [НРП, 2: 158, 159], подобно опекуну музея в «Посещении музея», фамилия которого в телефонном разговоре слышится как «Фати», не только роковая личность в жизни героя (фатум, см. [Сконечная 2000]), но главным образом играет роль отца (Vater, Vati) и учителя Лужина. Его дьявольские черты в этом толковании могут подчеркивать не его роль искусителя [Сконечная 2000: 388], а его магическую силу, роль проводника через ад в высокие сферы.

висит на подоконнике небоскреба — современной Вавилонской башни, «вот-вот сорвется в пропасть» [НРП, 2: 164]. Впоследствии, когда Лужин должен подниматься пешком домой (лифт испорчен), мотив возвращается в сопровождении высокого слова: «восхождение продолжалось долго, ему казалось, что он влезает на небоскреб» [НРП, 2: 461]. Падение и сама часть -*пасть* в слове *пропасть* в значении «провал, неудача» по-французски будет *échec*, означающее и «шахматы» («шахматы» и «падение» совпадают, видимо, по логике: шах мат — король мертв — падение короля). Образ на карте 16 в Таро заключает в себя масонский смысл: дает почву для размышлений о строителях соборов и о мифодраме об убитом Хираме.

Не только сам перевернутый переход в высшую сферу указывает на дантовское понимание спуска и подъема. В 32-й и 34-й песнях Данте описывает страшное замерзшее озеро Коцит на дне Ада, в котором, по пояс замерзший, сидит трехликий Люцифер[14]:

> Perch'io mi volsi, e vidimi davante
> E sotto i piedi un lago che per gelo
> Avea di vetro e non acqua semblante [Dante 1966–1967:135].

Элементы сравнения замерзшего озера со стеклом у Данте хиастически меняются местами у Набокова, где окно сравнивается со льдом, но эти два образа сливаются, выступая как места перехода — дорога в иное пространство ведет через твердую границу льда (Данте) и окна (Набоков). Мотив льда вступает не только в конце романа Набокова, но систематически присутствует в нем. В момент въезда на новую квартиру выделено окно, через которое Лужин позже вылезет, и уже присутствует метафора льда, как будто ожидающего проход своей трещиной: «Окно в ванной комнате, снизу голубовато-искристое, будто подернутое морозом, оказалось надтреснутым» [НРП, 2: 412]. С описания катка и необычайно холодной зимы начинается глава 13 (цифра в Таро означает смерть, вероятно, по еврейской

---

[14] В фигуре Сатаны вниз головой — параллель с фигурой Таро «Повешенного».

букве М, *мет*, «смерть»). О прошлогодней мягкой погоде говорится: «лужа вместо льда» [НРП, 2: 432], таким образом, фамилия главного героя вдруг обретает значение, которое приобщает его самого к этому стеклянно-ледяному миру. Здесь же, на прогулке, Лужин видит первую восковую фигуру, двуликого мужчину в витрине, которая поражает его: «он *замер* перед писчебумажным магазином» (курсив мой. — Ж. Х.)[15] [НРП, 2: 431]. Этот двуликий мужчина — присоединяясь к другим восковым фигурам, знакам присутствия другого мира, в том числе и смерти, — возможно, ссылка на трехликого Люцифера. Восковой, нечеловеческий, куклообразный вид самого Лужина («драгоценный аппарат с таинственным механизмом», «восковая голова» [НРП, 2: 384]) делает его безжизненным. На последних двух страницах морозность и зеркальность окна повторены неоднократно (семь раз), чтобы подготовить появление слова «лед»: «Лужин разжал руки, в тот миг, что хлынул в рот стремительный ледяной воздух...» [НРП, 2: 465][16]. Лед, мороз, снег, туман, каток, облака, воск, лужа и белизна лица Лужина создают коннотативный фон нечеловечного персонажа, принадлежащего к иному миру.

Лужина, до последних слов романа лишенного имени и отчества, никак нельзя назвать «развивающимся» героем — наоборот, он остается именно таким, каким он появился в романе или в мире. (Отметим, что большинство персонажей романа лишено и фамилии, об исключениях см. ниже.) Единственное, что в Лужине меняется, это возраст, но и это изменение, выраженное лишь в цифрах и датах, не затрагивает его личность, он не стареет, не зреет. Его возраст — то вечное детство, о котором сказано в гимне любви (1-е Коринфянам 13: 11–12), что, оставляя это «младенческое <...> мы видим как бы сквозь *тусклое* стекло гадательно, тогда же лицом к лицу...» (и в продолжение: «теперь знаю я отчасти, а тогда я позна́ю, подобно, как я познан»). Эти

---

[15] В поисках писчебумажного магазина теряет дорогу герой рассказа «Посещение музея».

[16] Лед / окно / зеркало соединяется в кошмарах Лужина в первые ночи после прерванного турнира [НРП, 2: 393].

новозаветные строки, истолкованные в духе гностицизма, указывают на младенчество как на исходное состояние и место Света (аналогия рая), возвращение в которое восстанавливает гармонию мира. Лужин в беспамятстве по-младенчески чмокая губами произносит тусклым голосом слова [НРП, 2: 393]. Тусклое зеркало упомянуто дважды в тексте романа, как иное время детских воспоминаний и тайного страха:

> Безобразный туман жаждал очертаний, воплощений, и однажды во мраке появилось как бы зеркальное пятнышко, и в этом *тусклом луче* явилось Лужину лицо с черной курчавой бородой, знакомый образ, обитатель детских кошмаров. Лицо *в тусклом зеркальце* наклонилось, и сразу просвет затянулся, опять был туманный мрак и медленно рассеивавшийся ужас (курсив мой. — Ж. Х.) [НРП, 2: 401–402].

Лед в функции зеркала, по Данте, понимается как переход через центр, фокус отражения и симметрии Земли, переход от движения вниз к подъему. В масонском понимании зеркало — судья каждого по пути самопознания и самоусовершенствования, через него таким образом тоже совершается духовный подъем. Концовка романа в этом образе очередной раз подчеркивает тесную связь с романом «Приглашение на казнь» — переход в другое измерение освобождает героя из этого зеркально-театрально-нереального мира[17]. Любопытно, что в последней сцене романа «Защита Лужина» именно в образе окна повторением утверждаются самые общие масонские мотивы: куб на рисунке, квадратная ночь, дырка в окне сначала звездообразная (пентаграмма, Пламенеющая звезда), потом клинообразная (треугольник).

---

[17] Два романа связаны прочными нитями. Например, автором эпиграфа «Приглашения на казнь» назван Пьер Делаланд, за которым в предисловии к английскому переводу романа автор раскрыл своего любимого писателя, самого себя, а исследователи увидели ссылку на видного масона, Ж-Ж. Ф. Лаланда [Шапиро 1981]. Если в имени предположить аллюзию и на другого масона, Шарля Флорана Делаланда (Charles-Florent-Jacques Mangon-Delalande), то в названии его произведения, «Защита и апология масонства» (1814) можно увидеть некий прототип названия лужинской истории.

О. Сконечная, перечислив лишь некоторые, самые очевидные масонские аллюзии в романе, приходит к выводу, что они выстраивают ряд псевдомотивов Набокова (псевдоагенты, псевдоевреи, псевдогомосексуалисты), в значении «псевдомасонства» как «параноидальной модели», в которой «герой преследуем некими знаками и символами и где само обнаружение связей между событиями пугающе и губительно» [Сконечная 2000: 384][18]. Она основывает свою теорию отчасти на фигуре Смирновского, который — в ее интерпретации — предлагает Лужину брошюры, разоблачающие масонов. Лужин в этой интерпретации «герой-марионетка», «исполнитель воли масонских "неизвестных начальников"», в которых автор статьи «склонна видеть самого автора романа» [Сконечная 2000: 389][19]. Как кажется, это понимание, указывающее на эстетический принцип творчества, недостаточно аргументирует комплекс масонских и дантовских лейтмотивов, которые призваны направлять мысли читателя скорее на духовную многослойность мира, на ограниченность прямолинейного мышления[20].

Роман Набокова кончается тем, что герою удается «высвободиться, куда-нибудь вылезти — хотя бы в небытие» [НРП, 2: 390]; «большая поездка куда-нибудь» [НРП, 2: 419], запланированная повторно, наконец-то сбывается. О том, что это не смерть, а возрождение, что этот выход-переход имеет духовное значение,

---

[18] Проблематично и название статьи — можно ли назвать идеи масонства массовыми?

[19] То же самое утверждается в связи с «Отчаянием»: «Герман <...> становится жертвой заговора, который осуществляется подлинным творцом Набоковым» [Сконечная 2000: 390].

[20] Смирновский — единственный герой в романе, имеющий и имя, и отчество, и фамилию. Он теософ, а теософия тоже синкретическая система мыслей. Он и свидетель при браке Лужина, то есть в какой-то мере включается в ряд эпизодических героев-психопомпов, которые толкают Лужина все «ниже» в адское жерло, чтобы он мог вылезти «с другой стороны». Лужина подозревают в масонстве, и эта оценка принадлежит сомнительному, пошлому персонажу (матери будущей жены Лужина). В рамках текста важнее соприкосновение масонства и Лужина, направляющее процесс семантических ассоциаций.

свидетельствует мотив Пасхи, три раза повторенной в романе. Первая Пасха — знакомство с шахматами при помощи духа музыки (гостя-скрипача в отцовском доме) и женского принципа (тети)[21]. Вторая Пасха дает повод для посещения в доме невесты, который напоминает Россию и приносит детскую радость, легкость и чувство уюта [НРП, 2: 377]. Пожалуй, женский принцип здесь больше представлен понятиями родины-России, чем фигурой невесты. Третья Пасха — воспоминание первой во время венчания, но с оттенком предчувствия конца: «брачный приговор», «закрывал огромное Евангелие», «сосущее чувство под ложечкой», «ожидал увидеть вершину пути» [НРП, 2: 122], «черная пропасть» [НРП, 2: 414–416].

Пасхальное время года является земным, но сакральным временем дантовского спуска в Ад. Именно дантовский Ад является такой воронкой, из которой можно выйти, только пройдя его до всей глубины. Ледяной Коцит пропускает через точку проникновения в другой «мир» только Лету, реку забвения, чья вода вычеркивает из памяти земную жизнь (песни 14 и 34 [Dante 1966–1967: 58, 128–132]). Путь инициации таков же — нужно пройти и дойти, чтобы выйти в другом качестве. Страсти и страдания сопровождают адепта в этом пути, пройдя «таинственные тропы» [НРП, 2: 459] инициации, он может возвращаться в «другое измерение» [НРП, 2: 366] посредством ритуала, моста между профанным и сакральным.

---

[21] «Только в апреле, на пасхальных каникулах, наступил для Лужина тот неизбежный день, когда весь мир вдруг потух, как будто повернули выключатель, и только одно, посреди мрака, было ярко освещено, новорожденное чудо, блестящий островок, на котором обречена была сосредоточиться вся его жизнь. Счастье, за которое он уцепился, остановилось; апрельский этот день замер навеки, и где-то, в другой плоскости, продолжалось движение дней, городская весна, деревенское лето — смутные потоки, едва касавшиеся его» [НРП, 2: 324].

«Идеальная нагота»

Мотивы инициации в «Посещении музея»[1]

Мотив инициации в рассказе Набокова «Посещение музея» (1938) играет такую же существенную роль, как во всем его творчестве, в творчестве символистов и других его предшественников[2]. М. Волошин в автобиографии как нельзя лучше описал «этапы блуждания духа», характерные для эпохи: «буддизм, католичество, магия, масонство, оккультизм, теософия, Р. Штейнер» [Волошин 1989: 350][3]. Для литературоведа, который вчитался в духовную атмосферу начала XX века, кажется естественным

---

[1] В главе использован материал статьи автора: «Идеальная нагота» — Мотивы масонской инициации в рассказе Вл. Набокова «Посещение музея» // Studia Slavica Academiae Scientiarum Hungaricae. 2003. № 48(1–3). P. 105–121.

[2] Биографические пересечения Набокова с масонством не являются обязательной предпосылкой для изучения, однако могут представлять особое направление исследования. В этом случае заслуживает внимания факт членства В. Д. Набокова, отца писателя, в парамасонской политической организации «Великий Восток народов России» (см. подробнее в указателе [Priahin], хотя автор указателя не опирается на документы). Отдельный интерес представляет и его брат, Константин Дмитриевич Набоков, также масон, дипломат, первый секретарь посольства царской России в Лондоне с января 1917 до 1920 года, к которому семья писателя приехала в марте 1919 года. Братья Владимир и Сергей остались учиться в Англии. Историки могли бы к этому прибавить высокое число масонов в партии кадетов (в которой отец писателя был правой рукой Милюкова) и во Временном правительстве (где партия играла ведущую роль).

[3] Волошин в разговорах с молодым Набоковым летом 1918 года в Крыму обратил его внимание на теорию стиха Андрея Белого, на его систему и схемы метрической поэзии.

присутствие своеобразного синкретического эзотеризма как языка, который рожден для описания бесконечности внутреннего мира человека и связанного с ним космического мира, лежащего за пределами видимого. В творчестве писателей начала века, а тем более в очевидном «двумирии» произведений Набокова недостаточно обнаружить эти мотивы, нужно искать ключи к тому, как они выстроены и связаны, чему подчинены. В обширной критической литературе о «биспациальности», присутствии «другого мира», структуре «тут» и «там» говорилось много и единодушно, в то время как переход или точки перехода (действие-движение и место) между этими мирами не подвергались отдельному исследованию. Нелегкому поиску «ключей» в случае данного рассказа содействует и текст-референт: английский авторский перевод. Как будет показано, Набоков в английском варианте (в переводе «The Visit to the Museum») сохранил и даже усилил некоторые мотивы, например аллюзии и коды инициации на фоне своего произведения.

Они, возможно, связаны с мотивами масонства. Их анализ вообще в художественной литературе упирается в препятствия принципиального порядка: тайное учение не может быть оглашено для непосвященных, в то же время именно это обстоятельство открывает путь к изучению сюжетных признаков инициации, не говоря о том, что само исследование направлено на открытие тайн текста, подобно тайнам эротекста (см. главу «Синкретический эротекст...»). От этого противоречия частично освобождает и открывает путь к анализу осознание игрового принципа, в самом высоком и философском значении этого слова. Об игре в творчестве Набокова говорилось много, упоминались условности сюжета и фигур (Вл. Ходасевич, Ю. Левин), языковые игры, вообще игровой подход к тексту как текстуре и подобие литературного творчества и шахматных задач [Пимкина 1999; Purdy 1968–1969: 379–395; Karshan 2011]. Прием эстетизации текста Набокова, форму «авторского игрового остроумия» М. Медарич определяет как особого типа орнаментализм, который «нужно понимать и как ознакомление читателя с представлениями автора о скрытой сущности мира и о тайном языке, которым он к нам обращается» [Медарич 1991: 96]⁴. Сам Набоков указывает и на другой аспект игры, лежащий в основе художественного произведения: «...when dealing with a work of art we must always bear in mind that art is a divine game. These two elements — the element of the divine and that of the game — are equally important. <...> we are <...> participating in an elaborate and enchanting game» [Nabokov 1981: 106]. Знаменательно, что год публикации рассказа совпадает с выходом основополагающей книги культуролога Йохана Хёйзинги о философии игры «Homo ludens», в которой он выдвигает (среди прочих аспектов анализа) культуросозидающую функцию и мифопоэтическую роль игры, ее связь с мифами, ритуалами, культами, науками и языком. Концепция, согласно которой игра является моделью не только психологического осваивания, но и философского преодоления границ реального мира, лежит в основе признания и принятия ритуалов и идеалов современным «рефлектирующим» человеком. Этот глубинный, всеохватывающий принцип игры лежит в абсолютной основе творчества Набокова — этой «игре в игру» должен покорно подчиняться каждый, кто ищет ключи к его произведениям, следуя тем правилам игры, которые установил автор как мастер этой игры тайнописи⁵.

Одной из важнейших общих черт масонских и набоковских текстов является кодирование и расшифровывание текста (эзотеризм в первичном смысле слова), бесконечный процесс толкования для себя, в ходе которого читатель становится посвященным, адептом. В этих текстах одинаково спрятано коллективное знание человечества и сознание интериоризации, внутреннего активного продолжения традиций, основанных на символах. Символы именно так понимаются и в эзотерической традиции.

---

⁴ О наследии символизма у Набокова см. также статьи в: [Набоковский вестник 1998].

⁵ Умберто Эко интерпретацию художественного текста называет прямо «jeu de l'amour et du hazard» [A deux voix 1996: 59–60]. Слова Эко особенно важны потому, что его романы «Имя розы» и еще более «Маятник Фуко» обнаруживают весьма близкий к Набокову «игровой» подход к разным видам эзотеризма. Этой параллели следовало бы посвятить отдельное исследование.

> [Символы] …позволяют снова найти потерянное Слово,
> вечно живую мысль, ибо они являются ее энигматическими
> носителями. Расшифровывая тайные знаки общечеловече-
> ской невысказанной мудрости у мыслителей разных эпох,
> религий, мифов и художественных произведений, человек
> раскрывает созвучие понятий, соответствующих пробле-
> мам, всегда занимавшим / волновавшим духовную жизнь
> человека [Wirth 1984: 22][6].

Путь инициации лежит в основе энигматического рассказа «Посещение музея». Конечно, основной сюжет может быть интерпретирован и в рамках фантастики (рассказчик попадает через залы музея из Франции в Россию), где этот прием передает кошмарный реализованный сон русского эмигранта. Сам этот переход может восприниматься как игровая перефраза многих фольклорно-субкультурных мотивов, сохранивших отголоски древних мифов — характерный пример этой сюжетной матрицы в популярной литературе начала XX века мистический роман Г. Майринка «Голем», в котором рассказчик переходит в свое прошлое через подвал дома. В этом романе можно найти изобилие синкретических символов, общих для масонства и фантастической литературы, восходящей и к готическим романам, и к эпохе романтизма, главным образом к Э. Т. А. Гофману[7]. Но этим, если перефразировать самого Набокова, «тема» перехода не исчерпана (в самом рассказе иронически разоблачается прием строения или плетения мотива воды: «Тема воды на этом не кончилась…» [НРП, 5: 405]). У Набокова ужас перехода состоит в том, что эмигрант мечтает попасть обратно во времени в потерянную Россию, а попадает в настоящее, в Советский Союз: прошел только границу в пространстве, но не барьер во

---

[6] Les symboles «…permettent de retrouver la Parole perdue, c'est-à-dire l'éternelle pensée vivante dont ils sont l'expression énigmatique. Déchiffrez les hiéroglyphes de la profonde sagesse muette commune aux penseurs de tous les âges, et des religions, des mythes et fictions poétiques, vous dégagerez des notions concordantes relatives aux problèmes qui ont toujours préoccupé l'esprit humain».

[7] О влиянии романа Майринка на Франца Розенцвейга и Льва Лунца см. [Hetényi 2001].

времени⁸ — совершил то, что, возможно, было бы и реально (если не считать смену режима⁹) — ведь музей должен был открыть дорогу в прошлое¹⁰: «Копать прошлое» — думает рассказчик при виде кирки с лопатой. Именно такие предметы, явно отсылающие к масонским символам, привлекли внимание исследователей, предлагающих метод чисто лексического подхода [Шунейко 1996: 325–330]¹¹.

В мотивной структуре рассказа исследованиями были открыты также отзвуки пушкинской «Пиковой дамы» в контексте «случайности» и «карточной игры как символа человеческой жизни», без попытки идти дальше темы посещения прошлого [Старк 1998]. Обширный, хотя и неполный комплекс масонских мотивов раскрыт впервые в статье С. Туровской, которая при толковании герметического текста видит в экспонатах «темы, мотивы, литературные приемы, литературные произведения», ожидающие дешифровки, и предполагает понимать их как «пародийное упоминание масонско-алхимической символики» [Туровская 1997: 257, 249], но в каком именно значении и какова роль пародии, не уточнено. Еще более сомнительную роль уделяет масонским мотивам О. Сконечная, которая рассматривает их в романе «За-

---

[8] Это отмечено и П. Барта (P. Barta) [Barta 1995]. Он относит неожиданности действия — на основе только английского текста рассказа — к категории сюрреализма, что и освобождает от поиска логики. Барта рассматривает характер рассказчика и наследие символистов в мотиве орфического мифа в сюжете.

[9] О прочности темы возвращения в творчестве Набокова свидетельствуют и другие его сюжеты, главным образом в «Подвиге». Известны судьбы возвращенцев, известно, что самого Набокова звали домой. В некотором смысле это означало «приглашение на казнь», и это не только название его романа, но и последние слова, произнесенные злополучным путешественником рассказа с родственной темой «Облако, озеро, башня» [НРП, 4: 589].

[10] Вспоминается параллель с Древним Домом, музеем в романе Е. Замятина «Мы».

[11] В этой статье, не имеющей сносок, имя Набокова не упоминается. Автор предлагает позитивистский метод поиска масонских мотивов: им дается алфавитный список слов, остается только определить, не попали ли они «случайно в текст из других символических систем (античной, египетской, христианской, каббалистической и др.)». Определить это почти невозможно — масонство в течение двух-трех столетий вобрало в себя самые разные влияния.

щита Лужина» как «бродячий сюжет массового сознания», как разновидность заговора, от которого Лужин должен защищаться — хотя ее метод, раскрытие широкого культурологического фона значений символов красноречиво опровергает ее собственный тезис (см. об этом главу «Мост через реку…»).

Даже следуя методу Т. С. Элиота, который предложил читать «Божественную комедию» Данте в первый раз от начала до конца «залпом», не придавая особенного значения непонятным деталям эпохи Средневековья и не останавливаясь на разборе символов, даже при таком чтении чувствуется огромное число напрашивающихся ассоциаций и параллелей, распирающих рамки рассказа, который во всех основных свойствах, например в сюжете, следует всем классическим параметрам новеллы Боккаччо (анекдот, случай из жизни с неожиданной концовкой, с самим рассказчиком в центре). Одна из матриц, которые можно обнаружить в сюжете, — *акт путешествия*.

Путешествие лишает рассказчика привычных рамок быта и выбрасывает его в «бытие» — в неизвестность, в хаос. В новых обстоятельствах он должен «бродить в поисках» [НРП, 5: 403] («wandering… in search» [Nabokov 1997: 277]), не находит дороги: «заблудился» [НРП, 5: 403] («I lost my way» [Nabokov 1997: 282]); «долго пытался <…> найти обратный путь» [НРП, 5: 404] («for a long time I tried to find the way back» [Nabokov 1997: 283]). Он оставлен на произвол судьбы, которая, в виде дождя, загоняет его в музей, куда он вовсе не намеревался идти. Семантический ореол топоса поездки или странствия входит в число главных инвариантов творчества Набокова, использующих параллели с подобными сюжетами мировой литературы (об этом см. ниже). В набор элементов ситуации поездки в лице Годара входит *проводник*, роль которого двусмысленна: он и помощник-психопомп (при его содействии рассказчик способен «пройти границу», преодолеть рамки пространства), но он оказывается и ложным помощником, который заманил рассказчика в лабиринт и оставил его во враждебном и опасном мире одного.

Второй круг ассоциаций охватывает *хронотоп города*. Название города Монтизер, в котором оказывается точка «прохода» («exit») [НРП, 5: 404; Nabokov 1997: 282] в другой мир, составлен из двух слов. Первая часть, как все исследователи отмечают, означает гору[12], правда, они не подчеркивают самое очевидное значение этого выбора места, которое издавна и реально служило священным символом центра и точки перехода в иной мир (достаточно сослаться на теорию М. Элиаде (M. Eliade) о священном и профанном [Eliade 1957, 1954][13]). Во второй части слова при таком же произношении, но другом написании можно увидеть название реки на юге Франции, Isère, в районе St. Etienne, — и таким образом богатая в рассказе «тема воды» соприкасается с мотивом-инвариантом: Прованс, Южная Франция у Набокова в ранге символа означает идиллическое место, где останавливается время, где человек входит в другое измерение, приближается к природе, осознавая ее мифологическую натуру, связанную с ощущением детства, рая, где уединяется, чтобы восстановить равновесие своего духовно-душевного мира (см., например, «Подвиг», «Машенька» и стихотворение «Прованс», подробнее в главе «Бродячей радуясь судьбе...»).

Поручение друга рассказчика отыскать в музее города портрет его деда заключает в себе не простой поиск, а поиск предков, прошлого. Спуск и ситуация перехода с проводником в преисподнюю вызывает ассоциацию спуска Энея в преисподнюю для встречи с отцом. Поиски предков логично ведут в конечной точке на родину, в Петербург, в родные места, к истокам. Угадывается и то, что этот поиск переведет и по Ту сторону, в потустороннее, через границу: «всегда сомневался в способности моего друга оставаться по сю сторону фантазии» [НРП, 5: 398] («this side of fantasy» [Nabokov 1997: 277]).

Портрет приехал в этот город «в свое время» — этот оборот в значении «давно» позволяет и буквальное понимание: в нужное

---

[12] Туровская видит здесь ссылку на «Волшебную гору» Т. Манна, которая тоже пародирует масонство. [Туровская 1997: 249]. Старк в названии города Montisert, без основания прочтенном как Montisero, видит «зеро». Она же выдвигает ряд натянутых этимологических догадок, например Аид в имени Годара [Старк 1998: 69].

[13] См. также издание «Le sacré et le profane» (Paris, 1965).

время, а эти слова неожиданно совпадают с текстом масонского ритуала в начале собрания. Картина доехала «после неясных странствий» [НРП, 5: 398] («some obscure peregrinations» [Nabokov 1997: 277]), что подразумевает не только долгие поиски дороги, но и трудный путь с препятствиями. Именно по этому пути из Петербурга в Монтизер пойдет рассказчик в обратном направлении, и это будет его путь инициации (ср. *intitiation: to peregrinate, to follow a route*)[14]. Уже здесь начинается переосмысление сюжета поездки, упомянутое выше, ведь путь инициации — это не «внешнее», а «внутреннее путешествие». Особенно наглядно это при сопоставлении с рассказом-антиподом «Облако, озеро, башня», в котором рассказчик, хотя наталкивается вместо ужаса на счастье, все равно должен вернуться к исходному пункту, оставить найденное[15]. Здесь открывается путь и к таким большим предшественникам, как Вергилий, Данте, о которых речь пойдет дальше.

Картина была привезена сюда, потому что это особое пространство истоков, город, где родился художник, Леруа. В имени живописца исследователи увидели французское слово «король»: здесь родился король[16]. С какой целью приехал сюда рассказчик,

---

[14] Для определения значений английских слов я опираюсь на наиболее поздний словарь, изданный в Америке при жизни Набокова, тот, в который попало слово *nymphet* в значении «a pubescent girl esp. one who is sexually precocious», введенное Набоковым в «Лолите» [Webster Dictionary 1974]. Возникновение слова *нимфетка*, по всей вероятности, можно связать и с набоковским переводом монолога Гамлета, в конце которого Шекспир устами Гамлета называет Офелию «nymph». Набоков, как и Б. Пастернак, сохранил это слово в переводе.

[15] Думается, что в этом случае автор предлагает схему «опошленной» Одиссеи. (В то же время наглядна разница и с такими кажущимися параллелями, как «Марио и волшебник» Т. Манна, ситуационно столь похожим на рассказ Набокова, и с такими интересными последователями, как В. Аксенов («Затоваренная бочкотара») и Вен. Ерофеев («Москва — Петушки»).

[16] Старк видит здесь ссылку на часовщика из «Пиковой дамы» [Старк 1998: 67], а Туровская видит обескураживающую сумму возможных функций и значений: 1) способ создать иллюзию подлинности повествования (был такой художник); 2) в противоречии высокого имени и бездарности художника ссылку на «Портрет Дориана Грея» О. Уайлда; 3) намек на разваленную государственность Европы; 4) в красной подписи художника ссылку на книгу В. В. Шульгина «Три столицы» (1927) о переходе в Советский Союз; 5) пародийную ссылку на теорию ученика А. Бергсона, Э. Леруа — во фразе «длительность в ненужно удлинившемся музее».

неизвестно, но он приехал на два-три дня — промежуток времени, который можно связать с Пасхой, с воскресением Христа именно из-за неопределенности временного промежутка: воскресение на третий день считается по еврейскому счету дней (начало с вечера), а по современному счету — с пятницы на воскресенье будет два дня. Позже, в ряду других дантовских ассоциаций должно вспомниться, что пасхальное время года является земным временем дантовского спуска в Ад, и начиная с раннего стихотворения Набокова «Пасха» (1922) мотивы поиска предков и тема воскресения крепко и конкретно связываются, ибо «Пасха» обращена, очевидно, к только что погибшему отцу писателя: «сладчайшее "воскресни!" / великое "цвети", — тогда ты в этой песне, / ты в этом блеске, ты живешь!..»

В первых двух абзацах рассказа этот особый город появляется угрожающим лабиринтом: улицы мертвые, длинношеий собор вырастает «в каждом пролете, куда ни повернешь... октябрь держался уже на волоске» [НРП, 5: 398] — последнее обычно говорится о жизни под опасностью. Английский текст при сохранении этих же многозначностей прибавляет и новые: «the spire[17] of the long-necked cathedral... kept popping up at the end of every street» [Nabokov 1997: 277]. Слова *собор / cathedral* связываются с символикой умозрительного («спекулятивного») масонства, которая была заимствована у предшественников масонских лож, обществ «оперативных» масонов, строителей соборов (традиция символически проведена через них к строителям храма Соломона). Предложение «собор <...> стоит в конце каждой дороги» воспринимается почти как философский афоризм о (масонском) жизненном пути (ср. «Все дороги ведут в Рим»,

---

[17] В широком ассоциативном поле слова *шпиль*, и особенно его второго значения «спираль» можно обнаружить фонетическое соседство слова *spirit*. Углубившись в мир Набокова, читатель становится чутким к таким фонетическим-семантическим играм, к которым его приучает писатель своими каламбурами. В результате этой «инициации» в названии рассказа просвечивается словесная игра *посещение — посвящение — возвращение* (возвращение на родину перекликается с картиной «Возвращение стада»).

подобный мотив в «Подвиге»). Английский текст «I was cought by a violent downpour» [Nabokov 1997: 277] звучит куда страшнее, чем «я был застигнут сильным дождем» [НРП, 5: 398] — поскольку дважды выражено насилие (*cought, violent*) и слово *down* может предвещать спуск в глубину.

Гроза здесь выступает в роли рока, высшей силы, которая повернет путь рассказчика туда, куда он не хотел идти. Гроза как проявление «высшей силы» является одним из инвариантов творчества Набокова. В рассказе «Гроза» в реализованном сравнении гроза изображена как поездка Ильи-пророка, как событие соприкосновения двух миров, земли и неба, и во время грозы возможен переход из одного мира в другой. В стихотворении «Гроза» (1923) образ «уходят боги, громыхая» уточняет языческий характер или общее значение олицетворения, вернее, «обожествления». Не рассказчик меняет свой маршрут, это ему лишь кажется: мысленно желая отказаться от посещения музея, он планировал сослаться на «изменение маршрута» («tell him I <...> changed my itinerary») [НРП, 5: 398; Nabokov 1997: 277])[18]. Гроза из аллегории провиденческой силы превращается в более широкий символ, потому что сопровождает рассказчика и внутри здания: «...косо лоснились полотна широких картин, полные грозовых облаков, среди которых плавали в синих и розовых ризах нежные идолы религиозной живописи, и все это разрешалось внезапным волнением туманных завес...» [НРП, 5: 404].

Музей как локус предназначен для долгого сохранения вещей, увековечивания их для памяти, а «посещение» («visit») предполагает временное пребывание там. Посещение связано с движением, музей — со статичностью, постоянством.

При попытке определить семантическую глубину понятия музея в творчестве Набокова вспоминается эпизод из «Подвига». Мартын, следуя воспоминанию детства о приманчивых огоньках

---

[18] Вспоминается афоризм Воланда: «Кирпич ни с того ни с сего <...> никому и никогда на голову не сваливается».

далекой деревни, выскакивает из поезда на полпути, чтобы дойти туда. На маленькой станции носильщик, везущий ящик с надписью «Fragile», говорит ему: «Вы проснулись вовремя» (ср. выше: «в свое время»), и этим как будто сообщается, что Мартын вовремя сошел с колеи автоматизмов жизни, вышел из скучной игры. На вопрос Мартына, что в ящике, дается таинственный ответ: «Музей естественных наук» [НРП, 3: 213]. Ответ такой же неадекватный, как и в рассказе «Посещение музея» на вопрос о черных шариках в витрине: «Наука еще не знает» [НРП, 5: 399]. Оба эпизода абсурдно (почти в регистрах Кафки) отмечают призрачность, нереальность земных координат. Мартын так и не узнал ни названия города, где сошел с поезда, ни название деревни, где провел целое лето в подготовке к своему подвигу — этот период вырезан из реального потока времени, время и место стерты в пространстве: пути обратно не найти. В деревню автобус не ходит, добираться нужно пешком — и этот путь, пройденный не по дороге, а через поля, является переходом, символичность которого подчеркивают детали: южный пейзаж (инвариант Прованса, см. выше), отсылки к Греции (цикады, мирт, повозка с осликом); дорога, ведущая на восток (ритуальное место воскресения), и каменщики (масоны), идущие навстречу. В деревне Мартын первым делом заявляет, что он приехал «по поручению музея» [НРП, 3: 215]. Именно этот период (вне времени и пространства) воспринимается героем как репетиция перехода границы Зоорландии: «...быть может, он уже за пограничной чертой... ночь, неизвестность...» [НРП, 3: 214]. С этого момента разъясняется, что прямое отождествление Зоорландии и России было бы упрощением[19]: «Перевалив на ту сторону, он действительно увидел белую змею дороги...» (см. выше и в главе о номадизме). Перейти по ту сторону у Набокова — весьма условный акт, переступание границы и во времени, и в пространстве. В «Подвиге» сам акт перехода не показан (сублимирован), рас-

---

[19] О мифологических мотивах в «Подвиге» см. [Букс 1999].

сказчик же «Посещения музея» совершает кошмарный путь через залы музея в видоизмененную Россию[20].

Здание музея внешне описано с явными признаками таинственности. Ступени, по которым рассказчик еще не решается подняться, колонны, надпись, бронзовая дверь создают образ типичного храмообразного музея в стиле классицизма. Однако есть и другие ассоциации. «Дом с колоннами» [НРП, 5: 398] в творчестве Набокова обозначает усадебный дом семьи в Вире (см. стихотворение «С серого севера...»), таким образом, неудивительно, что вход в это здание впоследствии откроет путь на родину, в Россию. Однако львиные лапы, поддерживающие скамьи у входа с двух сторон (соответствия Церберов), и темнота внутри зловещи, предсказывают нечто адское. Любопытно, что в русском тексте значится: *за дверью* темно и рассказчик решил *войти*, в английском подчеркнут инициационный смысл, который в русском тексте появится позже: «The interior seemed dark... I decided to go inside» [Nabokov 1997: 277]. Слово *interior* отсылает к девизу алхимиков и масонов, к их учению о том, что, только познав внутренность (interiora) земли (материи, или же самого себя), можно надеяться найти философский камень[21]. А вход во *внутрь* — иносказательный оборот со значением познания тайн.

Один из ключевых масонских символов, камень, проходит незаметной нитью мотива через весь рассказ: музей выстроен из пестрых камней, две каменные скамьи стоят у входа, в первой витрине лежат минералы. Мотив, создавая рамки, возвращается в конце, в описании ночного Петербурга. Камень — простое слово, его повторение возможно и в нейтральном узуальном аспекте, но масонская коннотация лейтмотивом прочно утверждается в английском переводе. Выражение «*заслуженные минералы* в открытых *гробах*» (курсив мой. — Ж. Х.) [НРП, 5: 399]

---

[20] В городе Монтизер рассказчик бродит «в поисках писчебумажной лавки» — загадочный мотив появляется и в романе «Защита Лужина» [НРП, 2: 431].

[21] Масонская символика ссылается на эти параллельные мифы и признает и даже подчеркивает синкретический характер образов.

отсылает к легенде о смерти Хирама, а английская фраза «venerable minerals lay in their open graves» [Nabokov 1997: 278] поражает прямой ссылкой: глава масонской ложи, досточтимый мастер называется *венерабл*[22]. Предзнаменование возвращения из России (в отличие от перехода в одно направление в концовке «Подвига») спрятано в престранном сравнении: «статуи <...> условные и незначительные, как первый номер *цирковой* программы» (курсив мой. — Ж. Х.) [НРП, 5: 398]. Круглая форма цирка указывает на круговое движение, на змею, кусающую свой хвост, на вечное возвращение.

Символическое посещение ада включает в себя значение мифологического возрождения. Этот полигенетический мотив восходит к мифам об умирающих и воскресающих божествах, например к уже упомянутым Изиде и Озирису, Персефоне, Орфею, Христу и к Данте (см. подробнее в главе «Мост через реку...»). В рассказе два круга: начало первого имплицитно связано со статусом эмигранта, который когда-то покинул Россию и сейчас возвращается в Петербург. Название картины в музее «Возвращение стада», этот кочевой мотив двойного или повторного круга как инвариант Набокова, берет свое начало в альпийских сценах «Подвига». Для эмигранта же Мартына второй круг представляет собой лето в Монтизере. Пространство Южной Франции органичным элементом входит в инвариант дороги как самопознания с райской коннотацией, в качестве бинарного противовеса адской Зоорландии. Дороги перекрещиваются, имея общий отрезок, среднюю фазу (Франция — Россия), которая подробно описана в романе, а третья фаза (возвращение) скрыта от читателя. Такие круговые линии, вдруг переходящие в другой мир, кажутся частью более длинной линии спирали или же лентой Мёбиуса, которая приводит в исходную точку с оборотной стороны пространства, разрешая переход в другое измерение при прямолинейном движении вперед.

---

[22] Еще один случай, где английский текст прибавляет ассоциации: кадык сторожа назван «Adam's apple» [Nabokov 1997: 72].

Возвращение легче всего представить как сон или игру воображения, столь естественный прием введения фантастики в художественный текст, который Набоков в рассказе «Посещение музея» как будто предлагает открыто: «весело присутствовать при воплощении мечты...» [НРП, 5: 400]; «О как часто во сне мне приходилось испытывать нечто подобное...» [НРП, 5: 406]. В предисловии к английскому изданию «Подвига» Набоков подчеркивает, что сны Мартына осуществляются («a person whose dreams come true» [Nabokov 1971a: 7]).

Сон-мечта о возвращении в Россию — очередной инвариант набоковского творчества, особенно его лирики (например, «Сон на Акрополе», «Россия», «Расстрел», «Сон», «Сны», «К родине», «Велосипедист»; см. в главе «Мост через реку...»). В ряду упомянутой выше связи с «Энеидой» нужно отметить, что Эней вернулся из Аида на земную поверхность через ворота сновидений (именно онейрическое состояние позволяет неограниченный переход во времени, в пространстве и между мирами реального и воображаемого).

В английском тексте еще одно слово достойно особого внимания: «as *traditional* and as insignificant as the first number in a *circus program*» (курсив мой. — Ж. Х.) [Nabokov 1997: 278]. В этом смысле и «традиция», и «программа» отсылают к некоему ритуалу, привычному, исполняемому повторно (и поэтому иногда он кажется незначительным, скучным). Даже непосвященный читатель постепенно обнаруживает те знаковые слова, которые можно было бы связать и между собой, и с масонским контекстом. К примеру, в собачьем лике Годара нетрудно увидеть Гермеса-психопомпа или Тота (египетские элементы умножились в масонстве с XIX века), в названиях сов — «Великий князь» и «Князь средний» — звания-степени масонской иерархии, и предметы, использованные в масонских ритуалах (лопата, цапка, кирка, шпаги, череп с саркофагом, алембик алхимиков[23]). В этих мотивах создан код, который соединяет мистический опыт разных

---

[23] С. Туровская видит «пародийный оттенок» и в этом, и в музее и проводит сравнение с мифом об Орфее [Туровская 1997].

традиций (египетской, греческой, гностической), вошедший через разные учения в эзотерический фонд философии символизма. Образы, символы, эмблемы могут совпадать, но иметь разные значения в рамках одной или другой культурной традиции или учения (например, собачья голова, змея, вода, череп). Однако помимо этих слов-кодов номинативного порядка «обеспредметившаяся предметность» [НРП, 5: 398], то есть перечисление предметов-экспонатов, весьма адекватна[24], поскольку содержит и предметы, выходящие из ряда, то есть коннотативный фон вовсе не однороден. Привлекаются и другие дешифровки (например, образы Советской России: октябрь, красный автобус и шумная толпа), но на основе семантизации трудно построить какой-либо целостный или системный вывод. Однако масонство, и особенно более широко понятая инициация выступает не только на уровне полигенетических кодов, а и в сквозном, но глубинном прочтении обоих текстов, русского и английского.

Храмообразность музея с колоннами и камнями, с таинственным, темным вестибюлем разрешает видеть в этом здании нечто общее с храмом Соломона и с обычными зданиями, построенными для масонских лож (например, на Пленпалэ в Женеве). Рассказчик, поднимаясь по ступенькам, проходит подготовительную фазу, ступени подъема душевного состояния. Когда он входит, его встречает молчаливый и «добрый» сторож, дающий странные ответы, заученные и патетические (потому что заранее приготовленные, ритуальные): например, «честь не продается» [НРП, 5: 400]. Подобные слова встречают адепта в момент входа в ложу в начале ритуала инициации. Сторож не может раскрыть тайны непосвященному, например о назначении черных шариков (которыми масоны голосуют), правда, указывает на их связь с неким «кавалером почетного ордена»

---

[24] В ряду аллюзий на Античность здесь и форма соответствует традиционному элементу эпоса, каталогу. Каталог и у Набокова появляется как священный или ритуальный текст: «Я состою хранителем нашего музея <...> и знаю этот каталог, как молитву Господню» [НРП, 5: 401].

[НРП, 5: 399]. Вместо шариков он предлагает вниманию рассказчика череп — обязательный предмет камеры размышлений или медитации, где перед инициацией кандидату предоставляется время обдумать еще раз свое решение о вступлении в масонство[25]. Рассказчик должен платить у входа, и первое, что видит в витринах перед входом в зал, тоже деньги: «шкаф со стертыми монетами» [НРП, 5: 398]. Металлы, символизирующие суету и материальность мира, и его конфликты (оружие), в ложах нужно оставлять у входа, вне ложи. Сама атмосфера ситуации, в которой профан входит в мир, полный символов, ему непонятных вещей, есть первый шаг инициации: «я над ними невольно задумался, ибо никак не мог разгадать их природу, состав и назначение» [НРП, 5: 399].

В тексте остается нерасшифрованной и «тройка ржавых инструментов, лопата, цапка, кирка, — связанных траурной лентой». Помимо символического числа три обращает на себя внимание траурная лента, отсылающая опять к мифодраме смерти Хирама и к масонам как «детям Вдовы», а кирка среди инструментов — прямой масонский символ. Этими же тремя инструментами пользовался Мартын в деревне, где посвятил лето физическому труду («Подвиг», глава XL). Обращая внимание в этом контексте на нерусское имя героя «Подвига», мы естественно приходим к ассоциации с мартинизмом, который больше всего влиял на масонство именно в России[26]. В английском тексте рассказа мы видим «a spade, a mattock and a pick» [Nabokov 1997: 279]. В романе А. Ф. Писемского «Масоны» сказано, что лопата служит для выравнивания тех ям в душе, которые

---

[25] Для справки о масонских понятиях см. [Соловьев 2001; Coil 1961].

[26] Ср.: «Наши собственно масоны были Мартинисты <...> но с вашими [французскими] Мартинистами разнились, и вот, сколько я мог извлечь из чтения разных переписок между масонами, посланий ихних, речей, то разница эта состояла в том, что к масонскому мистическому учению последователей С. Мартена они присоединяли еще учение и правила наших аскетов, основателей нашего пустынножительства, и зато менее вдавались в мистическую сторону» [Писемский 1936: 401–402].

сделаны ненавистью, отчаянием и гордыней[27]. В то время как в русском масонстве лопата осталась символом, напоминающим о похоронах убитого Хирама, в истории масонства Запада она была забыта, хотя раньше использовалась в ритуале. (Лопата с цапкой остались эмблемами оперативных обществ, например у французских компаньонов, см. Musée du Compagnonnage в Париже.) Этимологическая игра в слове «spade» раскрывает греческий корень, оставшийся в немецком языке в значении *шпага*, а то и карточный цвет пик (англ. омоним *spade*), что отсылает, кроме карточной символики, к «Пиковой даме» Пушкина, эмблематичному произведению «петербургского текста».

Последнее, что видит рассказчик рассказа Набокова уже во втором (и, как пока ему кажется, последнем) зале перед картинами, — саркофаг, еще один предмет из семантического круга смерти. Здесь обрывается посещение, рассказчику нужно выйти и вернуться уже с Годаром, с более опытным и важным проводником, «опекуном музея» [НРП, 5: 400]. (В «Защите Лужина» Валентинов, очень близкий по роли и натуре Годару персонаж, тоже назван опекуном, шахматным опекуном, и это совпадение придает слову отрицательную коннотацию анти-отца, ложной или обманчивой заботы в творчестве писателя.) Возвращение рассказчика в музей в этом повторном круге происходит при шуме и страшном хаосе — в некоторых ритуалах именно так и происходила, и происходит инициация: профану нужно входить дважды, и во второй раз его встречает страшный шум, имитирующий все опасности, которые нужно преодолеть. В данном случае хаос создают и двое «святотатцев, с какими-то праздничными эмблемами в петличках» [НРП, 5: 402] — ритуально одетая двойка, обычно сопровождающие адепта. В то же время сцена представлена в излюбленных для Набокова формах пошлости.

---

[27] Об этом и о других масонских символах см. [Писемский 1959: 230–238]. Важно отметить, что сам Писемский не был масоном, роман свой основал на увиденном в семье опыте юности и на письмах масонов. У него, как и у Набокова, дядя был масоном.

Эпизод в кабинете Годара продолжает ряд мотивов инициации. В кабинете над зеркалом висят шпаги, аксессуары ритуальных собраний масонов. Зеркало тоже часть обстановки ложи — богатый в значениях символ, указывающий на важность самопознания и на возможность перехода «в другой мир», по ту сторону.

Абсурдный жест Годара, когда законченное письмо с наклеенной маркой выбрасывают в мусор, объясняет, почему парижский приятель рассказчика не получает ответа на свои письма и представляет музей таким жерлом или омутом, который всасывает вовнутрь, откуда нет выхода обратно в мир. Годар с головой белой борзой облизывается по-собачьи. Расшифровка этой полигенетической метафоры может привести и к Анубису с головой шакала / собаки (психопомпу в египетском мифе об Осирисе), и к собачьей натуре Гермеса-психопомпа[28], и к фаустовскому дьявольскому происхождению[29], и к «Энеиде», правда через посредника. Белая борзая («славный Пес») в песни 1-й «Божественной комедии» появляется в пророчестве Виргилия как будущий победитель волчицы, сторожащей вход в Ад (см. подробнее об этом мотиве в главе «Из чего состоит "живая собака"...»). Дантовский код, чрезвычайно важный и недостаточно конкретно и целостно изученный в творчестве Набокова, присутствует в рассказе мощными параллелями. Среди них самый

---

[28] Ср. с солдатами в собачьих масках, которые сопровождают Цинцинната на казнь. Сам Пьер и один «с мордой борзой» провожают Цинцинната на казнь. В свете этого мотива переоценивается фигура Пьера — он, ворвавшийся через туннель в камеру Цинцинната с киркой, масонским инструментом в руках, сопровождает его не к смерти, а к переходу в другой мир. Пьер — пародийная ссылка на Пьера Безухова, принятого в масонскую ложу. Здесь и евангельская матрица пары Пилата и Иисуса, который через свою смерть осуществил переход. Возможно продолжить и параллель с романом «Мастер и Маргарита», в частности в отношении Мастера и Воланда, который «убивает», спасая Мастера для «покоя». См. также главу «Из чего состоит "живая собака"...».

[29] Это поддерживает и договор, подписанный красными чернилами, и последний крик рассказчика «довольно!» [НРП, 5: 404] в смысле «остановись, мгновение!».

важный, предвещающий концовку рассказа, открывается уже здесь. Сцена с письмом разоблачает «односторонность» движения в музее, подобно дантовскому Аду в виде воронки, из которой можно выйти, только пройдя его до самой глубины, и вылезти через дно, чтобы начать подъем. Путь инициации таков же: нужно пройти и дойти, чтобы выйти в другом качестве. Точка, где достигается глубина Ада, девятый круг, называется Коцит, ледяное озеро. Лед в рассказе Набокова появится в ассоциациях к странному интермеццо, когда Годар по дороге из конторы в музей покупает *леденцы* [НРП, 5: 402], а потом «застывает» [НРП, 5: 402] перед картиной. Ассоциация весьма мимолетная, и вряд ли возможно ее передать при переводе на другой язык. В английском тексте, однако, находим нечто совершенно неожиданное: леденцы переводятся как «sticky-looking caramels» [Nabokov 1997: 75], где сохраняется ссылка на тот же источник: в слове *sticky* спрятан *Styx* — Стикс, река из пятого круга Ада, разделяющая этот и тот мир[30].

Контракт, подписанный красными (как кровь) чернилами, разрывается на кусочки, уничтожается (при масонской инициации есть аналогичное действие), и тут же открывается незаметный раньше проход в конце зала (по-английски *exit* — «выход», что больше соответствует дантовской идее), и начинается проникновение в незнакомое[31]. «Пропасть», переведенная как «abyss», совпадает с серединой дантовского «Ада» (песни 16–17) перед восьмым кругом. Атмосфера ада и смерти, особенно в английском тексте, усиливается внушительными словами «ни души, ни души» [НРП, 5: 405] («not a living soul, not a living soul» [Nabokov 1997: 283]). В стремительном движении мелькают предметы, никак не осмысленные рассказчиком — хотя его глаза

---

[30] Об этом же мотиве в «Защите Лужина» см. главу «Мост через реку...».

[31] При этом звучит странная на первый взгляд фраза: «Я должен сперва посоветоваться с мэром, который только что умер и еще не избран» [НРП, 5: 403]. Не сказано, что *новый* мэр еще не избран, и кажется, умер тот, старый, кто еще не избран — как будто обещается обратное движение во времени, столь желанное рассказчиком, обманутым в конце, после встречи с современной Россией. Встреча с умершим возможна именно в аду.

не завязаны, как при инициации, но увиденное им не проникает в его сознание, он не понимает смысл происходящего. Он улавливает только «тему воды», одного из четырех элементов, представленных в качестве символических препятствий. Остальные, огонь, земля и воздух (общеизвестные по «Волшебной флейте» Моцарта), появляются только на фоне (каменный пол, зажигающиеся огни), но в конце сливаются в «огромную модель мироздания» [НРП, 5: 398, 404] («gigantic mock-up of the universe» [Nabokov 1997: 283]). Выражение может отсылать к «великому архитектору мироздания», «grand architect of the universe», которого масоны почитают и упоминают ритуалах.

Среди многочисленных значений символа воды выделяется река-граница Ада (ср. Орфей, зеркало), за которой открывается — Петербург. Этот же неожиданный переход плавно осуществлен в стихотворении «Санкт-Петербург» (1924): «Нева, лениво шелестя, / как Лета льется»[32]. В странных звуках и шуме доносятся удары молотков и аплодисменты, которые рассказчик понимает как звуки стройки или театра. Масонский ритуал соединяет именно эти два действия в действе, строительство и зрелище. И вдруг видны фонари, появляется свет: «Я двинулся туда, и сразу отрадное и несомненное ощущение действительности сменило наконец всю ту театральную дрянь, среди которой я только что метался. Камень под моими ногами...» [НРП, 5: 405]. Это впечатление профана, который «после горячечных блужданий», театрализованных действий наконец видит свет без повязки на глазах. Профан, проходящий инициацию, смущенно воспринимает эту театральную игру, это представление, в котором каждому уделяется определенная роль, а смысл происходящего он поймет только впоследствии[33]. Он видит под ногами

---

[32] Там же появилась и вывеска, играющая в рассказе столь решающую роль — по новому правописанию без твердого знака рассказчик вдруг осознает, что он не в прежней России, а в Советском Союзе.

[33] «Le récipiandaire va jouer un rôle, le sien, auquel il n'est pas ou peu préparé et dont il comprendra la signification que plus tard. Dans la théâtralisation initiatique, chacun est là, à sa place, avec un rôle déterminé à jouer» [Decharneux, Nefontaine 1999: 71].

черные следы по белому снегу — черно-белый мозаичный пол масонского храма, многозначащий символ равновесия света и тени, добра и зла, жизненных решений и выборов и т. п. Он смотрит на свою ладонь, надеясь прочитать на ней объяснение — ищет ответы путем самопознания. Описание Петербурга насыщено символами, которые можно объяснить и в ключе масонства (камень, свет, ступени, ермолка, огонь, черное-белое, запертые ворота, подвал, квадратность). И повторяется число, отсылающее к воскресению: «две-три минуты я не испытывал ни удивления, ни страха» [НРП, 5: 406]. Для полного перехода через стадии инициации следует завершительный акт: переодевание. Рассказчик снимает одежду, выбрасывает все из карманов, снимает с себя свое прошлое, всю «чешую» прежней профанной жизни. В сюжете переодевание — залог выживания, в контексте ритуала — возрождение. Принимая фантастический элемент в произведении, читатель соглашается на игру, предложенную автором, и принимает действие как условное. Именно на эту условность указывает автор в своей философской фразе: «остаться идеально нагим». Нагота идеи воплощается в голом герое, освобожденном от всего светского, профанного, от прежней жизни. «Я сделал, что мог» — этими словами завершает свой трудный путь инициации рассказчик. Его посвященность показывает короткий последний абзац. «Не стану рассказывать <...> достаточно сказать <...>» [НРП, 5: 407] («I shall not recount <...> nor tell <...> suffice is to say...» [Nabokov 1997: 285]) — о пути обратно он не рассказывает. Его лаконичность или молчание, хранение узнанного секрета объясняется одним: инициированный дает клятву молчать («я заклялся»).

Думается, что ограничить значение хотя бы одного произведения Набокова масонскими мотивами было бы упрощением, тем более что инициация как переход является общечеловеческим феноменом цивилизации. В какой именно семантической взаимосвязи можно «расставить» слова[34] и понятия эмиграция / Россия,

---

[34] Выражение рассказчика или Цинцинната в «Приглашении на казнь» [НРП, 4: 501].

путешествие в четырех измерениях, прошлое / настоящее, Преисподняя —Аид —Ад, сон-смерть и мотив инициации — до конца, конечно, невозможно описать. В творчестве Набокова энигматичность, закодированность и пародия скрывают нечто идейно-идеальное, не подлежащее простому называнию. Эмигрант, который готов был вернуться на родину даже через ад, имел таких помощников, как высшие силы (гроза), музы прошлого, сатана и психопомпы, посвящается в ту невыразимую и неразглашаемую тайну, что той России, которую он оставил, не вернуть, ее больше нет. Его открытие равно той особой смерти, которая в представленных музейных экспонатах кажется движением на восток («китайская ваза», «восточные ткани» [НРП, 5: 399]) — на вечный Восток, понимаемый масонством как аллегорическое трансрациональное обиталище души масона после смерти. Восток — место вечно восходящего Солнца. В такое восприятие смерти и воскресения внедрены разные традиции, восполняющие и питающие друг друга: ассиро-вавилонский миф об Иштар, которая раздевается постепенно, чтобы проникнуть в преисподнюю; египетский миф об Озирисе; греческие элевсинские мистерии инициации, культ Диониса, переступившие порог Аида Орфей и Эней и их средневековый последователь, Данте. Здесь не просто параллель или бродячий мифологический мотив, и еще того менее — использование мифов писателем в каком-то культурологическом эклектизме. Здесь указана традиция в ее чистом виде, в вечности повторений. «L'histoire initiatique a le droit d'ignorer l'Histoire puisque la Tradition se définit, au sens propre de mot, comme une transmission secrète, donc non écrite ni diffusée» [Trescases 1983: 57][35].

Понятия возвращения на родину и смерть связаны не только метафорически (Нева как Лета), но и метонимически. Точкой соприкосновения является земля, которая родила (родина) и которая примет только прах эмигранта, живому же ему нет возврата.

---

[35] «История инициации имеет право оставлять вне внимания Историю, потому что Традиция в строгом смысле слова определяется как передача в тайной, значит, не письменной и не публичной форме».

Символы масонства служат языком иносказания для писателя. Как пишет о символах карт Таро Р. Кайюа (R. Caillois), они «...se présentent comme une langue mystérieuse, mais au vocabulaire strict et à l'exigeant syntaxe. Le consultant en extrait lui-même, sous forme d'images précises, au sens catalogué, les éléments qui le concernent. Il suit le discours du Maître, qui en à adapte son cas particulier la signification générale» [Caillois 1984: 15–16][36]. Наслаждение бесконечным поиском смыслов оставлено каждому читателю.

---

[36] «...представляют собой таинственный язык, со строго определенной лексикой и требовательным синтаксисом. Тот, кто обращается к ним, сам составляет из них те элементы, которые его касаются, в форме готовых образов, в порядке каталога. Он следует тому, что говорит Мастер, который прилагает, приспосабливает его частный случай к общему значению».
Я благодарна покойному Жаку Венкье, который обратил мое внимание на эту книгу.

«Occult association of memories»

Экфрасис и визуальные образы памяти[1]

Экфрасис — использование изображения в тексте, словесное изображение образа. Эти слова взаимно перекликаются, ибо тексту присущи образ и образность. Экфрасис в широком смысле распространяется на соотношение текстового и визуального, что может концентрироваться в сюжете вокруг появления картин в художественном произведении. Самые разнообразные образы (картины) могут подлежать экфрастическому описанию — от внутренних образов до художественных произведений, будь это полотно реального существующего, известного из истории искусства художника или же фиктивная картина, созданная одним из литературных персонажей автора. Проблема дискрепанции линейного и дискретного свойства языка по сравнению с моментальным охватом глазами деталей визуального восприятия глубоко исследована. В словесном образе попытка передать визуальное — это прием, в котором слово расширяет свое семантическое

---

[1] В главе использованы материалы статей автора «Occult association of memories». Визуальная ассоциация и образы памяти в наррации Набокова // «Невыразимое выразимое». Экфрасис и проблемы репрезентации визуального в художественном тексте / ред. Д. Токарев М.: НЛО, 2013. С. 495–507; Búcsú, távozás, átlépés Nabokov korai regényeiben // A búcsú a művészetben Kelet és Nyugat az irodalomban / szerk. Zs. Hetényi, X. Gaál. Budapest, 2014. P. 21–32.

поле; оно выступает за пределы непосредственного понимания и способствует сотворению второй, виртуальной действительности, которая создается автором из элементов, заимствованных из первой действительности. В сопоставлении словесных картин с визуальными может оказаться полезным применение теории гештальта.

Сторонники понятия «гештальт» в начале века доказывали, что любые импульсы, поступающие в поле ощущения, а затем в поле сознания, в организме человека и даже некоторых животных автоматически собираются и упорядочиваются в закрытые системы (гештальт, фигура, конфигурация, формация), и именно в этих формациях расшифровываются (например, в симметризации, в аналогизации, в группировке, в повторности и т. п.) [Ehrenfels 1890; Bühler 1913; Sterzinger 1938]. Экспериментальная эстетика уже в прошлом веке обнаружила, что одновременное влияние двух импульсов не равняется сумме их влияния. Видеть одновременно зеленый и красный цвета на картине не то же самое, что видеть эти два цвета один за другим: их контраст дает своеобразный и самостоятельный импульс [Fechner 1876]. Это явление теорией гештальта называется «сверхсуммативностью» (*Übersummativität*). Целое отлично от суммы деталей, в целостном восприятии предметов есть признаки, которые отсутствуют при восприятии частей, — это главное свойство образности-картинности является проблемой в описания картин. В эстетическом и психологическом восприятии первостепенную важность имеет та целостность, которая обладает значением, то есть интеллектуально доступна.

При описаниях, при восприятии читателем топики действует не его визуальная перцепция, не физические рецепторы, а внутреннее зрение, то есть проводится интеллектуальная работа создания внутреннего образа. Последнее проходит в четырех фазах: (1) визуальная перцепция, (2) распознавание картины, (3) поиски и осознание подходящей словоформы и (4) произнесение / написание слова. При чтении происходит нечто другое: как будто здесь активны только фазы (2) и (3), и те работают в обратном порядке.

Особенно наглядно показывает «изображение изображения» писателем О. М. Фрейденберг на примере гомеровского экфрасиса, в котором она видит источник современной метафоры. Экфрасис описывает произведение пластического искусства. «Передача зрительной иллюзии» хотя и основана не на зрительных импульсах, но сделана по правилам мимесиса, «вторично воссоздавая "словно" настоящее, правдообразное несуществующее» [Фрейденберг 1978: 190–191, 202].

В художественном тексте встречаем экфрасис в узком смысле реже, чем картины в широком смысле, куда входят описания пейзажа, интерьера и т. п. На примере текстов И. Бабеля А. Флакер [Флакер 1987a, 1987b] подробно остановился на изображении Бабелем холстов Аполека и их сходства с польской сакральной живописью и соответствиях по отношению к картинам Малевича, в то время как я в свое время как раз старалась подчеркнуть их модельность, конструированность, их несовпадение с той действительностью, которая описана в «Дневнике 1920 года», или вообще имеет очень косвенное отношение к реальности [Hetényi 1994]. А в пейзажах Бабеля не меньше образности, чем в его изображениях картин (фресок, фотографий и т. д.). В метафоре Бабеля «деревья, голые мертвецы, поставленные на обе ноги» [Бабель 1966: 132] мы видим две картины, возникающие попеременно — деревья и мертвецов. В метафорах поставлены рядом два семантических поля, и ассоциация рождается благодаря интеллектуальной работе, которая ищет и находит связи между ними. Когда-то на примерах из Бабеля я постаралась показать равновесие и равноценность интеллектуальных и визуальных элементов, то, как Бабель строит свои описания на понятийных формациях, как он строит из визуальных элементов отвлеченную идею [Хетени 1999]. Образы Бабеля определяют только два измерения — верх и низ, вертикаль и горизонталь, в них часто отсутствует третье измерение глубины — то есть они действительно плоскостные. «Тела санитарок торчали *под* телегами, несмелая заря билась *над* солдатскими овчинами. Сапоги спящих были брошены *врозь*, зрачки заведены *к небу*, черные *ямы* ртов перекошены» (курсив мой. — *Ж. Х.*) [Бабель 1966: 128]. Такая же идейная насыщенность характерна для описаний картин А. Платонова, например в «Джане» [Хетени 1994].

В топике литературного текста квазивизуальная упорядоченность способна передать логическое-идейное-интеллектуальное содержание. Ибо описания (образы, фигуры, нередко выходящие за рамки предложения и фразы, часто длиной в абзац или два абзаца) являются единицами художественного видения и передают внутренние картины, то есть не (только) картины, но (и) мысли, которые сами по себе предполагают присутствие упорядоченности. Когда мы обращаемся к связи идеи и образа, следует помнить о том, что слова «идея» и «образ» (*eidos*) в греческом языке происходят из общего корня глагола «видеть» (ср.: глагол *eidenai* означал «знать», а слово *теория* первоначально означало «рассматривать»). «Знать» у Платона и для Платона означает жить так, чтобы наш разум всегда глядел на божественный объект. Этимологическая связь этих слов дала богатый материал для исследований концепций Платона, Аристотеля и философии искусства в целом, см. [Brommer 1940].

Исходя из высказанных ранее, далеко уводящих размышлений, экфрасис я рассматриваю прежде всего в узком его смысле описания художественного произведения в тексте, понимая, что тему экфрасиса нельзя сводить только к этому вопросу. Экфрасис в художественных произведениях, в литературе, как думается, бывает двух типов: миметический и немиметический. Допуская, что первое тоже входит в категорию экфрасиса, я даю предпочтение второму, считая, что художественный экфрасис — фикциональный (пока археологи не нашли щит Ахилла). Обращаясь к менее древнему по времени написания, но такому же основному тексту, я бы определила образцом экфрасиса описание тетраморфа в 1-й главе Книги Пророка Иезекииля (599–566 до н. э.). В ветхозаветном и библейском экфрасисе обязательно присутствует и исключительно немиметический элемент [Хетени 2002].

Рассматривая эти тезисы в применении к конкретным текстам, я обращаюсь к произведениям Набокова — правда, процесс был обратный: я исходила из интерпретации текстов, из их осмысления вырос общий тезис, который, в свою очередь, помог обнаружить и некую закономерность в роли употребления экфрасиса Набоковым, и эта роль оказалась связанной и с работой памяти, и с техникой наррации.

«Посещение музея» Набокова как нельзя лучше показывает немиметический характер экфрасиса. Казалось бы, в описании экспонатов музея можно было бы максимально использовать возможности дескриптивного мастерства. Но предметы здесь не показываются, не воспроизведены, а конструированы, важно не их качество, не их пластичность, цвет и даже не их визуализация, потому что важно то, *что* здесь показано, их абстрактная вещественность перерастает в соотношение *понятий*. Анализ рассказа должен исходить из соотношения восточных ковров, бронзового Орфея, церковной живописи и инструментов землекопа.

В «Защите Лужина» упомянуты около двадцати картинок, фотографий и рисунков. Внутренняя картина, в «похожей на литографию» мечте отца Лужина о маленьком сыне, который играет на огромном пианино [НРП, 2: 315], к концу романа овеществляется: литография висит на стене квартиры у взрослого Лужина, в Берлине [НРП, 2: 412]. Характерный для символизма прием еще более убеждает, что при описании посещения музея Лужиными не важно отождествлять автора картины «Тайной вечери» или искать того, кто рисовал «лица, припухшие от небесной простуды» [НРП, 2: 423] в берлинских музеях 1920-х годов. Конечно, возможная ассоциация лилий и нежных лиц с прерафаэлитами важна, однако описание картин *выступает как текст*, и не как образ, в нем существенны слова «мучение грешников в аду» и вообще подтекст христианского круга понятий. Имя художника не названо в этом экфрасисе не только потому, что он (на мой взгляд) — квазимиметический, но и по другой причине. Когда в тексте прямо названы авторы каких-то художественных произведений, то собственные имена художников выступают в роли эмблемы, маркера эпохи, философии или кода. Поэтому, как мне кажется, художники упомянуты так редко. Когда же они названы, то это слово с большой буквы приобретает особое значение, но его функция даже не касается функции экфрасиса. Имя Леруа как автора портрета в рассказе

«Посещение музея» отсылает читателя скорее к этимологическим, чем искусствоведческим размышлениям.

Своеобразным вариантом экфрасиса можно воспринимать восковые фигуры в романе «Защита Лужина». Восковые куклы — опредмеченные живые фигуры, застывшие изображения, визуальные (вос)произведения человека. Это — особый вид статуи, которая ограничена миметичностью, традиционно должна быть своеобразной пластичной трехмерной *копией*. Но двуликая парикмахерская восковая кукла Набокова — немиметическая и дает ключ и к сюжету, и к мотивам, в которых не только двумирие и биспациальность выступают доминантами, но и куклообразность аутистического героя (см. [Hetényi 2015: 222–226]).

Несоответствие изображения и изображенного проходит по творчеству Набокова аксиомой, соответственно, у него функцией экфрасиса не может быть миметическое отображение визуальных впечатлений или объектов. Эта аксиома включает в себя кроме разрыва с миметическим описанием действительности и установку на вымысел, на сверхреальность. Обманчивое соотношение реального мира и произведений искусства как объектов памяти о реальном звучит в словах Цинцинната:

> Все было глянцевито, переливчато, все страстно тяготело к некоему совершенству, которое определялось одним отсутствием трения. Упиваясь всеми соблазнами круга, жизнь довертелась до такого головокружения, что земля ушла из-под ног, и, поскользнувшись, упав, ослабев от тошноты и томности... сказать ли?.. очутившись как бы в другом измерении. Да, вещество постарело, устало, мало что уцелело от легендарных времен, — две-три машины, два-три фонтана, — и никому не было жаль прошлого, да и самое понятие «прошлого» сделалось другим.
> «А может быть, — подумал Цинциннат, — я неверно толкую эти картинки. Эпохе придам свойства ее фотографии. Это богатство теней, и потоки света, и лоск загорелого плеча, и редкостное отражение, и плавные переходы из одной стихии в другую — все это, быть может, относится только к снимку, к особой светописи, к особым формам этого искусства...» [НРП, 4: 73–74].

Вопрос о соотношении действительности и ее изображения обостряется и ставится с теоретической «резкостью», когда в текстах Набокова известные картины реально существующих художников (А. Бёклина, Г. Мемлинга, Я. ван Эйка, Боттичелли) сопоставляются с картиной, созданной фиктивным художником, одним из действующих лиц.

Реальные картины могут стать знаками-предзнаменователями и «управлять» событиями. Полотно Бёклина «Остров мертвых», висящее в берлинских квартирах русских эмигрантов, героев Набокова, в амбивалентном, китчевом и символистическом, чуть ли не автопародийном смысле представляет собой главную тему набоковских романов — потусторонность. Фотография в журнале в передней Валентинова, человек, падающий из окна небоскреба, предвещает последнюю сцену романа «Защита Лужина». Картины, созданные писателем, могут превращаться в реальные предметы в рамках фикции. Мечта отца Лужина о своем сыне, играющем на рояле ночью, как уже было упомянуто, становится реальной гравюрой десятилетиями позже, в другой стране:

> ...он не раз, в приятной мечте, похожей на литографию, спускался ночью со свечой в гостиную, где вундеркинд в белой рубашонке до пят играет на огромном черном рояле [НРП, 2: 24];

> ...и в простенке висела гравюра: вундеркинд в ночной рубашонке до пят играет на огромном рояле, и отец, в сером халате, со свечой в руке, замер, приоткрыв дверь... [НРП, 2: 118].

На этой фикциональной, сюжетно-реальной картине изображен и прежний «наблюдатель», а перемещенный фокус указывает на скрытого демиурга текста.

Фотография в цветном журнале, скульптура Венеры, зарытая в песке на пляже, собирает несколько предыдущих и будущих мотивов «Лолиты» в самой эротичной сцене романа, сцене на тахте.

Естественно, Набоков описывает более подробно вымышленные картины, и именно эти фикциональные, но сюжетно-реальные картины вступают в тесную связь с действительностью. Например, портрет Леруа, привезенный из Петербурга во Францию, и висящее рядом «Возвращение стада» участвуют в возвращении героя рассказа «Посещение музея» в Петербург.

Лужин, чувствующий зов другого мира, в музее изучает только одну картину (автор — Боттичелли — не назван); он принимает и понимает изображенное как другой, но не менее реальный мир, и этот мир ждет его: «Лужин кивал и прилежно щурился, и очень долго рассматривал огромное полотно, где художник изобразил всё мучение грешников в аду, — очень подробно, очень любопытно» [НРП, 2: 128].

Квадрат обрамленных картин аналогичен квадрату зеркала, в котором вырезанная часть мира тоже заключена в раму, и как поверхность зеркала, так и плоскость картины может открыть переход в иное пространство, в потусторонность. В воспоминаниях Набокова картина и зеркало обладают каким-то пугающим качеством для ребенка (это страх перед другим миром, находящимся за гладкой поверхностью): «Была одна пугавшая меня картинка с каким-то зеркалом, от которой я всегда так быстро отворачивался, что теперь не помню ее толком!» [НРП, 5: 191][2].

Вариантом этого восприятия можно считать детскую фантазию Мартына, которого висящая над его кроватью картина с лесной тропинкой приглашает на прогулку в другом измерении («Подвиг»). Эта мечта — автобиографическая (из «Других берегов»):

> ...и то туманился, то летел ко мне акварельный вид — сказочный лес, через стройную глушь которого вилась таинственная тропинка; мальчик в сказке перенесся на такую нарисованную тропинку прямо с кровати и углубился в глушь на деревянном коньке; и, дробя молитву, присаживаясь на собственные икры, млея в припудренной, преддремной, блаженной своей мгле, я соображал, как перелезу с подушки в картину, в зачарованный лес — куда, кстати, в свое время я и попал [НРП, 5: 194].

Зеркальный эффект, искажение образов на плоской поверхности, создание второй действительности, которое ставит под сомнение реальность существующего, — рекуррентный мотив

---

[2] Это предложение отсутствует в английской версии, в «Speak, Memory».

у Набокова. То, что этот другой мир более настоящий, чем по эту сторону картины или зеркала, проявляется в романе «Приглашение на казнь» в детальном описании предметов-«неток», которые обретают настоящую форму только в зеркале. Исследователями еще не было отмечено, что здесь речь идет об анаморфозах, см. подробнее [Hetényi 2015: 407–414, 423–428][3]. Этот рассказ о «нетках» не имеет прямого отношения ни к ситуации, в которой он рассказан, ни к странному диалогу не менее странной матери с сыном. Необычное поведение матери скрывает ее чуткость и глубокое понимание того, что ее сыну предстоит казнь: мать говорит о переходе «через черту», и Цинциннату вдруг открывается «нечто настоящее в мире», все объясняющее:

> ...бывают, знаете, удивительные уловки. Вот я помню: когда была ребенком, в моде были, — ах, не только у ребят, но и у взрослых, — такие штуки, назывались «нетки», — и к ним полагалось, значит, особое зеркало, мало что кривое — абсолютно искаженное, ничего нельзя понять, провалы, путаница, все скользит в глазах, но его кривизна была неспроста, а как раз так пригнана... Или, скорее, к его кривизне были так подобраны... <...> Одним словом, у вас было такое вот дикое зеркало и целая коллекция разных неток, то есть абсолютно нелепых предметов: всякие такие бесформенные, пестрые, в дырках, в пятнах, рябые, шишковатые штуки, вроде каких-то ископаемых, — но зеркало, которое обыкновенные предметы абсолютно искажало, теперь, значит, получало настоящую пищу, то есть, когда вы такой непонятный и уродливый предмет ставили так, что он отражался в непонятном и уродливом зеркале, получалось замечательно; нет на нет давало да, все восстанавливалось, все было хорошо, — и вот из бесформенной пестряди получал-

---

[3] Анаморфоз (превращение) — это искаженное, на вид бесформенное изображение, которое можно восстановить только под определенным ракурсом или с помощью зеркала. Это игра перспективы, впервые описанная Леонардо да Винчи, из визуального ничего создает что-то. Анаморфоз в «Новом международном словаре английского языка» (Webster's Dictionary) 1913 года, близком по времени Набокову, определяется как деформированный образ, который предстает в своем истинном виде под необычным ракурсом [Webster Dictionary 1913: 504].

ся в зеркале чудный стройный образ: цветы, корабль, фигура, какой-нибудь пейзаж. Можно было — на заказ — даже собственный портрет, то есть вам давали какую-то кошмарную кашу, а это и были вы, но ключ от вас был у зеркала. Ах, я помню, как было весело и немного жутко — вдруг ничего не получится! — брать в руку вот такую новую непонятную нетку и приближать к зеркалу, и видеть в нем, как твоя рука совершенно разлагается, но зато как бессмысленная нетка складывается в прелестную картину, ясную, ясную...
— Зачем вы все это мне рассказываете? — спросил Цинциннат.
Она молчала.
— Зачем все это? Неужели вам неизвестно, что на днях, завтра, может быть...
Он вдруг заметил выражение глаз Цецилии Ц., — мгновенное, о, мгновенное, — но было так, словно проступило нечто, настоящее, несомненное (в этом мире, где все было под сомнением), словно завернулся краешек этой ужасной жизни, и сверкнула на миг подкладка. Во взгляде матери Цинциннат внезапно уловил ту последнюю, верную, все объясняющую и ото всего охраняющую точку, которую он и в себе умел нащупать [НРП, 4: 128–129].

Эту же мысль внушают зеркальные и водные отражения, созданные талантом Виктора в «Пнине» («Pnin», 1957). Художник Лейк (фамилия ассоциируется с английским *lake* — «озеро») называет искажение форм и отражение вещей мимикрией, а интеграцию вещей «натурализацией», то есть возвращением им натуральной их формы. Выпуклые зеркала (кстати, похожие на глаза насекомых) отражают особый микрокосм. Когда Виктор учится рисовать, на улице он отыскивает машину с блестящей поверхностью фары (глаза машины!) для отражения мира в кривом зеркале и самого себя ставит в этот «пейзаж». Набоков этот метод рефлексии и этот отражающийся в сверкающих частях автомобиля мир сравнивает с мастерством и методами ван Эйка, Мемлинга и Петруса Кристуса, которые помещали за спиной своих моделей «магическое выпуклое зеркало» или помещали свои же портреты на полотне. «Выпуклое зеркало» изображено на столе ювелира на портрете работы Кристуса (1449); оно связано тематически и атрибутами с фигурой епископа VII века Св. Элигия[4]. Виктор преодолевает «тюремную решетку абстракции», «богадельню мерзостного примитивизма», когда смотрит на предметы через стакан воды, создавая таким путем оптические символы — он превращает яблоко в полстакана Красного моря, Счастливую Аравию; карандаш — в змею или пирамиду; черную шахматную пешку — в чету черных муравьев, а гребешок — в зебровый коктейль[5].

Рассказчик «Отчаяния» (1934) видит сон, в котором буквально передается визуальная перцепция художника как центра Всего. С помощью экфрасиса передается, что раздвоение героя на самом деле является реализацией солипсизма: ощущая себя как центр земного и небесного мира, он витает между землей и небом как связующее их звено:

> ...постепенно намечалась дорога — в другую сторону, — и вот возникал перед самым моим лицом, как будто из меня выйдя, затылок человека, с заплечным мешком грушей, он медленно уменьшался, он уходил, уходил, сейчас уйдет совсем, — но вдруг, обернувшись, он останавливался и возвращался, и лицо его становилось все яснее, и это было мое лицо. Я ложился навзничь, и, как в темном стекле, протягивалось надо мной лаковое черно-синее небо, полоса неба

---

[4] Варианты имени Элигия во французском вполне соответствуют зеркально-анаграмматическому принципу Набокова, они и Eloy, и Loye. По случайному совпадению обстоятельств картина Кристуса хранится в Метрополитен-музее (The Metropolitan Museum of Art) в коллекции Роберта Лемана (The Robert Lehman Collection), чье имя часто встречается в творчестве Набокова.

[5] «He placed various objects in turn — an apple, a pencil, a chess pawn, a comb — behind a glass of water and peered through it at each studiously: the red apple became a clear-cut red band bounded by a straight horizon, half a glass of Red Sea, Arabia Felix. The short pencil, if held obliquely, curved like a stylized snake, but if held vertically became monstrously fat — almost pyramidal. The black pawn, if moved to and fro, divided into a couple of black ants. The comb, stood on end, resulted in the glass's seeming to fill with beautifully striped liquid, a zebra cocktail» [Nabokov 1989b: 98–99].

> между траурными купами деревьев, медленно шедшими вспять справа и слева, — а когда я ложился ничком, то видел под собой убитые камни дороги, движущейся как конвейер, а потом выбоину, лужу, и в луже мое, исковерканное ветровой рябью, дрожащее, тусклое лицо, — и я вдруг замечал, что глаза на нем нет[6].
> — Глаза я всегда оставляю напоследок, — самодовольно сказал Ардалион.
> Держа перед собой и слегка отстраняя начатый им портрет, он так и этак наклонял голову. Приходил он часто и затеял написать меня углем. <...>
> — Мало похоже, — сказала Лида... [НРП, 3: 427].

В конце данной цитаты Набоков использует тот прием, определение которого является предметом этой статьи: экфрасис выступает в роли или в качестве нарративного моста, перехода, связующего звена между разными временами, вроде ассоциативного «переключателя». Из времени сна мы без перехода попадаем в другое время, в прямое действие, от картины во сне — к портрету, в визуально-художественную фиктивную реальность сюжета. Этот переход тождественен реализации-овеществлению мысли, мечты, снов, упомянутых выше в «Защите Лужина» или в «Подвиге» (в английском предисловии, к которому, как мы помним, Набоков пишет о реализованных снах своего героя: «Fulfillment is the fugal theme of his destiny, he is that rarity — a person whose dreams come true» [Nabokov 1971a: 9])[7].

Это переключение, реализация снов аналогична тому переходу, который осуществляется в экфрасисе: с одной стороны, совершается трансформация визуального в словесно-текстовое,

---

[6] Очередное появление поверхности воды как зеркала подчеркнуто не только повторением, но и библейской аллюзией слова тусклое. Ср.: «Теперь мы видим как бы сквозь *тусклое* стекло [зеркало] гадательно, тогда же лицом к лицу; теперь знаю я отчасти, а тогда я позна́ю, подобно, как я познан» (1-е Коринфянам 13: 12). Разумеется, зеркало и отраженная им картина, рефлексия, связаны с рефлексией самопознания.

[7] «Осуществление — это фуговая тема его судьбы; он из тех редких людей, чьи сны сбиваются» (перевод М. Маликовой) [Набоков Pro et Contra 1997: 72].

а с другой стороны, преодолевается пропасть между онейрическим и действительным (см. подробнее о приеме экфрасиса в мотиве памяти [Хетени 2013]). Онейрическое состояние в литературе близко к сфере потустороннего — его хронотоп принадлежит другому измерению, зазеркалья, сфере иррациональной, даже самой смерти. Онейрический хронотоп не подчиняется земной логике. Знатокам Набокова может вспоминаться первая глава «Других берегов», об «обратной и передней вечности» [НРП, 5: 145], о времени прошедшем и будущем. «Проникнуть в <...> мир, существовавший до меня», «поиски ключей и разгадок» [НРП, 5: 146] — так Набоков определяет цель автобиографии: преодоление барьеров личного времени при помощи памяти. Одним из способов этого преодоления является визуальная ассоциация. Повествование следует не линейной, а ассоциативной логике, а из ряда образов, этих единиц памяти, плетется текст-ткань, ковер рассказа.

Процесс перехода из визуального в текстовое описывается в конце предисловия Чарльза Кинбота в «Pale Faire» («Бледное пламя»):

> Джон Шейд объясняет и переделывает мир, вбирает его и разбирает его на части, пересопрягая его элементы в самом процессе их накопления, чтобы в некий непредсказуемый день сотворить органичное чудо — стихотворную строчку — совокупление звука и образа (перевод С. Ильина и А. Глебовской) [НАП, 3: 306–307][8].

Набоков разоблачает свой метод метафикциональным вмешательством, создавая интимную атмосферу приобщения-посвящения читателя в творческую работу (и через фиктивного персонажа Кинбота), более того, этим обнажением приема предостерегает читателя от плоского психологического и сюжетного

---

[8] «John Shade perceiving the and transforming the world, taking it in and taking it apart, re-combining its elements int he very process of storing them up so as to produce at some unspecified date an organic miracle, a fusion of image and music, a line of verse» [Nabokov 2011: 18].

истолкования произведения. (Подобное создание дистанции проводится замысловато и постепенно в рассказе «Набор», непосредственно — в начале «Королька» и т. п.)

Чтобы лучше осветить прием использования визуальной ассоциации как прыжка памяти в наррации для перехода во времени и пространстве, приведем пример из «Подвига» в сопоставлении с более поздним английским текстом «Glory» (1971).

Образ черной статуэтки футболиста, ведущего мяч, можно связать со спортивными сценами романа нитями ассоциаций и выстроить вокруг спорта структуру лейтмотива. Чтобы проследить рождение визуального знака, обратимся к его первому появлению, возникающему в результате действия ассоциативной памяти. День в Греции, когда после обеда Алла приходит к Мартыну в комнату (и происходит его инициация в сексуальную жизнь), начинается с разговора за завтраком с мамой о ненужных подарках дяди, о детском телефоне между комнатами. Поэтому позже, уже в Швейцарии, в доме дяди, в момент получения очередного ненужного подарка (статуэтки черного футболиста), вспоминается тот день в Греции, когда говорилось о ненужных подарках дяди, и первая в жизни Мартына женщина, Алла [Nabokov 1971a: 42, 174]. Эта сцена, забегающая вперед, в будущее, вклинена в описание дня, обрывает его и, останавливая время, замедляет, протягивает приближение встречи с Аллой. Образ статуэтки из будущего, визуальная проспекция — это фактически противоположный воспоминанию процесс.

Статуэтка футболиста возникает еще раз в этой же главе, снова обрывая описание встречи с Аллой в момент любовного восторга: «Мартын настигал счастье, настиг» [НРП, 3: 124]. Сразу следует иронический контрапункт возвышенному моменту счастья (излюбленный прием Набокова) — пустая речь прагматического швейцарского дяди о «вещице», назначенной для «украшения будущего кабинета» (уменьшительный суффикс — признак пошлости у Набокова; см., например, сюсюкание Пьера в «Приглашении на казнь»). Логику экфрасиса раскрывает параллель: описание мига, когда «неподвижный шар [оказывается] у носка футболиста», запечатлевает долю секунды и переключает ассоциации к оборванной линии нарратива; это миг, остановленный в тот момент, который почти невозможно остановить, момент счастья, физического блаженства. Таким образом, фигура футболиста, которая, казалось бы, ничего общего с главной линией рассказа не имеет, выражает самую ее суть — невозможность остановить момент, который приближается, как мяч, и потом удаляется, оставляя только память о высшей точке, где поворачивается направление движения. Алла называет момент сексуального восторга «заглянуть в рай» (*a peek into the paradise*) [НРП, 3: 125; Nabokov 1971a: 45].

Использование такой сложной визуальной метафоры указывает и на то, что неожиданный скачок во времени рассказа, обрывание главной его линии — не только традиционный романный прием для замедления действия с целью усиления напряжения, но и проявление набоковского понимания эротического и сексуального. Эротическое всегда содержит элемент «завуалированности», недосказанности, невысказанности [Hetényi 2007]. В «Подвиге» эта основная для поэтики Набокова мысль становится визуальной аллегорией, к тому же взятой из детства, что повышает и подчеркивает ее значительность. Фантазмы любви Мартына коренятся в сказках и подпитываются нечетко-туманными, цветными иллюстрациями из книжек:

> И вообще — все несколько отдаленное, заповедное, достаточно расплывчатое, чтобы дать мечте работу по выяснению подробностей, — будь то портрет леди Гамильтон или бормотание пучеглазого однокашника о развратных домах, — особенно поражало его воображение. Теперь же туман редел, видимость улучшалась [НРП, 3: 121].

В словах Аллы — эксплицитная ссылка на сказки: «Слишком поглощенный этим, он пренебрегал подлинными словами Аллы: "Я останусь для тебя сказкой"» [НРП, 3: 121].

Описание утра в Греции, о котором речь шла выше, соединяет два временных пласта, детские сказки и настоящий момент, и осуществляет ассоциативный скачок между книгами и действительностью в жизни Мартына:

> ...день обещал быть восхитительным, безоблачное небо было еще подернуто дымкой, как бывает покрыта листом папиросной бумаги необыкновенно яркая, глянцевитая картина на заглавной странице дорогого издания сказок. Мартын осторожно этот полупрозрачный лист отворачивал, и вот, по белым ступеням лестницы, чуть играя низкими бедрами, в ярко-синей юбке, по которой шло правильное волнистое колебание, по мере того, как с рассчитанною неторопливостью то одна нога, то другая, вытянув лаковый носок, ступала вниз, — мерно раскачивая парчовой сумкой и уже улыбаясь, спускалась, на прямой пробор причесанная, ясноглазая, тонкошеяя женщина с крупными, черными серьгами, которые колебались тоже [НРП, 3: 123].

Оказывается, что реализация подобных переживаний конкретно-физического опыта мешает эмоциональному восторгу мечтаний и даже вводит в заблуждение, ибо прожитый момент, подобно точке на линии времени, неуловим и не поддается описанию. Ему место в мире сказок. В этом смысле не только картина / изображение не соответствует действительности, но и действительность не соответствует картине, не может ее «осуществить».

Думается, что такой подход Набокова, дающего таинственные схематичные рисунки с размытыми очертаниями, может предоставить ключ к решению проблемы, беспокоящей литературоведов: при ненависти Набокова к Фрейду невозможно предполагать у него присутствие комплексов, описанных Фрейдом. Главное, что отталкивает Набокова у Фрейда, — это редукция всех жизненных проблем и дефектов поведения к сексуальному. Пожалуй, еще более серьезным грехом Набоков мог считать метод «бесед на кушетке», целью которых ставится называние того, что всегда именовалось в русской поэзии «невыразимым», и определение того, что теряет свою тайну при назывании.

Мартын обнаруживает, что желание — ожидание перед точечным моментом счастья на линии времени, и память о точечном моменте после него (рисунок, покрытый полупрозрачной бумагой) является более волнующим, чем непосредственное ощущение восторга. «На нее, на эту заглавную картинку, оказавшуюся после снятия полупрозрачного листка грубоватой, подчеркнуто яркой, Мартын снова опустил дымку, сквозь которую краски приобретали таинственную прелесть» [НРП, 3: 126].

С одной стороны, сохранена тайна, с другой — момент противопоставлен длительному ожиданию и бесконечному времени памяти, что подчеркивается еще одним упоминанием статуэтки футболиста. Она появляется в третий и последний раз к концу романа, когда Мартын прощается с матерью перед уходом. Образ обогащается и становится мотивом возвращения во времени, превращаясь в воспоминание. Это движение совершается в направлении, зеркально противоположном тому, которое осуществлялось в ассоциативном движении вперед при описании солнечного утра в Греции. «"Прощай-прощай", — быстро пропела этажерка, увенчанная черной фигуркой футболиста, которая всегда напоминала Аллу Черносвитову» [НРП, 3: 323].

В английском тексте эта фраза более точна и детальна и семантически более насыщена: «...black figurine of a football player, which by *some occult association of memories* always made him think of Alla Chernosvitova» (курсив мой. — *Ж. Х.*) [Nabokov 1971a: 166]. Выделенные мной слова отсутствуют в русском тексте «Подвига» (именно поэтому английская фраза вынесена в название этой главы). Изменения в переводе 1971 года можно считать релевантным, ведь методы зрелого писателя и его концепция к тому времени обрели четкое очертание.

Таинственно-скрытые ассоциации памяти связывают разные пласты широкой коннотации деталей: черную фигуру футболиста — с фамилией Аллы Черносвитовой; расставание — с женщинами (с любовницей, матерью); физическую красоту и блаженство (сопоставляя спорт и физическую любовь, а также первую поездку Мартына) — с эмиграцией, а последнюю поездку обратно, в Россию, — со смертью. Более того, черный цвет статуэтки таким же «тайным» путем связан с фамилией Аллы Черносвитовой, в которой оксюмороном соединяется черный цвет и свет, зловещий цвет и счастье. В конце ассоциативной цепочки черный цвет статуэтки предвещает смерть, воспоминание об Алле — переход через линию, которая означает сексуальную инициацию, а в ситуации возвращения в Россию — преодоление границы, посвящение в подвиг, в светлый мир славы. В этом семантическом кругу получает логический смысл переименование романа из «Подвига» в «Glory» в английском автопереводе, которому в предисловии к английскому изданию Набоков посвящает отдельный абзац. Многозначность экфрасиса превращает и название романа в сложный символ, не подлежащий окончательному объяснению.

Экфрасис как ассоциативное «переключение» хронотопа выступает и в роли нарративного моста между разными временами. Граница между образом и словом подобна границе между сном и действительностью. Экфрасис является одним из ключей Набокова при переходе к «другим мирам»; визуальный образ становится единицей памяти, из которой строится нарратив. Словесный рисунок неточен, образ не поддается описанию, поэтому визуальное ставится так высоко в иерархии искусств у Набокова.

Из чего состоит «живая собака»?

По кровной линии набоковских псов[1]

Будь *собачий холод* на дворе или *каникулы* (по-латински *canis* — «собака»), специалисты готовятся к конференциям. А там *устают как собаки*, их уже *знает каждая собака* в кампусе, к вечеру есть хотят, *как собаки*, а потом едут домой *к чертям собачьим*. Подобный набор широко известных фразеологизмов дает почувствовать только примерный объем или масштаб семантического поля мотива собаки, к исследованию которого меня привело сначала «Собачье сердце» Булгакова [Hetényi 1990] и проблема аллегоризации и антропоморфизации собаки.

Добросовестный анализ должен был бы начинаться с исторического обзора, истории мотива собаки хотя бы в русской литературе. Даже если ограничиваться только собаками, связанными с человеческим характером (то есть антропоморфными собаками), и собирать отдельно пишущих, читающих и говорящих собак, и то количество примеров в распоряжении исследователя

---

[1] В главе использован материал статьи автора: Из чего состоит живая собака? По кровной линии набоковских псов // Representations de l'animal dans la culture russe. Actes du colloque de Lausanne 2007 / L. Heller, Vinogradova de la Fortelle, A. Université de Lausanne, Section de langues et civilisations slaves. СПб.: Балтийские сезоны, 2010. С. 131–146.

поистине необъятно. Почти все эти собаки призваны показать через собачьи взгляды и наррацию мир человека[2].

Обращаясь к мотиву собаки в текстах Набокова, я сфокусируюсь сначала на главном вопросе: каковы источники амбивалентности добра и зла в мотиве собаки. Двойственность образа восходит к древнейшим временам — собака обладает и положительными человеческими чертами: верностью, добротой, преданностью, надежностью, самоотверженностью; но в то же время появляется как дикий, кровавый и жестокий зверь волчьей натуры, в зловещей роли. Чтобы проследить семиотику собаки в популярном сознании, необходимо обратиться к культурологическим истокам, к тем коннотациям собаки, которые легли в основу — смею сказать — архетипа собаки. Здесь произведения Набокова оказываются интересным пробным камнем: ранее исследованы мотивы бабочек, пауков, белок в его творчестве, но никак не собак[3].

Собака уже в *астральной символике* выступает двойным символом, прежде всего зимнего солнцестояния, того момента, когда жизнь переходит в смерть, а смерть — в жизнь. Каникулы (то есть «собачья жара») связаны с летними месяцами: снова наблюдается соединение противоположных полюсов, жары и мороза, жизни и смерти, и перед нами снова двойная функция мифологического пса, проводника-психопомпа мертвых, с одной стороны нечистого и бесовского, а с другой — чистого и спаси-

---

[2] «Я давно подозревал, что собака гораздо умнее человека; я даже был уверен, что она может говорить <...> Она чрезвычайный политик: все замечает, все шаги человека» (Н. В. Гоголь «Записки сумасшедшего»). Из списка произведений, предшествующих набоковским, с мотивом собаки не только гоголевская повесть, но и басни Крылова, «Муму» Тургенева, «Каштанка» Чехова, «Как я сделался собакой» Маяковского, «Дневник Фокса Микки» Саши Черного (Микки — пес с душой русского интеллигента), «Сны Чанга» Бунина и т. д.

[3] О мотиве собаки у Набокова см. работу О. Найгаарда (O. Nyegaard). Его исследования на основе тех же очевидных цитат приводят к совершенно другому выводу, чем мои. Автор выражает мнение, что повторение общепринятого в критической литературе основного свойства творчества Набокова, тезиса о его двоемирии, его угнетает [Nyegaard 2005].

тельного, охраняющего (пастушья собака). Иногда эта пара разделяется на пса и на волка. Важно упомянуть Сириус, звезду в созвездии Псов, центральную и в египетском сакральном календаре. (Не случайно в «Гарри Поттере» Сириус Блэк превращается в черную собаку.)

Собака обладает широким кругом коннотаций в русской культуре, в устном народном творчестве, которое отражает мифологию язычества на уровне повседневной жизни и закрепляет в языке стереотипы национального менталитета. Собака в русских народных представлениях наделена тоже двойственной символикой: божественными и дьявольскими, демоническими чертами. Известны былички о колдуне, превращающем человека в собаку, об обращении ведьмы и домового в собаку. Распространены поверья о появлении черта и вампира в собачьем облике. Кроме того, облик собаки может принимать водяной (кстати, тоже двойной натуры, и вредной, и спасительной), полевой или банник. При этом собака обладает способностью видеть нечистую силу и отпугивать ее. Вой собаки в приметах предвещает смерть, болезнь, голод, войну, пожар, кражу, нищету [Грушко, Медведев 1996][4]. (Подобные народные поверья распространены и европейской культуре, см. знаменитую статью Отто Вейнингера «Собака» [Weininger 1910][5].

---

[4] Использование популярного источника в данном случае вполне релевантно именно для исследования распространенных, популярных коннотаций и поверий.

[5] «Der Hund hat eine merkwürdig tiefe Beziehung zum *Tode*. Monate bevor mir der Hund Problem geworden war, plötzlich hörte ich einen Hund in einer ganz eigentümlichen, mir neuen, durchdringenden Weise *bellen,* und hatte im gleichen Momente unwiderstehlich das Gefühl, daß gerade im Augenblick jemand *sterbe* <...> Der Hund handelt, als ob er die eigene Wertlosigkeit fühlen würde; er läßt sich vom Menschen schlagen, an den er sich gleich wieder *herandrängt,* wie stets der böse Mensch an den guten. Diese Zudringlichkeit des Hundes, das Hinaufspringen am Menschen ist der Funktionalismus des Sklaven. In der Tat haben Menschen, welche rasch für sich zu gewinnen suchen, und doch zugleich so sich schützen gegen Angriffe, Menschen, die man nicht abschütteln kann, Hundegesichter, Hundeaugen. Hier erwähne ich zum ersten Male jene große Bestätigung meines Gedankensystems. Es gibt wenige Menschen, die nicht ein oder mehrere

Собака редко выступает в славянских сказках в роли помощника — эту роль исполняет скорее конь или птица, хотя встречается сцена, где герой на спине собаки переплывает на другой берег [Пропп 1986: 214]. Зато собаки являются главным и самым частым элементом русских бранных фразеологизмов, часто заменяемых другими словами, — собака связана с понятиями нечистоты, иноверца (татарин, турок, еврей) [Якобсон 1966][6], неправославного, гонителя христиан [Топоров 2007: 107]; а на жаргоне — с предательством, доносительством. В ругательствах слово *собака* появляется с оттенком ритуального заклинания; в них значение «суки» этимологически восходит к латинским и греческим лексическим аналогиям: лат. *canis* — не только «собака», но и «вульва», как и греч. *kyón* [Успенский 1996: 124–125][7].

Казалось бы, подобные вульгарные слова не совместимы с набоковским стилем, однако он пользуется словом *сука* со всем

Tiergesichter haben; und jene Tiere, denen sie ähneln, gleichen ihnen auch im Benehmen» [Weininger 1910]. Последнее сравнение людей с животными особенно характерно для набоковского подхода.

«Собака удивительно глубоко соотнесена со смертью. За несколько месяцев до того, как меня стала занимать собака как проблема, внезапно я услышал, как собака лает очень своеобразным, всепроникающим образом, который был для меня новым, и в тот же момент у меня возникло непреодолимое чувство, что кто-то сейчас умирает <...> На самом деле люди, которые стремятся быстро победить, но в то же время защищают себя от нападений, люди, от которых невозможно избавиться, имеют собачьи морды и собачьи глаза. Здесь я впервые упоминаю об этом прекрасном подтверждении моей системы мышления. Некоторые люди обладают не одним, а несколькими лицами животных; и те животные, на которых они похожи, похожи на них также и поведением».

[6] См. еще украинские издевательские антисемитские и антикатолические стишки: «Жид, лях и собака — все вира однака», «Ксендз, жид та собака — усе вири однака», «Невира и собака — то една присмака» [Успенский 1996: 149]. Эти стишки, по свидетельству С. Дубнова, были реальными основами для жестоких расправ: гайдамаки вешали рядом еврея, поляка и собаку. В русско-еврейской литературе собака прочно связана с образом еврейской судьбы, верного слуги, но бездомного и голодного (см. у Л. Леванды «Горячее время»), образ появляется уже у Гейне, см. [Hetényi, 2008a: 69–70].

[7] Исследование фразеологизмов со словом *собака* объединено в раздел «Языческий субстрат обсценного мира» [Успенский 1996].

его мифологическим и семантическим ореолом. В романе «Подвиг» Вадим все время повторяет похабный лимерик:

> Приятно зреть,
> когда большой медведь
> ведет под ручку
> маленькую сучку... [НРП, 3: 148].

А конец можно прочитать только в английском варианте, где приведена транслитерация: «chtob eyó poét'» [Nabokov 1971a: 72].

Значение собачьего мотива в этом стишке разветвляется и связывает разных героев, сначала Соню-сучку (студент-приятель Тедди, не понимающий русский текст, именно так придразнивает Соню), потом большого-тяжелого медведя Дарвина (вполне «зоологическая» фамилия), и не только предвещает интимную связь Сони и Дарвина, но присоединяет к ним (всем троим, включая и Вадима) мотив смерти. Об этом речь пойдет ниже, при раскрытии других пластов и культурных парадигм.

Письменное народно-церковное творчество сохранило и переработало элементы и образы народного творчества. Согласно русскому апокрифу «Сказание о том, как сотворил Бог Адама» (XII век) собака создана Богом из грязи, которой дьявол обмазал сотворенного Богом человека, чтобы охранять его от дьявола.

> И стал господь бог глаза ему [Адаму] доставать от солнца, оставив Адама лежать одного на земле; и пришел окаянный сатана к Адаму и вымазал его калом, тиной и соплями. Вернулся к Адаму господь и хотел вложить в Адама глаза, но увидел его всего вымазанного в нечистотах; и разгневался господь на дьявола, <...> сняв с Адама всю грязь сатанинскую и смешав со Адамовыми слезами, сотворил собаку, и теслом очистил Адама, как зеркало, от всех скверн. И, поставив собаку, повелел ей стеречь Адама, а сам господь пошел в горний Иерусалим за дыханием для Адама. И во второй раз явился сатана, и хотел напустить на Адама злую скверну, но увидел собаку, лежащую у ног Адама, и очень испугался. Собака стала зло лаять на дьявола, а окаянный сатана взял палку и истыкал всего человека Адама и впустил в него семьдесят недугов·[Кушелев-Безбородко 1862, 12–13].

Легенда-апокриф передает народно-религиозное поверье, где налицо двойственное понимание натуры собаки: она сотворена Богом, но из смеси грязи, то есть материала, происходящего от сатаны, и из слез первого человека. Собака — синтетический образ, подобный Мефистофелю, — в нем есть дьявольское, человеческое и божественное. Но она не может защитить человека.

В русской истории собачья голова связана с опричниками. Опричнина просуществовала недолго, но оставила глубокий след в русском культурном сознании. Опричнина Ивана Грозного была поставлена вне основного закона государства, наделена особыми чрезвычайными полномочиями подготовить страну к новому историческому этапу. Опричники прикрепляли к седлу голову собаки, которая стала их эмблемой, выражающей их преданность (царю) и антихристианское, бесовское начало (для земщины) [Панченко, Успенский 1983: 11]. Современные «опричники», сторонники сильных монархов, подобных Ивану Грозному и Сталину, сознательно сохранили и употребляют символ собаки[8]. Этот образ подразумевается и в описаниях солдат у Набокова, которые в «Приглашении на казнь» ведут на казнь Цинцинната: «Вот присоединились к ним несколько солдат, в собачьих масках по регламенту...» [НРП, 4: 179].

Русская фольклорная традиция вобрала в себя элементы более древних мифологических архетипов, которые сами по себе становятся скрытыми или явными интертекстуальными источниками произведений. В обсуждении семантики мотива собаки

---

[8] Историческая параллель опричнины, несомненно, вошла в образ верной сторожевой собаки Руслана Г. Владимова. Любопытно при этом отметить роман В. Сорокина «День опричника». Сорокин придает опричнине важное политическое и историческое значение (Писатель Владимир Сорокин: «Мой "День опричника" — это купание авторского красного коня» // Известия. 25 августа 2006). В одном из интервью он говорит: «В "Дне опричника" я ставлю художественно-исторический эксперимент на бумаге: "Что будет с Россией, если она вдруг решит отгородиться от всего мира?" — и далее, рассказывая о себе, отмечает: — ...мы живем деревенской жизнью, надо воспитывать собак. У нас щенки, уиппеты. <...> Для нас щенки — как маленькие дети <...> лучше собаки нет друга. Она посмотрит в глаза — и все сразу ясно...» (официальный сайт В. Сорокина srkn.ru., интервью 11.09.2006).

ограничимся Европой и остановимся на ее колыбели, берегах Средиземного моря, где нашли выражение в культуре те декодируемые архетипы, которые формировали сознание русских писателей, в частности и Набокова.

В египетской мифологии Анубис — древнеегипетский бог загробного мира[9], в ранний период развития египетской религии это шакалообразное или собакообразное божество, пожирающее умерших (см. также иероглиф имени Анубиса, который демонстрирует его с головой или в виде шакала / собаки). Подобно Тоту, Анубис был проводником умерших на Запад — в область загробного мира, пройдя через которую душа попадала в палату Осириса. В «Книге мертвых» (так называемый Папирус Ани, XVIII династия, иллюстрация к главе 125) описаны весы, за которыми наблюдает шакалоголовый Анубис. Он в египетских текстах обычно описан как сын Осириса, царя загробного мира, но в более ранних памятниках египтяне признали его богом умерших. Сет, враждебный брат Осириса, бог Хаоса и смерти, тоже изображается с головой собаки.

Греческая и римская мифология отождествляла Анубиса с Гермесом, психопомпом (Seelenführer, см. концепцию К. Керени [Kerényi 1942]) с головой пса. Из многочисленных собак греческой и римской мифологии заслуживали бы внимания почти все, кстати, с перекликающимся значением (Таласса, Лелапс, Сириус, собачья голова Гекате, Луперк), но главным образом — Цербер.

Подвиги Геракла можно разделить на три основных типа: обуздание чудовищ отражает фольклорно-сказочные истоки мифологии; военные подвиги уподобляют Геракла эпическим героям; богоборческий мифологический поступок. Это разделение дает богатый материал для мифопоэтического анализа романов Набокова (см., например, исследования Д. Лармура (D. H. J. Larmour) [Larmour 2005; Larmour 2002]).

---

[9] Уже в древнейшие времена, в персидско-ассирийской мифологии собака была помощником против злых сил: Митра, умирающий и воскресающий персидско-ассирийский бог солнца, изображен побеждающим быка при помощи верной собаки.

Последний, двенадцатый подвиг Геракла (вспоминается аналогичное название романа Набокова «Подвиг») заключался в том, что тот спускался в подземное царство, откуда привел трехглавого пса Цербера, стража преисподней, и этот акт символизирует победу над смертью. В этом смысле, как мне кажется, миф тесно связан с основной идеей романа «Подвиг», где совершение подвига означает путешествие в потусторонний (неведомый) мир, из которого необходимо бы вернуться. Образ Геракла прямо вводится Набоковым в роман: Мартын видит его статую в Берлине. Имя Геракла означает «прославленный», то есть герой буквально заключает в себе высокое, пафосное название романа — героический поступок, но и более пафосное английское «Glory» (которое нуждалось в объяснениях автора в предисловии к английскому изданию).

Граница между смертью и жизнью на пороге Аида не земная, не четкая, а движущаяся, текучая — это реки Лета, Ахерон и Стикс. Переход через реку, во-первых, реализует антитезу рождения или крещения, очищает, но не возрождает, а снимает груз прошлого, память о нем. Во-вторых, это не одномоментное перешагивание некой линии, во время продолжительной переправы происходит перемена личности, и на это выделено время. В-третьих, переправу нельзя сделать самостоятельно, нужен помощник, перевозчик-паромщик Харон (см. ниже об образе Христофора).

В мифе о Посейдоне говорится, что Сциллу, возлюбленную Посейдона, ревнивая Амфитрита превратила в псеглавую нимфу. Сциллу как литературный образ мы встречаем на фоне романа в «Подвиге» — корабль с Мартыном проплывает между теми итальянскими большим островами, Корсикой, Сардинией и Сицилией, чьи горы отождествлялись с мифологическим горами.

В римском варианте мифа о преисподней хозяин Аида прямо уподоблялся собаке, в настоящее время Плуто (Плутон) — одно из самых распространенных собачьих имен (см. мультфильмы и комиксы).

Разговорное употребление слова *собака* в греческом языке указывает не только на двойственное, но одновременно и на аллегорическое значение. В платоновских диалогах можно найти эмоциональные вводные фразы Сократа: «Клянусь Герой»; «Клянусь богами» и «Клянусь собакой», и он даже произносит в разделе I, 482 b: «Клянусь собакой, египетским богом...» [Платон 2007: 306]. Когда собака заменяет имя божества, кроме оттенка табу это несет и память о «божественной» натуре образа собаки, связанной со смертью. Церберы в воротах Аида являются аналогами египетского Анубиса в греческой мифологии.

Собака нечасто, зато однозначно выступает и как библейский троп. Еврейская Библия, конечно, отвергает и мифологические, и тотемические аллегории (тем более происхождения из земли рабства, Египта), метафора Псалтири, «псы окружили меня, скопище злых обступило меня» (Псалом 21: 17), употребляет обычный фразеологизм для обозначения нечистоты. Новозаветная традиция сохраняет и даже усугубляет этот отрицательный оттенок, уже приближенный к дьявольскому: «А вне — псы и чародеи, и любодеи, и убийцы, и идолослужители, и всякий любящий и делающий неправду» (Откровение 22: 15); «Не давайте святыни псам и не бросайте жемчуга вашего перед свиньями» (Матфей 7: 6); «Берегитесь псов, берегитесь злых делателей» (Филиппийцам 3: 2)[10].

К более новой христианской традиции принадлежит сюжет о псеглавце святом Христофоре. Первый вариант легенды говорит о Репробусе, который, приняв крещение, обрел человеческий облик (обратный метаморфоз оборотню дьяволу) и стал великаном с собачьей головой[11].

Во втором варианте Христофор поставил себе целью служить самому сильному господину на земле. Он менял покровителей, пока не дошел до дьявола. Но однажды заметил, что дьявол боится креста Господня, тогда он (носящий еще имя Офферус) крестился и обрел речь. Став перевозчиком, однажды он переносил на себе через реку мальчика (Христа), но посредине пути

---

[10] Эту последнюю фразу я выбрала некогда в качестве эпиграфа к моей статье о «Собачьем сердце» М. Булгакова [Hetényi 1990].

[11] В западной иконографии утвердился вариант «Золотой легенды» Иакова Ворагинского [Мифы народов мира 1982: 604].

понял, что не может идти дальше, так как ноша слишком тяжела. Христос же ответил, что тот нес на себе всю тяжесть мира. Так Офферус стал святым Христофором, дословно «несущим Христа». Показательно, что в христианском контексте мы встречаем сюжет о сакральном псе — псеглавом человеке-перевозчике (вспомним сказочных помощников), разновидности психопомпа, проводнике мертвых. Христофор связывает полюсы — из немого служителя дьяволу он становится служителем Бога-Слова и получает дар проповеди (это сближает его с апостолом Павлом). Его посох расцветает подобно жезлу Аарона, родоначальника священнического рода.

Мотив образа Христофора, изображенного, подобно Гермесу, с головой собаки, в «Подвиге» сосредоточен в фигуре Грузинова, на что указывает и слово «груз» в его говорящем имени. В свете легенды о Христофоре он присоединяется к фигурам-психопомпам Мартына: он отказывает герою в помощи, как и все психопомпы в «Подвиге», продвигая тем самым Мартына дальше по дороге к смерти. Он носит на себе весь «груз», заботу о России, один из его атрибутов — палка (как у Христофора и Гермеса): он один может обращаться с собакой, нападающей на них в лесу, и, как будто понимая собаку, может отогнать ее своей палкой. Он же делает палку Мартыну, чтобы облегчить тому ходьбу по горам[12]. Сам поход в таком смысле становится репетицией, предвещающей финальный поход Мартына в пограничные русские леса, а потом и в смерть. В свете несколько «сатанинского» и заодно психопомпического образа Грузинова фигура Мартына возвышается и приобретает черты Христа — он желает перейти границу между смертью и жизнью, жертвуя при этом собой[13].

---

[12] Смесь некоторого пафоса и иронии окружает фигуры политических борцов-эмигрантов в романе. Ирония — выражение скептического отношения Набокова к политической деятельности, а пафос — выражение уважения и умиления к бывшим коллегам отца.

[13] У алхимиков было выражение «волк с Востока, собака с Запада». Последняя проводит мертвых через испытания и великие воды, а также через сталкивающиеся между собой горы. В алхимии Артефий (Artefius «Clavis Sapientiae») говорит о «хоросанской суке» и «армянском псе», как о двух базовых

Для истории литературы эмблематическое влияние представляет собой Дантов код, который в русской литературе получил особый ореол интертекстуальности в культовом отношении символистов к Данте[14]. В мифологических и древних текстах упоминается общее название собаки, но со временем и порода собаки приобретает значение. Собака в «Божественной комедии» — *борзая*[15].

С головой белой борзой (волкодава) изображен комплексный набоковский герой с собачьей головой — Годар, директор музея в рассказе «Посещение музея», он облизывается по-собачьи. Годар — очередной проводник, роль которого двусмысленна: он и помощник-психопомп (с ним может рассказчик «пройти границу», преодолеть рамки пространства), но он окажется и ложным помощником, который заманил рассказчика в лабиринт и оставил его во враждебном и опасном мире. Его схожесть с опричниками объясняется его властью, но авторитетное положение связано и с ложью. Абсурдный жест Годара, когда он выбрасывает свое письмо с наклеенной маркой в мусорную корзину, дает понять, почему парижский приятель рассказчика не получил ответа на свои письма, но эта ситуация представляет музей таким жерлом или омутом, по которому двигаться можно только в одном направлении; который всасывает вовнутрь; откуда нет выхода обратно в мир, в жизнь. Перед нами полигенетическая метафора, отсылающая к психопомпам Анубису

принципах Великого Делания — Меркурии и Сере философов. Имя Артефиуса, первого алхимика, изложившего идеи Аристотеля и Платона, созвучно *Орфею* (Orfeus), сама книга является латинским переводом арабского текста XII века; настоящее имя автора неизвестно. Любопытно, что мифологический Орфей укрощал своей музыкой зверей. См. о предположительной связи Artephius и Orpheus в [Austin 1937].

[14] Дантов код в «Защите Лужина» обсуждается в главах «Мост через реку…» и «Идеальная нагота».

[15] *Борзой* назывались в России такие разные породы собак, как сильный азиатского и ирландско-шотландского происхождения волкодав, так и изящный, тонкий уиппет, и миниатюрная итальянская левретка. Очевидно, несколько охотничьих и пастушьих пород собак объединены общим названием (притом что существует и самостоятельная порода русской борзой собаки).

и к «собачьей» натуре Гермеса, а также к фаустовско-дьявольскому коду, ведь договор подписан красными чернилами, цвета крови[16]. Новый элемент появляется благодаря обозначению конкретной породы борзой, в ссылке на автора «Энеиды» у Данте. Белая борзая[17] в первой песни «Ада» появляется в пророчестве Вергилия, чтобы победить волчицу, сторожащую вход в Ад (то есть это волкодав).

Внешность героя и фаустовский подтекст раскрывают двойственную, бесовско-божественную натуру набоковского Годара, к значению имени которого мы еще вернемся. Дантовский код позволяет прояснить и разрешить ту существенную и основную двойственность, которая зашифрована в глубине амбивалентности и бинарности всей собачьей семантики. В видении Вергилия белая борзая (аллегория Рима) победит волка (смерть или Хаос), охраняющего ворота Аида, то есть собака добрая побеждает собаку дикую и злую.

Четко соответствует этой схеме сцена в «Подвиге», в которой Мартына в берлинском парке охватывает мгновенный ужас в последний день перед отправлением в роковую поездку. При виде играющих собак он восклицает: «Что это, в самом деле… Ведь я же вернусь. Я должен вернуться» [НРП, 3: 242]. В более позднем английском переводе Набоков употребляет слова, выражающие уверенность героя: «What's the matter, for goodness' sake? I know I'm going to return. I must return» [Nabokov 1971a: 180]; здесь появляется завуалированное упоминание Бога — *goodness*, чтобы создать противовес предчувствию смерти. Мысль о смерти и о Боге вызывают собаки, бесовский пудель догоняет хрупкую левретку, которая «боязливо оглянулась, дрожа» [НРП, 3: 242].

Пьер в «Приглашении на казнь» и солдаты «с мордой борзой» поддерживают Цинцинната, чтобы не упал по пути к эшафоту.

---

[16] Это поддержано и восклицанием рассказчика «Довольно!», подобным гётевскому «Остановись, мгновение!».

[17] В английском тексте белая борзая переведена «a Russian wolfhound» что вызывает ассоциативную связь понятий смерти и России. Борзыми в целом называют охотничьих собак, способных охотиться без помощи человека.

Палач-Пьер с мордой бульдога тоже является служащим государственной власти, ложным психопомпом, который в первый момент выдает себя за тюремного товарища Цинцинната, а на самом деле он сопровождает его в смерть, к переходу в другой мир. Бульдожьих героев встречаем и в «Лолите». (О роли собаки в «Лолите» см. главу «Остров Цирцеи...».)

Один из собачьих кодов связан, как уже было намечено ранее (в главе «Мост через реку...»), с фаустовским текстом, это бес-оборотень[18]:

> Но что я вижу! Вот так гиль!
> Что это, сказка или быль?
> Мой *пудель* напыжился, как пузырь,
> И все разбухает ввысь и вширь.
> Он может до потолка достать.
> Нет, это не *собачья* стать!
> Нечисть ввел себе под свод!
> Раскрыла пасть, как бегемот,
> Огнем глазища налиты, —
> Тварь из бесовской мелкоты.
> Совет, как пакость обуздать,
> «Ключ Соломона» может дать.
> (курсив мой. — Ж. Х.)
> (перевод Б. Пастернака) [Гёте 1960: 42–43].

Пентаграмма Фауста на пороге не выпускает Мефистофеля-собаку, они равносильны.

Собака в самых разных мифологиях охраняет пороги, входы и переходы, является живым порогом[19]. Обернувшийся собакой Мефистофель в своей двойственной роли становится комплексным

---

[18] Я рассматриваю источники мотива собаки не в порядке исторической хронологии, глава обладает другой смысловой структурой.

[19] Порог — это граница между старым и новым миром, прошлым и будущим, жизнью и смертью — их сторожа нужно или победить, или принимать в роли помощника, чтобы переступить через порог. Порог может и убить — ср.: порог расколол пополам Дагона, похитившего ковчег Божий; охранниками-сторожами могут быть также драконы, львы, змеи (1-я Царств 5: 5).

литературным топосом (бесовский источник опасных сомнений, а значит, противник; но и помощник, проводник, интеллектуально привлекательный собеседник; философ, побуждающий к новым мыслям и открытиям, чьи обманчивые идеи оказываются ложью, миражом). Амбивалентность Мефистофеля, несомненно, ближе к человеческой натуре, чем его антагонист, божественная однозначная чистота.

Пудель, трость с набалдашником с головой пуделя — детали, традиционно связанные с «Фаустом», и подобная отчетливая отсылка появляется в романе Булгакова «Мастер и Маргарита», в «Хулио Хуренито» Эренбурга и у Набокова в «Приглашении на казнь».

На основе упомянутых набоковских произведений не будет ошибкой прийти к выводу, согласно которому собака, этот амбивалентный набоковский инвариант, всегда появляется как мифологический медиатор, психопомп по дороге в потустороннее. Имея в виду специфическое значение, которое Набоков придает смерти как инициации в таинства, амбивалентная, бесовско-божественная коннотация собаки усугубляется.

Очевидно, что в «Подвиге» представлено мифологическое пространство, которое размывает границы между реальным и потусторонними мирами, но в критической литературе этот мотив описан бегло [Букс 1998: 77]. Анализ текста на основе конкретных деталей убеждает в том, что несбывшаяся любовь и сама Соня, «маленькая сучка», является посредником, проводником и причиной перехода в смерть. К ней присоединяется Дарвин-медведь — тоже амбивалентно двойственный помощник, который, отворачиваясь в Берлине от Мартына, продвигает его по пути к смерти. Шутник Вадим превращается в зловещую фигуру лодочника Харона перед сценой драки-дуэли между Мартыном и Дарвином: он «священнодействовал искусно», своим «навигаторским таинством» он управляет лодкой «таинственно облагороженный» [НРП, 3: 185, 187, 190]. В английском тексте не менее явна его роль лодочника: «now performed a sacred rite», «mystique of navigation»; «mysteriously ennobled by his love of navigation» [Nabokov 1971a: 115, 116, 119].

Мотив собаки в прозе Набокова далеко не исчерпан, он приглашает к дальнейшей разработке и более детальному анализу текстов[20].

В заключение хотелось бы вернуться к заданному в начале главы вопросу, из чего же состоит живая собака, к набоковской цитате. Рассказчик «Отчаяния» (которому снится противный бесконечный сон о лже-собаке, из которого он не может проснуться, потому что, просыпаясь из одного сна, он оказывается в следующем) объясняет свою любовь к словесным ассоциативным играм: «Откуда томат в автомате? Как из зубра сделать арбуз». В английском варианте Набоков придумал новый каламбур: «What is this jest in majesty? This ass in passion? How do God and Evil combine to form a live dog?» [Nabokov 1971b: 47]. *God* и *Evil*, объединяясь, в зеркальном чтении выдают «live dog». Именно в этой игре слов, в псевдопалиндроме выражена та самая двойственность бесовско-божественной собачьей семантики, которая воплощена в мифах и древних культурах и проходит инвариантом в творчестве Набокова. Таким образом, имя Годара, директора музея, — имя двойное, God / Dog указывает и на его собачий облик, и на приобщенность к божьему миру. Вот, кажется, где *собака зарыта*.

---

[20] В «Прозрачных вещах» виллу Арманды охраняет собака-цербер, а мотив собаки завершается тем, что отъезд дамы с собачкой из гостиницы становится причиной смерти Персона. Куильти в «Лолите» появляется везде с собакой. Но ограничение мотива далеко не исчерпывается связью со смертью (об этом см. в главе «Остров Цирцеи…»). В «Камере обскуре» мотив змеи связан с Магдой (знак Евы), а мотив собаки — с Горном (глава 25); более того, парочка планирует оставить ограбленного, обманутого слепого Кречмара одного в заброшенном доме и купить ему собаку. Подробнее см. анализ более 50 появлений мотива по указателю [Hetényi 2015: 915].

Клоуны коммунацисты
О набоковской пошлости[1]

В сентябре 1965 года у Набокова взяли телевизионное интервью, для которого он, по свойственной ему привычке, заранее приготовил ответы на карточках, а неиспользованные мысли опубликовал позже [Nabokov 1990: 51–61]. Однако в одной «неинтересной части, вырезанной по причине коллоквиализма» на кадрах, любопытных и с точки зрения психологии, Набоков достает большую тетрадь, где он собирал «ненавистные для него явления» («Things I Detest», см. также в [Nabokov 1990: 157–158]). Содержимое этой тетради, прочитанные им примеры можно считать иллюстрацией понятия «пошлость». Это слово, по единогласному мнению критиков, именно Набоков ввел в английский язык (хотя нет данных об устойчивости словоупотребления), и ему уделена отдельная глава в энциклопедическом сборнике «The Garland Companion to Vladimir Nabokov», написанная авторитетным исследователем Сергеем Давыдовым [Davydov 1995: 628–632].

Мне хотелось бы дать микроанализ набоковского понимания пошлости на примере лишь одного характерного персонажа, слащавого палача м-сье Пьера из «Приглашения на казнь».

Взгляды Набокова на эстетику и этику были аристократическими и элитарными и выстраивались в строгую иерархию. Впервые на взаимосвязь вульгарного в искусстве, упадка культуры и деформации общества он указал в своей монографии

---

[1] В главе использован материал статьи автора: Kommunáci bunyós bohócok. A nabokov és póslaszty // Whack fol the dah. Írások Takács Ferenc 65. születésnapjára: Writings for Ferenc Takacs on his 65th birthday. Budapest: ELTE BTK, 2013. P. 403–412.

о Н. В. Гоголе (1944). Однако не он первым отметил, что Гоголь — признанный поэт пошлости, по свидетельству самого Гоголя, это раскрыл Пушкин:

> Обо мне много толковали, разбирая кое-какие мои стороны, но главного существа моего не определили. Его слышал один только Пушкин. Он мне говорил всегда, что еще ни у одного писателя не было этого дара выставлять так ярко пошлость жизни, уметь очертить в такой силе пошлость пошлого человека, чтобы вся та *мелочь*, которая ускользает от глаз, мелькнула бы *крупно* в глаза всем [Гоголь 1990: 107].

А о том, что Гоголь связал безвкусицу с бесовским качеством, первым заговорил Д. С. Мережковский в исследовании 1906 года, анализируя общие черты Хлестакова и Чичикова:

> Гоголь первый увидел черта без маски, увидел подлинное лицо его, страшное не своей необычайностью, а обыкновенностью, пошлостью; первый понял, что лицо черта есть не далекое, чуждое, странное, фантастическое, а самое близкое, знакомое, вообще реальное «человеческое, слишком человеческое» лицо, лицо толпы, лицо «как у всех», почти наше собственное лицо в те минуты, когда мы не смеем быть сами собою и соглашаемся быть как все [Мережковский 1906].

Мережковский подчеркнул языковую сущность пошлости, парадокс ложности понятий на характерном примере словосочетания «мертвые души». В русской литературе никогда не иссякал поток обозначения пустой вульгарности, в котором один за другим следовали эмблематические бесовские персонажи пошлости. Иудушка Головлев М. Е. Салтыкова-Щедрина и герои «Мелкого беса» Ф. Сологуба — ближайшие родственники с точки зрения деформации личности, чеховский Ионыч является воплощением серой провинциальной стереотипности, ее порочного круга, *circulus vitiosus*, символисты переакцентировали вопрос пошлости в эстетические регистры противостояния «поэта и черни», избранных интеллигентов и душащей их посредственности, беснующимся и вульгарным силам черни. В списке же Набокова среди великих пошляков мировой литературы значатся Полоний и королевская чета из «Гамлета», мсье Бовари и герои «Милого друга» Мопассана или Молли Блум из «Улисса» Джойса.

Слово *пошлость* действительно нуждалось в объяснении для английского читателя, ибо оно не имеет эквивалента в других языках. Об этой проблеме есть упоминание уже в романе «Подвиг»:

> Таких слов, таких понятий и образов, какие создала Россия, не было в других странах, — и часто он доходил до косноязычия, до нервного смеха, пытаясь объяснить иноземцу, что такое «оскомина» или «пошлость» [НРП, 3: 216–217].

Тем более нужно было объяснить слово в том широком, в то же время очень точном значении, которое Набоков придал ему в своей книге о Гоголе и в статье «Пошляки и пошлость», но его определение все время уточнялось в разбросанных по лекциям о литературе и в разных интервью замечаниях:

> У русских есть, вернее, было специальное название для самодовольного величественного мещанства — пошлость. Пошлость — это не только явная, неприкрытая бездарность, но главным образом мнимая значительность, мнимая красота, мнимый ум, мнимая привлекательность [Набоков 2000a: 429, 431].

Пошлое — это все, что фальшиво, поддельно, дешево, это безвкусица и кич, низменное стереотипное, вульгарное, сериальное, пустое. И все это не просто противопоставлено эстетическому как противоположное понятию искусства, но принадлежит к категории морали, ибо лишено подлинности и честности. Переводить пошлость словом *мещанство* не верно, так как это вносит оттенок общественно-социального контекста, а набоковская пошлость не подразумевает социальных оценок. Набоков постоянно отмежевывался от причисления его книг к литературе с общественным содержанием, и как раз в 1938 году в письме к американскому издателю (Altagracia de Jannelli) он даже устанавливает в качестве ars poetica следующее:

> Я никогда, никогда, никогда не буду писать романы, которые решают «современные проблемы» или изображают «беспокойства мира...» <...> литература всегда останется для меня игрой, тайные правила которой принципиально исключают следование целям, чуждым ее странной, божественной натуре. Отмечу, что я не вижу особой разницы между Сов. Россией и Германией: это одни и те же кровавые гвоздевые ботинки, только в первой — как-то еще кровавей <...> С другой стороны, в «Приглашении на казнь» и в последнем романе «Дар» я по-своему отражал те вещи и настроения, которые связаны с нашей эпохой. Первый — фантастика, а второй — полноценный роман на 500 страницах [Connolly ed. 1997: 149].

В предисловии к английскому изданию «Приглашения на казнь» он отказывается от влияния Кафки и Оруэлла, а в интервью отмечает, что его книга о том, какой будет Россия в 3000 году [Belser 1959]. Ранее он характеризовал роман как «историю ареста бунтаря и его дней в тюрьме, в открыточной крепости, куда его посадили жестокие клоуны коммунацисты» («Buffoons and bullies of a Communazist state» [Nabokov 1951: 217]).

Парадокс отношения Набокова к пошлости в том, что чем чаще он пишет о пошлости, тем больше приближается к ней, ведь любая прямая декларация идеи сама по себе является пошлостью, и писатель в роли диктатора мнений постепенно теряет силу достоверности, и это так даже в случае Набокова, безупречный вкус которого позволял ему отделять литературу пошлую от настоящего искусства. Лишенное плодотворного новшества или не обладающее истинной новизной писатель считал фальшью. Везде, где он только чуял политику, предрассудки, идеологичность, дидактизм, сентиментальное сюсюканье или декларативную идейность, он сразу определял пошлость: гётевский «Фауст», Фрейд, Достоевский, Чернышевский, Тургенев, Камю, Сартр, Т. Манн (и «Смерть в Венеции», и «Волшебная гора»). У Л. Н. Толстого и «Воскресение», и «Крейцерова соната» были названы легковесными по сравнению с шедеврами «Анной Карениной» и «Смертью Ивана Ильича». Творчество Хемингуэя также разделено на две части: восхваляются рассказы, а «По ком звонит колокол» выброшен из первой ряда. Даже Эдгар По юным Набоковым оценивался низко, стоит только посмотреть на иронические цитаты Гумберта Гумберта в «Лолите». Немногие сохраняют свою ценность для Набокова в течение всей его жизни — Пушкин, Шекспир, Джойс (но только «Улисс»!), «Превращение» Кафки, «Петербург» Белого и Пруст (но только первая половина «В поисках утраченного времени») [Nabokov 1990: 57, 146–147].

Мир пошлости в «Приглашении на казнь» связан с игрой. Поведение куклообразных тюремщиков утрированно театрально, они лишены личности; не только их имена, но и они сами взаимозаменяемы — входит Родриг, а выходит Роман, а если куртка Родиона испачкана известью, то куртка Родрига тоже. По своеобразным правилам этого государства тюремщики должны быть кровными братьями, но когда это не так, то они маскируются, чтобы стать похожими, как братья. Театральность (кукольность) предстает формой лжи. *Роман-Родриг-Родион* — ближайший родственник немалого числа кошмарных и удвоенных в игре набоковских персонажей, хотя бы Курта и Карла («Защита Лужина») или двух Шульцев в рассказе «Облако, озеро, башня». Кошмарность их связана с расчеловечиванием (дегуманизацией) и похожестью на бесовскую натуру метаморфов-оборотней (ранее эта черта была рассмотрена в отношении мотива собаки и острова Цирцеи). Они, бездушные и удвоенные, противопоставлены раздвоенному от своей инаковости, размышлений и отчаяния Цинциннату. «Я покоряюсь вам, — призраки, оборотни [ср.: *werewolves*], пародии. Я покоряюсь вам. Но все-таки я требую, — вы слышите, требую (и другой Цинциннат истерически затопал, теряя туфли), — чтобы мне сказали, сколько мне осталось жить... и дадут ли мне свидание с женой» [НРП, 4: 66].

Сцены тюремщиков воспроизводят неудачные бурлески, сопровождаемые их же смехом, в котором комическое становится натянутой фальшью, усиленной в опереточной концовке.

— Мы, мы, это мы, — выдавил наконец м-сье Пьер, повернув к Цинциннату меловое лицо, причем желтый паричок его с комическим свистом приподнялся и опал.
— Это мы, — проговорил неожиданным для него фальцетом Родриг Иванович и густо заготогал снова, задрав мягкие ноги в невозможных гетрах эксцентрика [НРП, 4: 144].

М-сье Пьер является главной фигурой, мастером церемоний в этом городе, состоящем из декораций. Родственники-посетители приходят в тюрьму в театральных костюмах, с мебелью для оборудования камеры декорацией и с аксессуарами (часть бутафории — сатанинская, грозно стучащая черная палка тестя, и один из детей-близнецов по-бесовски хромает). Схематичность декорации делает внутренние пространства тюрьмы одинаково ограниченными, похожими, внешние сцены обставлены картонным реквизитом и подготовлены к различным спектаклям (вечеринка, проезда через город, казнь). Шаткость «потемкинских фасадов» характеризует весь город: крыша съезжает, стены искривлены, статуи трескаются и теряют детали, бумажные облака отклеиваются, тополя падают, обнаруживая свое бумажное нутро, крепость нехорошо болтается [НРП, 4: 181–187]. Толпа людей выглядит как часть декорации: «За первыми рядами следовали ряды похуже в смысле отчетливости глаз и ртов, за ними — слои очень смутных и в своей смутности одинаковых лиц, а там — отдаленнейшие уже были вовсе дурно намалеваны на заднем фоне площади. Вот повалился еще один тополь» [НРП, 4: 184–185]. «И почему у вас макинтош мокрый, а башмачки сухие, — ведь это небрежность. Передайте бутафору. <...> Играйте свою роль, — побольше лепета, побольше беспечности, — и ничего, — сойдет» [НРП, 4: 126]. В словах Цинцинната Набоков разоблачает свой прием бутафоризации.

Бутафория, декорации, костюмы и маски составляют общую картину народного и кукольного театра и цирка, к которой органически подстраивается и пошлость речи. Это настоящий сказ, мастерски сконструированная в деталях сказовая манерность, включающая эффекты фальши, вычурность, детское сюсюканье, злоупотребление уменьшительными формами. Интересно отметить, что последние были сохранены и в английском автопереводе (например, «рубашечка» / «little shirt»), хотя особая роль диминутива в русском языковом узусе резко отличается от стилистики других языков, в том числе английского. Безвкусную неискренность показывают неуместные французские полуслова или обороты, использование которых характеризует претензию необразованных людей выступать в роли образованных, как им кажется, приближаясь к аристократии мнимыми (ср. имя Пьер, отсылающее к Пьеру Безухову) или пустыми позами и приемами. Сказовые неловкости, вывороченные слова, дешевый юмор Пьера являются кривым зеркалом дневниковых записей Цинцинната, его поиска правильных выражений и точных слов.

> — Видите ли, какая штукенция, — сказал директор, — я не уверен, желаете ли вы... Дело в том, что это ваша мать, — votre mère, paraît-il.
> — Мать? — переспросил Цинциннат.
> — Ну да, — мать, мамаша, мамахен, — словом, женщина, родившая вас [НРП, 4: 124].

Французский язык может мгновенно деградировать, когда служащий диктатуре тюремщик, словно укрощая зверя или дрессируя собаку, загоняет Цинцинната обратно в камеру криком «Арьер!» [НРП, 4: 130].

Постоянные шутки, веселость через силу и развлечение играми являются элементами основной тональности пошлости.

> — Гости были? — вежливо справился он у Цинцинната, когда директор оставил их в камере одних. — Матушка ваша? Так-с, так-с. А теперь я, бедненький, слабенький м-сье Пьер, пришел вас поразвлечь и сам поразвлечься. Смотрите, как он на вас смотрит. Поклонись дяде. Правда, уморительный? Ну, сиди прямо, тезка. А я принес вам еще много забавного. Хотите сперва в шахматы? Али в картишки? В якорек умеете? Знатная игра! Давайте, я вас научу! [НРП, 4: 130].

В рассказе «Облако, озеро, башня», написанном одновременно с романом, немецкие туристы в более жизнеподобной, не антиутопической форме и без применения фантастики представляют собой реальную диктатуру, в которой происходит подобное, насильственное навязывание игры: агрессивно обязательное коллективное развлечение и пение хором.

Среди развлечений Пьера появляется увлечение фотографией (в отличие от обычной, высокой мотивной роли визуальных метафор в текстах Набокова здесь фотография получает вульгарную, искаженную утилитарную функцию). Пьер играет фотокарточками, как игральными картами, и на всех изображен он сам. Он также делает фотогороскопы, бесовски гадая по ним о будущем, о старости девочки Эммы. Игра в карты, подобная игре судьбами людей, похабные анекдоты и курение трубки — бесовские атрибуты или метафоры Антихриста[2]. Директор тюрьмы называет карточные фокусы «красной магией», что в общем семантическом поле с отчеством тюремщика «Виссарионович» может отсылать к советской диктатуре. Во время фокуса Пьер выбрасывает пятерку пик. Черный цвет и английское *spade* связывают карты со смертью, гротескной амбивалентностью, включая в семантический круг реальную лопату (*spade*), которой Пьер вырыл туннель, чтобы сначала показаться спасителем, а потом оказаться палачом. На его трости — набалдашник с бульдогом [НРП, 4: 181], атрибут Мефистофеля.

Деградируют и дорогие для Набокова шахматы, они снижены до дилетантского развлечения: Пьер жульнически снимает шахматные фигуры и переставляет их. Фигура Пьера — нагромождение мотивов пошлости: нечистоты (дурнопахнущие ноги), похабные разговоры о сексуальности и женщинах: «ядреная бабенка» (о жене Цинцинната) [НРП, 4: 134].

Сцены, характеризующие диктатуру, становятся фоном истории Цицинната, но непосредственное изображение делает скрытое еще более страшным. Библиотекаря, не желающего участвовать

---

[2] О христианских мотивах фигуры Цинцинната первым написал Г. Шапиро [Шапиро 1979].

в игре, директор провожает в коридор, а когда возвращается, держит в раненой руке шарф библиотекаря, которого явно избил. На его лице широкая принужденная улыбка [НРП, 4: 96–97].

Распределение рабочих по классам в этом пошлом фаланстере пародирует марксистские идеи классов в обществе. Донос на Цинцинната о его нелегальном существовании и следствие, проведенное по его делу, соединяют пародийные акты физической агрессии и психологические методы советской диктатуры:

> В течение нескольких суток ему не давали спать, принуждали к быстрой бессмысленной болтовне, доводимой до опушки бреда, заставляли писать письма к различным предметам и явлениям природы, разыгрывать житейские сценки, а также подражать разным животным, ремеслам и недугам [НРП, 4: 60].

Реалистическими кажутся и допрос Цецилии Ц., и ее страх наказания, но об этом становится известно только из болтовни Марфиньки [НРП, 4: 169].

Набоков раскрывает суть террора в жестоком цирке: в ряду замысловатых и изощренных мучений практикуются разные формы психологических пыток: приглашение посетителей, которых Цинциннат не желает видеть (мать), или замена обещанного посетителя другим (жены — Пьером, это заодно и воплощение метафоры невесты на пиру перед казнью, на пародированной тайной вечере), причем для жены естественной формой платы за посещение становится сексуальная услуга, оказанная нескольким тюремщикам подряд.

Палач Пьер появляется в роли спасителя и товарища по рабству, и его навязанная дружба извращена в игре палача и жертвы, кошки с мышкой. Идея такого оборота и концовки романа была заимствована Набоковым из китайской традиции, как об этом можно догадаться из строк в его другом романе, в «Даре», над которым он работал параллельно с «Приглашением на казнь»: «В Китае именно актером, тенью, исполнялась обязанность палача, то есть как бы снималась ответственность с человека, и все переносилось в изнаночный, зеркальный мир» [НРП, 4: 383]. Пьер одновременно и ложный психопомп, или Иуда, тот мнимый помощник, который ускоряет приход неизбежного с точки зрения сюжета конца-казни (об этом инвариантном мотиве, восходящем к образу Гермеса, см. главы «Мост через реку...» и «Идеальная нагота...»). Время казни не объявлено, потом объявлено и снято (вроде Пьер отравился рыбой на пиру — не от символа рыбы ли на самом деле?). Но для Цинцинната как раз этот конец означает императив «проснуться» [НРП, 4: 100], это принесет «пробуждение» [НРП, 4: 180], освобождение, воскресение.

То, что Набоков показывает не актуальные явления или не конкретную политическую систему, а применяет общую гротескную форму комедийного изображения ужаса, позволяет обобщать понятие пошлости. Сам прием внушает превосходство авторского замысла, как философски выразился Роберт Альтер, «возвышение сознания над повседневными ужасами» [Alter 1997; 52]. Эту абстрактную эстетическую позицию «искусство как таковое выше обыденного» представляют ирония и жанровые свойства антиутопии. Но с точки зрения определения пошлости исключительно важно заметить то выхолащивание ценностей и ту фальшивость, которые не только характеризуют диктатуру, но являются его вечными атрибутами, по которым можно распознать ее тень, ее приближение и присутствие.

Пьер является первым значительным представителем набоковской пошлости, хотя его предшественником в этом отношении был несомненно Герман («Отчаяние»), но наррация от третьего, а не от первого лица и бинарная структура персонажей (в противопоставлении Цинциннату) придают эмблематическую значительность фигуре Пьера, объединяющей три взаимосвязанных качества пошлости: бесовство, насилие и власть.

Немало других персонажей Набокова можно считать рабочими вариантами, предшественниками этой формулы, и они наделены разными чертами пошлости. В «Машеньке» лаврового венка пошлости достоин, конечно, Алферов, но и Людмила ненамного отстает от него. Все три главных персонажа романа «Король, дама, валет» — пошляки, но не в равной мере и форме (пожалуй, повинности Дрейера автор иногда прощает). В «Защите Лужина» все русские эмигранты, особенно родители жены, носители мягкой формы пошлости, а настоящим вульгарным бесовским манипулятором-коммерсантом является Валентинов.

Валентинов, падкий на деньги, погрязший в материальном мире, вводит в круг ассоциаций с пошлостью древнюю матрицу литературы, знакомую уже из фольклора, фигуру беса-коммивояжера. Эта метафора употреблена Набоковым сознательно, стоит только проследить связь демонического и пошлого обобщения в его статье «On Generalities» (написанной на русском языке с английским заглавием), где он отмежевывается от сторонников исторических теорий. Образ пошлого и бесовского коммивояжера то и дело мелькает в его творчестве — сам Герман в «Отчаянии» занят этим делом, Мартыну («Подвиг») встречается в поезде такой тип-инвариант, и Гумберт в «Лолите» включает людей культуры в разряд «не полицейского, не заурядного бандита, не похабного коммивояжера» [НАП, 2: 307].

Встречаются пошляки в разных сферах: дядя, скупой и утилитарный швейцарец и балующаяся фальшивыми стишками Алла в «Подвиге» и даже близкий друг Мартына, некогда экстравагантный Дарвин, лишается ауры милого чудака к концу романа как раз при помощи опошления (неинтересной женитьбой и серой службой). В «Камере обскуре» (1933) на всех персонажей наложена тень пошлости, но Горн создан более хитрым и бесовским, чем Валентинов из «Защиты Лужина», это более полный предшественник Пьера. Особым подтипом является брат Магды, который достоин внимания потому, что скрытыми знаками — следами грязи от военных ботинок на полу, демагогией и жестокостью к сестре — показывает приверженцев раннего немецкого нацизма (из этой среды вышли убийцы отца писателя) и предвещает зрелый фашизм, его бушующую, сатанинскую пошлость. Отто продолжает линию персонажей, начатую с немецких туристов из «Облако, озеро, башня». Этот тип тупой беснующейся жестокости и присягающих на коллективно-коммунальный террор одичалых мещан развит в романе «Bend Sinister», который с высшей степенью горькой иронии и пародии показывает тройной, и не только эстетический союз пошлости, бесовства и тоталитаризма.

В свете этого тройного единства ярче вырисовывается антиутопическая полемическая пародия на утопию Чернышевского не только в «Приглашении на казнь» [Букс 1998: 115–137], но и в «Даре», и немало других реминисценций, среди которых заслуживает особого внимания то, что полемику с Чернышевским начал не кто иной, как горячо нелюбимый Набоковым Достоевский в образе хрустального дворца. Герой Достоевского высказывает основные мысли и даже прием романа Набокова — утопическое счастливое государство, «хрустальный дворец», попросту низкий водевиль, который уничтожает не страдание, но страдающих и мысль вообще:

> Страдание, например, в водевилях не допускается, я это знаю. В хрустальном дворце оно и не мыслимо: страдание есть сомнение, есть отрицание, а что за хрустальный дворец, в котором можно усумниться? <...> Страдание, — да ведь это единственная причина сознания <...> После дважды двух уж, разумеется, ничего не останется, не только делать, но даже и узнавать [Достоевский 2006: 18].

Набоков внушает, что залогом постоянства пошлости является государственность. Опереточные государства, ожесточенные дурманом национальных или социальных грез, управляются власть имущими. Осознавая свою смехотворность, они желают подавить свое чувство неполноценности и готовы даже истребить те массы, которые могут их высмеивать, чтобы не раскрылось, что у власти — взаимозаменяемые копии, что маски не скрывают лица, а заменяют их. Оружие скрыто бумажными стенами картонной бутафории.

«Прозрачность и прочность такой необычной гробницы»
(«The Original of Laura»)[1]

«The Original of Laura» (1977, опубликован в 2009; далее — TOOL) — всего лишь куколка художественного произведения, не дошедшая до последней стадии метаморфоза. Фрагменты текста на 138 карточках, записи неполных десяти тысяч слов, около 20 страниц вспышек усталого таланта, умирающего гения. Набоков планировал сжечь их, как и первый вариант «Лолиты», спасенный в свое время женой писателя Верой, и у нее, вопреки завещанию мужа, рука не поднялась сжечь эту последнюю рукопись. После ее смерти их сын в течение двух десятилетий выслушивал просьбы опубликовать это последнее сочинение Набокова, которое, однако, было не единственным неоконченным текстом, не говоря о планах неначатых.

Роман (возможно?) в таком виде скорее создает впечатление архивного материала, и в этом роде он уникален, ведь перед читателем и исследователем открывается легендарный метод воссоздания романа из фрагментов. В этом смысле особенно многозначно, что рабочее название (обычная для Набокова аббревиатура из начальных букв) было TOOL — то есть «инстру-

---

[1] В статье использованы материалы статей автора: Kiradírozott önélet: Nabokov «Laura modellje» // Világtalanul. Világirodalom-kritika Magyarországon / szerk. D. Zelei. Budapest, Pécs: Jelenkor Kiadó, 2015. P. 386–388; «Siskov a nevem». Áttűnés a művészetbe. (Vladimir Nabokov «Vaszilij Siskov» című novellájához) // Jelenkor. 2014. № LVII. URL: http://www.jelenkor.net/archivum/cikk/8361/vaszilij-siskov (дата обращения: 27.06.2021).

мент», «прием». Сам Набоков о своем романе имел почти готовое представление — текст закончен в его воображении («completed in my mind»), как он сказал осенью 1976 года, за несколько месяцев до своей смерти, отвечая на опросник «Что читают нынче писатели?» газеты «The New York Times Book Review». Из лозаннской больницы он пишет, что читает три книги: «Ад» Данте, книгу Уильяма Хоу «Бабочки Северной Америки» и свой «The Original of Laura», — и признался, что он вслух читал свой роман в саду, окруженном стенами, своей странной публике: птицам, растениям и своим давно умершим родителям[2]. Этот полусон напоминает сцену из «Пнина», в котором Пнин во время своей лекции в женском клубе галлюцинирует своих покойных родителей в ряду слушателей.

Laura / Лора не стала соперницей Лолиты. Эта тонкая книга должна открываться только перед самыми верными любителями и любительницами Набокова, перед которыми ему не стыдно раздеваться неуверенными движениями и просить подкладное судно. Ведь эти любящие читатели помнят его «львиные когти», когда еще они не болели и не наполнялись гноем. В тексте TOOL много физических и болезненных деталей (повторно и особо отмеченных «medical intermezzo»), которые повторяют записи Набокова в блокнотах последних лет: он записывал с датами и гнойные раны, и все болезни с дозировкой лекарств[3]. Но эмпатический читатель, способный обнаружить в описании громкого пищеварительного процесса тот же язык и видение физиологии и мира, которые раньше оживляли тончайшую телесность девочек

---

[2] «I kept reading it aloud to a small dream audience in a walled garden. My audience consisted of peacocks, pigeons, my long dead parents, two cypresses, several young nurses crouching around, and a family doctor so old as to be almost invisible. Perhaps because of my stumblings and fits of coughing the story of my poor Laura had less success with my listeners than it will have, I hope, with intelligent reviewers when properly published». Цит. по: [Wood 2010: 13].

[3] Блокноты хранятся в архиве В. Набокова в Коллекции Г. и А. Бергов Нью-Йоркской публичной библиотеки (The Henry W. and Albert A. Berg Collection of English and American Literature, The New York Public Library) [Berg Collection].

и бабочек, — этот читатель при наготе карточек будет допущен в интимную сферу искусства.

В TOOL, подобно галлюцинации Пнина из прошлого, тусклым блеском встречаются вспышки знакомых тем, главным образом тема нимфеток и поэтика эротекста, который здесь остался в состоянии «спящей красавицы». Как сформулировал сам писатель на первых страницах, стадия «sketchy skeleton», то есть фрагментальность, может превратиться в достоинство текста [Nabokov 2009: D 3][4].

При отсутствии фабулы все же можно составить из записей две основные сюжетные линии: неравная связь Лауры и пожилого мужа, и самодеконструкция автора, который пишет книгу о них. Этот писатель ставит эксперимент, в котором желает войти в особое состояние, и в воображении или воображением по очереди уничтожает свои органы, чтобы «совершить» смерть.

Самое характерное творческое стремление Набокова — абсолютно контролировать как действие его произведений, так и события его жизни, то есть обе формы его «реальности». Это стремление побороть смерть эстетически, пожалуй, та главнейшая мысль, которая воплощается в течение всего творческого пути и звучит в финале последних строк незаконченной TOOL. Набоков несколько раз записывал в своих блокнотах одни и те же строки стихов, которые кончаются так:

> Нет, череп, ты мне не гадай,
> Какую карту надо вынуть,
> Чтобы попасть в твой страшный рай[5].

Именно череп может придумать, как переправиться в адский рай: уже на второй карточке сообщается, что муж Лоры — писатель, работающий над тайным (и последним) текстом, «it was a

---

[4] Здесь и далее роман цитируется по авторским карточкам с указанием их номера. Тем самым я намерена подчеркнуть незавершенность текста.

[5] Стихотворение июня 1974 года. В блокноте первые 4 строки датированы 11 апреля, с примечанием, что «половина из сна». Слово «страшный» в одном варианте был замещен словом «кромешный» [Бабиков 2010].

mad neurologist's testament, a kind of Poisonous Opus» [Nabokov 2009: 2].

Удвоенная героиня, Лаура / Лора и Флора, объединена в Флауру (Флору), что выдвигает на первый план игру произношения и продолжает не только длинный ряд параллельных псевдодвойников в прозе Набокова, но и ряд женских носителей аллюзий на Петрарку и цветовую гамму Боттичелли (последняя привлекает визуальную нотацию в свете готовящегося в тексте полотна). Суть и красота этих женских фигур изображены также пунктирно и расплывчато, как и прежние набоковские героини, как цветные иллюстрации детских книг за полупрозрачным листом заглавной страницы дорогого издания сказок (как сказано в «Подвиге»).

Фрагментальность — чуть ли не главная характеризующая черта так называемого постмодерна, и, наряду с незаконченностью (в данном случае суммой вспышек идей), она парадоксально придает любому тексту силу и интенсивность поэтической формы, ибо просветы и зияния играют роль нулевых знаков, которые призывают читателя к активному добавлению собственных ассоциаций. Здесь язык, действие, структура и даже персонажи раскрываются лишь благодаря прихоти читательского воображения, дополняющего пробелы. Поэтому слишком велика свобода анализа. Корпус текста в данном случае нуждается не в разборе, а в дополнении перед тем, как начать интерпретацию.

Местами сами авторские ассоциации, например языковые игры, преодолеют семантическую линию наррации, как будто звучание текста дает ему направление, напоминая позднего Джойса эпохи «Finnegan's Wake», когда текст уже рискует выходить за пределы возможности интерпретации[6].

TOOL перевели на немецкий (и венгерский) язык как «Модель Лауры», пренебрегая тем, что слово *Original* и прописная *О* в нем, этот столь важный знак, семантизированная буква в набоковском «mannered alphabet» [Nabokov 2009: Ex ///], проходит мотивом по

---

[6] В тексте из 9850 слов 90 фонетических созвучий, некоторые из них соединяют более 10 слов [Жутовская 2011].

всему творчеству Набокова и содержит (среди прочих) ассоциацию с ориго, началом, раем, то есть экстатическим возвращением к истокам (см. в главах «Взор и узоры прозы...», «Симметризация, сенсибилизация...»). Ученый уничтожает оригинал своей любовницы при помощи создания дубликата на полотне (присоединяются подтексты портретов Гоголя и Уайлда). Нехитрое искусство убить натурщицу, но человека перенести в произведение искусства и тем самым уничтожить — истинно артистический прием. Тем более что в тексте TOOL демонстрируется все творчество Набокова путем повторений и автореференций, наматывается, подобно мелькающему в обратном направлении фильму, и достигает точки ориго. Цикличная структура времени выражает у Набокова не только вечную линию (как в первом предложении его автобиографии) и не только спираль («Цветная спираль в стеклянном шарике — вот модель моей жизни» [НРП, 5: 312]), но и стремление к победе над смертью.

Фрагментальный текст TOOL вписывается именно в этот ряд. Подобно тому, как зародыш выстраивает клетку за клеткой и рождается, писатель в TOOL проводит обратную операцию, разбирает свое тело, клетку за клеткой, чтобы, превращаясь в ничто, вернуться в темноту ориго. Связь Флоры и ее отчима Hubert Hubert, этого «charmeur» с именем, очень похожим на отчима Лолиты, Гумберта Гумберта, и внезапная смерть Daisy отражают настроения и сцены из «Лолиты», но еще ближе — «Бледный огонь», смерть дочери Шейда: «the muddy road was again, was for ever a short cut between her and school, between school and death» [Nabokov 2009: Two 14]. Выражение *short cut* («короткое замыкание») само по себе ассоциирует внезапно перерезанную жизнь.

Flora, Laura, Cora и Daisy — все родственницы Лолиты с лилийно-цветочным именем и с ее бурной и рано начатой сексуальной жизнью. Cora — версия греческой Персефоны, мотив которой я проследила в «Лолите» задолго до публикации TOOL [Heténуi 2008b; Хетени 2011a]. Другая моя идея, подтвержденная здесь, — о важности среди дантовских аллюзий у Набокова мотива Коцита (см. главу «Мост через реку...») [Хетени 2005], — как мы видели, Набоков читал «Ад» в больнице. Набоков использует богатый инвентарь эротических словесных приемов, но порою описания мастурбации, акробатической гимнастики копуляций и «мальчико-девочки», гинандриона, становятся самоцельными клише. Записи Wild (имя Оскара Уайлда не первый раз всплывает в творчестве Набокова) позволяют предполагать, что окончательный вариант книги шел бы по той «двойной схеме», в которой произведение главного героя писателя вклинивается в двойную наррацию. Такую же структуру внушает и материализация романа в романе «Лаура» в самом тексте: героиня романа сидит на скамейке и читает этот же роман, что и мы, в котором она выступает как протагонист. О плане двойной или тройной наррации свидетельствуют и фрагменты текста, написанные от лица и рукой Эрика (Eric), и фрагменты, принадлежащие другим, неопределенным авторам.

Среди автореференциальных цитат и инвариантов встречаются и постоянные, например тайная тропинка («underpath»), а другие еле заметны. Например, старик сидит на скамейке в позе, описанной в металитературном рассказе «Набор» [Nabokov 2009: Five A, Five B]. Фигура сексуального маньяка Эрика перекочевала сюда из «Ады...» [Nabokov 2009: Eric's Notes]. Смерть Филипа Вайлда в лифте продолжает инвариант лифтов, зловеще направленных в небеса впервые в «Защите Лужина» («Going up, one would like to surmise») [Nabokov 2009: Two 18]. Аллитерирующие животные «toad and tortoise» [Nabokov 2009: II] отправляют сразу к двум прежним текстам, жаба — к имени диктатора в «Bend Sinister», а черепаха — к жителю аквариума берлинского Зоологического сада («Путеводитель по Берлину»).

Удовольствие умирания (подзаголовок, вероятно не принадлежащий Набокову) не пустая юмористическая игра слов, а определение эксперимента практики умирания путем усиливания, повышения всех чувств, создания сознательного экстаза или сознательное вызывание экстаза: «the process of dying by auto-dissolution afforded the greatest ecstasy known to man»; из которого сам «hypnotrance» тот «автор», который пишет эти карточки, надеется на волевое возвращение. «In this very special self-hypnotic state there can be no question of getting out of touch with oneself»

[Nabokov 2009: Wild //////, 2/2, Wild]. Экстаз (транс) как переплетение Эроса и Танатоса и состояние элиминации границ и потери Я является доминантой в творчестве Набокова (об этом см. главы «Насыщенное нулевое состояние…» и «Душеубийственная прелесть…»).

> For a moment I wondered with some apprehension if the deletion of my procreative system might produce nothing much more than a magnified orgasm. I was relieved to discover that the process continued sweet death's ineffable sensation which had nothing in common with ejaculations or sneezes. The three or four times that I reached that stage I forced myself to restore the lower half of my white «I» on my mental blackboard and thus wriggle out of my perilous trance [Nabokov 2009: D 8].

Взаимосвязь Эроса и Танатоса выступает здесь совершенно не во фрейдистском смысле, ведь чувственное блаженство самоуничтожения в этом тексте лишено и агрессии, и ненависти, и — самое главное — противоположный пол не играет в нем роли. Это не проявление инстинкта смерти (понятие Фрейда), а эксперимент уничтожения при помощи сознания. Это не смерть от любви, а последний прижизненный интеллектуальный акт. Запись Вайлда цитирует не мысли эстетизированного Эроса Платона, а Софросюне, то есть благоразумия: «Sophrosyne, a platonic term for ideal self-control stemming from man's rational core» [Nabokov 2009: D 11/3]. Карточку, на которой фигурирует это единственное определение, можно воспринимать и авторским теоретическим конспектом к материалу будущего романа. В глубине сознания Вайлда эксперимент направлен на победу над смертью, на очищение, после которого инициированный путешественник вернется освобожденным от страданий и всего телесного. Возвращение из смерти — одна из сквозных тем творчества Набокова, как мы видели в предыдущих главах.

Местоимение «I» не только графическое отображение «Я», напоминающее восклицательный знак и богато семантизированное в разных текстах Набокова, но в данном случае воплощение Я, его «project[ed] mental image» [Nabokov 2009: D 1], вертикаль, физически уничтожаемая и разбиваемая на части горизонтальными линиями:

> I then tried various stylizations <...> a sketchy skeleton or would the letters of my name do? Its recurrent «i» coinciding with our favorite pronoun suggested an elegant solution: a simple vertical line across my field of inner vision could be chalked in an instant, and what is more I could mark lightly by transverse marks the three divisions of my physical self: legs, torso, and head [Nabokov 2009: D 4].

«I» в качестве Я-буквы, как и магическое повторение букв имени, способно реконструировать Я путем словесной реализации фигур, тем приемом, который, с одной стороны, вытекает из синестетизма писателя, с другой стороны, восходит к символистской теории и к футуризму. Символизм словотворчеством создавал реалии искусства, а футуризм графические знаки воспринимал как телеса.

В то же время раздробление, разрезание тела появляется и как самоироническая победа над болезнями и страданием, граничащая с абсурдом. Чуть ли не клинической точности авторефлективные описания борьбы с плотью, с кровью и гноем (кстати, опять с поразительными совпадениями с блокнотами Набокова) включают и гнойные раны пальца на ноге, и отказы пищеварения, и проблемы простаты и импотенцию. Вспоминаются «Случаи» Даниила Хармса, среди которых несколько сюжетов развиваются вокруг экспериментов со смертью (например, «Сундук»), и происходит постепенная деконструкция тела, или же тело лишено смысла, его перечеркивают и оно исчезает; а в «Старухе» упоминаются и необъяснимое воскресение, и раздробление тела (о Хармсе и Набокове см. главу «Фарфоровая свинья...»). Решения Хармса не такие «элегантные», как у Набокова, у которого разбор тела впервые появляется в «Приглашении на казнь», когда Цинциннат Ц. снимает части своего тела вслед за одеждой. В «Bend Sinister» во сне Круга его умершая жена, сняв украшения, снимает и свои части тела. Зачатки такого опредмечивания тела видим в «Соглядатае», в разложении тела Смурова.

Этот симбиоз самоуправленной фрагментации собственными руками и решением читается, с одной стороны, как трагическая наррация разлада с самим собой и, с другой стороны, как метафикциональный документ творческого собирания слов для разведывания их смысла. На верхнем поле карточки мы читаем (sic!):

> self-extinction
> self-immolation, -tor
> three card at least of this stuff

На карточке предложение с лакунами ожидает подходящих слов, а попытки поиска продолжаются в конце карточки:

> As I destroyed my thorax, I also destroyed <...> and the <...> and the laughing people in theaters with a no longer visible stage or screen, and the <...> and the <...> in the cemetery of the asymetrical heart
> autosuggestion, autosugestist
> autosuggestiv
> (обратим особое внимание на эти повторяющиеся *auto*. — Ж. Х.) [Nabokov 2009: Wild's note].

Маски больше не действуют, и набор слов с «авто» и «само» создает когнитивный тупик, приводящий к экстатической панике и одиночеству, «delicious dissolution». В нем анаграмматично включено и латинское *solus* — одинокое Я, и английское *soul*, душа.

И это не пустая ассоциация. Набоковские романы часто именно тематизируют умирание, а не смерть, и в сюжете поздних романов, в «Аде...» или на страницах «Look at the Harlequins!», — исчезают любящие пары. «One can even surmise that if our time-racked, flat-lying couple ever intended to die they would die, as it were, into the finished book, into Eden or Hades, into the prose of the book or the poetry of its blurb» [Nabokov 1974b: 460]. Это «переумирание» в книгу не что иное, как вечная метафора бессмертия в творчестве, своего рода жизнетворчество, полное метаморфоз.

Троица процесса письма, творения и свободной воли дает ключ к еще одной интерпретации эксперимента умирания как демонстрации роли тотального диктатора текстов.

> A process of self-obliteration conducted by an effort of the will. Pleasure, bordering on almost unendurable ecstasy, comes from feeling the will working at a new task: an act of destruction which develops paradoxically an element of creativeness in the totally new application of totally free will [Nabokov 2009: Wild's note 2].

Авторская власть над марионетками-персонажами вдруг распространена на жизнь и на автора самого? Имя персонажа в визуальном окружении карточек вдруг присоединяет английское выражение *wild card*, обозначающее джокера или шута, карту или лицо, знаменующее любого *Другого* (Other). Это выражено в чистой форме в имени героя Person Wild (ср. с именем Person в «Transparent Things»). Wild означает еще неожиданность и неизбежность событий (смерть несомненно такова), но есть и карточный фокус (*wild card*, франц. *carte folle*), когда одна карта незаметно заменяется другой. В этом контексте смерть является всего лишь карточным фокусом, или метаморфозом, или же сменой-подменой персонажей на сцене театра жизни. Это последнее созвучно с восточным представлением о переселении душ, о котором в тексте встречаются детальные записи с понятиями «Oriental wisdom», «Nirvana», «Brahmism», «Buddhism», «bonze», «the doctrine of Buddhist incarnation» [Nabokov 2009: OED].

Элементы восточной философии пунктирно появились в творчестве Набокова и раньше, получив наиболее отчетливое сюжетное развитие в «Даре», а потом в концовке «Ады...», в умирании как растворении. Восточное влияние можно проследить и в концепции набоковского хронотопа. Поэтому набор аннулирующих слов заключительной карточки я воспринимаю не как завещание:

> **efface** (в карточке слово обведено. — Ж. Х.)
> expunge
> delete
> rub out
> xxxxxxxxxx (слово вычеркнуто. — Ж. Х.)
> wipe out
> obliterate [Nabokov 2009: 275].

Три слова связаны с телом, *expunge* и *wipe out* с ранами, а выделенное *efface* с лицом, еще три с текстом — тело и рукопись отождествлены.

Набоков догадался не в конце жизни о том, что можно ее закончить особым методом. Вот слова Василия Шишкова[7] в одноименном рассказе (1939):

> Я решил, что делать, как прервать, как уйти. Убраться в Африку, в колонии? Но не стоит затевать геркулесовых хлопот только ради того, чтобы среди фиников и скорпионов думать о том же, о чем я думаю под парижским дождем. Сунуться в Россию? Нет — это полымя. Уйти в монахи? Но религия скучна, чужда мне и не более чем как сон относится к тому, что для меня есть действительность духа. Покончить с собой? Но мне так отвратительна смертная казнь, что быть собственным палачом я не в силах, да кроме того боюсь последствий, которые и не снились любомудрию Гамлета. Значит, остается способ один — исчезнуть, раствориться [НРП, 5: 412].

Заключительная цитата абзаца в рассказе, «прозрачность и прочность такой необычной гробницы», является отрывком из стихов, написанных на смерть Ходасевича самим Набоковым. Но в рассказе они звучат как слова из фиктивного неизвестного стихотворения фиктивного Шишкова из другого мира недописанных или ненаписанных произведений.

---

[7] Имя раскрывает псевдоним, значит, двойника автора в реальной мистификации, скрывающей авторство стихотворения на смерть Ходасевича. См. [Boyd 1991: 509; Долинин 2004].

УЗОРЫ ПРОЗЫ

Взор и узоры прозы
*Два типа интерпретации в семантизации
букв и клеточные анаграммы.
Набоков и предшественники*[1]

В феврале 1914 года футуристы организовали вечер, где Виктор Шкловский прочитал свои тезисы «Слово как таковое», которые заложили основу формализма и вызвали живой интерес и в среде лингвистов. Этот скандальный вечер проходил в Тенишевском училище, где в это время учился 15-летний Владимир Набоков, который всего год спустя стал страстным версификатором. Совпадение случайное, но ему можно придать особое значение.

Футуристы и Набоков придавали графическому знаку одинаковую важность, но семантизация буквы футуристами и теория, созданная ими на фоне этой концепции, отличаются от набоковского метода (и здесь не игнорируется различие терминов *теория* и *метод*). Ниже речь пойдет о графическом свойстве букв (но не звуков) в организации набоковского текста — с целью прийти к некоторым выводам в области теории интерпретации (исследование было начато ранее: [Хетени 2012]).

---

[1] В главе использованы материалы статей автора: A szótól a betűig. Literátus litera-túra a transzlációban és transzliterációban (Nabokov sinesztetikus és többnyelvű szövegei) // A szótól a szövegig / szerk. V. Bárdosi. Budapest: Tinta kiadó, 2012. P. 109–114; Взор и узоры прозы. Два типа интерпретации букв и клеточные анаграммы: Набоков и предшественники // 1913 — «Слово как таковое»: к юбилейному году русского футуризма / сост. Ж.-Ф. Жаккар, А. Морар. СПб.: Европейский университет, 2015. С. 446–460.

Прежде всего важно представить литературную ситуацию, в которой сложился молодой поэт Набоков[2]. С появлением футуристов началась новая эра, подготовленная символистами, — это была «борьба с материалом» [Эйхенбаум 1987: 326].

Набоковскую прозу с русским футуризмом и европейским авангардом связывают принципиальные сходства:

1) признание самоценности искусства;

2) отказ от психологизма и мимесиса в изображении;

3) первичность формы, поэтизация прозы (в авангарде проза-изация поэзии);

4) объединение словесного и визуально-иконичного;

5) внимание к графическому выделению при фонетической значимости;

6) обнажение приема;

7) ресемантизация языковых элементов (сдвиг, смешение плоскостей языка);

8) идея об управлении временем (проекции);

9) авторефлексивность письма;

10) схематизация / деперсонализация персонажей и персонификация предметного мира (реализованные тропы, дезавтоматизация языка);

11) сильная акцентированность личности / Эго (например, Маяковский *vs* «Отчаяние», «Соглядатай», «Лолита» Набокова);

12) схематизация фигур (двуплоскостность, картонность, автоматы).

Отличия не менее существенные. У Набокова отсутствует любой оттенок акцентирования славянофильства или специфической роли России, культ жизнетворчества, идейный пафос

---

[2] Главную линию в развитии теории о соотношении и семантизации звука и буквы как знака я проследила по следующим произведениям: «Магия слов» (1910), «Жезл Аарона» (1917), «Глоссолалия. Поэма о звуке» (1922) А. Белого; «Буква как таковая» А. Крученых (1914; 1930); статьи и манифесты о зауми В. Хлебникова 1916–1919 годов; «Ключи Марии» (1918) С. Есенина; «Слово и культура», «О природе слова» (1921–1922) О. Мандельштама; «О новейших теоретических исканиях в области художественного слова» (1922) Вяч. Иванова.

и эмоциональность религиозной мысли, утопический взгляд на роль литературы и любая политико-общественно-социальная ангажированность — она у Набокова заменяется морально-этико-эстетической.

Мои размышления о буквах исходили из совершенно практического вопроса: как переводить буквы? Перевод не существует без предварительной интерпретации. Если буквы семантизированы на основе их формы, визуально, то следует ли перенести этот эффект из одного языка в другой в рамках реинструментализации значимого орнамента текста?

После отказа от аксиомы, что слово — наименьшая семантическая единица языка, представляются две возможности: искать значение в более мелкой или же более крупной единице языка. И расширение, и сужение изучаемых элементов оказывается бесконечным. Принцип контекстуальности Г. Фреге, соответственно которому все элементы языка приобретают смысл только в контексте более широком, чем уровень этого элемента, указал на то, что между предметом и именами предметов связь произвольна [Frege 1892: 26].

При условно-конвенциональном декодировании, в синхроническом аспекте буква — графический знак азбуки с денотативным значением, приблизительно соответствующий группе фонем.

В искусстве звуковые и визуальные качества носят эстетический характер. Букве как самостоятельному знаку по-разному присваивается значение: либо предполагается, что смысл находится (*finding sense*), либо что он создается (*making sense*), но в обоих случаях значение буквы будет коннотативное. Раз буквенный знак должен представляться в голом, обнаженном виде (как таковой), он лишается своих предвзятых означаемых и, оторванный от всего обозначаемого, становится самоценным предметом. Тем же самым он превращается во внетекстовый объект, лишенный контекста, для которого обеспечена свобода осмысления.

В интерпретационной стратегии нагляден пример якобы контрастирующих позиций символистов и зауми, которые одинаково утверждают, что они ищут и находят в буквах смысл, в них потаенный. Очевидно, что этот смысл художником слова творчески придается, создается.

В этой точке неожиданно смыкаются разные художественные принципы, которые самоопределялись в отрицании друг друга.

Символист Андрей Белый:

> Слово создает новый, третий мир — мир звуковых символов, посредством которого освещаются тайны вне меня положенного мира, как и тайны мира, внутри меня заключенные; <...> в слове воссоздаю я для себя окружающее меня извне и изнутри, ибо я — слово, и только слово [Белый 1910: 430].

Футурист Владимир Маяковский: «Не идея рождает слово, а слово рождает идею» [Маяковский 1955: 342]. Абсурдист Даниил Хармс пишет:

> *апостолы*: воистину бе
> начало богов
> но мне и тебе
> не уйти от оков
> скажите писатели
> еф или Ка.
>
> *писатели*: небесная мудрость
> от нас далека («Месть», 1930) [Хармс 1997b: 149].

Символисты считали, что любой элемент видимого мира — носитель тайн невидимого мира и вещает о книге жизни и мировой тайне. Максимилиан Волошин констатирует:

> Здесь всё есть символ, знак, пример. <...>
> Как в этих сложных письменах
> Понять значенье каждой буквы? («Письмо», 1904) [Волошин 1995: 96].

Александр Блок: «Я вас открыл, святые письмена» («Безрадостные всходят семена...», 1902) [Блок 1960: 217]. Подобно зауми и символистской философии слова, имажинист Сергей Есенин в «Ключах Марии» (1918) тоже придает особый смысл русским буквам, как картинам «через орнаментику букв и пояснительные миниатюры. <...> Начальная буква в алфавите А есть не что иное, как образ человека, ощупывающего на коленях землю» [Есенин 1988: 592–593][3].

У всех речь идет о том, что в слове тайный, самородный смысл, но на самом деле открытие смысла (*inventio*) невозможно, возможно только придавать смысл, его изобретать (*attributio*).

Форма букв и человек у Набокова взаимосвязаны, ведут себя взаимными оборотнями: например, дата смерти Себастиана, 1936 год, якобы выражает его самого [Nabokov 1995: 154]. В этой головоломке, вероятнее всего, речь идет не о человеке (как у Есенина или Белого), а о восприятии цифры как визуально похожей на нее буквы (похожесть «3» и «*E*», «6» и «*b*», «1» и «*l*», «9», то есть [*nine*], и Найт, *Knight*).

Набоков готов понимать природу под влиянием символистов, видеть в мотивах узор и ткань текста (см. то же и у Бальмонта, но и у Мандельштама), но делает это наоборот: видит не природу в буквах, а буквы в природе и, главное, при этом регистрирует, что это — работа творческого мозга[4].

Заумь, очистив семантические наслоения со слов, старается вылавливать из их фонетического тела универсальный, даже космический и заодно эмоциональный язык, устанавливая их исконно славянский характер. Придавая буквам кириллицы универсальное значение, заумники закрывались в рамки культуры славянства[5].

---

[3] И он ограничивается кириллицей: даже переворачивая букву «Я», не видит в нем латинское «R» (то, что Е. Замятин использовал в романе «Мы», где кириллица и латиница выступают с одинаковыми правами на значение, вытекающее из форм букв).

[4] Такой взгляд сформулирован в стихотворениях М. Волошина «Письмо» (1904) и «Подмастерье» (1907). С Волошиным Набоков встретился в Крыму в 1918 году и у него узнал о теории стихосложения Белого, которой увлекся.

[5] Буквы и их произношение в разных языках несравнимы. Сравнить русский «Х», английский «H» и французский «H» в сонорно-визуальной их комплексности совершенно невозможно.

> Найти, не разрывая круга корней, волшебный камень превращенья всех славянских слов одно в другое, свободно плавить славянские слова — вот мое первое отношение к слову. <...> найти единство вообще мировых языков, построенное из единиц азбуки, — мое второе отношение к слову. Путь к мировому заумному языку [Хлебников 1986: 37].

Велимир Хлебников в статье «О простых именах языка» (1916) создает семантические группы слов, начинающихся с одной и той же буквы. Создавая между ними связь, он подчиняет их общим в них понятиям. Например, «В» — вычитание, и под ним собрано все, что наносит вред (волк, враг, врун, врозь) [Хлебников 1933: 205]. В статье «Перечень. Азбука ума» (1916) букве «В» придается уже иное значение — «волновое движение, вращение» (среди примеров здесь ветер, волны, высь, ворота, враг, вес — как причина вращения земель) [Хлебников 1933: 207, 209].

Буквы у Хлебникова не только подчинены (полностью) значению слова, в котором стоят, они — «звуковые образы» и растворены в значении слов. Хлебников создает и «азбуку понятий» [Хлебников 1933: 217], «общий письменный язык» («Художники мира», 1919) [Хлебников 1933: 216]. В семантической связи между ними огромное значение придается пышно прорастающим аллитерирующим группам слов («Второй язык», 1916) [Хлебников 1933: 210]. В заумной поэзии звуковые эффекты должны вызывать эмоциональный резонанс в слушателе / читателе, в теоретических работах заумников буквы связаны субъективными фонетическими ассоциациями, в ущерб осознания дистанции между автором и его материалом. Это — «приглушение значения и самоценность эвфонической конструкции» [Якобсон 1987: 312].

У Набокова целый ряд внешних факторов, способствующих особому раздроблению слов и семантизации букв. Среди этих примеров можно увидеть немало параллелей с представителями авангарда.

1–2. Будучи синестетиком (1), Набоков уже в детстве занялся живописью (2). Не только литература авангарда была в ближайшем контакте с живописью, но и его деятели: и Маяковский[6], и синестетик Хлебников, и Борис Пастернак пришли в словесное искусство после занятий живописью. Р. О. Якобсон сам, вероятно, понимал связь живописи с поэзией с помощью синестетических способностей, поскольку при первой же встрече с Хлебниковым он задал ему вопрос, был ли он живописцем, на что тот показал ему тетрадь с его «опытами цветной речи», сделанными в 1906 году [Якобсон 1992: 19].

3. Набоков пришел к прозе через поэзию, которой требуется расположенность к фонетической трансформации слова для их упорядочивания и сгущения в строгие, визуально рифмованные формы. Важность визуальной рифмы (*eye rhyme*) обсуждается им в комментариях к «Евгению Онегину» в отношении английского стихосложения, в котором графически непохожие словоформы могут создать рифму:

> Зрительные рифмы, не используемые более во французском языке («aimer — mer»), по традиции допустимы в английском («grove — love»), а в русском они едва ли возможны, за исключением, например, «рог — Бог» (поскольку буква «г» в слове «Бог» произносится как «х») и «во́роны — сто́роны», где второе «о» во втором слове произносится столь неотчетливо, что это слово почти производит впечатление двусложного (это довольно редкий случай в русском языке, где, как правило, ухо слышит то, что видит глаз). Пожалуй, ближе всего к английской гинандрической рифме, вроде «flower — our», оказалась бы русская рифма наподобие «сторож — морж», но я не припомню, чтобы такую рифму кто-нибудь дерзнул использовать [Набоков 1998: 790–791].

4. Полиглотизм с ранних лет способствовал осознанию Набоковым закодированности языка. В восприятии букв отдельно от

---

[6] Известно, что Набоков ценил ранние стихи Маяковского и, очевидно, дал пародию на него в образе поэта Алексиса Пана в «Истинной жизни Себастиана Найта». Реализованный троп, излюбленный прием Маяковского, нередко употреблялся и Набоковым. См.: «Цинциннат брал себя в руки и, прижав к груди, относил в безопасное место» [НРП, 4: 56]. Классический пример — пожар в поэме «Облако в штанах» Маяковского, мобилизующий даже пожарных — встречается в «Аде...», в ночь Сгоревшего Сарая.

слов можно еще указать на метод, пользуясь которым он учился читать и писать по-русски (уже освоив английский) — буквы были нарисованы на отдельно стоящих кубиках и зарисовывались на бумаге отдельными линиями и штрихами. Таким образом, дискретность и иконичность букв были в основе его отношения с письменным языком. Своеобразная медитация над буквами оживляет обычно несемантизированные единицы. Этот процесс конструирования значения (в детстве или при поэтическом творчестве) можно сопоставить с отношением к буквам в текстолатрических культурах, к вниманию переписчиков кодексов или свитков Торы. При медленном фонетическо-акрофоническом письме вообще просвечивают отголоски происхождения письменности, силлабического письма, логограмм, идеограмм, пиктограмм, даже иероглифов и клинописи, рунических письмен.

5. Не нуждается в доказательствах, что писательский стиль Набокова в целом свидетельствует о его сосредоточенном внимании к деталям, отчасти как к антиподу монументальности — это важно в его сопоставлении с Маяковским.

6. Визуально-образное мышление часто регистрируется у многоязычных с детства людей: «I do not think in any language. I think in images» [Nabokov 1990: 14].

7. Словесные забавы с детства, прежде всего скрэббл, располагали его к составлению слов из случайного подбора букв, что отражается в его анаграмматических склонностях. В Берлине он зарабатывал составлением русских крестословиц, которые, как и их название, он придумал в 1925 году [Сирин-Набоков 1997].

8. Набоков был и текстологом, особенно в период работы над переводом «Онегина». Разбор почерка и вариантов слов в рукописях могли усилить практику детализации текстов.

9. С точки зрения теории интерпретации стоит остановиться подробнее на синестетизме Набокова. У него всегда соблюдается сознательный элемент в искусстве, он считает себя абсолютным диктатором своих текстов. Однако есть в его установке на интеллектуальную игру диктатора текста один пробел: его синестетизм представляет собой такое физиологическое условие, где им управляет совершенно от него не зависящее свойство мозга.

Одному ему видно значение следующих слов в «Других берегах»: «...молодая луна цвета Ю висела в акварельном небе цвета В» [НРП, 5: 229][7].

Эта физиологическая способность, данная природой или неким высшим существом, и называется у Набокова «Даром», в одном из значений заглавия одноименного романа. Этой способностью намечено не только личное призвание стать поэтом / писателем, но и эпистемологически двойной, рациональный и нерациональный характер письма, *игрового* — с одной, и *божественного* — с другой стороны (ср. «divine game» [Nabokov 1981: 106]). В этом кардинальное отличие набоковского понимания божественности языка от символистов, зауми и абсурда — он осознает, что ему эта способность дана генетически, физиологически, как бы натурально[8].

В романе «Дар» Федор, восхваляющий лирику красками букв, заслуживает сравнения с синестетами Артуром Рембо и Генрихом Гейне, и через ссылку на второго вводится библейский топос — огненные буквы, написанные на стене божественной рукой: «...многочисленные "а" на тех четырех языках, которыми владею, вижу едва ли не в стольких же тонах <...> — Buchstaben von Feuer [огненные буквы], одним словом...» [НРП, 4: 259].

Поэту-избраннику видны те буквы, которые посланы ему свыше — такой романтический, пушкинский (в уподоблении поэта пророку) смысл высшего назначения дан поэту посредством букв. Процесс творчества изображается как прочтение

---

[7] Ср. английский автоперевод без ассоциации с буквами: «A moist young moon hung above the mist of a neighboring meadow» [Nabokov 1989a: 120].

[8] И. А. Бодуэн де Куртенэ после вечера футуристов в феврале 1914 года отрицал существование синестетизма, говоря, что это физиологическое явление у А. Рембо противоречит и законам истории языка, и научной психологии (см.: «Слово и "слово"», 1914; «К теории "слова как такового" и "буквы как таковой"», 1914). Его отрицательные чувства понятны — ведь синестетические ассоциации декодируемы исключительно тем субъектом, в мозгу которого происходят эти невольные процессы сочетания чувственных сфер. Иными словами, синестетизм разрушает представление о возможности рационального понимания литературы и даже представление об универсальности языка как знаковой системы, см. [Бодуэн де Куртенэ 1963: 242].

и слушание этих букв: «...на грани сознания и сна всякий словесный брак, блестя и звеня, вылез наружу <...> и пошло на "зе": изобразили и бриз из Бразилии, изобразили и ризу и грозы...» [НРП, 4: 527]; «Благодарю тебя, *Россия*, за чистый и... второе прилагательное я не успел разглядеть при вспышке — а жаль. Счастливый? Бессонный? Крылатый? За чистый и крылатый дар. Икры. Латы. Откуда этот римлянин?» [НРП, 4: 216]. Мысли Федора в начале этого же абзаца о том, захватил ли он ключи, расширяют полигенетический мотив-доминанту ключей в романе: читающий знаки должен владеть именно ключами[9]. А ключ равноценен жизни, как говорится в «Пнине» («key must be as precious as life») [Nabokov 1989b: 23].

Это интуитивное, неточное прочтение пришедших знаков передается приемом языковых сдвигов:

> Световая реклама мюзик-холла взбегала по ступеням вертикально расположенных букв, они погасали разом, и снова свет карабкался вверх: какое вавилонское слово достигло бы до небес... сборное название триллиона тонов: *бриллиантоволуннолилитовосизолазоревогрозносапфиристосинелилово*, и так далее — сколько еще! (курсив мой. — Ж. Х.) [НРП, 4: 500][10].

Факт многослойного (зависящего от языка и шрифта) синестетического кода у Набокова сам по себе указывает на то, что цветовая ассоциация вызвана у него не только звучанием, но и линиями букв, их графическими особенностями. В визуализации букв Набоковым его *audition colorée* («цветной слух») различался при восприятии латинского шрифта и кириллицы (качество, ко-

---

[9] Второе предложение романа уже содержит мысль о том, что буквы являются ключом к переходу в другое измерение: «На лбу у фургона виднелась звезда вентилятора, а по всему его боку шло название перевозчичьей фирмы синими аршинными *литерами*, каждая из коих (*включая и квадратную точку*) была слева оттенена черной краской: недобросовестная попытка пролезть в следующее по классу измерение» (курсив мой. — Ж. Х.) [НРП, 4: 191].

[10] Маяковский также использует образы реклам с разъединенными буквами (см. «Вывескам», 1913).

торому, при всей их универсальности, символисты и заумники не придавали значения)[11].

Отделимость знака и означаемого у Набокова выражает нереализуемость и идеальность первого, знак должен стоять в возвышенном одиночестве над вещественной реализацией. Это подтверждается в параллели языка с другими знаковыми системами — математикой, музыкальными нотами и шахматными задачами.

Маленький Лужин увлекается математическими задачами — «беззаконной игрой геометрических линий» [НРП, 2: 322] и играет часами в шахматы без партнеров, на основе шахматных задач, на пустой шахматной доске, на которой фигуры мешают ему. «Эти побочные, подразумеваемые ходы, объяснявшие суть промаха или провидения, Лужин мало-помалу перестал воплощать на доске и угадывал их гармонию по чередовавшимся знакам» [НРП, 2: 335]. Это сравнивается с тем, как дедушка читал музыкальные ноты без игры:

> часами читал партитуру, слышал все движения музыки, пробегая глазами по нотам, иногда улыбаясь, иногда хмурясь, иногда на минуту возвращаясь назад, как делает читатель, проверяющий подробность романа <...> Подобное удовольствие Лужин теперь начал сам испытывать, пробегая глазами по буквам и цифрам, обозначавшим ходы [НРП, 2: 335].

Шахматы названы «игрой богов» именно музыкантом, играющим в память деда. Решение шахматных задач — одно из увлечений и Федора в «Даре», где из одной лишь шахматной задачи Чернышевского Федор разворачивает целый роман о нем. Здесь же сочинение задач уподобляется литературному творчеству (см. [НРП, 4: 351]).

В этом отражается концепция чистоты знака у Набокова. Знак, буква, цифра, нота, коды математических задач — лишенные груза накопленных значений (что параллельно со стремлением будетлян), без участия и активации сознания, самостоятельно

---

[11] Радугу цветов букв, которую Набоков называл своим приватным языком, он описал в своих мемуарах. Их изображал Д. Б. Джонсон [Johnson 1985: 23].

и непосредственно проникают в чувственные сферы. Непосредственное внедрение знаков без дешифровки, вроде чувственного восприятия, то есть без участия мозга, изображается Набоковым как способ достижения экстаза.

Особенно сложен перевод, когда текст организован вокруг букв одного слова как анаграмматического центра. В рассказе «Путеводитель по Берлину» происходит пролиферация групп букв «ОТТО» в разных перегруппировках, среди которых «ОО» становится отдельной гипограммой, визуальной метафорой перехода в потустороннее, см. [Hetényi 2011]. Эти иконические знаки должны появляться в соответственном количестве и в тексте перевода. Двуязычное творчество Набокова, его автопереводы обеспечивают уникальную возможность для проверки анаграмматической организации его текстов, ибо ничем нельзя лучше доказать этот текстообразующий принцип, чем его параллельным наличием в оригинале и автопереводе.

Буквы (*littera*) могут метонимически означать и саму литературу на двух языках — о переведенном и несколько переработанном русском варианте ранней версии «Speak, Memory» в предисловии к «Другим берегам» говорится: «Предлагаемая русская книга относится к английскому тексту, как прописные буквы к курсиву, или как относится к стилизованному профилю в упор глядящее лицо» [НРП, 5: 144].

Впервые поставили «вопрос о письменных, зримых или просто осязаемых знаках» будетляне — это заявлено в манифесте «Буква как таковая», где индивидуальный почерк получает более высокий ранг во имя «вдохновения», ибо «настроение изменяет почерк». Подчеркнуто личностное и минутное против свинцового набора [Хлебников, Крученых 2009: 80–81].

Для Набокова осознание формы и формирования письменных знаков является одним из равноправных элементов его многоплановой и всеобъемлющей рефлексии, пристального внимания к деталям. Наряду с металитературностью его прозы, его язык тоже является металингвальным, в нем постоянно осознается условная знаковость, пишущая рука осознает процесс письма, взор разделяет узоры прозы.

Набоков придает особое значение почерку не только как зеркалу личности («Машенька», Пьер в «Приглашении на казнь»). Герман в «Отчаянии» судит всех по их почерку, а сам имеет ровно двадцать пять почерков; из трех любимых предпочитает «крупный, четкий, твердый и совершенно безличный, словно пишет им абстрактная, в схематической манжете, рука» (рука сверхавтора). Он уверяет, что он начал одним почерком писать свою повесть, «но вскоре сбился, — повесть написана всеми двадцатью пятью почерками» [НРП, 3: 444–445]. Раздробление идентичности этого псевдописателя отражено в нестабильности почерка. В английском автопереводе[12] добавлен четвертый, почерк самоубийцы, с визуальной буквописью, буквами формы виселицы и запятыми, подобными курку оружия («every letter a noose, every comma a trigger» [Nabokov 1971b: 74])[13].

В манифесте «Буква как таковая» указано и то, что буквы еще не получили ту свободу, которая дана слову, они — как заключенные, «обиженные, подстриженные, и все одинаково бесцветны и серы — не буквы, а клейма» [Хлебников, Крученых 2009: 80]. Здесь же мы читаем метафору против униформизации букв: «Ведь не оденете же вы всех ваших красавиц в одинаковые казенные армяки!» [Хлебников, Крученых 2009: 80].

Набоков в романе «Приглашение на казнь» воспроизводит такой же образ из графем в слове «ТУТ», где заключенный *У* идет между двумя сторожами *Т*. Графическая форма слова как изображение группы букв привязана к лейтмотиву противопоставления рабского настоящего идеальному измерению прошлого и желанному сверхреальному будущему, «ТАМ»: «Тупое "*тут*", подпертое и запертое четою "*твердо*", *темная тюрьма*, в которую заключен неуемно воющий ужас, держит меня и *теснит*» (курсив мой. — Ж. Х.) [НРП, 4: 101]. Буквы выполняют функцию иконических знаков, см. [Johnson 1978].

---

[12] «Схематическая рука» стала в переводе *superhuman* — как знак присутствия сверхавтора, который движет рукой подчиненного рассказчика.

[13] Буква «Г» уже в «Приглашении на казнь» ассоциировалась с виселицей, и этот образ стал инвариантом творчества Набокова, о котором см. в моей статье [Hetényi 2020].

Подобные ассоциации вызывает повторение цифр в числе 313 в мнемоническом упражнении нестандартного ума героя «Transparent Things»: «a very black 313 on a very white door <...> it should be imagined as three little figures in profile, a prisoner passing by with one guard in front of him and another behind» [Nabokov 1975: 98].

Главная функция этих иконических знаков не в звукописи, а в вариации и повторении групп графем. Якобсон (тоже синестет) подобный принцип отметил у Данте и, ссылаясь на работу Ф. де Соссюра, назвал исходную доминанту, аналогичную набоковскому «ТУТ» — *mot anagrammisé*, см. [Jakobson, Valesio 1966: 23; Starobinski 1971: 255].

Группу букв, которая на основе исходного слова повторяется в разных комбинациях на протяжении всего текста и играет роль семантической доминанты, я назвала *клеточными анаграммами*, ибо они работают подобно *словесным стволовым клеткам*. Они имеют такую же функцию — вынимаются из ключевого слова как незрелые клетки (это не полноценное слово, а его элементы), способные самообновляться, образуя новые словесные клетки, делиться, дифференцироваться и потом превращаться в различные новые слова, которые обладают импринтом исходного слова.

Аллитерации (излюбленное средство Набокова) отличаются от анаграмм, особенно от клеточных, тем, что аллитерация внушает гармонию в звуко-слуховой сфере, фонетически, а анаграммы — визуально. В анаграмме слово воспринимается в качестве ряда букв как визуальных знаков, чередуемых, переставляемых графем, отделенных от исходного слова. Временное сожительство графем в новых и новых словах создает впечатление о языке как о нестабильной знаковой системе пермутации элементов.

Клеточные анаграммы не ищут, а создают общие знаменатели, которые связаны значением слова-доминанты, не отражая, а нося в себе семантический груз.

В «Приглашении на казнь» группы букв *У, П, Т* из фразы «тупое тут» создают мотив тюрьмы и рабства, но метафора материализуется, вмешивается в сюжет: в следующих строках откроется дверь и Цинцинната уведут на казнь. В этот момент появляется новая группа букв *С, Б* и *Д*:

> Ах, знай я, что так долго еще останусь *тут*, я *бы* начал с азов и, постепенно, *столбовой дорогой связных понятий, дошел бы, довершил бы, душа бы обстроилась словами*... Все, что я до сих пор *тут* написал, — *только пена моего волнения, пустой порыв*, — именно *по*тому, что я так *торопился* [НРП, 4: 175].

В итоге из группы *С, Б, Д* выстраиваются новые слова из клеточных анаграмм согласных, слова *будущее, слово* и *свобода*, в то время как из *Т, П, Р* — слова *топор* и *путь*. Вместе они извещают о том, что выход из этого мира возможен через творчество (Цинцинната спасает жест перечеркивания слова «смерть») и что казнь (топор) принесет свободу и откроет путь в будущее. Такое прочтение финала романа вполне возможно, оно не гадательно: факты текста поддерживают это декодирование. В свете такого прочтения выделенных букв в этом тексте интересно подумать о том, как легко было бы переписать такой текст по кодировке зауми, лишь убрав лишние буквы, в основном гласные, которые не являются элементами исходной клетки — получился бы ряд букв, «дыр бул щыл».

Анаграммы — излюбленный метод Набокова — самая древняя практика дробления слов. Первый вариант моих соображений прозвучал в Женеве, поэтому я рада упомянуть сразу двух уроженцев Женевы, ибо Жан Старобински не только опубликовал записные книжки Соссюра (которые тот не посмел развить и издать, по причине отсутствия, как ему казалось, научных доказательств), но и указал на то, что современная теория анаграммы разработана в глубине идей Соссюра о том, что греческие и латинские авторы выстраивали вокруг центральной темы текста анаграмматические варианты ее (а также пара- или гипограммы) [Starobinski 1971]; см. также [Gasparov 2012].

Вяч. Вс. Иванов и В. Н. Топоров, в свою очередь, показали, что в мифологическо-ритуальных текстах анаграммы возводимы к ключевому слову или корню слов (чаще всего имен богов) и являются их текстообразующим принципом, выражающим собрание расчлененного тела божеств, восстановление мирового порядка в текстах [Toporov 1981]. В этом смысле в мифологических, ритуальных текстах осуществлен магический акт: в этих анаграммах действительно можно найти смысл, который там спрятан. Но исходное присваивание смысла все-таки присутствует и здесь, ибо имена богов создавались наряду со смыслом, им присвоенным. У Набокова эта архаическая архитектоника стала методом поэтики, при создании которого исходной для анаграммы клеткой служит не божественное имя, а словообраз, осмысленный по произволу всемогущего автора.

Доходя до края языковых возможностей, буквы-образы стали живой иллюстрацией того, как работает человеческое воображение, бездонный источник бесконечных интерпретаций любого знака. Графический знак как визуальная форма, как дискретный элемент текста выступает отдельно от контекста слова, словно абстрактный рисунок, которому разум, по аналогии с приобретенными знаниями, придает доступное пониманию значение, интерпретируя визуальные знаки цельной осмысленной картиной. Это тот процесс, который заумь хотела преодолеть в слове. При осознании произвольности этой интеллектуальной деятельности присваивания смысла текст представляется случайным совмещением знаков, инвентарем букв-картинок. Когда из них снова составляются слова, воспроизводится акт изначального творчества языка.

Симметризация, сенсибилизация и «смакование слов»[1]

Специфическое восприятие графического образа букв, особый усложненный смысл, которым они обладали для Набокова, в первую очередь связано с его синестетическими способностями [Johnson 1985], названными в «Других берегах» *audition colorée*, когда буквы или цифры ассоциируются с разными красками. Причем латиница и кириллица вызывали различные цветовые ассоциации:

> ...цветное ощущение создается, по-моему, осязательным, губным, чуть ли не вкусовым чутьем. Чтобы основательно определить окраску буквы, я должен букву просмаковать, дать ей набухнуть или излучиться во рту, пока воображаю ее зрительный узор. Чрезвычайно сложный вопрос, как и почему малейшее несовпадение между разноязычными начертаниями единозвучной буквы меняет и цветовое впечатление от нее (или, иначе говоря, каким именно образом сливаются в восприятии буквы ее звук, окраска и форма), может быть как-нибудь причастен понятию «структурных» красок в природе. Любопытно, что большей частью

---

[1] В главе использованы материалы статей автора: Симметризация, сематизация и смакование букв Вл. Набоковым // Визуализация литературы / K. Ichin, J. Vojvodić. Белград; Загреб: Филологический факультет Белградского университета; Философский факультет Загребского университета, 2012. С. 205–219; The Texture of Type: Nabokov's Sensory Perception of Alphabetical Letters: The Semanticized Graphic Form // Scando-Slavica. 2020. № 66(2). P. 217–231.

> русская, инакописная, но идентичная по звуку, буква отличается тускловатым тоном по сравнению с латинской [НРП, 5: 157].

Как отмечалось в первой главе, кроме синестезии, визуальные навыки Набокова были развиты с детства систематическими домашними занятиями живописью. Его мать Елена Ивановна писала акварели и пригласила своего учителя М. В. Добужинского, поскольку сын готовился стать художником и впоследствии обучался живописи у видных мастеров искусства.

> ...с десяти лет до пятнадцати, мне давали уроки другие художники: сперва известный Яремич, <...> а затем — знаменитый Добужинский, который учил меня находить соотношения между тонкими ветвями голого дерева, извлекая из этих соотношений важный, драгоценный узор, <...> но внушил мне кое-какие правила равновесия и взаимной гармонии, быть может, пригодившиеся мне и в литературном моем сочинительстве [НРП, 5: 199].

Помимо восприятия синестета и взгляда художника, Набоков и как поэт имел предрасположенность к звуковым трансформациям слова, к их упорядочиванию и сгущению в строгие, визуально тоже рифмованные формы.

Четвертой причиной особого восприятия букв можно отметить полиглоссию Набокова; он, как известно, с детства говорил на трех языках, и хотя устно он говорил преимущественно по-русски, на английском начал писать раньше, чем на русском [НРП, 5: 189]. В детстве Набоков изучал буквы с помощью игрушечных кубиков, и во время игры обнаружилась способность синестезии, как и у его матери. Такой старый метод обучения чтению и письму, рассматривание и свободная перестановка *отдельно стоящих* букв, оставляет память об их рисовании, формируя творческую память о природе слова и языка. Думается, синестетами в большей степени сознается строение целого из элементов, и процесс этот двунаправленный: всегда открыта возможность к дроблению текста, разделению сло́ва на буквы, как на детские кубики. Осознание графической семантики букв как графем, чувствительность к самостоятельности знаков внутри слова могло быть связано и с чтением Набоковым трудов по философии языка, таких классиков, как Г. В. Лейбниц («Nouveaux Essais sur l'entendement humain», 1705, напечатано в 1765) или А. Гумбольдт («Unforgreifliche Gedanken», 1806), которые почти одинаково придавали важное значение немецкой букве *W*, с коннотацией волны и танца в букете слов *Welle, Wind, Waagen, Wälzen, Wehen, wirren, Wolke, Wunsch* [Leibniz, Humboldt 1990: 144].

Заявляя, что он думает образами [Nabokov 1990: 14], Набоков не только придает особую роль визуальному мышлению, но косвенно свидетельствует о преобладании у него образного мышления (см. предыдущую главу).

В набоковедении до сих пор не отмечалось, что факт многослойного (зависящего от языка и шрифта) синестетического кода у Набокова сам по себе указывает на то, что цветовая ассоциация вызвана у него не только звучанием, но и линиями букв, их графическими особенностями[2].

В русском тексте «Приглашения на казнь» буквы старой азбуки семантизированы, наделены Набоковым грузом особых ассоциаций, основанных на визуальной метафоризации графической формы. *Г* похожа на виселицу, старославянская ижица представлена в виде пращи или птицы, это действительно похоже на прописную и строчную ижицу [Johnson 1979b, 405]. Любопытно,

---

[2] Что касается разницы между восприятием разных шрифтов, в разных азбуках есть совпадающие, есть похожие и, наконец, совершенно уникально устроенные, специфические буквы; значит, неудивительно, что согласно им синестетическое переживание меняется. Русские буквы *Я, Ж, Ш, Щ* («the fluffy-gray, three-stemmed Russian letter that stands for *sh*, a letter as old as the rushes of the Nile» [Nabokov 1989a: 34]) сразу выдают язык принадлежности, *Ф, Х* — свидетельствуют даже о своем греческом происхождении; *W, S, H(h), J, Q* — характерны для латинского шрифта, буквы *Т / T, К / K, М / M* очень близки друг другу, тогда как *Р / P, У / Y*, максимально совпадая графически, означают разные фонемы ([p] и [r], [y] и [u]). Набоков, например, русскую *К* переносил из русского в свой латинский почерк, всегда писал ее низкой, без поднимающегося выше основной границы вертикального штриха.

что в английском варианте он поставил греческую букву *γ* (Г, «гамма»), сохранив и форму, и звучание, но утратив при этом ассоциацию Голоса / Логоса, что можно было бы спрятать, например, в перевернутой латинской *L* — однако в этом случае теряется близость звучания и, вероятно, синестетические ассоциации. Иерархия автора в выборе между звучанием и философской аллюзией здесь выстроена на предпочтении первого, — бывают и обратные случаи, см. перевод «мачта и мечта» в автопереводе «Лолиты», соответствующий сочетанию «mast and mist» в английском тексте.

Цинциннат в «Приглашении на казнь» отличается от окружающих и своим пониманием языка как такового: «Окружающие понимали друг друга с полуслова, — ибо не было у них таких слов, которые бы кончались как-нибудь неожиданно, на ижицу, что ли, обращаясь в пращу или птицу, с удивительными последствиями» [НРП, 4: 56–57]. Ижица стояла последней в дореформенной азбуке, чем и объясняется ее метафоризация. Она создает пару с азом, первой буквой, замыкает ряд букв азбуки, наподобие пары альфа и омега, начало и конец — поэтому отсутствие ижицы предвещает отсутствие конца и смерти в финале романа. Значение полета (праща, птица) придано Набоковым также в сравнении с формой ижицы, в соответствии с «улетевшим» концом, незавершенностью романа. Урезанная азбука без конечной буквы носит и «идеологическое» значение для Набокова: искалеченный ряд букв стал аллегорией жертвы насилия тоталитаризма. Такой же ущерб отмечает и исчезновение ера после твердых согласных в конце слов, которое воплощает исчезнувшую Россию («Посещение музея»). Ижица часто появляется в качестве чистой визуальной формы в метафорах Набокова: ижицей называются морщины на лбу (в «Других берегах»), бархатистой ижицей эвфемизируется лобок Ады. В более раннем «Даре» в выражении «в разных стадиях любовной близости, от аза до ижицы» в этом же двусмысленном ключе можно понимать игру слов. В более поздних романах, впервые в «Bend Sinister», отсутствие кириллицы само по себе отражает отстраненный взгляд на родной язык эмигранта, живущего в культурном вакууме [Хетени 2014].

Набоков не научился печатать на пишущей машинке, всегда писал от руки и карандашом, ровным почерком с более длинными нижними, чем верхние, линиями букв, часто соединяющим беглое и печатное начертание букв. Отдельно стоящие буквы, вероятно, позволяли ему лучше воспринимать буквы по отдельности как образы, цельной картиной. В косвенную характеристику отдельных персонажей он включает и описание их почерка: «дикий, *вопящий,* какой-то, то есть совсем непохожий на него самого, почерк» дяди [НРП, 5: 179], упоминается почерк Машеньки, а также Сони в «Подвиге». Думается, акт письма для Набокова мог стать несколько ритуальным, и он выводил буквы не менее тщательно, чем (судя по его отчету и интервью) произносил и уточнял произношение слов, избегая неточности [Nabokov 1990: 31–32].

Несмотря на то что Набоков осуждает громкое чтение («...a certain type of illiterate person who moves his lips as he reads or ruminates» [Nabokov 1990: 14]), в интервью Р. Хьюзу 1965 года (как и в других беседах о языке и произношении) он посвящает больше минуты тому, чтобы прочитать вслух и детально объяснить произношение отдельных звуков в начальном абзаце «Лолиты» и самого имени Лолиты, с нерусским, а испанским мягким *L*, и с русским безударным *O*, звучащим как *A* [Nabokov 1990: 53; а также 25]. Его заботливое отношение к произношению «созвучно» содержанию первых строк романа, которые посвящаются акту произнесения имени, с дотошным описанием движений кончика языка во рту, что с самого начала задает тон его эротического стиля, в котором важнейшую роль играет познание тела путем фокусирования в тексте на буквах и звуках, детализации и замедления, как и в эротике — на детали.

Эта своеобразная медитация над буквами разбивает текст на обычно несемантизированные единицы, которые при пристальном внимании обретают самостоятельное значение, зависящее от наблюдателя. Мистические коннотации, связанные с буквами, сегментация слова и пермутационное словотворчество (гематрия, каббала) появляются скорее в тех алфавитах, где буквы использовались как цифры. Такое обращение с языком связано с интеллектуальными играми, популярными в семье Набоковых: всякого рода кодированные шрифты, «пузеля»-головоломки, скрэббл. Дядя В. И. Рукавишников, например, был «мастер разгадывать шифры на пяти языках. Однажды мы его подвергли испытанию, и, в самом деле, он очень быстро обратил "5.13 24.1 1 13.16 9.13.5 5.13 24.11" в начальные слова известного монолога Гамлета» [НРП, 5: 180]. Эти игры появляются и в романах, в жизни молодого Лужина и особенно в «Аде...», где слова, собранные из фишек-букв, носят предзнаменующее значение.

Примечательно, что описание своеобразного «смакования букв», упомянутого в начале этой главы, не внесено Набоковым в английский текст мемуаров. Вот соответствующее, в три раза более короткое предложение, которое его заменяет: «the color sensation seems to be produced by the very act of my orally forming a given letter while I imagine its outline» [Nabokov 1989a: 34].

Это различие позволяет установить специфичность для Набокова русской азбуки. При чтении русского текста, пока буква «смакуется», она и материализуется, она обладает вкусом, как кусок пищи. «Смакование» в этом описании соответствует не только вкусовым ощущениям, но, вероятно, употребляется как соответствие французских слов с более широким значением *goûter, délecter*. При этом Набоков элегантно оставляет на заднем плане ту игру в полисемию, что буква, элемент языка (*langue*), физически ощущается языком (*tongue*). Буква действительно «разбухает» в этом описании, ибо кроме визуальных линий и произнесенного звука обретает и вкус в прикосновении к губам и во рту (тактильное созерцание); и, соединяя четыре сенсорных вида (вкус, прикосновение, слух, зрение), становится чувственно полной реалией. Эстетически-когнитивный процесс перевернут, слово не описывает, но создает реальное. Этот обратный процесс расширения семантической компетенции буквы путем осязания и прослеживается ниже на примере буквы О.

Набоков с самого начала, как только переключился с лирики на прозу, использовал всю ассоциативную гамму расширения семантики буквы, о чем свидетельствует ранний программный рассказ «Путеводитель по Берлину». Этот прием перенесен и в английский автоперевод, сделанный на 50 лет позже (1970), и отмечен Набоковым в примечаниях к нему: «Despite its simple appearance, this "Guide" is one of my trickiest pieces. Its translation has caused to my son and me a tremendous amount of healthy trouble» [Nabokov 1997: 670]. Английская версия была дополнена полуфразами, указывающими на сложные соотношения стиля Набокова с методами формалистов, и, в частности, со Шкловским [Ронен 1999; Hetényi 2011].

Формализм, выросший и развивавшийся параллельно с авангардом, в том числе с футуризмом, широко использовал возможности букв и фонем в заумном языке, который расширил границы апперцепции и осознания чувств как в звучании, так и в графической форме текста и букв и связал их с внелингвистическими эффектами языка. Бодуэн де Куртенэ резко критиковал идею, что гласные ассоциируются с красками, но, думая, что оспаривает только стилистический прием, ученый отрицал существование синестетических ассоциаций, то есть именно физиологическое явление [Бодуэн де Куртенэ 1963: 242] (см. более подробно в главе «Взор и узоры прозы…»).

Набоков, опираясь-отталкиваясь от инструментовки и орнаментальности символизма, в котором «музыке» слов придавалось метафизическое качество, применял комплексную стратегию языка, родственную авангарду, с которым мало кто сопоставляет его, хотя именно этот аспект обращения с языком указывает на универсальность литературных процессов в эпоху модернизма — времени, которое до наших дней оплодотворяет искусство и науки об искусстве. Например, то, что понимание языка Набоковым охватывает одинаково и семантическую и «материальную» стороны буквы, графику и звук (звуковую и визуальную оболочки называют в лингвистике означающим), и смысл, и тело букв; это роднит его концепцию с философией Л. Витгенштейна, в чьем понимании языка мир текста состоит одинаково из графического, фонетического и логического появления и проявления слова. В своих «Философских исследованиях» (главы 1, раздел 5) он разбивает язык на плиты с буквами, строительные элементы языка [Виттгенштейн 1945].

В «Путеводителе по Берлину» мы читаем:

> Сегодня на снеговой полосе кто-то пальцем написал «Отто», и я подумал, что такое имя, с двумя белыми «о» по бокам и четой тихих согласных посередке, удивительно хорошо подходит к этому снегу, лежащему тихим слоем, к этой трубе с ее двумя отверстиями и таинственной глубиной [НРП, 1: 176].

Зеркальная симметрия слова *ОТТО* (кстати, одинакового в написании кириллическим и латинским шрифтом) изображает не только отверстия двух труб, но свидетельствует и о том, что Набоков визуализирует и семантизирует вещи в проекциях: две *О* изображают трубы с боковой точки, а буквы *Т* выражают продолговатые формы с птичьего полета. Но в тексте говорится и о том, что Отто «удивительно хорошо подходит к этому снегу». Эта сочетаемость обусловлена и звуковым-слуховым совпадением. Тишина снега, его смягчающее шаги и шумы изоляционное качество, может быть и его хруст под ногами, создают ассоциацию с «тихим» (незвонким, *глухим*) согласным [т], с которого начинается русское слово *труба*. (*О*, кроме формы трубы, стоит в середине тоже симметричного фонетически немецкого эквивалента *rOhr*, позже напомню о семантике потусторонности сочетания *OO*. Кроме формы и звучания дают о себе знать и синестетические ассоциации, о чем речь пойдет ниже.)

В рассказе происходит дальнейшее развитие зеркальной симметрии букв, в результате которого создается такая среда в тексте, где не язык или слова отображают мир, а когнитивный ряд перевернут, и, наоборот, язык создает мир (реальность, действительность) при посредничестве текста, слов, букв. В русском тексте кроме звукописи с частыми *О* и типичных языковых элементов как окончание *-ого* и слов *эТОТ, кОТОрый* встречаем множество примеров с симметрией двух *О* в середине с разделяющим согласным, как зООЛОгический, пОЛОсу, пО БОкам, старОМОдный, прОВОда, пОЛОжение, долгОПОЛОй, рОЖОк. (И еще: ОСОбый — 2 раза, ОКОшко, ОКОшечко, прОХОд, ОТОрванный, мОРОз, пОКОрнОГО, прОВОрно, облагОРОжено, пОТОмки, мОЛОт — 2, нетОРОпливый, мОЛОдой, рОЗОвый, гОРОд — 2, гОВОрят, спОСОбный — 2, рОГОвые, острОВОв, земнОВОдных, гОЛОва, ОВОщей, векОВОй, плОХОй, кОРОткий, прОХОд, убОГОй, дОРОго, со вздОХОм, острОВОк, лОКОть, гОЛОсов, гОВОрит, пОВОрачиваясь (все примеры из рассказа)).

Богатый фонетический фон с доминантой *О* создается еще множеством слов с конструкциями, где наподобие *ОТТО* два согласных между двумя *О*, или двойные *ОО*, как в начальном английском слове *zoo* или в русском *зООлогический* (или *пООчередно*), или целые звукописные блоки: «опыты глуповатых утопий», «not to look too closely» в одном из вставленных позже предложений [Johnson 1979a]. Зеркальная симметрия соблюдается и в английском тексте, где двойное «оо» изобилует благодаря и таким базовым словам, как *too, good, look,* но и *room, door, roof, hood, poor, took, childhood, scoop*.

Слова в английском тексте, как b*illi*ard, s*ee*s, p*a*ss*a*ge, d*ee*d, us*e*l*e*ss (их ряд можно было бы продолжать, r*e*memb*e*r, *e*v*e*ning, fu*tu*re...), укрепляют впечатление расширяющейся зеркальности. Подготовленный глаз со временем выделяет и такие графические единицы, которые создаются, преодолевая границы между словами, или, как, например, *stILL ILLuminated*, симметричны в повторах. И только в последней главке рассказа открывается, что зеркало является его ключевым образом, связанным с многослойными значениями границы между пространственными и временными измерениями, с интертекстуальной реминисценцией многих текстов, воплощением медиатора эстетического восприятия и изображения, — и также зеркало символизирует простое расширение семантики рефлексии от физического явления (отражения) до философского размышления [Hetényi 2011].

Буква *О* в цветовой радуге Набокова-синестета находится в группе белых оттенков, и в английском, и в русском ряду букв: «В белесой группе буквы *Л, Н, О, Х, Э* представляют, в этом порядке, довольно бледную диету из вермишели, смоленской каши, миндального молока, сухой булки и шведского хлеба» [НРП, 5: 157–158]; «Oatmeal *n*, noodle-limp *l*, and the ivory-backed hand mirror of *o* take care of the whites. I am puzzled by my French *on* which I see as the brimming tension-surface of alcohol in a small glass» [Nabokov 1989a: 34].

Ассоциации ведут в нескольких, но взаимосвязанных направлениях. Любопытно, что русские ассоциации исключительно вкусовые и пищевые, а в английском выделяется именно зеркало. Миндальное молоко и цвет слоновой кости является не совсем чистым белым цветом, хотя и молоко, и сухая кость могут быть слепяще белыми. С точки зрения синестетизма примечательно, что в обоих словах есть буква *О*, в *молоко* сильно доминирует их форма, а в «ivory <...> mirror» в обществе продолговатая *I* секвенция *I—О* повторяется, так же как и соседние *Т—О* в *ОТТО*. В данном случае *I* может служить «ручкой» этого маленького «ручного» зеркала, упомянутого Набоковым в английском тексте. Возможно, что связь *О* с зеркалом обоснована и грамматическим окончанием -*о* среднего рода, прочно привязанного к понятию зеркала и в слове *зеркалО*, и в слове *трюмО*.

Оказывается, буква *О* сама по себе вызывает образ зеркала, столь важного с самого начала в «Путеводителе по Берлину», правда, это латинская *О*, немецкое окружение ее вполне оправдывает. Белый цвет, который постоянно встречается в рассказе и становится его микромотивом, оказывается обоснован и синестетической ассоциацией, связанной с буквой *О* и ее принадлежностью к группе «белых». Имя Отто написано прямо в снегу, что и поддержано множеством *О*: «на ровной снеговой полосе кто-то...». Белый цвет в обществе инструментовки с доминирующими *О* возвращается в словах *мороз*, в ангелоподобной фигуре молодого пекаря, покрытого мукой («есть что-то ангельское в человеке, осыпанном мукой») в главке «Работы» [НРП, 1: 179]. Мельник с черной бородой и молочница (сплошные *О*) в конце первой главы «Защиты Лужина» составляют роковую пару, которая в амбивалентном единстве воплощает вмешательство темных и светлых сил в судьбу Лужина.

Самое детальное описание дается в четвертой главке рассказа об Аквариуме, подобии Эдема. Водяной мир, начало жизни, дно океанов заключены в «ряды озаренных витрин по бокам похожи на те оконца, сквозь которые капитан Немо глядел из своей подводной лодки на морские существа» [НРП, 1: 179]. В преобладании *О* стоит особенно выделить концовку имени Немо, что означает «никто» (латинское существительное составлено из отрицания *ne* и *homo*): буква *О* сближается с цифрой 0, нолем, оба соответствуют форме круглых окон подводной лодки, выходящих на воду.

Ноль как отсутствие — значимый символ изначального Ничто, ориго, из которого все начиналось, на дне океана (снова слова на *О*) и в Эдеме. Это значениие «ориго» было утрачено теми переводами, которые название последнего незаконченного романа Набокова «The Original of Laura» перевели как «Das Modell für Laura» (Rohwolt, 2009), «Модель Лауры» (венгерский перевод повторил ошибку немецкого).

Вода тем теснее связана с буквой *О*, что по-французски так произносится слово *вода — eau*. Вспомним слова Набокова, что французское *on* синестетически вызывает в его воображении картину круглой рюмочки с гладкой поверхностью спирта, жидкости. Этот макаронический каламбур [o] / *eau* использован в «Аде...», где барон d'Onsky сокращен в «d'O.», сквозную фигуру сюжета в разных ипостасях и жанрах. Заимствовав эмблему имени Онегина / Onegin [Boyd 2001], его фигура таким образом открывает новую тропинку ассоциаций, тем более что барон умирает на дуэли (в пьесе Марины). В этом имени, согласно Бойду, отсылка и к имени Дон Жуана (главный герой «Ады...» долгое время назывался так в рукописи) [ADA].

У Набокова судьба героев и буква *О* в их имени взаимосвязаны. *О* — глубоко «женская» буква, вспомним только набоковское «миндальное молоко» белого цвета — выражение, в котором сочетаются два древних, даже мифологических образа эротики и материнства. В русском оригинале рассказа Набокова «Сказка» женская репрезентация чёрта названа госпожой Отт. (У Замятина, тоже синестета, в романе «Мы» имена героев в государстве униформ обозначены буквой и числом; имя «О-90» — *О* и ноль — подчеркивает круглый рот героини и ассоциацией с губами предвещает развитие ее судьбы, она желает стать матерью. Жену

Круга, со смерти которой и начинается роман «Bend Sinister», зовут Ольгой.) Набоковская чертовка госпожа Отт в черных перчатках и с черной сумкой дымит черным дымом и убивает всех мужчин вокруг себя. От белого цвета О к черному и чертовскому О дорога ассоциации ведет именно через принцип женского начала: округлость и глубина соединяют ориго (ср. «Оригинал Лауры»), начало с Омегой, концом, отверстием в Ничто другого мира, который, однако, тоже снова вход — в непознаваемое.

В соответствии с этим буква О появляется в «Аде...» как метафора пещеры, на одной из компрометирующих фотографий: «the grotto's black O» [Nabokov 2000: 313]. Набоков не употребляет слово *cave*, ставшее лейтмотивом путешествий в «Лолите», в этом же двойном значении (см. главу «Синкретический эротекст...»).

Черная дыра или яма, выступающая в амбивалентном единстве семантической группы начало мира — Ничто, глубины и ямы, присутствовала уже в рассказе «Путеводитель по Берлину»:

> ...лежит вдоль панели огромная черная труба...
> ...железные кишки улиц ... еще не спущенные в земляные глубины, под асфальт...
> ...мальчишки ... ползали ... сквозь эти круглые туннели...
> ...на каждой черной трубе белеет ровная полоса...
> ...к этой трубе с ее двумя отверстиями и таинственной глубиной... [НРП, 1: 176].

Черно-белое сочетание в мотиве шахмат в «Защите Лужина» вводится фигурой мельника с черной бородой, который, со свойственной Набокову логикой, перевоплощается в другой персонаж «кошмаров», в психиатра. Оба являются куклами в руках писателя, представляют его «высшие» силы, они препятствуют главному герою в пути и в то же время направляют его на единственно возможную дорогу, как психопомпы (см. [Хетени 2005]). Подобная двойственность, присущая и госпоже Отт, и многим псевдопомощникам в произведениях Набокова, усиливает коннотацию смерти в белом цвете и в букве О.

Белый цвет является традиционным символом смерти, савана и траурной одежды. Согласно Н. В. Злыдневой, белый цвет в символизме был связан с тотальностью как синтезом всех цветов, с зимой и Россией, и также со светом и святостью [Злыднева 2008], что подтверждается этимологической статьей В. Н. Топорова и теорией П. Флоренского. Образ России и зимы тесно взаимосвязаны и для Набокова, который в конце «Посещения музея» соответственно присоединяет и визуально-фонетическую ткань буквы *О* с мотивами воды (с разоблачением приема), зеркала и перехода в иной мир:

> передо мной тянулся бесконечно длинный проход, где было множество конторских шкафов <...> а кинувшись в сторону, я очутился среди тысячи музыкальных инструментов, — в зеркальной стене отражалась амфилада роялей, а посредине был бассейн с бронзовым Орфеем на зеленой глыбе. Тема воды на этом не кончилась, ибо, метнувшись назад, я угодил в отдел фонтанов, ручьев, прудков... [НРП, 5: 404–405].

Присоединенные имена собственные, названия гео-метонимически охватывают пространство Дома-Родины: Мойка, Фонтанка, «а может быть и на Обводном канале». «О, как часто во сне мне уже приходилось испытывать нечто подобное...» [НРП, 5: 406].

Поздний символизм уводит значение белого и в сторону апокалипсиса, и к божественной полноте бытия. Только авангард открывает в белом цвете нулевой знак («Белое на белом» К. Малевича) и устанавливает его как цвет утопического пространства [Злыднева 2008]. В свете этой тенденции творчество Набокова опять можно приблизить к авангарду в гораздо большей степени, чем предполагалось до сих пор, ибо пространство в «Приглашении на казнь», «Bend Sinister» и в «Аде...» действительно перенесено за пределы реальности, в сферу утопии.

Если снова обратиться к выделенным синестетическим качествам, то находим, что эта амбивалентность почти архетипическая. Зеркало является границей между этим и другим, потусторонним миром, а вода — не только принципом женского начала, но и рекой смерти. В этой двойной и ключевой роли выступает и в «Аде...». Ван и Ада, прячась на берегу ручья, на вершине любовного блаженства видят, как их глаза отражаются и соединяются в воде, а «наблюдатель» сцены видит в тексте и трижды две пары. В отражении этом несколько конкретных, нарративных и символических значений. Трижды две пары глаз, два в третьей степени, отраженные в воде, выдают восемь глаз — число бесконечности, соответственно ощущению блаженства. Но О, отраженная в воде (ОО), тоже выдает знак бесконечности (∞) и перехода в другое измерение в форме ленты Мёбиуса. Внешний фокус наррации тоже удваивается, ибо оказывается, за подростками наблюдал с фотоаппаратом Ким (на его фотографии видна впоследствии О пещеры). На этом же месте, возле ручья, Перси, ревнуя, вскоре нападет сзади на Вана, будет угрожать его жизни и в драке, и на, возможно, последующей (неслучившейся) дуэли.

У Набокова река / вода как раздел между жизнью и смертью и ситуация драки / дуэли (из ревности) переплетены. Впервые это наблюдается в «Подвиге», в кембриджской драке-дуэли Дарвина и Мартына из-за Сони. Движения секунданта Вадима, управляющего в роли Харона лодкой, описаны словами выполнения ритуала: «священнодействовал»; «навигаторское таинство»; «таинственно облагороженный» [НРП, 3: 185, 187, 190]. В английском тексте: «now performed a sacred rite»; «mystique of navigation»; «mysteriously ennobled by his love of navigation» [Nabokov 1971a: 115, 116, 119] (см. об этом в главе «Из чего состоит "живая собака"...»).

В этом месте сливаются мотивы женственно-эротического О, зеркала, воды (*eau*), угрозы смерти, дуэли. Барон d'О в пьесе Марины умирает на дуэли, его имя, по мнению Д. Б. Джонсона, создано скрещением имен Онегина и Ленского [Johnson 1971: 319]. И имя Don Juan, как мне кажется, ассоциируется с возможной анаграммой «дон--дно». В «Аде...» (часть 3, глава 5) Ван и Люсетта смотрят фильм «Последний порыв Дон Гуана» за три часа до ее самоубийства (в переводе С. Ильина правильно переписано имя с испанского *J* как *Г*). Все это богатое сочетание мотивов может казаться чересчур сложным и притянутым к интерпретации семантики одной буквы, но подобный мотивный комплекс точно повторяется и позже, с введением дополнительных подтверждающих элементов (часть 1, глава 42 — дуэль с Таппером; часть 2, глава 7 — осмотр фотографий; часть 3, глава 5 — на корабле, самоубийство Люсетты).

Имение, в котором Набоков поместил изначальный рай Вана и Ады, называется Ладор, слово, созданное из литературных французских литературных реминисценций, главным образом Шатобриана, и слов, рифмующих с ним на разных языках (*Ladore, Ardor, adore, dore, la Dore, Labrador, more, Bras d'Or* (см. подробнее [ADA])). С этим букетом анаграмм связано и название гидрофона *dorophone*. Как доказывает Ч. Никол (Ch. Nicol), дорофон употребляется в Антитерре, а телефон — на Терре. Слово дорофон создано из греческого «хидро», как объясняется во сне Вана (см. ниже). Схватив трубку дорофона, Марина откликается по-французски: «A l'eau!» (звучит как «Ало!», а означает: «на воду», «к воде»). Вода заменяет запрещенное электричество (оба «текут», см. об изобретении А. Белла [Nicol 2003: 96–97]). Но это — только один из разделяющих признаков двух пространств, восстановленных в памяти утопического и квазиреального, составленного из реалий вторично-нереального.

Слово *электричество* табуировано в тексте, Набоков пользуется то «L disaster — not Elevated», то обрезанным от L / el «*ectric*». Исследователями еще не было отмечено, что запрещение исходило не от какой-то утопической власти, а именно от автора, ибо электричество было объявлено враждебной силой не только в творчестве, но и в жизни Набокова. Телефоны, лифты, автомашины и технические достижения (которыми писатель старался не пользоваться и в крайнем случае пользовался через посредников) могли стать предметом его восхищения в философском плане в берлинских эссе, но в его художественных произведениях связаны с нечистой силой и потусторонним миром (см. в главе о «Защите Лужина»). Таким образом, все родственные слова, созданные с частью -*дор*-, насыщены буквами O (*dorophone, dorocen lamp, dorotelly*), связаны с водой и другим миром, что особенно подходит к телефону, средству коммуникации. С каким именно другим миром — вопрос открытый, как показывает звонок в конце рассказа «Signs and Symbols». Ряд зловещих звонков начался для Набокова в марте 1922 года, в день смерти его отца. Как отмечено в «Аде...», звонки телефона вредны сердцу («bad for the heart» [Nabokov 2000: 18]). Лучшее, что может делать телефон в мире Набокова, описано в «Аде...»: он неким зеркальным эффектом может связать прошлое с будущим, создавая пересечение судеб, встречу, «настоящее»:

> That telephone voice, by resurrecting the past and linking it up with the present, with the darkening slate-blue mountains beyond the lake, with the spangles of the sun wake dancing through the poplar, formed the centerpiece in his deepest perception of tangible time, the glittering 'now' that was the only reality of Time's texture [Nabokov 2000: 437].

Здесь предвещается конец романа: Ада возвращается для того, чтобы вместе дожить до смерти. Тополь (ср: *О* в англ. *poplar*) уже на страницах «Лолиты» отсылал к Елисейским полям, стоящим на берегу Стикса, ставшим одним из главных мотивов потустороннего у Набокова [Hetényi 2008b] (см. в главе «Остров Цирцеи...»).

Враждебный характер электрических предметов обнаруживается прежде всего тогда, когда они, как будто по велению судьбы, отказываются работать: лифт в «Защите Лужина» или в «Аде...»: «hydrodynamic telephones and other miserable gadgets that were to replace those that had gone *k chertyam sobach'im* (Russian 'to the devil')» [Nabokov 2000: 25]. Вода — надежный, «вечный», женский элемент, в отличие от электрических телефонов, демонический характер которых Набоков подчеркивает включением в английский текст русской идиомы и ее перевода.

Не только неодушевленный мир семантизирован со множеством *О*, но и герои. Дороти, сестра мужа Ады, препятствующая сила, следит за движением Ады не хуже, чем Ким, окруженный словами с *О*: «snoopy Kim», «honest boy», «clown», — который втайне готовит фотографии и шантажирует Аду фотоальбомом в переплете, в «orange-brown cloth», позже названным «mud-colored book». Ким позже работает в «Art of Shooting Life at the School of Photography». В слове *фото* появляется эхо слова чертовского «ОТТО», созвучного с тем «grotto», которое на *фото*графии открытой пастью готово проглотить ныне уже взрослых Аду и Вана.

Телефон играет роковую роль в смерти многих. Аква, согласно ее имени, слышит и угадывает в водяных трубах речь воды — так начинается ее сумасшествие и путь к самоубийству в овраге. Последние слова Люсетты произнесены ею по телефону, перед тем как она бросается в воду, в океан. С ее фигурой связаны мотивы Офелии, созвучия [o] / *eau* с самого начала романа, с таких мрачно-зловещих сцен, где она измучена Адой и Ваном, или с той, где она разрывает на клочки свою куклу, ростом и формой похожую на живого младенца [Boyd 2001: 120, 222, 274]. В части 3, главе 5 инструментовка со множеством *О* подстраивается под водные / водяные мотивообразующие элементы (сон Вана; ванны, которые он берет все время; бассейн на палубе корабля в океане). Названия эпизодов этой главы и название фирменных марок на этом корабле (*TObakOff*) сконструированы как развитие сочетания *О*, *ОО* и в сочетании с *Т* или *ТТ* (*topical Tobakoff, Arrowroot, Domodossola, Bocaletto, Tom Cox, Coke, Aurora, Condor, George, Toby, Hoole as Hooan, Osberg, Leporello, Tolstoy, long-lost Robinsons, Bob, Oceanus Nox*), всего на 15 страницах текста [Nabokov 2000: 372–390]. Выражения типа *«odd death»*, *«hollows and oops»*, *«not too»* выделяются, может быть, меньше, чем в коротком рассказе, но такие двусмысленные предложения, как *«Two teas, please!»*, читатель склонен понимать уже как «Two T—s, please» (то есть «два Т»).

В фильме о Дон Гуане, на который Ван и Люсетта попадают по роковой случайности, Ада играет роль служанки Долорес (имя с *О*, отсылающее к полному имени Лолиты). Роковую роль играют Робинсоны (имя мужа Боб Робинсон): отвлекая внимание вежливой Люсетты, они освобождают дорогу, чтобы Ван улизнул раз и навсегда из жизни Люсетты. Точка поставлена Ваном в ночном телефонном разговоре, в котором он врет, что не один в кабине, чтобы Люсетта не приходила к нему. Она (отвергнутая, как Офелия Гамлетом) принимает таблетки, напивается и бросается в воду. В последних абзацах, описывающих ее путь к перилам и падение в воду, «*О*-насыщенность» и количество *Т* возрастает:

> the rock and roll are getting worse <...>
> doll remained safely decomposed among the myosotes of a
> ...brook <...>
> torpor, forgotten both got up; not-too-distant <...>
> oilskin-hooded Toby among the would-be saviors <...>
> a lot of sea had rolled by and Lucette was too tired to wait <...>
> rattle of an old but still strong helicopter <...>
> could spot only <...> out of the boat [Nabokov 2000: 388–390].

В выражении «brilliantly illumined motorboat» [Nabokov 2000: 390] зеркальная симметрия букв определения (ср. с *stILL ILLuminated* в «Путеводителе по Берлину») в этот раз передает отражения света на черной поверхности ночной воды.

Имена и предложения с *О* сопровождают дуэли, как было указано выше, и это подтверждается в части 1, главе 42, находящейся, кстати, в середине романа. Ситуация романтическая: Ван в жгучей ревности впопыхах бросает Ладор, садится на поезд, чтобы разыскать подозреваемых соперников и убить их. В поезде заигрывает со случайно оказавшейся там Кордулой, но вдруг видит, что пора выходить. «Good Lord, that's my stop», — произносит он, не без значения «вот мой конец» [Nabokov 2000: 240]. (Набоковские герои выходят из поезда или садятся в него неожиданно, под влиянием внезапных настроений, как Мартын в «Подвиге» или Ганин в конце «Машеньки».) Зацепив при выходе старого офицера и побранившись с ним, Ван уже готов к дуэли, и начинается поиск места («Good place for shooting») и секунданта, которого зовут Джон. Летний день кажется ему октябрем (*October*), он вспоминает утро, когда узнал об измене в «*toolroom*», как в сентиментальном романе «*Dormilona*». Ночью он видит сон, где паж отца объясняет ему, что значит «дор»: «Demon's former valet explained to Van that the 'dor' in the name of an adored river equaled the corruption of hydro in 'dorophone.' Van often had word dreams» [Nabokov 2000: 245].

Этот сон не имеет никакого отношения к сюжету романа, кроме этимологических и фонетических ассоциаций. Так отмечено в конце сцены: «Van often had word dreams», ему снились сны-слова [Nabokov 2000: 245]. В этом месте открыта еще одна догадка, скрытое слово с частью -*дор*-, фр. *dormir*, «спать», в котором онейрический и окончательный сон сливаются.

Однако по многим набоковским приметам понятно, что Ван не умрет (бабочка перелетает дорогу, дети наблюдают за дуэлью, в имени соперника Таппер нет *О*), но некоторые другие элементы, в том числе буквы *О*, настораживают и предвещают конец. Ван садится в таксомотор (*motor car*) — такси недаром называются так в русских текстах, например в «Защите Лужина», ибо в слове *такси* нет *О*. Место дуэли за *Dorofey Road* (Дорофей Род), Ван тяжело ранен: «Bl*oo*d *oo*zed through his cl*o*thes and trickled d*o*wn his tr*o*userleg» [Nabokov 2000: 246]. (Любопытно, что двойное *ОО* может визуализировать две «трубы» штанов, как, например, в «Прозрачных вещах» или «Оригинале Лауры»: «onl*oo*ker might have seemed some sort of exotic wrestling match, would take us from one r*oo*m to another and end by my sitting on the fl*oo*r, exhausted and hot, with the b*o*tt*o*m of my trousers mis-clothing my heaving abdomen» [Nabokov 2009: D0].)

Дорофеем зовут медбрата в больнице, который в минуты отдыха читает русский журнал, с названием которого Набоков издевательски играет: «the Russian-language newspaper Golos (Logos)». Он высмеивает «Слово», журнал с политическими позициями парижской эмиграции, где печатались резкие отзывы Г. Адамовича на его произведения. (Адамович является прототипом Христофора Мортуса в «Даре» — в его имени три *О* и черная коннотация инструментовки созвучны с Логосом-Голосом[3].)

Оказывается, учитель музыки Рак (Rack), которого Ван и искал в этом городе, раньше жил на Dorofey Road, но сейчас лежит здесь же, в больнице, умирая (nomen est omen) от рака. Автор приводит Вана в нужное место целой цепью случайностей, и, оказывается,

---

[3] Набоков издевательски называл его и Содомовичем, из-за гомосексуальности редактора.

множество *O* сохранено в тексте ради умирающего Рака: «a bit of voodoo, ha-ha, on his own flesh and blood», «No oxygen gadget», «agony of agony», «Professor Lamort» [Nabokov 2000: 249–251].

Набоков подчеркивает употребление слов с *O* разоблачением своего приема, уточняя выбор слова: «oil-cloth-covered pillow (why oil-cloth?)» [Nabokov 2000: 250]. Эта больница зловеща еще тем, что похожа на засасывающее жерло, подобно музею в «Посещении музея» или тупику безвыходной погони, которая в «Защите Лужина» кончается в узкой ванной комнате. Поэтому Ван после визита к Раку больше не принимает помощь Дорофея и организует свой побег.

У Набокова на протяжении всего творчества встречаются зеркальные слова, которые вибрируют между эротическим и зловеще-чертовским. Одно из них — *bottom*. Голые бедра Ады, две ягодицы попадают в лицо Вана при ее падении (грехопадении?) с яблочного дерева «шаттал» (часть 1, глава 15). Название этого экзотического дерева тоже вписывается в этот же ряд, оно стоит в задней части или глубине сада — «at the bottom of the garden», таким образом, двусмысленно-эротический тон задан в первом же предложении главы. (Ильин неточно употребляет сомнительную и перегруженную русским суффиксом фонетическую транскрипцию «шаттэльское», разрушая визуальную симметрию слова, и, ухудшив ситуацию, не только помещает дерево «в дальнем углу», вместо, скажем, «задней части», но еще переводит сад этого Эдема как «парк» [НАП, 4: 94].) Зеркальное соответствие букв в слове *bottom* и образное восприятие части тела Ады и здесь экстраполирует симметрию на окружающие слова и «ирреалии». Дерево (apple tree) имеет «cool», «glossy limb», в саду Люсетта играет кольцами, которые визуальны вдвойне (восьмерка — это знак времени и бесконечности): *O*-образны и сами предметы, и слова на обоих языках, *hoops* и *кольцо* [Nabokov 2000: 77]. Первый раз Ада, второй раз Люсетта сидит на коленях Вана по дороге домой из леса в коляске: «Lucette's compact bottom and cool thighs seemed to sink deeper and deeper» [Nabokov 2000: 221][4].

---

[4] Или другой пример о другой девушке из TOOL: «Young Aurora Lee <...> her little bottom, so smooth, so moonlit» [Nabokov 2009: Aurora 4].

Цветовая и буквенная символика была важна Набокову и в автопереводах: например, он серьезно переработал текст романа «Камера обскура» для английского варианта «Laughter in the Dark». Он сменил и имя героя, назвав его *белым*, Albinus (*Олбинэс*), связывая с ним невинный, но и смертоносный белый цвет. Возможно, белый цвет вообще был для него связан с хромэстезией. Более поздний английский вариант его художественной автобиографии свидетельствует о том, что он интересовался исследованием синестезии, ибо, описывая явление, вставил фразу: «The first author to discuss *audition colorée* was, as far as I know, an albino physician in 1812, in Erlangen» [Nabokov 1989a: 35]. Альбинос мог для него звучать и символически.

Трудно гадать, какие у Набокова были ассоциации в связи со своим именем, но одно явно: выбирая псевдоним Владимир Сирин, помимо многослойной семантической коннотации от мифической птицы до *сирени*, он соблюдал и графическую симметрию и поставил в начале псевдонима, которое в целом рифмуется с его любимым синим цветом, синюю синестетическую С. Когда же он играл анаграммами в своих текстах, то, создавая ипостаси повествователя или вымышленного автора, называл их именами и фамилиями, составленными из букв своего имени. Vivian Damor-Blok, Bloodmark, Darkbloom, Omir van Baldikov или Baron Klim Avidor хотя и высвободились из рамок русского языка, но были ограничены числом и выбором букв, полученных писателем в ориго, при рождении. Из Владимира визуально появился Vladimir, то есть в начале имени оказалась буква, похожая на его любимую старую русскую ижицу, и Набоков подписывался этой птицеобразной, легкой, летучей буквой, раньше обозначавшей русский [и]; белая синестетическая *V* стала у него вариантом инициала *V*, его эмблемой.

«Hybridization of tongues»
Сдвиги и «гибридизация языков» Набокова в «Bend Sinister»[1]

Несовпадение систем кодов языков сообщает и о невозможности выражать что бы то ни было словами — эта проблематика была основной для Набокова в течение всей творческой, переводческой и (биографически) эмиграционной жизни в четырех странах, а тематически стояла в центре «Приглашения на казнь», где борьба за самовыражение стала экзистенциальным вопросом. В русских текстах Набокова русские буквы старой азбуки носят особый семантический груз, основанный на визуальной метафоризации графической формы: кириллица появляется в тексте отдельными семантизированными буквами. Уже отмечалось, что Г похожа на виселицу, славянская ижица сравнивается с птицей [Johnson 1978]. В более поздних романах и впервые в «Bend Sinister» отсутствие кириллицы само по себе отражает отстраненный взгляд эмигранта, живущего в культурном вакууме, на родной язык.

В многоязычных текстах Набокова наряду с частыми метафорами, где граница между конкретным и образным осязается

---

[1] В главе использованы материалы статей автора: Hybridization of tongue: лжеязык Набокова в «Bend Sinister» // Гибридные формы в славянских культурах / отв. ред. Н. Злыднева. М.: ИС РАН, 2014. С. 158–164; Языковой антиэквилизм В. Набокова // Omnis amor incipit ab aspectu: Köszöntő könyv Jászay László 65. születésnapjára / Sz. Janurik, A. Palágyi, I. Pálosi. Budapest: ELTE BTK, 2016. P. 103–108.

визуально или образно-философски, особым вариантом метафоризации можно считать переходы между языками. В «Bend Sinister» в английский текст вводится значительное количество неанглийских элементов, и смена кодов является основным приемом не только стилистики, но и философии языка автора.

Набоков отметил, что «Приглашение на казнь» и «Bend Sinister» занимают особое место в его творчестве, между ними расположено все, что он писал вообще: «two book-ends of grotesque design between which my other volumes tightly huddle» [Nabokov 1970b: 4]. Образ «крайних книг» интересен в визуальной симметрии, ибо по хронологии эти романы не отдаленные, а центральные, стоящие почти рядом в середине творческого пути писателя. В них можно рассматривать пару, варианты одной темы в переходный момент творчества русскоязычного Сирина и англоязычного Набокова. Они разделены только рубежным «The Real Life of Sebastian Knight», начатым по-английски еще в Европе в 1939 году, в котором проблема языка и идентичности играет центральную роль. Метод смешения языков наблюдается в зачаточной форме в письме Себастиана.

Однако смешение языков не всегда сообщает одну и ту же идею. Исследователи «Bend Sinister» до сих пор не принимали во внимание два чрезвычайно важных обстоятельства. Многие работы о языке романа всего лишь повторяют тезисы авторского предисловия, в котором указывается на особенности «hybridization of tongues» [Nabokov 1974a: 9], см. [Foster 1995; Walter 2002; Anokhina 2012]. Э. Божур отмечает «тетралингвизм» романа [Beaujour 1995: 40]; А. Гов [Gove 1973], говоря о мультилингвизме, язык романа рассматривает в контексте социальных вопросов, под ракурсом социолингвистической стилистики, узуального аспекта языка. Упускается из виду, что, во-первых, социальный подход предполагает социальный роман, что в случае жанра «Bend Sinister», граничащего с антиутопией, неадекватно (даже если оставим в стороне тот факт, что произведениям Набокова чуждо социальное фокусирование). Во-вторых, забывается, что в романе использовано не два или три и даже не четыре, а больше языков: кроме основных (английского, французского, русского и немецкого) появляются латинские вставки, итальянское имя и, главное, слова несуществующего, фиктивного языка Синистербада. Гов считает, что русский выступает в роли выражения интимности, а французский — аристократизма. Эта трактовка неверна: Максимов, помощник Круга и невинная жертва режима, не понимает по-французски; и не только Круг употребляет французские обороты, но и солдаты-эквилисты вводят в свою пошлую речь французские слова-стереотипы. В «Bend Sinister» Набоковым разным языкам не придана упрощенная и определенная семантическая аура. Как он отмечает в предисловии, «Problems of translations, fluid transitions from one tongue to another, semantic transparencies yielding layers of receding or welling sense are as characteristic of Sinisterbad as are monetary problems of more habitual tyrannies» [Nabokov 1974a: 9], то есть в этой диктатуре язык и перевод не представляют никакой проблемы.

Употребление стилистических регистров и разных языков не дает ориентиров ни в оценке характера персонажей, ни в их близости / дистанции к главному герою Кругу. Этот факт и отсутствие схематической структуры в соотношении персонажей в очередной раз показывает, что Набоков создает непсихологический роман.

Ценностная коннотация разных «чужих» культур и языков формируется исторически в отдельных национальных культурах, нередко в форме довольно упрощенных стереотипов. За неимением места здесь наметим только пунктиром, какие сигнальные функции закреплялись за немецкой культурой в русских текстах: от поколения Пушкина до Пастернака «немецкий университет» означал «философию»; после образа Штольца в «Обломове» — немецкое связано с холодностью и деловитостью, прагматизмом и целеустремленностью, а с конца XIX века — с марксизмом и социализмом. Все немецкое воспринимаемое как часть западной культуры (как и в Восточной Европе), у Набокова получает новую коннотацию.

Философский характер постановки проблемы языка у Набокова показывает то, что первым неанглийским словом в романе является *fachtung*, одновременно первое слово на языке Синистербада, и оно не принадлежит ни одному известному в мире языку. Слово, правда, по структуре и форме вписывается больше всего в германско-немецкий ряд: *das Fach* — «отделение», «полочка», «ящик стола», с суффиксом существительного. Однако значение, обусловленное контекстом, подсказывает английское слово *fighting*, «драка», «перестрелка» (нем. *Schlacht*). Похожая немецко-английская смесь встречается на той же странице (и в словах Круга, и смежного нарратора) во фразе, которая тем более неожиданная, что обращается к некоему «you» и стоит в скобках: «(You see the good woman thought that bullets were still flukhtung...)». «Flukhtung» в роли глагола и в значении «летают» составлен, вероятно, из англ. *flying*, *flight* — «лететь», «полет»; и с отзвуком нем. *die Flucht* — «побег», «бегство».

Слово *fachtung* произносится женщиной с «северо-западным», «болотным» акцентом, не мягким, а твердым [Nabokov 1974a: 16]. Таким же акцентом говорит сам диктатор Падук. Северо-западный регион окружает Петербург и выступает его метонимией, как будто Набоков не желает запачкать название города, который здесь появляется вовсе не в ностальгическом смысле, а как город большевиков, топос революции, и его связь с Европой созвучна с тем мотивом Запада, который отражается в русской литературе со времени символистов до советского периода 1920-х годов, указывая на западное происхождение марксизма (см. у А. Белого, Б. Пильняка). На это указывает и *болото* (*marshland* — кстати, в английском слове уже есть ассоциация с будущими арестами, см. позже), которое было осушено диктаторскими приемами Петра Первого (тоже связанного с западными идеями в истории русской культуры) и которое можно понимать как уничижительную метафору угнетающей, серой, засасывающей толпы, черни. *Fachtung*, произнесенное медсестрой как [fakhtung], возможно, указывает на обожание новой идеологией *фактов*, на ее утилитаризм, материализм и эмпиризм и, может быть (этой смесью языковых связей), на ее афишированную «международность». По этой же схеме создано слово *эквилист* (унифицирующий), партия *эквилистов* совершила поворот в стране.

Образ Петербурга всплывает в мрачной картине длинного моста со скульптурами морского бога Нептуна [Nabokov 1974a: 17]. Помимо визуальных элементов заслуживает бо́льшего внимания абсурдная сцена, которая перерастает в образ бездомности, положения между двумя берегами. «Другие берега» окружают эмигранта, который мечется между жизнью и смертью-потусторонностью: он покинул северный берег, больницу, где умерла жена. Мост-переход проложен прежде всего между языками, одним потерянным и другим, еще не приобретенным; в этом смысле смешение языков романа все время выдерживает это напряженное, переходное положение экзистенциальной выброшенности из дома-языка. Русские слова или слова славянского звучания в большинстве искажены и переделаны и — в отличие от «Приглашения на казнь» — лишены своей визуальной красоты, кириллицы, которая Набоковым использована там для создания ряда метафор. Уменьшительные суффиксы, вторжение стереотипов и иноязычных штампов и там, и здесь указывают на пошлость, разработанную Набоковым впервые в рассказе «Облако, озеро, башня», еще в рамках русского языка, но уже в немецкой атмосфере риторики и лексики (см. главу о пошлости «Клоуны коммунацисты...»). Но там еще не было смеси немецкого и русского и не появлялись несуществующие слова, которые выносят время Синистербада за пределы реального. Даже в речи Ольги наблюдается этот искусственный язык: «Elation, delight, a quickening of the imagination, a disinfection of the mind, togliwn ochnat divodiv [the daily surprise of awakening]!» («ежедневный сюрприз пробуждения») [Nabokov 1974a: 35], где в словах угадываются разные морфемы немецкого и русского (*täglich*, *-вный*, «охать», «видеть»).

Искусственный, несуществующий язык Синистербада окончательно обретает фиктивную реальность, когда и собственный главный язык романа, английский, ставится под сомнение. Круг в момент ареста своего друга Эмбера обращается к нему по-английски: «This idiot here has come to arrest you — said Krug in English» [Nabokov 1974a: 111], — читаем в английском тексте, осознавая вдруг, что, следовательно, роман написан по-английски только для того, чтобы читатель понимал его, и это вдруг объясняет и переводы в тексте, в скобках. (Подобное явление наблюдается, например, в русско-еврейской литературе, где в русском тексте — который передает речь персонажей на идише — вдруг читаем: сказал он по-русски [Hetényi 2008a: 48–50].)

Параллель между тоталитарными государствами, Германией и Советским Союзом, впоследствии стала историческим стереотипом, но Набоков заметил ее очень рано. В романе, который был создан первым в США, в том Новом Мире, куда ему пришлось бежать от двух тоталитарных государств-чудовищ, Набоков сумел передать ужас принудительного коллективного счастья без политической дидактичности, с одной стороны, и без предельной аллегоризации — с другой, благодаря тому, что использовал исключительно основной материал литературы: язык. «The language of the country <...> is a mongrel blend of Slavic and Germanic, — but colloquial Russian and German are also used by representatives of all groups, from the vulgar Ekwilist soldier to the discriminating intellectual» [Nabokov 1974a: 9]. Если литературный персонаж может быть полностью создан с помощью стиля, для него конструированного, то Набоков создает все государство из дискурса, в котором оно проявляет себя, у него «строй — это язык».

Особое значение языковой многослойности придает роману то место, которое он занимает в творчестве писателя: здесь разработан прием косвенного социального посыла без политических обертонов при помощи чистого искусства, через философию языка самой полиглоссии, где создается искусственный новый язык из многих известных. Из языковой смеси в «Bend Sinister» позже вырастает язык Зембы («Pale Fire»), один из самых сложно устроенных и загадочных нарративов Набокова. Однако полиглоссия Набокова достигает своих вершин в конгломерате «Ады...», в сфере интимной духоты эротической и одновременно депрессивной загадочности любви и смерти. Трансъязычные дороги получают в разных романах неодинаковые роли, переход границ между языками в «Аде...» может создать и герметичный, интимный мир интеллектуального превосходства. Вибрация при транспонировании между языками всегда взаимосвязана с экзистенциальным вопросом свободы личности, предельной свободы тайного языка в «Аде...», или предельного рабства и пошлости, как в «Bend Sinister».

Если Советская Россия становится негативным Западом в «Bend Sinister», то Германия, традиционно воспринятая в России как представитель западной культуры, уподобляется ей, отождествляется и становится отсталым Востоком. В каком-то смысле уже перед словом *fachtung* можем почувствовать многоязычный фон романа в имени главного героя Круга, которое соединяет два значения: русскую геометрическую отвлеченность и немецкую низменную пошлость пивных (нем. «кувшин», в диалекте «корчма»). Пивная, корчма может представлять, в контексте гитлеровских путчей, историческую аллюзию на то, что политические реалии засасывают интеллигента, который в сюжете оказался бессилен и не мог защитить ни себя, ни своего сына. Круг вспоминает на мосту именно публику пивных: «He remembered other imbeciles...with a kind of gloating enthusiastic disgust. Men who got drunk in beer in sloppy bars, the process of thought satisfactorily replaced by swine-toned radio music. Murderers» [Nabokov 1974a: 20–21].

В «Даре» отмечены исследователями отрицательные образы Германии, параллельной советскому миру, где «торчат все те же сапоги и каска» [Ишимбаева 2002]. В некоторых выражениях сочетается русский и немецкий язык: «yer un da» («ерунда») объясняется как «staff and nonsense», нарочно ошибочно, с целью поставить в середине слово *and*, отсылая через немецкий *und* к *Hier und da* («там и сям»). Такой многократный сдвиг слов раскрыт через 22 года в «Аде...»: «Azov, a Russian humorist derives erunda from the German hier und da, wich is neither here nor there» [Nabokov 2000: 232].

Велосипедисты на мосту говорят «гортанными репликами» — неизвестно, немецкий или русский язык так описан; непонятно и то, кто сопоставляет юмористические газеты — немецкую «Simplizissimus» (1896–1942) и русскую «Стрекозу» (1875–1908).

В «Даре» глазами Годунова-Чердынцева с отвращением описывается (на двух страницах) сидящий против него немец в трамвае, пока этот пассажир не достает из кармана русскую газету (см. в главе «Антропоним как прием...»). В этой сцене можно усматривать разоблачение предрассудков или экстраполяцию внутренних проблем эмигранта, если бы не те детали описания, которые открывают общие черты массовой серости и опасной тупости в мелком человеке, недовольство и подавленность которого одинаково используются идеологией в железном государстве — в немецком фашистском и в советском. Примеры для параллели «овосточивания» немецкой Германии и изображения Советской России как «опустившегося» Запада без труда можно было бы умножить.

При аресте Эмбера по-немецки произносятся те же слова, которые во время ареста Круга и Давида звучали по-русски («marsch» и «marsh vniz» [Nabokov 1974a: 111, 168] — одно с немецкой, другое с английской фонетической транскрипцией [sch] / [sh]). Марш созвучен с названием болота-Петербурга «marshland» — мы в стране маршевых арестов. Гибридизация у Набокова означает неорганическое склеивание искалеченных языковых элементов, она и отображает, и рождает экзистенциальный и онтологический хаос. Но дело не в самом смешении как негативном качестве, что становится очевидным при сопоставлении с органическим сгущением литературной аллюзии.

Последние фразы Круга, обращенные к сыну, чисто русские. «'Raduga moia!'» и «Pokoinoi nochi, dushka [animula]» [Nabokov 1974a: 160]. Отклонение от нормативного ожидания, отсутствие одной буквы заслуживает особого внимания. Вместо спокойной ночи — форма «покойной ночи» не только стилистически поэтически-старинная, но подразумевающая вечный покой. «Death was but a question of style» [Nabokov 1974a: 200], смерть — это всего лишь вопрос стиля, заключает последняя страница.

Высокий стиль выдержан в латинском слове, омеге полигенетической интертекстуальной цепи ассоциаций. «Animula» отсылает к Античности, к последним словам Гадриана, но (несомненно) вспоминается и стихотворение Т. С. Элиота (1929) с аналогичным названием. В стихотворении Элиота описан жизненный путь невинной детской души («simple soul», «small soul») и процитирован Данте (Чистилище, песнь 16). Последняя строка Элиота риторически превращается в молитву за усопших, неожиданно переключаясь от третьего лица к множественному числу первого лица и от смерти к рождению: «Pray for us now and at the hour of our birth». В этой богатой интертекстами отсылке Набоков предвещает не только смерть мальчика Давида, но и осуществляет на последних страницах романа переход повествования от романного к метароманному, когда вмешивается авторитет повествователя. В единственном латинском слове «animula» осуществляется органичное слияние разных культурных эпох (Античности, Средневековья и модернизма и скрытые за ними имена Гадриана, Данте и Элиота). Хаосу вавилонского лжеязыка противопоставлена многоярусная полигенетичность поэтики кодов.

Набоков, Nabokov, Nabokov
Гибридный перевод Набокова с оригиналов на двух языках на третий язык[1]

Язык как таковой был для Набокова приключением с его трехъязычного детства. Переводы на русский с английского и французского языков в первые годы эмиграции были его любимым занятием, помимо сочинения стихов, но сознательная смена языка письма на английский была отмечена только резкой «цезурой», переездом в США в 1940 году. Однако это переключение было подготовлено его более ранними «автопереводами» (авторскими «self-translations»). Набокова шокировал небрежный английский перевод «Камеры обскуры» 1936 года, выполненный Виннифредом Роем. В автоперевод романа он ввел существенные изменения по сравнению с прежним текстом, заменив название, имена героев

---

[1] В главе использованы материалы статей автора: Két sima, egy fordított. A fordító Nabokov, az önfordító Nabokov és a Nabokovot fordító paradoxonai // Filológiai Közlöny. 2018. № 64(1). P. 25–34; Translating self-translation and the units of the translation: the case of Nabokov // Studia Slavica Academiae Scientiarum Hungaricae. 2018. № 63(1). P. 49–55.
Использован также опыт перевода, в том числе перевода трех романов, восьми рассказов и эссе самого В. Набокова с английского: романов «Mary», «Glory» и «Pnin», рассказов «Beneficience», «A Letter That Never Reached Russia», «A Guide to Berlin», «Terror», «Recruiting», «Vasiliy Shishkov», «Signs and Symbols» и «The Word», эссе «Брайтенштетр — Паолино» (последнее — с русского языка).

и еще многое в английском «Laughter in the Dark» (1938). Выходу этого романа предшествовал первый самостоятельный автоперевод «Отчаяния» на английский («Despair», 1937).

С переводческой деятельностью было связано еще одно важное изменение в творчестве: переход от поэзии к прозе, сначала к рассказам (самый плодотворный период приходится на его берлинские годы) и очень быстро к романам, которые впоследствии принесли ему звание автора бестселлеров и благодаря которым Набоков стал одним из писателей, которые определили прозу XX века и подготовили ее поворот к литературе постмодерна.

Более ранние опыты Набокова, наоборот, связаны с переводом на русский язык. «Николка Персик» Р. Роллана (переведен в 1921 году, опубликован в 1922 году) и «Аня в стране чудес» Л. Кэрролла (переведен в 1922 году, издан в Берлине, издательство «Гамаюн», 1923) основаны на решительной русификации, «одомашнивании» текста, и оба случая потребовали чрезвычайно высокой творческой изобретательности. При этом сложная и многоуровневая словесная игра Кэрролла и прежде всего метод *portemanteau* (слияние двух или более слов в текстах Набокова, которое я называю *метаморфузией*, потому что часто в них появляется олицетворение) навсегда повлияли на стиль его прозы. Как уже было показано [Hetényi 2018], Кэролл для Набокова оказался образцом и примером, определил его особый взгляд на поэтику абсурда, сформировал представление о разных мирах и об иррациональном, у английского математика и сочинителя Набоков заимствовал и закодированный язык символов и философских абстракций.

После эмиграции в США направление его переводов изменилось, и помимо автопереводов и после некоторых значительных переводов русских классиков[2], лирики и прозы, он выполнил большой четырехтомный перевод с комментариями «Евгения Онегина» (1964), где он, мастер формы, не соблюдая характерную «онегинскую строфу», отдавая предпочтение передаче смысла,

---

[2] Стихи Пушкина, Лермонтова и Тютчева, «Героя нашего времени» (в соавторстве с сыном) и «Слово о полку Игореве».

полностью пренебрег рифмами, в то же время объяснял все мелкие детали — от быта русской знати и русской просодии до обсуждения рукописных версий, этимологии и различий между русской, французской и английской культурой и цивилизацией.

Таким образом, неизбежен вопрос об этих совершенно разных стратегиях перевода: как молодой Набоков, сторонник «одомашнивания текста», превратился в зрелые годы в филологического фанатика, переводчика-буквалиста? Ключ к ответу предоставляет как раз хронология его переводческого творчества и изменение понимания сущности перевода. Сопоставления дают ответ и на более важный вопрос, на вопрос родного языка многоязычного автора, служат веским аргументом в пользу доминирования русской культуры над английской или французской. Вспомним, что ранние переводы полиглота Набокова были сделаны для русских детей и молодежи, были нацелены на озвучивание и чтение настоящих русских текстов, «русской сказки» Кэрролла и «русского сказа» Роллана. В своем же позднем английском «Онегине» он хотел объяснить английскому читателю все детали и красоту своего Пушкина, его, Набокова, любовь к русскому языку и культуре потерянной родины. Он показал «своих» поэтов — Пушкина, Тютчева, Лермонтова. Он всю жизнь был привержен этой русской ориентации, поэтому стал еще и автопереводчиком — чтобы познакомить английского читателя со своими русскими романами и рассказами, написанными до «Лолиты», и дать английскому читателю понять, откуда возникла «Лолита». Русский язык был единственным родным языком Набокова.

Такое же доминирование русского проявляется в двух его автопереводах на русский язык: «Других берегах» (1954) и «Лолите» (1967). О сложной трансформации англоязычных мемуаров Набокова (начиная с «Conclusive Evidence», 1951, с главой «Мадемуазель О», 1936, написанной первоначально на французском языке), которые были преобразованы через три года в «Другие берега», а затем в «Speak, Memory: An Autobiography Revisited» (1967), свидетельствует замечание автора из предисловия к этой последней, позволяющее понять, что память работает глубже и точнее на родном для Набокова русском языке и сам процесс перевода вызвал новые воспоминания.

> I revised many passages and tried to do something about the amnesic defects of the original <...> I have not only introduced basic changes and copious additions into the initial English text but have availed myself of the corrections I made while turning it into Russian. This re-Englishing of a Russian re-version of what had been an English re-telling of Russian memories in the first place, proved to be a diabolical task... [Nabokov 1989a: xi–xii].

Читателю предстоит обнаружить, что описания в русской версии мемуаров более эмоциональны, даже чувственны, чем в английской; синестетические способности Набокова (уже упомянутые в главах «Взор и узоры прозы...», «Симметризация, сенсибилизация...») продемонстрированы более обширно, с богатыми метафорами из всех пяти чувств[3], в то время как в английском тексте мы можем прочитать только одно предложение вместо абзаца: «...the color sensation seems to be produced by the very act of my orally forming a given letter while I imagine its outline» [Nabokov 1989a: 17].

Набоков осуществил автоперевод на русский язык романа «Лолита», испугавшись, как он признался, что увидит его в руках других переводчиков. Одновременно с этим, в том же 1967 году был завершен английский текст мемуаров «Speak, Memory». В это время художественное повествование на русском языке для него

---

[3] Напомню уже звучавшую цитату: «Не знаю, впрочем, правильно ли тут говорить о "слухе": цветное ощущение создается, по-моему, осязательным, губным, чуть ли не вкусовым чутьем. Чтобы основательно определить окраску буквы, я должен букву просмаковать, дать ей набухнуть или излучиться во рту, пока воображаю ее зрительный узор. Чрезвычайно сложный вопрос, как и почему малейшее несовпадение между разноязычными начертаниями единозвучной буквы меняет и цветовое впечатление от нее (или, иначе говоря, каким именно образом сливаются в восприятии буквы, ее звук, окраска и форма), может быть как-нибудь причастен понятию "структурных" красок в природе. Любопытно, что большей частью русская, инакописная, но идентичная по звуку, буква отличается тускловатым тоном по сравнению с латинской» [НРП, 5: 157].

было уже делом прошлого, и стихи он уже писал на английском (и все реже). Русская «Лолита» была воспринята однозначно отрицательно, критики резко заявили, что этот текст написан на устаревшем, ржавом языке. Набоков, видимо, поверил этим голосам, потому что навсегда отказался от подобных проектов и больше на русский не переводил.

Сравнение русского и английского «лолитекстов» является перспективным предметом для изучения, ибо автором был сделан ряд изменений. Это поднимает и теоретический вопрос: можно ли назвать переводом такой автоперевод, который на самом деле представляет собой новую редакцию текста. Джейн Грейсон различает незначительные и существенные переработки, относя ко второй группе три автоперевода ранних романов («Laughter in the Dark», «Despaire» и «King, Queen, Knave») из-за исключенных глав и эпизодов, измененных названий и имен героев [Grayson 1977: 23–118]. В результате опыта длительных исследований я пришла к очень простому критерию автоперевода: так можно называть только те тексты, в которых нет изменений, которые посторонний добросовестный переводчик не мог бы себе позволить. Пропуск или вставка главы или эпизода, или же переименование персонажей («Камера обскура») не относится к компетенции переводчика (за редкими исключениями изменения говорящих или игровых, сказочных имен и т. п.).

Но русская «Лолита» нуждается в другой категории, которую я предлагаю назвать творческим, или авторским переводом (auctorial creative translation). Здесь структура, сюжет, основная часть текста и идеи остались нетронутыми, а фрагменты языковой игры были изменены из-за культурных различий, в том числе языковых, и главным образом для того, чтобы сохранить оригинальный стиль и аллюзии — за несколькими исключениями их мог бы себе позволить профессиональный переводчик. Прежде чем перейти к анализу подробностей, нелишним будет коснуться того, что дальнейший перевод «Лолиты» (на третий язык) вызывает существенные проблемы.

Первая проблема — юридическая и одновременно текстологическая. Д. В. Набоков, наследник авторских прав, в договоры с переводчиками включал условие, что все переводы произведений его отца должны готовиться на основе английской версии, даже если это автопереводы, поскольку они являются более поздними версиями текста. Текстология этот принцип называет текстом *ab ultima manu*, последняя творческая воля автора. Но согласно этому принципу, не только «Лолита», но и «Волшебник» (переведенный на английский Дмитрием Набоковым после смерти отца) могут быть переведены на третий язык только с русского текста, поскольку автоперевод «Лолиты» является более поздним прижизненным вариантом, чем английский текст романа, а «Волшебник» написан Набоковым только на русском языке и отсутствует его автоперевод.

Вторая проблема заключается в том, что в случае «Лолиты» в наших руках два оригинальных текста, и оба имеют свои достоинства. Ни один издатель не рискнет издать два параллельных перевода для массового читателя, поэтому сравнение двух версий остается предметом научных исследований. Кроме того, два параллельных издания на третьем языке отражали бы две разные стратегии перевода и личности двух переводчиков. Итак, формальная логика предлагала бы доверить эти два перевода одному и тому же переводчику. Однако я предлагаю исправить это воображаемое разделение и объединить не только двух переводчиков в один, но и объединить два источника в один гибридный (сводный, реконструированный) текст. Я перевела именно таким методом два романа Набокова, «Машеньку» и «Подвиг» (правда, они оба подвергались минимальному изменению в процессе перевода Набоковым). Но этот метод гибридизации работает и в более переработанных текстах, что я и постараюсь продемонстрировать ниже. Гибридизация кажется подходящей концепцией для перевода многоязычных текстов Набокова.

Гибридизация не может применяться автоматически в качестве универсального метода, только как общий подход. Например, даже если русская «Лолита» является более поздней версией, американский контекст требует сохранения американских реалий (трудная задача для переводчика хотя бы из-за игровых и «говорящих», значащих географических названий). Но во многих случаях, особенно при решении проблемы культурных различий, Набоков, с его опытом русификации перевода, оказывает значительную помощь своим переводчикам на третий язык, особенно когда возникают интертекстуальные аллюзии. Он дает разные указания-подсказки — для русского читателя он ссылается на русскую литературу, а для английского — на английскую литературу. Внимание к обоим текстам (источнику и автопереводу), то есть гибридизация в этом случае, предлагает сложный выбор или даже не просто выбор — культура третьего языка может требовать иного решения от переводчика на третий язык.

В знаменитой первой главе «Лолиты» мы читаем две реминисценции из «Аннабель Ли» Эдгара По, узнаваемые только посвященным читателем:

> ...there might have been no Lolita at all had I not loved, one summer, a certain initial girl-child. *In a princedom by the sea.* <...> Ladies and gentlemen of the jury, exhibit number one is what the seraphs, the misinformed, simple, *noble-winged seraphs*, envied (курсив мой. — Ж. Х.) [Nabokov 1970a: 11].

Эти две отсылки всего лишь неправильные цитаты — в стихотворении По мы читаем не «княжество» («princedom»), а «царство» («kingdom») и «крылатых серафимов небесных» («winged seraphs of Heaven»). Переводчик, конечно, обязан сохранить ошибку ссылки (задаваясь вопросом, кто совершает ошибку, автор или рассказчик Гумберт Гумберт). И на этот вопрос следует ответ в русской «Лолите», где после русской версии стихотворения По добавлено «почти как у По», что не только избавляет и рассказчика, и автора от греха неграмотности, но и раскрывает имя автора скрытой цитаты [НАП, 2: 12]. Тем самым Набоков предлагает любопытную переводческую стратегию: превращение реминисценции в аллюзию с названным источником. Это подтверждено повторным упоминанием имени По ниже: «Эдгаровы серафимы». (При этом слово «серафимы» вызывает дополнительную ассоциацию у русского читателя: это шестикрылый серафим из стихотворения Пушкина «Пророк».) Это решение Набокова дает в руки переводчика метод, чуть ли не образец, и в любом случае право определять авторов отсылок и декодировать в языке перевода скрытые источники таких интертекстов, которые не распространены в культуре языка перевода.

Другое решение, которое предлагает пример Набокова-переводчика, — это когда культовое упоминание в одной культуре заменяется другим, «одомашниванием». В конце «Лолиты» в гротескном диалоге Куильти делает вполне понятную отсылку к Шекспиру («as the Bard said» — «как сказал Бард») перед тем, как процитировать строку с испорченным произношением простуды, создавая таким образом игру слов, вместо *to borrow* («одолжить») — «to-morrow, to-morrow, to-morrow» («завтра») [Nabokov 1970a: 333]. А Набоков в своем русском тексте заменяет «барда» на «поэта», который для русских может означать только Пушкина: «Буду жить долгами, как жил его отец, по словам поэта» [НАП, 2: 367]. Надо отметить, что Набоков мог передать любую игру слов, но интертексты, выдающие образованность говорящего, здесь были для него важнее. Перед переводчиком на третий язык возникает непростой вопрос, на какой из них ссылаться: на Шекспира или на Пушкина, на барда или на поэта? (Конечно, не стоит вставлять сюда цитату, поэта и ссылку из культуры третьего языка перевода.) Теоретически это будет зависеть от каждого конкретного языка и конкретной культуры, ее отношения к русской или английской культуре. На языке перевода (в моем случае — на венгерском), воодушевляясь последним примером По и тем фактом, что Набоков сам пожертвовал игрой слов, чтобы продемонстрировать в форме игры с читателем эрудицию Куильти, переводчик смело может указать имя автора, барда или Пушкина или же назвать хорошо известный в культуре языка перевода источник и написать: «как Поэт говорит об отце Онегина»[4].

---

[4] Венгерский перевод более-менее сохранил игру слов английского источника, но произношение с насморком превратилось всего лишь из французского «мерси» в «Берци», ласкательную форму мужского имени, и таким образом интеллектуальная игра исчезла. Вполне представимо, что в некоторых культурах в гибридном выборе сохранится бард и даже английский оригинал Шекспира (например, как мне кажется, во французском языке это возможно).

Гибридизация двух оригиналов предлагает помощь и в других случаях.

В словесных играх трудно решить, какой аспект ассоциаций следует оставить переводчику. Гумберт Гумберт утверждает, что обе его половины женские, но «they were as different as 'mist' and 'mast'» [Nabokov 1970a: 20]. Дополнительную проблему означают кавычки в английском тексте, которые, как мне кажется, обозначают не цитату, а переносный смысл игры слов. Фаллическая ассоциация с *mast* («мачта») возникает из-за контекста («viril ivory fascinum» на той же странице и палки), но *mast / мачта* может обозначать также и грудь (женское). В автопереводе «мечта и мачта» сохраняют иронию фаллического оттенка мачты, но при этом грамматический женский род обоих слов [НАП, 2: 28].

Игривое в русском и более позднем оригинале иногда выше, чем в английском. Здесь удваивается слово *portemanteau* (легко воспроизводимое слияние двух слов). «Не сомневаюсь, что доктор Биянка Шварцман вознаградила бы меня целым мешком австрийских шиллингов, ежели бы я прибавил этот *либидосон* к ее *либидосье*» [НАП, 2: 70], ср.: «I am sure Dr. Blanche Schwarzmann would have paid me a sack of schillings for adding such a *libidream* to her files» (курсив мой. — *Ж. X*) [Nabokov 1970a: 56]. Нет сомнений в том, что версия с двойной игрой слов более достойна перевода.

Тексты Набокова, существующие в двух авторских версиях, помогают также ответить на теоретический вопрос о минимальной и максимальной единицах перевода. В российском учебнике теории и практики художественного перевода предлагается тезис, что предметом перевода в текстах является «слово как минимальная единица и текст как максимальная единица перевода» [Солодуб и др. 2005][5]. Как мы видели, интертекстуальные аллюзии и реминисценции выводят перевод далеко за пределы только текста. С другой стороны, минимальная единица может быть меньше слова, только морфемой (как, например, слияние слов в языковой игре) и даже семантизированная фонема, а у Набокова особенно соответствующая ей в письменной речи графема,

---

[5] Весь учебник разделен на две части соответственно этим двум единицам.

буква. В предыдущих главах этого раздела я показываю, как буква может нести ключевую для понимания замысла семантическую нагрузку, потому что они интерпретируются как микрообразы, вызывающие синестетические ассоциации в сознании Набокова своей графической формой. См. также [Hetényi 2011, 2020].

Автореференциальные ссылки Набокова (*self-references*) ставят перед переводчиком сложную задачу — он должен досконально знать все творчество писателя. Достаточно легко выявить автореференцию, когда в тексте появляются персонажи из более ранних произведений, например, Алферов «возвращается» из «Машеньки» для короткой беседы в парке с Лужиным. Здесь только усердный читатель поймет, что Машенька, жена Алферова, действительно приехала в Берлин, ведь это в самом романе «Машенька» не показано, он кончается раньше этого события, оставленного открытой загадкой.

Более изощренными являются встречи не персонажей, а слов внутри произведений, составляющих сети инвариантных словесных узоров, гипер- и лейтмотивов. Термин *инвариант* (впервые использованный для анализа произведений Набокова в более узком значении Ю. Левиным в 1988 году [Левин 1998]) я использую для обозначения тех слов, которые имеют константные коннотации (метафорические, иконические или символические) и повторяются в различных текстах, где они постепенно развиваются и обогащаются в мотивы. Они часто вводят в текст несколько коннотаций из-за их возможного прочтения в различных системах декодирования (литературных и культурных аллюзий, таких как мифология и Библия, или даже шахматы и зоология для Набокова) и таким образом становятся полигенетическими (многокорневыми).

Один из них — тополь, всегда помещаемый в текст, как я утверждаю, со значением смерти или потустороннего мира, восходит к классическому топосу Елисейских полей, изображенных Гомером [Hetényi 2008b]. Осмеливаюсь сказать, что они «поставлены» в текст, потому что Набоков сам разоблачает свой осознанный прием металитературной репликой в раннем рассказе

«Королек» (1933), где тополя составляют часть театрализованной декорации двора, которую заказал рассказчик и подгоняет кого-то (?), чтобы поскорей эти тополя заняли свои места. В русской «Лолите» мы также находим намек на переносный смысл значения: «Подразумеваемое солнце пульсировало в *подставных* тополях...» [НАП, 2: 77] («The implied sun pulsated in the *supplied* poplars...» (курсив в цитатах мой. — *Ж. Х.*) [Nabokov 1970a: 62]).

В Центральной и Восточной Европе тополя имеют разные подвиды, и некоторые из них называются по-разному в разных диалектах (например, на венгерском языке *jegenye, topolya, nyárfa*). Для сохранения нити этого инвариантного мотива настоятельно рекомендуется использовать только одно и то же слово для всех 20 книг Набокова, и это слово на третьем языке, согласно моей теории, должно иметь хотя бы одну значимую букву *О* — переводится и семантизированная графема, как уже было указано в главе «Симметризация, сенсибилизация...» [Hetényi 2020a].

Перейдем к некоторым выводам о подходе к переводу на третий язык с двух источников текста (русского и английского), являющихся авторским текстом и автопереводом.

Лучшая стратегия — со(по)ставить гибридный текст обоих источников, то есть на практике — переводить с параллельным чтением.

Работа переводчика с гибридным текстом означает выбор более поэтизированного варианта для каждой языковой детали текста.

Набоков косвенно предлагает переводчикам решения для декодирования интертекстов и реминисценций путем вставки явной информации (имени автора, названия источника). Его смелую стратегию русификации («доместикации») переводчик может применить нечасто.

Перевод касается каждой мелкой смысловой единицы текста, вплоть до семантизированных графических знаков, и охватывает огромный Текст человечества, мировую литературу и культуру.

ОТРАЖЕНИЯ

«Тройной сон»

*Лермонтовское у Набокова
(проза, перевод, поэзия, публицистика)*[1]

«Lermontov is banal, and as I am rather indifferent to him, I did not go out of my way to debanalize the passages you question» [Nabokov—Wilson letters 1979: 160][2]. Эти слова написал Набоков в ответ на критику Э. Уилсона в защиту своего перевода стихотворения Лермонтова. Верить ли этому категоричному высказыванию? Ответ на этот вопрос я попытаюсь дать в этой главе. Рассматривая жанровые связи и влияния, необходимо сосредоточиться на дополнении немалого числа исследований литературных контекстов творчества Набокова[3].

В триаде классиков золотого века русской литературы у Набокова первое место несомненно займет А. С. Пушкин с комменти-

---

[1] В главе использованы материалы статей автора: «Тройной сон». Лермонтовское у Набокова (проза, перевод, поэзия, публикация) // Lermontov in 21st Century Literary Criticism: Лермонтов в литературной критике XXI века / M. Gyöngyösi, K. Kroó, T. Szabó. Budapest: L'Harmattan—ELTE, 2015. P. 84–101.

[2] «Лермонтов банален, и поскольку я совершенно безразличен к нему, я не старался дебанализировать те места, которые вы подвергаете сомнению», цит. по: [Todd 1995: 178–179].

[3] В самом полном по сей день собрании критических статей «The Garland Companion to Vladimir Nabokov» (под редакцией В. Александрова, 1995) находим ряд глав типа «Набоков и...», которые сопоставляют Набокова с мировой литературой и культурой, всего 23 главы от «Nabokov and Bely» до «Nabokov and Uspensky» [Garland Companion 1995]; среди них нет статьи «Набоков и Лермонтов».

рованным переводом «Евгения Онегина» (в них местами мелькнет и имя Лермонтова). Второе место займет Н. В. Гоголь с монографией «Nikolai Gogol» (1940). О М. Ю. Лермонтове нет статьи в серии лекций Набокова о русской литературе. Казалось бы, лермонтоведение обязано Набокову лишь в области художественного перевода.

Однако перед тем, как обратиться к переводам, нужно внести коррективы в историю обращения Набокова к творчеству Лермонтова. Хотя статьи о Лермонтове нет в опубликованном цикле лекций, Набоков посвятил поэту лекцию «Lermontov as a West European Writer», прочитанную в Колледже Уэллсли в 1941 году (эта лекция была включена и в число предложенных тем для турне по американским университетам того же года, но конспекты ее не сохранились [Boyd 1991: 43]). В том же году (юбилейном, к столетию смерти) Набоков опубликовал статью «The Lermontov Mirage» (в журнале «Russian Review», 1941) и перевод трех стихотворений. Он завершил линию изучения творчества Лермонтова обширным предисловием к переводу «Героя нашего времени» [Nabokov 1958b], выполненному в сотрудничестве с сыном, которому тогда было 26 лет[4]. Как отмечает У. М. Тодд, Лермонтова можно поставить на третье место по объему в критических произведениях, подготовленных самим Набоковым к печати.

Лермонтов, как считает Тодд, упомянут в воспоминаниях «Speak, Memory» лишь как дуэлянт. Однако уже в «Других берегах» целая глава уделяется детскому переживанию, когда домашний учитель под пушкинским псевдонимом Ленский показывает при помощи *laterna magica* (волшебного фонаря) диапозитивы-иллюстрации к поэме Лермонтова «Мцыри»:

---

[4] Набоков желал «дисциплинировать» своего сына этим переводом, то есть отклонить от альпинизма и от оперного пения, и заодно повторить жест своего отца, который юному сыну предложил перевод «Кола Брюньона» Роллана [Boyd 1991: 258]. Дмитрий не закончил работу, это пришлось сделать самому Набокову, отшлифовать стиль и снабдить комментариями и предисловием.

> Как это обычно бывает у Лермонтова, в поэме сочетаются невыносимые прозаизмы с прелестнейшими словесными миражами. В ней семьсот с лишним строк, и это обилие стихов было распределено Ленским между всего лишь четырьмя стеклянными картинками (неловким движением я разбил пятую перед началом представления) [НРП, 5: 253].

В атмосфере общей скуки и детской шалости все же одна иллюстрация влияет на детское воображение и возбуждает память о путешествии в более раннем возрасте ребенка в швейцарские горы, через Сен-Готардский тоннель. Картина описана стихотворными строками, кажущимися продолжением первых трех строк из Лермонтова. Однако здесь набоковские слова одеты в лермонтовскую оболочку ритмики, и поэты соединяются:

> О, как сквозили в вышине
> В зелено-розовом огне,
> Где радуга задела ель,
> Скала и на скале газель! [НРП, 5: 255].

Горы и Лермонтов, как мы увидим, объединяются в писательской памяти с этого момента, и в этом инварианте ключевым элементом появляется и остается радуга — трансцендентальный знак союза земного с небесным. В этой сцене воспоминания создается замысловатая структура времени: взрослому вспоминается детство, в этом детстве — еще более раннее детство, и эти три момента (вьющаяся спираль времени) из биографии мемуариста отражается в поэме «Мцыри», тема которого (забытое детство, изгнание, потерянный язык) служит фоном для мемуаров самого Набокова.

Три критические статьи Набокова о Лермонтове содержат значительные повторы, которые можно назвать и автоцитатами, ибо повторы всегда поставлены в новый контекст. Например, в предисловии к роману Лермонтова перенесен английский перевод и анализ стихотворения «Сон», с начальными строками «В полдневный жар, в долине Дагестана…», переведенного Набоковым как «The Triple Dream». Изложенные здесь мысли Набокова о тройном сне в стихотворении до самых деталей похожи на мысли В. С. Соловьева о том же стихотворении, написанные значительно раньше, как раз в год рождения Набокова, в 1899 году [Безродный 2008], но Набоков не указывает ни на один свой источник. Напомним, что лирический герой Лермонтова видит сон, что умирает в долине Кавказских гор; этому умирающему снится женщина на светском пиру, которой снится сон о своем друге, который умирает в горах к концу произведения. По словам Соловьева, «Лермонтов видел, значит, не только сон своего сна, но и тот сон, который снился сну его сна — сновидение в кубе» [Соловьев 1990: 283]. По словам Набокова, это спираль снов — Сон 3 внутри Сна 2 внутри Сна 1 [Nabokov 1958b: vi]. По мнению Набокова, такая конструкция соответствует конструкции пяти рассказов-глав романа Лермонтова. Набоков пишет:

> Внимательный читатель отметит, что весь фокус подобной композиции состоит в том, чтобы раз за разом приближать к нам Печорина, пока наконец он сам не заговорит с нами, но к тому времени его уже не будет в живых. В первом рассказе Печорин находится от читателя на «троюродном» расстоянии… (здесь и далее русский текст предисловия цитируется в переводе С. Таска) [НАП, 1: 526–527].

Очень похожий прием можно найти в нескольких романах самого Набокова, он будет назван Ю. Давыдовым «текстом-матрешкой» в основополагающем анализе «Машеньки», но возможная лермонтовская параллель не указана [Давыдов 1982]. И в том отражении «миров», который Д. Б. Джонсон представляет как «последовательность миров в регрессии» [Джонсон 2011: 11], сложное отношение авторского мира с миром романа и с миром персонажей находится в таком же взаимоотношении.

«Тройной сон» как продуктивный прием Набоков использует впервые в «Отчаянии», когда просыпающийся Герман снова оказывается во сне, в другом сне. Он испытывает жуть от мысли, что, находясь в цепном сне, больше не может вернуться в настоящую жизнь, которая, однако, лишь фикция, написанная автором, о чем, в свою очередь, этот автор напоминает читателям металитературными трансгрессиями. В «Машеньке» появляется не конкретный сон, а герою вспоминается, как в детстве в онейрическом полубреде-полусне выздоровления он создал себе любовь, которая и пришла. Для Ганина и воспоминания остаются снами. Его «настоящая жизнь» — в прошлом и в воображении, а в Берлине он снова живет в своеобразном дурном сне, полузабытьи самообмана: его окружают «тени его изгнаннического сна» [НРП, 2: 83]. Сны же жителей пансиона странным образом перекрещиваются. В конце романа происходит «пробуждение» Ганина — казалось бы, это начало новой жизни, но в поезде он опять-таки засыпает, таким образом, сюжет застревает в цепных снах, откуда никак не выбраться[5].

Как указывает на то А. Скляренко, конструкция тройного сна играет важную роль и в «Аде...» [Скляренко 2012]. Среди вымышленных стран на карте Антитерры мы встречаем Палермонтовию — это криптоним-*portemanteau*, соединяющий Палермо с Лермонтовым, и в этом слове чувствуем и эхо латинского *mons*, «гора» (об этом позже). Сон Эрика Вина о Флораморах (часть 2, глава 3), искусных и эксклюзивных публичных домах-клубах, создается именно в тройном сне: сон, который снится Эрику-персонажу, становится реальным для отца Вана Вина — Демона, в имени которого легко узнается еще одна явная лермонтовская аллюзия (см. еще в главе «Liber libidonis, ad liberiora...»).

Набоков составил том переводов «Three Russian Poets: Selection from Pushkin, Lermontov and Tyutchev» (New York, J. Laughlin, 1945; 1947 [Nabokov 1945]), в котором поместил три стихотворения

---

[5] Лермонтовские аллюзии играют весьма значительную роль в «Даре» и особенно в «Аде...», но эта тема выходит далеко за рамки объема данной главы. В «Даре» Лермонтов называется Надсоном русской литературы, несколько тезисов из статей вложены в уста Федора. В примечаниях к «Аде...» Лермонтов называется просто автором «Демона» (что значимо, конечно, из-за имени настоящего отца брата и сестры, Демона). В начале пародийно-автобиографического романа Набокова «Look at the Harlequins!» (в русском переводе «Смотри на арлекинов!») перечислены в игровом искажении названия произведений самого Набокова, и первое из них, «Машенька», фигурирует под названием «Тамара». Один из персонажей путает его с «лермонтовской Тамарой», которая, в свою очередь, стоит вместо названия «Демон».

Лермонтова «Прощай, немытая Россия...», «Родина», «В полдневный жар, в долине Дагестана...» под следующими английскими названиями: «Farewell», «My Native Land», «The Triple Dream». Но в поисках лермонтовских следов в переводах Набокова нужно возвращаться к самому первому, более масштабному переводу Набокова, а именно к «Ане в стране чудес», который, как известно, следовал стратегии культурной доместикации — «русифицирования». В нем, как на это указывает С. Карлински, Набоков передал кэрролловскую пародию на английскую классическую поэзию в форме пародии на лирику Лермонтова[6]. Как Набоков утверждал впоследствии, он не знал более ранний русский перевод П. Соловьевой, где Алиса, английская девочка, декламировала всерьез стихи Пушкина и Лермонтова[7].

Лермонтовское влияние на ранние стихи Набокова, например заимствование образа тропинок / тропы, можно проследить независимо от сцен и стихотворного пространства; природа постоянно служит только поводом для воспоминаний[8]. Интересно, что объединяющий *genius loci* путешествует вместе с Набоковым, ибо крымский пейзаж встречается и в стихах об Акропо-

---

[6] Например, шуточные строки «I speak severly to my boy / And beat him when he sneezes» Набоков передал в форме пародии на лермонтовскую лирику, перефразируя «Казачью колыбельную песню» («Спи, младенец мой прекрасный, / Баюшки-баю...») следующим образом: «То ты синий, то ты красный, / бью и снова бью» [Karlinsky 1970: 313]. Это тем более интересно, что в ранних переводах из Руперта Брука, выполненных Набоковым непосредственно перед переводом «Алисы в стране чудес» в 1921-м в Кембридже, он тоже использовал лермонтовские матрицы [Shvabrin 2011: 183]. С. Швабрин по праву называет Лермонтова и Тютчева среди важнейших парагонов и моделей для Набокова в версификации, особенно в форме сонета и в таких поэмах, где используется сюжетность [Shvabrin 2011: 314].

[7] Первые переводы повести Кэрролла на русский язык: «Соня в царстве дива» (М., 1879, без имени автора и переводчика); «Приключения Алисы в стране чудес» (Allegro, псевдоним П. С. Соловьевой, СПб., 1909); «Приключения Алисы в стране чудес» (перевод А. Н. Рождественской. СПб.; М., не датировано) [Демурова 1991].

[8] Лермонтовское эхо, естественно, слышно в стихах крымского периода: «Звени, мой верный стих» (1918); «Бродя по прихоти тропы уединенной...» («Элегия», 1918), ведь Лермонтов писал свои стихотворения в окружении южной экзотической природы и культуры.

ле, во время греческой остановки по пути в западную эмиграцию, а потом и в кембриджских, ностальгических стихах («Крым», 1920). В цикле стихотворений 1925 года тропинка становится инвариантом российских лесов:

> то теневое сочетанье
> листвы, тропинки и корней,
> что носит для души названье
> России, родины моей («Путь»)[9].

Отсюда начинается мотив экстаза гор и тропы, ведущей к вершинам вдоль тютчевской бездны в рай («Вершина», 1925), и появляется тропинка луча света («Окно», 1930). Леса, горы и свет вместе становятся элементами поэтических образов в стихах о любви, как источник, рождающий экстаз, и как окружение, отражающее его («Как я люблю тебя», 1934).

Пренебрежительная оценка Набоковым Лермонтова («простацкие обороты»), видимо, применима и к лирике самого Набокова, чей пафос нередко создает впечатление позднего отзвука романтизма. Однако Набоков является в первую очередь мастером прозы, поэтому особенно интересно обнаружить, как Лермонтов стал моделью и для топики его рассказов и романов.

Набоковский перевод «Героя нашего времени» вышел в 1958 году в Оксфорде и, как ни удивительно, в том же году был опубликован и другой английский перевод. Интересна и предыстория переводов лермонтовского романа на английский язык: часто выходили неполные версии — видимо, роман был воспринят сборником рассказов. В вольный перевод 1853 года не включили главу «Тамань»[10], следующий перевод в следующем, 1854 году пропустил «Фаталиста» — переводчицей на английский была венгерка Т. Пульски (Theresa Pulszky)[11]. Третье издание последо-

---

[9] См. также «Сонет» и «Лес».
[10] Sketches of Russian life in the Caucasus. By a Russe, many years resident amongst the various mountain tribes. London: Ingram, Cook and Co., 1853 (The illustrated family novelist, № 2).
[11] The hero of our days. From the Russian by Theresa Pulszky. London: Hudgson, 1854 (The Parlour Library, Vol. 112).

вало сразу в том же 1854 году, с иллюстрациями. В нем объявляется, что оно — первое полное издание, правда, здесь другая лакуна — анонимный переводчик[12]. С удивительной самоуверенностью, но и с некоторым правом заявляет Набоков в своем предисловии, что его перевод — первый, все другие были «парафразировки» (переложения).

К году столетия смерти поэта в 1940-м вышел перевод[13], который был переиздан в 1958-м тем же оксфордским издательством, одновременно выпустившим и перевод Набокова — хотя в 1957 году уже вышел перевод романа Лермонтова, переиздание московской книги 1947 года[14], — вот такие библиостранности случались в те времена, см. подробнее [Библиография 1962]. И ряд еще не окончен: следовали издания 1965, 1966, 1983, 1984, 2009 и даже 2013 годов. Последний на сегодняшний день перевод выполнен племянником Бориса Пастернака[15].

Странно, что отклик критики на набоковский перевод был слабым, всего одна статья в 1959 году, зато в ней сравниваются переводы. Странность заключается и в том, что имя Набокова стало широко известно именно в эти годы (из-за скандала вокруг запрещения «Лолиты» в Англии).

Дж. Т. Шоу высоко оценивает само издание, в котором помимо предисловия были помещены карта, примечания и картина, нарисованная самим Лермонтовым. Отдавая пальму первенства Набокову, он удивлен, что в предисловии преобладают критические ноты, и выделяет несколько спорных пунктов в переводе Набокова, а именно такие, которые были сделаны нарочно.

---

[12] A hero of our own times. From the Russian. Now first transl. into English. London: Bogue, 1854. Затем были частичные или полные публикации в 1891, 1899, 1903, 1912, 1917, 1920, 1924, 1925–1928 годах.

[13] A hero of our own times Transl. by Eden and Cedar Paul for the Lermontoff centenary. London: Allen and Unwin, 1940 (второе издание в: Oxford Univ. Press, London, N.Y., 1958).

[14] A hero of our time. Transl. from the Russian by Martin Parker. M., Foreign languages publ. house, 1947. Переиздан в 1951 и 1956 годах в Москве; лондонское издание: London: Collet's Holdings, 1957.

[15] Hero of Our Time. Transl. Pasternak-Slater N. and Kahn A. Oxford World's Classics, 2013. Переводчик Николай Пастернак-Слейтер — сын Лидии Пастернак.

Первый пункт критики касается неточного употребления глагольных времен. Например, «out of life's storms I carried only a few ideas» вместо «I have carried», где явно налицо связь с настоящим [Shaw 1959: 181]. На эту критику внимательный читатель мог бы найти косвенный ответ в самой книге, в примечаниях 80 и 84 [Nabokov 1958a: 205, 206], где Набоков дважды отмечает, что, во-первых, сам Лермонтов играет с глагольным временем, во-вторых, что разная система времен глаголов в английском и русском требует выбора времени по смыслу, а не по автоматическому соответствию, и, наконец, в-третьих, приводит любопытный аргумент: Печорин сам в наррации, кажется, не помнит важные факты из предыдущих глав, следовательно, простое прошлое подходит больше.

Во втором пункте критики Шоу указывает еще на галлицизмы Набокова и приводит примеры *amateur / lover; proper / own; without me / with me no there*. Как отмечает Тодд, такая галло-франкская лексика была присуща именно английской литературе времени Лермонтова, его современникам, так что в этом скорее соблюдается строгий филологизм переводчика. И это верно, ибо Набоков сам оправдает это в примечании 85, где указывает на галлицизм в тексте самого Лермонтова, когда тот ссылается на Цицерона [Nabokov 1958a: 206]. К этому косвенным аргументом присоединяется целый ряд интертекстуальных заимствований у Лермонтова, лексика и синтаксис которых влияли на его текст.

Для сегодняшнего читателя или филолога особенно важен диалог паратекстов (пользуясь термином Ж. Женетта, транстекстуальных форм) — предисловия и комментариев с главным корпусом текста как «теневого»; этого исследователи еще не отметили. Особый набоковский метод способствует созданию жанрообразующей роли комментариев, то есть комментариев, превращенных в отдельный жанр. Он станет важным не только для перевода «Онегина», но был присущ англоязычным романам Набокова, его автопереводам, снабженным предисловиями, и станет приемом в самих романах начиная с первого англоязычного «Real Life of Sebastian Knight», продолжен в «Pale Fire» и в «Аде...» и отражается и в незаконченном последнем, TOOL.

Набоков в предисловии к переводу «Героя нашего времени» выступает в своей любимой роли — воспитателя хорошего читателя: он разбирает сюжет, персонажей, учитывает наррацию и читателя. Но чувствуется и «ко-профессионал»: он выражает предположения, в какой последовательности писались главы романа Лермонтовым и какие стеснения в приемах тот мог испытать.

Набоков скрупулезно рассматривает неточности в деталях и в стиле Лермонтова, он беспощадно разоблачает пошлости и те самые «простацкие обороты»: «…неуклюжий, а местами просто заурядный стиль Лермонтова приводит в восхищение как нечто целомудренное и бесхитростное. Но подлинное искусство само по себе не есть нечто целомудренное или бесхитростное…» [НАП, 1: 536–537].

Очевидно, что Набоков выделяет у Лермонтова как раз те приемы, которыми и он сам широко пользовался (можно сказать: которым научился у Лермонтова). Одним из них является применение «случайностей» («подслушивание»).

> Что касается подслушивания, то его можно рассматривать как разновидность более общего приема под названием случайность; другой разновидностью является, например, случайная встреча. Всем ясно, что автор, желающий сочетать традиционное описание романтических приключений (любовные интриги, ревность, мщение и тому подобное) с повествованием от первого лица и не имеющий при этом намерения изобретать новую форму, оказывается несколько стесненным в выборе приемов <…> поскольку наш автор был озабочен прежде всего тем, как двигать сюжет, а вовсе не тем, как разнообразить и шлифовать его, маскируя механику этого движения, то он и прибегнул к очень удобному приему, позволяющему Максиму Максимычу и Печорину, подслушивая и подсматривая, оказываться свидетелями тех сцен, без которых фабула была бы не вполне ясна или не могла бы развиваться дальше [НАП, 1: 529–530].

Дальше Набоков уличает Лермонтова в ошибках, связанных с дворянским бытом и этикетом.

>...из чего, собственно, *дикарка* [в переводе С. Таска ошибочно *русалка*] в «Тамани» заключила, что Печорин не умеет плавать, или почему драгунский капитан полагал, что секунданты Печорина не найдут нужным принять участие в заряжении пистолетов [НАП, 1: 529].

Предисловие Набокова к роману с первых строк характеризует филологизм — синтаксически-графическим знаком этого являются то и дело вклиненные ссылки, замечания и факты в скобках. В первых семи строках текст прерывается трижды: сообщается о точном месте дуэли, о датах и о форме стихосложения, приведен целиком «The Triple Dream»; параллельный текст в скобках движется на протяжении всего предисловия. Во второй части введения Набоков выдвигает свои взгляды на перевод[16] и характеризует стиль Лермонтова, который приходится сохранять при переводе:

>...проза Лермонтова далека от изящества; она суха и однообразна, будучи инструментом в руках пылкого, невероятно даровитого, беспощадно откровенного, но явно неопытного молодого литератора. Его русский временами так же коряв, как французский Стендаля; его сравнения и метафоры банальны; его расхожие эпитеты спасает разве то обстоятельство, что им случается быть неправильно употребленными. Словесные повторы в его описательных предложениях не могут не раздражать пуриста. И все это переводчик обязан скрупулезно воспроизвести, сколь бы велико ни было искушение заполнить пропуск или убрать лишнее [НАП, 1: 531–532].

---

[16] «Начнем с того, что следует раз и навсегда отказаться от расхожего мнения, будто перевод "должен легко читаться" и "не должен производить впечатление перевода" (вот комплименты, какими встретит всякий бледный пересказ наш критик-пурист, который никогда не читал и не прочтет подлинника). Если на то пошло, всякий перевод, не производящий впечатление перевода, при ближайшем рассмотрении непременно окажется неточным, тогда как единственными достоинствами добротного перевода следует считать его верность и адекватность оригиналу. Будет ли он легко читаться, это уже зависит от образца, а не от снятой с него копии» [НАП, 1: 531].

Далее Набокову удается приблизиться к семиотическому подходу, когда он выделяет основные, «любимые» слова Лермонтова, перевод которых должен быть и эмоционально, и ситуационно адекватным и последовательным[17] (английские объяснения здесь опускаю):

> задуматься
> подойти
> принять вид
> молчать
> мелькать
> неизъяснимый
> гибкий
> мрачный
> пристально
> невольно
> он невольно задумался
> вдруг
> уже [НАП, 1: 532].

Он замечает, например, что *a slight pause* или *a moment of silence* могут оказаться лучшими эквивалентами для хрестоматийной *минуты молчания*, чем буквальное *a minute of silence*.

Вспоминаются аналогичные по тематике и структуре английские предисловия Набокова к автопереводам его ранних русских романов, жалобы о том, что английский язык несравненно менее богат в выражениях жестов и гримас, выражающих эмоции, чем русский. В английском предисловии к «Glory» читаем: «The very Russian preoccupations with physical movement and gesture, walking and sitting, smiling and glancing from-under-the-brows, seems especially strong in *Podvig*...» [Nabokov 1971a: 7]. В то же время Набоков упрекает — и не только Лермонтова — в неумении описать цвет лица. «Небрежение русскими писателями девятнадцатого столе-

---

[17] Русский перевод С. Таска [НАП, 1: 532] создает впечатление таблицы, в которой перепутан порядок слов. А английский оригинал дает простое перечисление в форме словаря, причем трехъязычного. Например, «*Prinyát' vid* — To assume an air (serious, gay, etc.). Fr. *prendre un air*» [Nabokov 1958b: xiv].

тия точными оттенками цветового спектра <...> на страницах "Героя нашего времени" лица различных персонажей то и дело багровеют, краснеют, розовеют, желтеют, зеленеют и синеют..."» [НАП, 1: 533]. Все эти соображения повторно включены в комментарии.

Третья часть предисловия посвящена — волей-неволей — фигуре Печорина, ибо

> ...о Печорине написано столько нелепостей людьми, смотрящими на литературу с позиций социологии, что уместно будет коротко предостеречь от возможных ошибок. Едва ли нам стоит принимать всерьез, как это делают многие русские комментаторы, слова Лермонтова, утверждающего в своем «Предисловии» (которое само по себе есть искусная мистификация), будто портрет Печорина «составлен из пороков всего нашего поколения» [НАП, 1: 534].

Здесь снова можно уличить Набокова, который разоблачает себя — такой же прием мистификации характерен для его предисловий, где автор нередко вводит читателя в заблуждение.

Набоков же видит Печорина совсем иначе:

> На самом деле этот скучающий чудак — продукт нескольких поколений, в том числе нерусских; очередное порождение вымысла, восходящего к целой галерее вымышленных героев, склонных к рефлексии, начиная от Сен-Пре, любовника Юлии д'Этанж в романе Руссо «Юлия, или Новая Элоиза» (1761) и Вертера, воздыхателя Шарлотты С. в повести Гете «Страдания молодого Вертера» (1774; в России того времени известна главным образом по французским переложениям, например, Севеленжа, 1804), через «Рене» Шатобриана (1802), «Адольфа» Констана (1815) и героев байроновских поэм, в особенности «Гяура» (1813) и «Корсара» (1814), пришедших в Россию во французских прозаических пересказах Пишо, которые начали выходить с 1820 года, и кончая «Евгением Онегиным» (1825–1832) Пушкина, а также разнообразной, хотя и более легковесной продукцией французских романистов первой половины того же столетия (Нодье, Бальзак и т. д.) [НАП, 1: 534–535].

Набоков заимствовал у Лермонтова и нарративный прием косвенного представления отсутствующего героя, который охарактеризован разными персонажами (Максим Максимыч и других), и через тексты самого героя («Дневник Печорина»). На таком отсутствующем герое строится весь роман о Себастиане Найте — писателе, которого описывает его полубрат, передающий и слова других персонажей о Себастиане, представленном кроме этих свидетельств и через цитаты из его романов (аналогия дневника). В главных чертах именно на такой же косвенно-зеркальной схеме строится «Pale Fire»: кроме поэмы самого Шейда о нем сообщается в предисловии и далее в комментариях недостоверного рассказчика Кинбота.

Набоков заканчивает свое исчерпывающее предисловие на противоречивых нотах, снова указывая сначала на неуклюжий, местами заурядный стиль, на малозначительность слов, на банальность, на то, что «неувязки зачастую производят комический эффект», а потом признавая, что у Лермонтова есть своеобразное очарование:

> …автору было каких-то двадцать пять лет <…> нам останется только поражаться исключительной энергии повествования и замечательному ритму <…> чудесной гармонии всех частей и частностей <…> очарование этой книги в значительной мере заключаются в том, что трагическая судьба самого Лермонтова каким-то образом проецируется на судьбу Печорина, точно так же, как сон в долине Дагестана зазвучит с особой пронзительностью, когда читатель вдруг поймет, что сон поэта сбылся [НАП, 1: 537].

Набоковская оценка Печорина, созданного не из пороков лермонтовско-пушкинского поколения, а из клише юношеского летнего чтения, является не первой и не самой значительной реакцией писателя на «Героя нашего времени», ибо, как я уверена, настоящим ответом Набокова Лермонтову нужно считать Мартына, героя *его* времени и *его* романа «Подвиг» (см. подробнее [Hetényi 2015: 271–308]). На связь «Подвига» с одним стихотворением Лермонтова дано два на редкость ясных указания в тексте романа. Это, несомненно, стихи «Выхожу один я на дорогу...» (впоследствии превращенные через песню в китч).

> [Вадим] был отличным сквернословом, — одним из тех, которые привяжутся к рифмочке и повторяют ее без конца, любят уютные матюжки, ласкательную физиологию и обрывки каких-то анонимных стихов, приписываемых Лермонтову [НРП, 3: 149];

> Как-то в Кембридже он нашел в номере местного журнала шестидесятых годов стихотворение, хладнокровно подписанное «А. Джемсон»: «Я иду по дороге один, мой каменистый путь простирается далеко, тиха ночь и холоден камень, и ведется разговор между звездой и звездой» [НРП, 3: 217].

Набоков в английском автопереводе вынужден был дать этим плохо переведенным строкам такое же смешное, небрежное соответствие:

> I walk along the road alone,
> My stony path spreads far,
> Still is the night and cold the stone,
> A star talks unto star [Nabokov 1971a: 151].

В романе Набокова ключевую роль играют и поэтические топосы, столь важные в лирике Лермонтова, которые здесь выстроены в лейтмотивы. Как указано в предисловии к «Подвигу», одним из первоначальных названий был «Романтический век».

Романтическая метафоризация природы, в первую очередь гор и космоса, с семантическим ореолом сверхчеловеческих сил и их зова к человеку использованы для создания опасного столкновения с этими силами, для сцен приключений, которые являются в первую очередь не фабульными, а лейтмотивными элементами, подчиненными главной идее. Мартын готов ответить этому зову и совершает чистый, то есть бесцельный, лишенный любой практической пользы подвиг и переходит в потустороннее, представленное в романе темными лесными дорогами, дикими скалами и ночными тенями. Мартын — полемический ответ на тип «лишнего человека», он — воплощение красоты лишнего, не полезного, а артистического подвига, *acte gratuit*. Фигура Мартына в творчестве Набокова уникальна среди многих других героев, одаренных автором писательскими или псевдописательскими способностями, очевидно, именно для выражения идеи творчества как подвига. Романтическому образцу соответствует противопоставление губящего севера (Зоорланда и Альп) и живительного юга, Прованса, мест встречи с могуществом и мощью природы. Романтическая матрица «ночного путешествия» является первым зовом после детского мечтания выхода за рамки картинки над кроватью, на лесную тропинку.

> Вспоминая в юности то время, он спрашивал себя, не случилось ли и впрямь так, что с изголовья кровати он однажды прыгнул в картину, и не было ли это началом того счастливого и мучительного путешествия, которым обернулась вся его жизнь. Он как будто помнил холодок земли, зеленые сумерки леса, излуки тропинки, пересеченной там и сям горбатым корнем, мелькание стволов, мимо которых он босиком бежал, и странный темный воздух, полный сказочных возможностей [НРП, 2: 100].

Момент зова в трансцендентальное, к приключениям и к путешествию описан лермонтовскими атрибутами, когда «звезда с звездою говорит»:

> Было очень *темно, пахло сыростью и ночными цветами. Сорвалась звезда* <...> Очертания гор были неразборчивы, и в складках мрака дрожало там и сям по два, по три огонька. «Путешествие», — вполголоса произнес Мартын и долго повторял это слово, пока из него не выжал всякий смысл, и тогда он отложил длинную, пушистую словесную шкурку, и глядь, — через минуту слово было опять живое. *«Звезда. Туман.* Бархат, бар-хат», — отчетливо произносил он <...>. И в какую даль этот человек забрался, какие уже перевидал страны, и что он делает тут, ночью, в горах, — и *отчего все в мире так странно, так волнительно*. «Волнительно», — повторил громко Мартын и остался словом доволен. Опять

покатилась звезда. Он уставился глазами в небо, как некогда, когда в коляске, *темной лесной дорогой*, возвращались восвояси из имения соседа, и совсем маленький, размаянный, готовый вот-вот уснуть, Мартын откидывал голову, смотрел на небесную реку, *между древесных клубьев*, по которой тихо плыл. Он подумал: где еще в жизни будет так — как тогда, как сейчас — смотреть *на ночное небо*, — на какой пристани, на какой станции, на каких площадях? (курсив мой. — *Ж. Х.*) [НРП, 2: 132–133].

Целью последнего ночного путешествия является северная страна, бывшая Россия. В этот мир подвига рассказчику уже нет входа, он отпускает руки своего героя, создавая этим мистическое пространство потустороннего, куда нет входа живым. Как сказано в предисловии к роману, Мартын такой герой, у которого сбываются сны.

Это именно тот концепт и тот прием «тройного сна», который заметил Набоков в стихотворении Лермонтова и отметил в предисловии к «Герою нашего времени», а потом сделал одним из приемов своих сюжетов[18]. «Тройной сон» — это принцип самого искусства, который никогда не воспроизводит жизнь, а моделирует ее. Персонажи, созданные для этого другого мира, создают собственные же миры, и мысли их принадлежат одновременно и им, и автору. Эти три мира неотделимы, они друг в друга переливаются, и границы между ними теряют четкость. Такой тройной мир, тройной сон выводит искусство за пределы мимесиса, в свободное пространство воображения.

---

[18] Тройная конструкция в целом характерна для мира лирики Лермонтова. М. Л. Гаспаров увидел ее в основной идее стихотворения «Выхожу один я на дорогу…»: «…это мир, ясный и вечный (тезис); человек, тоскующий и желающий смерти (антитезис); и преображение смерти в блаженное слияние с этим прекрасным миром (синтез)» [Гаспаров 2000: 243]. К. Кроо, со ссылкой на [Хетени 2015] распространяет это качество и на метафизическое пространство стихотворения [Kroó 2020: 230–245].

Прах и промах

*Белый и Набоков:
параллель, пародия, полигенетизм*[1]

...философия — выдумка богачей. Долой.
В. Набоков. «Отчаяние»

В 2018 году вышел новый сборник научных статей самых видных набоковедов, рассматривающих биографию и творчество автора в аспектах идентификации, пространства, литературного, художественного, идейного и культурного контекста [Nabokov in Context 2018]. В разделе об отношении Набокова к русскому литературному канону А. Белый даже не упоминается; в целом в сборнике всего лишь четыре упоминания имени Белого. Существуют однако обзоры и исследования, посвященные сопоставлению Набокова и Белого как писателей, определивших развитие литературы XX века [Alexandrov 1995[2]; Johnson 1981; Левина-Паркер 2006].

Андрей Белый имел решающее влияние на Набокова в том смысле, что (как кажется) был для него преодолеваемым литературным предшественником, «мастером номер один» юности во многом, от идей до конкретной формы текста. Под влиянием здесь подразумеваются и варьирование, и черпание импульсов для дальнейшего отталкивания, и даже параллели, трансфор-

---

[1] Статья основана на докладе, прочитанном в ноябре 2018 года Лионе на конференции «Наследие Серебряного века в литературе эмиграции». В печати.

[2] В. Александров суммирует в четырех пунктах точки прикосновения эстетики Набокова и Белого относительно связи и роли художника, творчества, символического познания, индивидуума и потусторонности. Русскую версию главы см. [Александров 1999: 260–266].

мированные в отличия (то есть новые решения и ответы на заданные предшественником вопросы или проблемы). Самый любопытный вид влияния, естественно, пародирование, в котором, как писал Ю. Тынянов, «нет продолжения прямой линии, есть скорее отправление, отталкивание от известной точки, борьба» [Тынянов 1921: 5][3].

Одна из предлагаемых мною идей вытекает именно из этого понимания литературного влияния: сам трансформирующий подход уже является наследием символизма, влиянием, ибо переакцентирование и новое прочтение литературного наследия стояло в центре идейных и стилистических поисков Серебряного века по отношению к золотому веку. У Набокова в целом ряде текстовых фактов можно обнаружить стремление превзойти литературу авторов символизма путем трансформации — подобно тому, как символизм, в первую очередь Белый, перестроил согласно своим мировоззренческим и теоретическим принципам поэтику золотого века русской литературы. Набоков принял тот метод, которым воспользовался Белый для переосмысления творчества и самих образов Гоголя и Достоевского, чтобы отстраниться таким образом от их влияния. В набоковской прозе Достоевский или Гоголь являются источниками многочисленных интертекстуальных матриц не только как феномены литературы своей эпохи, но и в прочтении символистов[4]. (В этом русле можно считать в прямом смысле слова символичным то, что первый вариант романа «Петербург» был опубликован в альманахе «Сирин» в 1913–1914 годах, где печатались в том числе и Ремизов, и Сологуб, влияние которых на прозу Сирина-Набокова вполне очевидно.)

---

[3] Работа «Достоевский и Гоголь (К теории пародии)» интересна своей синхронностью с началом литературной деятельности Набокова. Статья 1929 года «О пародии» была опубликована в сборнике статей Тынянова «Поэтика. История литературы. Кино» (М., 1977), в комментариях А. П. Чудакова дается подробное описание истории интереса Тынянова к пародии в 1919–1921 годы в связи с его курсами в Доме литераторов и в Литературной студии Дома искусств [Чудаков 1977].

[4] О влиянии Пушкина на прозу Набокова см. [Bozovic 2016; Garziano 2012].

Одним из подтверждений моего тезиса можно рассматривать и то, что ровно и всего десять лет спустя после того, как вышло «Мастерство Гоголя» Белого (посмертно, в 1934 году), которое считается исследователями «своеобразным эпилогом в истории символистских истолкований Гоголя» [Паперный 1992: 39, 124, 126], вышла монография Набокова о творчестве Гоголя, где автор ссылается на книгу Белого. Белый рассматривает прозу и биографию Гоголя на основе своих собственных философских символистских концепций. В частности, он характеризует его как представителя дионисийского начала культуры. Набоков же видит в Гоголе основателя жанра, приема гротеска и особенно ценит развитие Гоголем мотивов демонизма и стилистики пошлости, среди прочих важных для него художественных структур, например мира теней.

Пожалуй, самое существенное наследие Белого, получившее дальнейшую разработку у Набокова, — использование орнаментальной прозы [Медарич 2000] и мифопоэтический полигенетизм тропов. У Белого источником полигенетической образности, помимо широкой эрудиции, был обширный круг интересов с быстрыми переменами убеждений, увлечений и учений. Со своей не менее разносторонней образованностью Набоков был далек от идейных исканий, у него полигенетичность строится на смелых игровых скачках от одной культурной ассоциации к другой.

Исходным импульсом настоящей главы был полигенетический предмет-символ, характерный для двух романов этих писателей. В конце романа «Отчаяние»[5] ключевую роль улики играет палка, оставленная на месте преступления, с выжженным на ней полным именем жертвы, Феликса, переодетого в одежду убийцы.

В концовке первого романа Белого «Серебряный голубь» (1909) палка получает не менее существенную и похожую роль: Дарьяльский убит своей же палкой одним приверженцем голу-

---

[5] Впервые опубликовано в журнале «Современные записки» (Париж, 1933–1934, № 44–46). Отдельное издание вышло в Берлине, «Петрополис», 1936 год.

биной секты⁶. Но в романе Белого имеются две сцены с палками. В первом конфликте Дарьяльский сам вырывает палку из рук владельца — баронессы, защищая от нее студента Чухолку. Этот конфликт не только сюжетно подготавливает разрыв и уход Дарьяльского из дома, но и ставит Чухолку в роль его двойника (в основе романа Белого, как впоследствии и у Набокова, целая сеть двойников):

> Как пущенная *из лука стрела*, сорвался Дарьяльский: он не мог вынести этих Чухолкиных слез: казалось, *рой бесенят* в оскорбленной этой сидевших, *как в Пандорином ящике*, оболочке, вылетел наружу, закружился невидимо и вошел в его грудь; и, не помня себя от бешенства, он оттолкнул наступавшую на студента старуху, сжал ее руки, *вырвал у нее палку* и отшвырнул. (курсив мой. — Ж. Х.) [Белый 1990: 142]⁷.

Отмеченные в тексте сравнения со стрелой, бесенятами и «Пандориным ящиком» как раз и вводят коннотации, которые превращают палку-предмет в полигенетический символ, расширяя семантическое и референциальное поле, и отсылают к фольклору и к мифам и, кроме того, играют весьма органичную

---

⁶ О. Буренина, указывая на параллели мотивов в «Мелком бесе» Ф. Сологуба, упоминает палку «мести» в своем сравнении с Сологубом [Буренина 2000: 176]. В комментариях А. Долинина и О. Сконечной указаны только Пушкин, Поприщин и Передонов как возможные параллели: «Мотив наказывающей героя палки отсылает к трем основным подтекстам: пушкинскому (эпиграмма); гоголевскому — палкой бьют Поприщина в сумашедшем доме; сологубовскому: передоновская трость украшена кукишем, который и получает в результате набоковский герой. На палке Феликса другой знак — глазок, намекающий на метафизическую и писательскую слепоту Германа» [НРП, 3: 776].

⁷ Суть скандала в том, что баронесса, вдруг поняв, что ее выгонят из имения, восстанавливает актом мести свое превосходство, направляя гнев против невинного и незнакомого студента. Белый использует следующий сюжетный ход: «мстительный враг его совершил над ним казнь: судьба возвращала его в те места, откуда он еще только вчера бежал» [Белый 1990: 142]. Глава «Скандал» основана на приеме поэтики скандала, вошедшего в русскую литературу начиная с романов Достоевского.

идеологизированную роль. «Пандорин ящик» органично вписывается в канву идей Белого, расширяя связь с греческими мифами:

> ...снилось ему, будто в глубине родного его народа бьется народу родная и еще жизненно не пережитая старинная старина — *древняя Греция*.
> Новый он видел свет, свет еще и в свершении в жизни обрядов *греко-российской церкви*. В православии, и в отсталых именно понятьях православного (т. е., по его мнению, язычествующего) мужичка видел он новый светоч *в мир грядущего Грека* (курсив мой. — Ж. Х.) [Белый 1990: 117].

Палка, жезл, посох (трость, дубина) как полигенетический символ в контексте теоретических поисков Дарьяльского отсылает к фаллической ассоциации оплодотворяющей творческой силы, которая здесь терпит фиаско: зачатия не происходит, Матрена не рожает, то есть «палка» дает промах.

Отсылка к тирсу Диониса и мистериям дионисийского культа усилена жестом Дарьяльского, когда он надевает вместо шапки зеленый колючий венец, встающий «лапчатым рогом над головой» [Белый 1990: 162]. Палка имеет несколько культурологических разновидностей: королевский скипетр, скипетр и цеп / чеп Озириса (атрибут власти и символ оплодотворяющей силы), волшебная палка, обращающая людей в животных (например, в свиней в случае Цирцеи); Гермес-психопомп с кадуцеем / керикионом выводит мертвецов из Аида, у Овидия в «Метаморфозах» палка Аида (Диса); у римского Януса — атрибут паломничества, поездки. В фольклоре символ палки связан с мировым древом, рукоятка палки часто бывает в форме птицы. Палка, скипетр, жезл, посох как полигенетические символы выступают у Белого с ассоциациями фаллического смысла, оплодотворяющей творческой силы культового происхождения (сюда примыкает и ассоциация с мировым древом).

Эмблема палки оказывается центральным для романа, ее рукоятка дает название романа: нищий Абрам «пропоет псалом грудным низким голосом, *отбивая высокой палкой слова*. Странная у него была палка: *не то палка, не то дубина, не то посох* <...> *на дубине его светилось оловянное изображение птицы-голубя, ясное такое серебряное*» (курсив мой. — Ж. Х.) [Белый 1990: 53].

Здесь именем, жестом и лексикой странника-гостя библейско-христианский культурный контекст становится основой полигенетического образа (палки и жезлы ветхозаветных праотцов, Моисея и Аарона, Христа, евангельских фигур и более поздних святых)[8]. Упомянутый выше колючий венец, разумеется, можно рассматривать как в дионисийском контексте, так и в поле ассоциации с Иисусом Христом. Более широкая коннотация умирающих и воскресающих богов поднимает ряд вопросов интерпретации, в том числе жертвенной смерти, вечного возвращения и круговорота природы, которые рисуют веский и широкий фон философского контекста.

Употребление синонимов *палка*, *трость*, *дубина* и *посох* в тексте Белого само по себе отсылает читателя-интерпретатора к коннотативному чтению, в том числе к мифопоэтическому, а выражение «отбивая высокой палкой слова» — к поэтическому, к эссе Белого «Жезл Аарона» (опубликованному в сборнике «Скифы»), ибо расцветшую палку Белый определяет как новое слово в поэзии:

---

[8] В иудейско-христианской символике жезл Моисея превращается в змею; жезл Аарона расцвел миндальным деревом; в руках Иисуса жезл также исполняет роль, чудотворную, защитную, паломническую (знак бездомности), ср. Христос с палкой и Добрый Пастырь. Палка предсказывает мученическую и жертвенную смерть Христа на кресте. Магическая сила жезла используется в обрядах инициации. На первой карте Таро Маг держит в руках волшебную палку. Когда израильтяне возроптали на Аарона, Моисей по повелению Божию приказал начальникам колен принести свои жезлы, и на них он *написал имена тех, кому они принадлежали*. На жезле колена Левиина он написал имя Аарона. Все жезлы были положены в скинии собрания перед ковчегом; на следующее утро жезл Аарона расцвел, пустил почки, дал цвет и принес плод. В память этого он сохранялся потом перед ковчегом откровения или внутри него (Числа 17). Жезлы фараона были истреблены: «каждый из них бросил свой жезл, и они сделались змеями, но жезл Ааронов поглотил их жезлы» (Исход 7: 12). Курсивом мной выделена палка с именем, пратекст для палки в «Отчаянии».

> ...в плоде живет семя; под оболочкой из внутренней музыки скрыты жесты и мимики юных смыслов грядущего, мудрого *дерева*; и вот музыку, мимику, жесты нам следует укрепить в плодородной земле *тишины*; и тогда лишь подымется *слово* — воистину *новое слово поэзии* <...> Ааронов Жезл — процветет (курсив мой. — Ж. Х.) [Белый 1917: 212].

Белый описывает Дарьяльского «беспомощным», «слабым», в прямой же наррации эссеистского характера присваивает ему «колебания чувств», «все дряхлое наследство уже в нем разложилось» [Белый 1990: 118].

Эти фразы указывают на социально-историко-философскую претензию автора, ставшую, как представляется, мишенью пародирования у Набокова. Вместо выбора между народом и интеллигенцией, Западом и Востоком и прочими вечными бинарными темами русской традиции Набоков сосредотачивается на когнитивном диссонансе индивидуума, то есть на слабости самообмана, закрывающем человека в одиночную камеру своего мозга, которому чужд мир вещей. Палка выступает в роли кантовской непознаваемой вещи самой по себе, независимым от воли людей предметом, который не защищает, а предает. Не вызывая ни мифологические, ни религиозные традиционные коннотации, выдвинутые Белым на первый план, палка появляется у Набокова как чужой предмет, протез, в отсутствии которого теряется личность, имя и даже право на существование. Герман забывает палку с именем мнимого (придуманного им) двойника; этим случайным поворотом сюжета выражается чуждость вырезанного на палке имени.

Жак Лакан и вслед за ним Славой Жижек определяют неуверенность самоощущения, пропасть между оболочкой личности и символическим нарративом о себе (в которой — то отсутствуя, то присутствуя — эта личность живет) термином *aphanisis* (от греч. «исчезновение», ср. *effacement, self-erasure*). Это понятие мы увидим возникающим дословно в процитированной выше концовке *TOOL* (см. главу «Прозрачность и прочность...»).

efface [в карточке слово обведено — Ж. Х.]
expunge
delete
rub out
xxxxxxxxxx [слово вычеркнуто. — Ж. Х.]
wipe out
obliterate [Nabokov 2009: 275].

Герману в «Отчаянии» идея двойника служит своего рода «палкой», на которую можно опираться для подтверждения своего отсутствующего Я. Для подтверждения собственной отсутствующей личности Герману понадобился проект убийства. Это опосредованная пародия, но не прямо на «Преступление и наказание» и через него на культ Достоевского у символистов. В фигуре Раскольникова, Дарьяльского и Германа прослеживается общая черта — самообман, событийная слепота и провал теоретической идеи. Раскольникова и Германа все же сближает то, что они успешно совершили свое преступление, которого у Дарьяльского и нет совсем, он сам — жертва убийства.

Этот прием параллели у Набокова направлен на разоблачение фальшивости представления о том, что возможно жизнетворчество, что жизнь похожа на мистериальное действо, что жизнь подчиняется теориям, намерениям и планам человека, который волей своей держит свою судьбу в руках, как палку. Набоков отвергает формулы Раскольникова и Дарьяльского. «Отчаяние», при всех параллелях с «Серебряным голубем», идет и по следам романа «Петербург». Мало кто оспаривал бы, что «Петербург» по жанру — философское произведение, поднимающее вопросы воли, причинности разума и языка. «Серебряный голубь» роман метафизический, ставящий под вопрос границы реальности, и роман эпистемологический, в фокусе которого находится проблема границ знания и познаваемости. Несмотря на то что все эти мысли характеризуют и повесть-роман «Отчаяние», оно не было еще названо философским романом, хотя наряду с другими произведениями Набокова смело может претендовать на номинацию в этой категории. Пародия как раз и есть одна из форм философского подхода. «Философское писательство» в «Отчаянии» пародируется, наряду с творчеством как таковым, которое в роли мнимого самоутверждения кончается провалом. Карандаш и перо, орудия Германа, выступают в роли своего рода «палки», дающей промах. В мире прозы Набокова сверхмарионеточная сила автора выступает медиатором силы более высокого творца, властителя случайностей.

Доминирующая роль символа палки в ряду лейтмотивов обоих романов выражается количественно. В романе Белого слово *палка* повторено 44 раза, *трость* и *посох* — 9 раз, *дубина* — 2 раза. У Набокова *палка* встречается 22 раза, *трость* — 2, *дубина* фигурирует всего один раз, зато в антономазии псевдодвойника Феликса («Эх ты, дубина!») в центральной пятой главе. Отождествление предмета и владельца происходит при встрече в Тарнице, когда Герман сначала подробно рассматривает палку и только потом лицо Феликса. Палка, с указанием на ней имени, времени и места, при этом первом же появлении падает, будто под взглядом Германа, предвещая будущий провал самого плана:

> Его палка, небрежно прислоненная к сидению скамьи, медленно пришла в движение в тот миг, как я ее заметил, — она поехала и упала на гравий. <...>
>
> ГЛАВА V
> Глядя в землю, я левой рукой пожал его правую руку, одновременно поднял его упавшую палку и сел рядом с ним на скамью. <...> это была толстая, загоревшая палка, липовая, с глазком в одном месте и со тщательно выжженным именем владельца — Феликс такой-то, — а под этим — год и название деревни. Я отложил ее... [НРП, 3: 439].

Слово *пал* составляет первую половину слова *палка*, как это почти напрямую сказано читателю на последней странице романа: «Указал палкой. Палка, — какие слова можно выжать из палки? Пал, лак, кал, лампа» [НРП, 3: 527].

Локус встречи является и местом интертекстуальной встречи: описание городка Тарниц[9] с его опосредованным медным всадником, двойником петербургского, и узнаваемыми перпендикулярными улицами составлено из ссылок на «Петербург» А. Белого [Буренина 2000: 174][10].

Поэтика промаха, поражение, провал плана, неожиданность в концовке романов Белого стала у Набокова плодотворным средством, не только выражением пародийности, но и жанрообразующим приемом. Но промах у Набокова подчеркнуто не ограничивается ошибкой, а связан со смертью и ее преодолением разными путями.

Слово *промах* появляется первый раз в «Отчаянии», когда Герман наблюдает за карточной игрой Ардалиона и Лиды. Они играют в дурака, при этом обыгрывают и делают дурака из Германа. Второй раз противопоставлен промах читателей и автора, авторства, творчества в словах Германа о «волшебных произведениях искусства» [НРП, 3: 471]. Третий и четвертый промах всплывают в форме ужасного предчувствия во время работы Германа над рукописью: «Тут я вспылил, поднял с пола рассыпавшиеся страницы рукописи, и приятное предвкушение, только что наполнявшее меня, сменилось почти страданием, ужасным чувством, что *кто-то хитрый* обещает мне раскрыть *еще и еще промахи, и только промахи*» (курсив мой. — Ж. Х.) [НРП, 3: 520–521]. Окончательное признание промаха связано с палкой: здесь конкретизируется слово, выражающее движение палкой

---

[9] По мнению исследователей и комментаторов романа А. Долинина и О. Сконечной, Тарниц — вымышленный топоним, «по-видимому образованный от нем. tarnen — "маскировать, прятать", также Nets — ловушка» [НРП, 3: 757]. На самом же деле кому, как не Набокову, знатоку гор, было известно, что Тарниц — самый высокий пик (1346 метров) в юго-восточных польских Карпатах, в Бещадах (Бескидах) на границе Польши, Словакии и Украины, а также имя извилистой речки с каналами в районе Streesow, Zierzow и Muchow. Хотя видеть здесь особую символику было бы натяжкой, общее в этих двух местностях то, что название указывает на геометрически определенное место между тремя географическими точками с разными наименованиями.

[10] К развитию семантики присоединяется еще и значительный мотив глаз.

(это не ошибка и не провал проекта, а именно промах). Если даже сходство рассказчика и Феликса было бы настоящее, палка оказывается сильнее:

> Ведь даже если бы его труп сошел за мой, все равно обнаружили бы палку и затем поймали бы меня, думая, что берут его, — вот что самое позорное! Ведь все было построено именно на невозможности *промаха*, а теперь оказывается, *промах* был, да еще какой, — самый пошлый, смешной и грубый. Слушайте, слушайте! Я стоял над *прахом* дивного своего произведения <...> (курсив мой. — *Ж. Х.*) [НРП, 3: 522].

Промах образует созвучную анаграмму с *прах*ом, с его коннотацией мотива смерти, отсылая вновь к мифологическим аналогиям и теме преисподней. Здесь любопытна связь не только с особенным вниманием Белого к герметизму, но, что более значительно, с его методом мифопоэтической поэтизации через словесную текстуру и реалии, наделенные символическим ореолом. В именах *Герман* и *Гермес* первый слог совпадает. Мотивы Гермеса сопровождают персонажа Набокова (ср. не только жезл / палку, но и столбы возле дороги, ведущей на место преступления: столбы — это *гермы*, с которых со временем исчезли головы и изображения фаллоса, знака плодородия). Сакральное прочтение подтверждается соответствующей лексикой: стрелка на столбе указывает «К казино», «но его нет, а есть что-то вроде *скинии* и *зачаточный* буфет; <...> *виселицы,* которыми некому пользоваться, если не считать какого-нибудь крестьянского мальчишки, перегнувшегося головой вниз с *трапеции*» (курсив мой. — *Ж. Х.*) [НРП, 3: 428]. Сравнение гимнастического оборудования на площадке с виселицами не только предвещает смерть, но и визуализирует крест, тем более что виселицы «переставлены» автором чуть позже на картине, по соседству с «Островом мертвых» Бёклина на стене [НРП, 3: 430]. Известно, что крест Иисуса был столбообразным, а виселица в форме буквы *Г* — половина креста; этот мотив развит у Набокова в романе «Приглашение на казнь» (см. [Hetényi 2020]). Само слово *трапеция* (см. *трапеза*) вызывает ассоциации с Тайной вечерей, что, как и библейский ореол слова *скиния*, подтверждает эту коннотацию. В общем контексте надвигающейся смерти даже надпись стрелки «К казино» невольно читается анаграмматически — «К казни».

В описании местности будущего убийства здесь, в первой четверти романа, введен и мотив карточной символики: «точно игральные карты веером — дюжина участков» [НРП, 3: 428][11]. В то же время палка и ее промах — опредмеченное средство (то есть прием) метафикционального вмешательства руки «кого-то хитрого» [НРП, 3: 521], самого автора, чей карандаш волшебной пал(оч)кой весьма решительно вмешивается и в финалы своих романов. Он освобождает Германа подобно Кругу в «Bend Sinister», в момент ареста он выхватывает их из ловушки реалий и переносит их в сферу особой свободы — сумасшествия.

---

[11] Более подробно о топонимах см. [Hetényi 2015, 339–383].

Антропоним как прием проблематизации идентичности в изгнании

Набоков и Шкловский в Берлине[1]

Идентичность в контексте этой главы будет рассматриваться в узком смысле и двусторонне — с одной стороны, как самоопределение индивидуума, а с другой — как определение идентичности посторонними наблюдателями по внешним признакам (одежде, осанке, речи, жестам, поступкам и т. п.). Следует отметить, что идентичность ни в первом, ни во втором значении не бывает стабильной, она (как и одежда, речь, настроение) меняется в зависимости от меняющихся обстоятельств — среды, окружающих людей и культуры; при этом она меняется до той степени и так часто, что о ней нельзя говорить как о константе. Национальная принадлежность, которая далеко не является постоянной с точки зрения социопсихологии, проявляется осо-

---

[1] В главе использованы материалы статей автора: Nomen est ponem? Name and Identity in Russian Jewish Emigré Prose on and in Berlin of 1920s // Transit und Transformation: Osteuropäisch-jüdische Migranten in Berlin 1918–1939. Charlottenburg und Scheunenviertel / V. Dohrn, G. Pickhan. Göttingen: Wallstein Verlag, 2010. S. 95–113; Név és identitás: irodalmi névadás emigráns szerzők műveiben (a berlini orosz írók példáin) // Emlékezés, identitás, diszkurzus / P. Bodor. Budapest: L'Harmattan, 2015; Имя и идентичность в парадигме российского интеллигента-эмигранта в литературе русского Берлина 1920-х годов // Культура русской диаспоры: знаки и символы эмиграции. Сб. статей / Ред. С. Доценко, А. Данилевский. М.: Флинта—Наука, 2015. С. 41–50.

бенно остро, когда противостояние *Я* и *Другого / Чужого*, граница между ними активно осознаётся. Изгнание является ситуационной почвой для такого обострения чувства *Я*[2].

Опыт исследования русско-еврейских писателей был для меня плодотворен именно как матрица той пограничной ситуации, в которой они находились, не выбирая однозначной принадлежности, не примыкая ни к какой определенной групповой идентичности; они не желали быть ни евреями, ни неевреями, ни русскими, ни нерусскими, колебались между эмигрантским и неэмигрантским состоянием или статусом [Hetényi 2008a]. Эту двойственность можно распространять и для русской эмиграции послевоенной эпохи, и более широко — для космополитичной[3] интеллигенции, которая сознательно берегла свою независимость и избегала ярлыков, но в то же время постоянно искала свой дом, жаждала обрести его. В своем эссе о Набокове Дж. Стайнер (G. Steiner) применил к эмигрантам термин «экстратерриториальный» [Steiner 1972: 3].

В литературе русской (и, скорее всего, не только русской) эмиграции антропомастика занимает ключевое место и обладает спецификой, ибо стратегия именования героев этими авторами прямо или косвенно выражает ущерб, нанесенный идентичности экспатриированных. Дислокация личности сопровождается неизбежным повышением пристального внимания к самому себе. Слово *дислокация* представляется мне уместным в двойном смысле: в дословном — как перемена места пребывания эмигранта, и как удачная метафора сдвига, взятая из геологии, где дислокация — это смещение пластов, дефект, нарушение решетки в структуре кристалла; таким образом, это понятие выражает также и психологическую травму эмигранта.

---

[2] Когда в чужой среде оказывается личность или группа с двойной национальной принадлежностью, то проблема становится особенно сложной — как показывает пример русско-еврейских авторов, многие из которых оказались в Берлине в 1920-е годы, см. [Hetényi 2010].

[3] Уточню, что *космополитичность* я употребляю в первом и положительном значении слова.

Особенность истории концепции личных имен в том, что ранние представления и убеждения человечества об именах не стираются временем, а продолжают сосуществовать в виде разнообразных мифологических, религиозных и научных толкований в повседневном сознании. Они ставят проблему отношения человека к имени, с одной стороны, и имени к личности — с другой, предлагая доводы и предположения о том, насколько имя собственное соответствует его носителю, отражает / определяет ли оно его характер и тип личности.

С лингвистической точки зрения отношение между тремя элементами — именем нарицательным как знаком, наименованным предметом (например, словом *камень*) и значением — отличается от отношения между именем собственным (например, антропонимом Петр) и названным им человеком именно в осмыслении этой связи, то есть в том, что значение рождается в результате его свободной атрибуции (Петр — это камень, это твердость, это сходство с Петром I, это связь с апостолом и т. п.). Какой бы позиции мы ни придерживались в теории о происхождении слов (условное соглашение или продукт мышления, магически или этимологически определенное), тройная взаимосвязь знака, означаемого и означающего в случае антропонимов отличается от других слов. Взять, к примеру, родителей, выбирающих имя их будущего ребенка: выбор продиктован сложной субъективной логикой (безусловно, тесно связанной с культурным прошлым этого имени). Принято считать, что наделение человека именем имеет важное значение для судьбы его носителя, притом что сам именованный на этот выбор повлиять никак не может. То или иное отношение к своему имени вырабатывается у него только впоследствии.

Признавая, что имена выполняют важную функцию в структуре литературного текста, Франсуа Риголо различает ученую и поэтическую ономастику, утверждая, что первая реконструирует апелляционную систему языка, а вторая опирается на творческое воображение и игнорирует легитимность языковых преобразований. Общепринятое толкование имен он считает третьей сферой. Согласно Риголо, повседневный язык поддерживает только денотативную функцию имен. Ученый ссылается на С. Уллмана, который говорит, что антропоним идентифицирует, индивидуализирует, но значения как такового имена собственные не несут. Риголо цитирует и Фосслера, который трактует дебаты об ономастике как борьбу «мистиков» и «магиков» и требует противопоставить им трезвых и сухих конвенционалистов [Rigolot 1977: 11–24].

В повседневной жизни люди склонны проецировать на личные имена лингвистическую аналогию, наделяя носителей одного и того же имени (вне какой-либо рациональности) общими признаками, по аналогии со словами, обозначающими схожие предметы. Как если бы все Наталии в той же мере походили друг на друга, что и все стулья. В то же время в повседневном мышлении принят и другой, чуть ли не литературный подход, согласно которому имя — это метафора носителя имени.

Присвоение имени является значимым событием во всех культурах: человек закрепляет за собой языковой знак, часть реальности посредством самого акта обретения имени. В выборе имени до сегодняшнего дня решающую роль играет семантика имени, его аура, якобы мистически определяющая черты характера и будущее, судьбу личности.

Эти мистические интерпретации могут быть обнаружены в ходе того же семантического анализа, который применяется при анализе текстов литературных произведений, где данный метод вполне оправдан, поскольку имя в произведении присваивается вымышленному персонажу, и в этом имени автор может зашифровать некоторую информацию и даже выразить интенцию произведения. Литературная практика напрямую использует архетипическое представление о том, что имя оказывает магическое влияние на судьбу владельца, более того, носитель имени должен соответствовать своему имени и призванию, скрытому в нем. Наделяя персонажа тем или иным именем, автор рассчитывает на такое отношение своих читателей к имени героя.

Как в жизни, так и в литературе имя следует рассматривать лингвистически в диахронном и синхронном контекстах. Синхронически индивидуум выделяется именем внутри своего сообщества, которое, как правило, наделяет всех своих членов разными именами[4]. Количество же имен является конечным, поэтому имя помещает человека в ряд других носителей такого же имени и в настоящем, и в историческом прошлом. Таким образом, имя обременено бесчисленными отсылками к исторической традиции, значение которых с точки зрения логики ничем не отличается от лингвистической омонимии: независимые друг от друга объекты названы одним и тем же словом. Огромное значение имеет культурная память об одноименных персонажах, национальной истории (цари Иван или Петр), о библейских (Илья) или литературных героях (Евгений). В этом плане имя становится интертекстуальной метафорой и даже может расшириться до топоса и символа.

Измерения поэтических значений, сконцентрированных в одном слове и доверенных одному слову, в имени могут быть особенно широкими в области литературного именования, поскольку в семантическом поле появляются уровни и слои наррации, которые отражают отношение автора к своему герою, определяют языковую, национальную и психологическую идентификацию.

Писатели 1920-х годов, при всей шокирующей сложности переходной эпохи, испытывали на себе влияние богатой литературной, философской и культурной традиции, отдаленных и более близких поколений, и это отразилось и в поэтике имени. Теория и стратегия литературного имени авангарда и постсимволизма этого периода определялись интенсивным стремлением к синтезу наследия Серебряного века: концепции иудаизма, Античности, христианства, каббалы, теории логоса, имяславия Флоренского, языковых концепций трансрационального футуризма (заумь), формалистской теории авторского голоса.

Обратимся к сравнительному анализу некоторых стратегий именования персонажей, обладающих функцией художественных

---

[4] Племена и семьи первоначально не давали одинаковых имен. Принадлежность к семейству или группе, родовой местности была отмечена намного позже введением фамилии.

антропонимов, в берлинской прозе Набокова и В. Б. Шкловского в 1920–30-е годы. Исследование обозначило следующие проблемы и проявления стратегии наименования в прозе:

писательский псевдоним;

собственное авторское имя;

многоимённость или расплывчатость имени;

андрогинность;

безымянность;

смена имени (в произведении);

варианты имени (языковые эквиваленты);

прозвище
(ироническое, сатирическое, издевательское, засекречивающее);

уменьшительное имя;

стереотипизация имени;

криптоним и антономазия (например, в романе с ключом);

анаграмматизация имени;

этимологизация имени;

фатальное имя;

аллегорическое имя;

эмблематическое (например, мифологическое имя, называние именем исторической личности или по географической эмблеме, названием местности города).

Одна из самых ярких текстовых иллюстраций эмигрантского осмысления амбивалентности стереотипа *своего* и *чужого*, отношения русского к немцам в Берлине, предложена Набоковым в романе «Дар». Речь идет об эпизоде (упомянутом, но не цитированном ранее, в главе о гибридизации языков), где Федор с неприязнью к немцам разглядывает своего попутчика в трамвае.

> Русское убеждение, что в малом количестве немец пошл, а в большом — пошл нестерпимо, было, он знал это, убеждением, недостойным художника; а все-таки его пробирала дрожь <...> На второй остановке перед Федором Константиновичем сел <...> мужчина, — севши, толкнул его коленом да углом толстого, с кожаной хваткой, портфеля — и тем самым обратил его раздражение в какое-то ясное бешенство, так что, взглянув пристально на сидящего, читая его

черты, он мгновенно сосредоточил на нем всю свою грешную ненависть (к жалкой, бедной, вымирающей нации) и отчетливо знал, за что ненавидит его: за этот низкий лоб, за эти бледные глаза; за фольмильх и экстраштарк, — подразумевающие законное существование разбавленного и поддельного <...> за любовь к частоколу, ряду, заурядности; за культ конторы; за то, что если прислушаться, что у него говорится внутри (или к любому разговору на улице), неизбежно услышишь цифры, деньги; за дубовый юмор и пипифаксовый смех; за толщину задов у обоего пола, — даже если в остальной своей части субъект и не толст; за отсутствие брезгливости; за видимость чистоты — блеск кастрюльных днищ на кухне и варварскую грязь ванных комнат; за склонность к мелким гадостям, за аккуратность в гадостях, за мерзкий предмет, аккуратно нацепленный на решетку сквера; за чужую живую кошку, насквозь проткнутую в отместку соседу проволокой, к тому же ловко закрученной с конца; за жестокость во всем, самодовольную, как-же-иначную; за неожиданную восторженную услужливость, с которой человек пять прохожих помогают тебе подбирать оброненные гроши; за... Так он нанизывал пункты пристрастного обвинения, глядя на сидящего против него, — покуда тот не вынул из кармана номер васильевской «Газеты», равнодушно кашлянув с русской интонацией.

«Вот это славно», — подумал Федор Константинович, едва не улыбнувшись от восхищения. Как умна, изящно лукава и в сущности добра жизнь! Теперь в чертах читавшего газету он различал такую отечественную мягкость — морщины у глаз, большие ноздри, по-русски подстриженные усы, — что сразу стало и смешно, и непонятно, как это можно было обмануться [НРП, 4: 264–265].

Неизвестный попутчик лишь по одному знаковому предмету, газете, мгновенно превращается из немца — объекта отрицательных эмоций, в русского, достойного снисходительной любви. Газета — эмблематический предмет, воплощающий родной язык, о котором сам Набоков говорил, что этот ключ он увез с собой вместе с русской литературой и со своим детством, поэтому ему незачем даже возвращаться в Россию [Два интервью 1997: 147].

В. Жаботинский (который, кстати, опубликовал третье издание своих знаменитых «Фельетонов» в Берлине в 1922 году) назвал русский язык портативной родиной[5]. Он писал, что русский язык въелся в его ум: он автоматически протягивает руку за русской газетой, прислушивается к русскому языку; русский язык осудил его на пожизненную привязанность к стране, на которую из своего эмигрантского далека он смотрит с безразличием [Жаботинский 1926]. Родной язык и текст — два ключевых элемента идентичности русского писателя (и даже пишущего только на русском еврея) в изгнании, корень и стержень принадлежности к русской литературе.

В раздумьях Федора Чердынцева о немце, оказавшемся русским, описаны вовсе не немцы или же русские; текст является нарративным зеркалом: в нем отражается комплекс самоопределения (идентичности) самого героя, его отношение к немцам и к русским. Этот же прием применяется Набоковым и в других произведениях — например, в рассказе «Набор» (1935), этом миниатюрном, но мощном *ars poetica*, где в соответствии с жанром мы имеем дело с таким рассказчиком-писателем, ведущим повествование от первого лица, который весьма близок к автору. Федор в «Даре» — тоже писатель, но менее близкий автору персонаж, и не только по причине повествования от третьего лица, но и потому, что у него есть имя, которое в данном случае играет существенную роль в создании дистанции. В «Наборе» же у нарратора нет имени, и его отсутствие позволяет выстраивать сложную игру с идентичностью скрытого рассказчика, который вырисовывается лишь постепенно. В этом рассказе реализован метафикциональный прием: анонимный удвоенный рассказчик к концу повествования превращается во всемогущего писателя, который, в свою очередь, дает имя описанному персонажу, раскрывая (обнажением приема) фиктивность имени старика Василия Ивановича. Таким образом, имя на глазах читателя становится фиктивным ярлыком.

---

[5] Перефразируя Гейне, который говорил, что Танах, то есть еврейская Библия, была для евреев портативной родиной в течение двух тысяч лет.

Наличие рассказчика от первого лица без имени заманивает читателя в ловушку упрощенной интерпретации, отождествляющей автора с рассказчиком.

«Рядом, на <...> скамейку, сел господин с русской газетой. Описать этого господина мне трудно, да и незачем, *автопортрет* редко бывает удачен, ибо в выражении глаз почти всегда остается напряженность: гипноз *зеркала*, без которого не обойтись» (курсив мой. — Ж. Х.) [НРП, 4: 560]. На следующем этапе рассказчик становится интрадиегетическим «моим представителем» в третьем лице [Падучева 1996: 390]. Подобная ретардация имени применена и к старому герою, который сначала безымянен, и только потом появляется его полное имя (имя-шаблон, часто используемое Набоковым в берлинских рассказах: Василий Иванович)[6]. Самая высокая степень значимого отсутствия имени и отчества наблюдается у Набокова в «Защите Лужина», где они указаны только в последних трех строках романа, после смерти исчезнувшего героя, замещая памятью об имени его земное существование.

«Почему я решил, что человека, с которым я сел рядом, зовут Василием Ивановичем? Да потому, что это сочетание имен как кресло...» [НРП, 4: 560–561]. Кресло примет любого садящегося в него, оно, как имя, создает внешнюю оболочку, своего рода обертку для неопределяемого словесно человека — в этом одна из возможных причин безымянности. Вариацией безымянности нужно считать, например, случай Смурова в «Соглядатае», где *Я* снова по ходу текста окажется рассказчиком, который отдаляет, отклеивает от себя свое имя, говоря о себе в третьем лице. Такого рода шизофрения представляет собой акт лишения имени как противоположность акту именования. Тот же принцип повторяется в сложном и, что важно, мнимом двойничестве Германа и Феликса в «Отчаянии». В текстах конца 1930-х годов игра

---

[6] В рукописи, хранящейся в архиве В. Набокова [Berg Collection], у рассказчика вначале есть только инициалы «В. И.», что опять указывает на типичность, некоторую штампованность в берлинских рассказах. В английском же тексте имя выступает уже в первом предложении. Автор благодарит *The Wylie Agency* за возможность работать в архиве.

с именами становится метафикциональной творческой моделью с пограничными пересечениями между полюсами нарративного треугольника идентичности *рассказчик-автор-герой*.

В рассказе «Василий Шишков» игра еще сложнее. Интрадиегетический рассказчик от первого лица с авторским именем Набоков встречается с Шишковым. Однако Шишков получил зашифрованный криптоним, девичью фамилию бабушки Набокова, то есть фактически мы имеем дело с еще одним *alter ego*. Но самовоспроизведение автора этим не ограничивается, потому что Набоков в рассказе раскрывает свой «реальный» поступок: он опубликовал свое стихотворение под псевдонимом Шишков в журнале «Современные записки», назло Г. Адамовичу, который резко критиковал стихи Набокова и не принимал их в «Последние новости». Когда же восхищенная критика, а в их числе и Адамович, стала превозносить неизвестного поэта Шишкова, наконец-то явившегося выразителя чувств русской эмиграции, Набоков опубликовал этот рассказ и раскрыл свою мистификацию. В конце рассказа Шишков исчезает, сливается со своим *alter ego*, с которым раньше вел беседы, но при этом исчезает и персонаж *Набоков*, в разоблачении сливаясь со своим создателем. Однако, если отвлечься от этих трюков, дублирование диалога и дублирование имени (даже без знания о ситуации вокруг публикации) выдвигают на первый план проблему раздвоения творческой личности в эмиграции, проблему вымышленных, метафикциональных элементов повествования. Подобные литературные игры получили дальнейшее развитие в англоязычных произведениях Набокова.

В текстах русской эмиграции в Берлине целый комплекс мотивов и приемов выдвигает на первый план отношение *Я / Другой*, которое обращает на себя внимание и в сюжете, и в наррации. Эти приемы призваны проблематизировать не только эту оппозицию, но и самоё *Я*. Кроме стереотипного изображения нерусских «других» как «чужих», даются автопортреты в отражениях, и это, как правило, остраненный (В. Шкловский) портрет, намекающий на раздвоение / двойственность персонажа. Фон образован открытой или представленной отдельными элементами автобиографичностью и повествованием от первого лица, чередующегося с третьим лицом (как и в «Наборе»). Наблюдается нестабильность дистанции между автором, фиктивным нарратором и действующим персонажем; соответственно, в изображении, осциллируя, меняется внутренняя и внешняя фокализация (рассказ «Василий Шишков»).

При рассмотрении ономастики / антропомастики исключительный интерес представляют те произведения, где автор не только придает герою автобиографические черты, но и одалживает ему свое имя. В таких случаях отношение двойного Эго, скажем, Эго и *Я*, сопровождается наррацией, создающей неуверенность или шаткость позиций и дистанции.

Визуализация и концептуализация раздвоения в текстах реализуется в конкретных отстраненных автопортретах, и это проявляется и в своеобразном инвентаре сцен и предметов. Лица отражаются в стекле, в зеркале[7], в витринах, они прячутся за масками, дублируются в театрализованных сценах, кадрах фильмов и чаще всего на фотографиях. Особенную роль играют фотографии в паспорте как документе идентичности (*pièce d'identité*), этом бумажном носителе не только административных, но и экзистенциально-индивидуальных проблем.

В литературе паспорт в функции гарантирования «самотождественности» ироническим образом ставит под вопрос именно целостность личности, подчеркивая, что личность владельца (несмотря на авторитет, 'validity' бумаги с его именем и фотографией) не гарантирована, человек не тождественен самому себе. В парадигме, в совокупности проблем расщепления идентичности эмигранта повторяются характерные пограничные сюжеты и ситуации, эмблематизированные мотивами и предметным миром. Среди ситуаций мы видим перемещение в пространстве (путешествие, переезды с квартиры на квартиру, бесцельное блуждание по улицам), потерю вещей и близких, расставания и прощания, а среди эмблем, выражающих пограничность, наря-

---

[7] Характерная ситуация проверки самотождественности в зеркале — утреннее бритье (например, в «Родине» Льва Лунца).

ду с паспортом — чемодан, зеркало, фотографии и другие вещи и действия, указывающие на раздвоенность персонажа.

Паспорт — не утверждение идентичности в эмиграции, а зеркало его раздвоения. К примеру, в «Машеньке», которая начинается с проблемы имени в лифте (см. далее) и с того, что «всякое имя обязывает», писатель Подтягин долго хлопочет, чтобы получить паспорт и уехать в Париж, и умирает после (и как будто даже вследствие) того, как теряет свой паспорт, которого добился с большим трудом. В английском варианте в описании сцены в паспортном отделе особенно подчеркнуто то, что фотография является копией человека, автоматически размноженного посредством технического устройства.

> An arrow on the wall pointed across the street to a photographer's studio, where in twenty minutes one could obtain *a miserable likeness of oneself*: half a dozen identical physiognomies, of which one was stuck onto the yellow page of the passport, another one went into the police archives, while the rest were probably distributed among the officials' private collections (курсив мой. — Ж. Х.) [Nabokov 1973: 96][8].

Ганин зарабатывает деньги на киностудии, работая статистом. Здесь все поставлены в роль двойников, и он с ужасом обнаруживает «своего двойника» на экране в кино, к тому же в театральной (вдвойне отстраненной) сцене в фильме. В конце романа уже все жители пансиона для него «теневые двойники русских случайных статистов, тени, проданные за десять марок штука и Бог весть где бегущие теперь в белом блеске экрана» [НРП, 2: 124] («shadowy doppelgangers» [Nabokov 1973: 131]).

С точки зрения проблемы идентичности особый случай в наделении именем представляют собой криптонимы, эти наглядные

---

[8] Ср.: «Стрелка на стене указывала через улицу на мастерскую фотографа, где в двадцать минут можно было получить свое жалкое изображение: полдюжины одинаковых физиономий, из которых одна наклеивалась на желтый лист паспорта, еще одна поступала в полицейский архив, а остальные, вероятно, расходились по частным коллекциям чиновников» [НРП, 2: 103].

аллегории в романах с ключом (например, в «Даре» Набокова). Здесь снова важнее само явление, то есть сама стратегия и причина применения такого приема, нежели расшифровка и тем более этимологизация конкретных имен и героев.

Особый интерес представляет собой смена имени самих авторов: а писательские псевдонимы встречаются в кругу берлинских эмигрантов нередко. Смена имени писателей, или жизнь под двумя именами, или промежуточно, в постоянном выборе между именами (например, когда автором является Сирин и когда — Набоков), кажется, располагает к особому типу сознания и формирует особое отношение писателей к именам, оказывая влияние на стратегию их выбора для своих героев. Иными словами, со сменой имени самими авторами как будто связана проблематизация идентичности, отраженная в поэтике имени и персонажей.

Знаково-символической вещью в среде эмигрантов является чемодан. Он вошел и отдельным названием в берлинскую русскую литературу романом «Чемодан» Юрия Слёзкина (Берлин, 1921). Символ перемены мест, временности, переходности, сведéния прошлого к малому количеству вещей и их строгому отбору — чемодан неизбежно еще будет встречаться в текстах писателей-эмигрантов вплоть до Довлатова. Однако каждый образ заслуживает более пристального внимания, ибо его топика может расширяться целым семантическим кругом других понятий. Например, в «Машеньке» благодаря фразеологизму «сыграть в ящик», употребленному Подтягиным, и последующей сцене разбора чемодана Ганиным эти предметы схожей фактуры — гроб, чемодан и ящик — вплетены в общий мотив.

> — Плохо мне, Клара... На улице так задохнулся, что думал: конец. Ах, ты, Боже мой, прямо теперь не знаю, что дальше делать. Разве, вот — *в ящик сыграть*...
> А Ганин, вернувшись к себе, принялся укладываться. Он вытащил из-под постели два пыльных, кожаных *чемодана*, — <...> и все содержимое вывалил на пол. <...> Из ночного столика он извлек разнородные штучки, когда-то брошенные туда... (курсив мой. — Ж. Х.) [НРП, 2: 107].

Мотив чемодана тщательно развивается автором: фотография (зеркало лица!) Машеньки не только возникает из ящика, но и показана из ящика Алферовым вслед за фотографией *умершей* сестры, которая любила повеселиться.

Мотив ящика изначально связан со смертью, с чернотой и зеркалом: «Письменный стол *покойника*, *дубовая* громада[9] с железной *чернильницей* в виде жабы и с глубоким, как *трюм*, средним *ящиком*» (курсив мой. — Ж. Х.) [НРП, 2: 48]. Этот гробоподобный письменный стол окажется именно тем, в ящике которого появится фотография Машеньки.

> Ганин довольно равнодушно рассматривал снимок в открытом *ящике*.
> Алферов наклонился через его плечо.
> — Нет, это не жена, это моя сестрица. От тифа *умерла*, в Киеве. Хорошая была, хохотунья, мастерица в пятнашки играть...
> Он придвинул другой снимок.
> — А вот это Машенька, жена моя (курсив мой. — Ж. Х.) [НРП, 2: 63].

Если в этом сочетании созвучие трюм / трюмо[10] еще непрочно, то пятью строками ниже мы читаем: «Кларе достался и единственный приличный умывальник с *зеркалом и ящиками*» (курсив мой. — Ж. Х.) [НРП, 2: 49].

Переплетающиеся мотивы поддерживают линию сюжета, в которой выражено, что (1) Ганин уезжает вместо умирающего Подтягина; (2) что образ Машеньки должен принадлежать миру прошлого и похоронен в памяти; (3) что память о ней и судьба Подтягина ставят перед Ганиным зеркало смерти, которое призывает обратиться к будущему. О мотиве воскресения открыто

---

[9] Ассоциация с фразеологизмом «дуба дать».
[10] Соприкасаются театральное и корабельное слово. Набоков отправился в эмиграцию морем. Здесь зеркало выступает в роли границы двух миров, здешнего и иного. В «Машеньке» такую же существенную роль играют окна, двери и пороги.

свидетельствует завершение романа[11]. Отчасти реализованный фразеологизм, расширенный мотив чемодана (в дополнение к зеркалу, ящику, памяти, игре-театру, кораблю, смерти) по праву можно считать одним из инвариантов прозы Набокова в парадигме эмиграции. В смерти-возрождении, в памяти-забвении, в зеркале и в чемодане «запакованы» ключевые вопросы эмигрантского существования.

Имя как эмблема Я может оказаться и пустым, и никуда не годным, и гнетущим, может стать поводом для сентиментальности — это лишь несколько вариантов. Само отношение к имени собственному, вполне автоматизированное в обычной жизни, в эмиграции ежедневно ставится под вопрос. Среди разных приемов самым симптоматическим мне кажется безымянность как квинтэссенция отсутствия, пустоты, Ничто.

Идея о связи имени и идентичности в эмигрантской литературе родилась у автора этих строк под впечатлением от берлинской станции метро «Westhafen», на стене которой приведена цитата из мемуаров Генриха Гейне.

---

[11] «Все казалось не так поставленным, непрочным, перевернутым, как в зеркале. И так же, как солнце постепенно поднималось выше, и тени расходились по своим обычным местам, — точно так же, при этом трезвом свете, та жизнь воспоминаний, которой жил Ганин, становилась тем, чем она вправду была — далеким прошлым.
Он оглянулся и в конце улицы увидел освещенный угол дома, где он только что жил минувшим, и куда он не вернется больше никогда. И в этом уходе целого дома из его жизни была прекрасная таинственность.
Солнце поднималось все выше, равномерно озарялся город, и улица оживала, теряла свое странное теневое очарование. Ганин шел посреди мостовой, слегка раскачивая в руках плотные чемоданы, и думал о том, что давно не чувствовал себя таким здоровым, сильным, готовым на всякую борьбу. И то, что он все замечал с какой-то свежей любовью — и тележки, что катили на базар, и тонкие, еще сморщенные листики, и разноцветные рекламы, которые человек в фартуке клеил по окату будки, — это и было тайным поворотом, пробужденьем его.
Он остановился в маленьком сквере около вокзала и сел на ту же скамейку, где еще так недавно вспоминал тиф, усадьбу, предчувствие Машеньки. Через час она приедет, ее муж спит мертвым сном, и он, Ганин, собирается ее встретить.

> Здесь, во Франции мое немецкое имя Heinrich перевели <...> как Henri, и мне пришлось приспособиться к этому и в конце концов называть себя этим именем <...> Henri Heine они тоже никак не могли произнести правильно, и у большинства из них я называюсь мосье Анри Эн, многие сливают это в Анрьен, а кое-кто прозвал меня мосье Unrien [Одно Ничто, пустяк] [Гейне 1959: 234].

Имя для эмигранта является постоянным знаком его чужеродности, эмблемой его инаковости, с ним он сталкивается как с проблемой и по причине непроизносимости и нетранслитеруемости имени в новой среде, да и как с субститутом, заменой его

Почему-то он вспомнил вдруг, как пошел проститься с Людмилой, как выходил из ее комнаты.
А за садиком строился дом. Он видел желтый, деревянный переплет — скелет крыши, — кое-где уже заполненный черепицей.
Работа, несмотря на ранний час, уже шла. На легком переплете в утреннем небе синели фигуры рабочих. Один двигался по самому хребту, легко и вольно, как будто собирался улететь.
Золотом отливал на солнце деревянный переплет, и на нем двое других рабочих передавали третьему ломти черепицы.
Они лежали навзничь, на одной линии, как на лестнице, и нижний поднимал наверх через голову красный ломоть, похожий на большую книгу, и средний брал черепицу и тем же движеньем, отклонившись совсем назад и выбросив руки, передавал ее верхнему рабочему. Эта ленивая, ровная передача действовала успокоительно, этот желтый блеск свежего дерева был живее самой живой мечты о минувшем. Ганин глядел на легкое небо, на сквозную крышу — и уже чувствовал с беспощадной ясностью, что роман его с Машенькой кончился навсегда. Он длился всего четыре дня, — эти четыре дня были, быть может, счастливейшей порой его жизни. Но теперь он до конца исчерпал свое воспоминанье, до конца насытился им, и образ Машеньки остался вместе с умирающим старым поэтом там, в доме теней, который сам уже стал воспоминаньем.
И кроме этого образа, другой Машеньки нет, и быть не может.
Он дождался той минуты, когда по железному мосту медленно прокатил шедший с севера экспресс. Прокатил, скрылся за фасадом вокзала.
Тогда он поднял свои чемоданы, крикнул таксомотор и велел ему ехать на другой вокзал, в конце города. Он выбрал поезд, уходивший через полчаса на юго-запад Германии, заплатил за билет четверть своего состояния и с приятным волненьем подумал о том, как без всяких виз проберется через границу, а там Франция, Прованс, а дальше — море» [НРП, 2: 126–127].

личности в паспорте. Остановлюсь на двух стратегиях литературного именования, которые представляют собой только на первый взгляд противоположные полюса, — на безымянности (анонимности) и многоименности (полиномии).

В самом начале романа «Машенька» внимание сразу сосредотачивается на проблеме имени, и не только потому, что в лифте русского пансиона в Берлине соотечественник Льва Глебовича — Алферов с трудом произносит его имя, которое для него — «редкое соединение». Фокусировка на имени задана высказыванием Алферова: «всякое имя обязывает». Эта сентенция, которая, характеризуя и произносящего ее персонажа, может показаться пошлой и банальной, отражает психологию магического отношения к имени, убежденность в его судьбоносности. Это механизм художественного именования: в имени видится метафора персонажа. При этом само высказывание, конечно, является одной из типичных для Набокова ложных подсказок, а для исследователя — предостережением, указывающим на то, что все не так просто.

Проблема имени Ганина состоит в ином (об этом сообщается только к концу повествования): оказывается, это имя не настоящее, а выдуманное им же самим для подложного паспорта, где в графе «национальность» указано, что он поляк. Настоящего его имени в тексте так и не сообщается, кроме того, оба его паспорта просрочены. Он — еще один из многочисленных героев Набокова, лишенных имени. Тем более примечательно, что писатель нередко вводил имена в названия романов: однако Машенька, хотя и названная, так и не появляется в одноименном произведении. Самый наглядный «безымянный» роман Набокова — уже упомянутая выше «Защита Лужина», где целая семья носит общую фамилию, однако героев с настоящим именем мы найдем только среди эпизодических персонажей (исключение составляет Валентинов-лукавый, см. в главе о «Мост через реку...» и [Хетени 2005]). Здесь налицо и особая форма безымянности: гротескно-цирковая редупликация имен, которая лишает носителей индивидуальности, и это обнажение приема переносит акцент сюжета в плоскость условности. Имена Курта и Карла («Защита Лужина»),

Родриго и Романа («Приглашение на казнь») или же немецких попутчиков, двух Шульцев в рассказе «Облако, озеро, башня» отсылают к гоголевским Добчинскому и Бобчинскому или кинематографическим Стэну-и-Пэну, или же братьям Маркс, столь любимым Набоковым. Цинциннат Ц., Герман Герман и Гумберт Гумберт (для которого Набоков еще планировал имена Отто Отто или Ламберт Ламберт) — такие двойные, парадоксально избыточные имена, которые дезавтоматизируют имя собственное, настоящее / реальное, подрывают возможность психологического истолкования судьбы на основе имени, аннигилируя значимость акта именования. Безымянными нужно считать и всех Василиев Ивановичей, как в «Наборе», так и в «Облаке, озере, башне»: в обоих случаях этот прием открыт в тексте.

Имя двуязычного эмигранта Себастиана Найта тоже раздвоено, но особым способом: дата смерти Себастиана, 1936 год, по мнению безымянного рассказчика-брата, выражает его самого, для чего дается смутное объяснение о кривых линиях цифр, соответствующих этой личности. Себастиан выступает героем жизнеописания под пером брата-рассказчика, и в то же время оба они — герои некоего автора-«фокусника». Этот маскарадный *mise en abyme* в конце романа соединяет воедино не только трех создателей текстов (иногда друг о друге), но и всевозможные души и маски: «any soul may be yours» [Nabokov 1995: 172]; «любая душа может стать твоей» (перевод С. Ильина) [НАП, 1: 191].

С особым случаем безымянности мы встречаемся в «Лолите».

> *Лолита, свет моей жизни, огонь моих чресел. Грех мой, душа моя. Ло-ли-та: кончик языка совершает путь в три шажка вниз по нёбу, чтобы на третьем толкнуться о зубы. Ло. Ли. Та. Она была Ло, просто Ло, по утрам, ростом в пять футов (без двух вершков и в одном носке). Она была Лола в длинных штанах. Она была Долли в школе. Она была Долорес на пункте бланков. Но в моих объятьях она была всегда: Лолита* [НАП, 2: 17].

Здесь, казалось бы, мастерство проявляется в орнаментализме ласкательных вариаций. Обожествление Лолиты, ее сублимация, то есть возведение ее в некий абсолют, создается путем элиминации личности героини, отчасти приемом полиномии, уже с самого начала. Множество имен бывает у богов, но это означает не только возвышенное качество, это — табуизированность криптоимен, ведь множественность имени означает, что имя не определяет однозначно, оно снято, его нет. Известно, что, согласно гематрии, в каббале из букв / согласных имени-табу бога составляются новые слова (Всевышний имеет семьдесят два производных имени)[12].

Любопытная параллель с этим явлением наблюдается в романе в письмах В. Шкловского «Zoo, или Письма не о любви, или Третья Элоиза» (Берлин, 1923), гибридный жанр которого включает в себя и пласт мемуаров. Кажется, что рассказчик от первого лица совпадает с имплицитным автором: биографические факты, фокализация и голоса полностью авторские. Но этот рассказчик постоянно говорит о своем прежнем Я, которого уже нет: «Я оставил его (прежнего себя) в этой книге», «я здесь не такой, как был» [Шкловский 1966: 168, 178].

Раздваивание семантизируется в гротескно-эмблематической фигуре «обезьяна» (sic!) в клетке зоопарка, названного метонимически тоже иностранцем: «бедный иностранец во внутреннем Zoo» [Шкловский 1966: 191]. Для Шкловского позиция иностранца является важной поэтической категорией постороннего взгляда, вызывающего иронию, он активизирует значение морфем в слове, *инаковость* и *страну* / позицию. Он пишет о Бабеле: «Бабель прикидывается иностранцем, потому что этот прием, как и ирония, облегчал письмо» [Шкловский 1925: 154][13]. Упот-

---

[12] Такой божественной полиномией отличается и Хулио Хуренито И. Эренбурга, где персонажу-рассказчику тоже присвоено имя автора.

[13] Случай Бабеля тоже симптоматичен с точки зрения имени и идентичности: писатель служил в армии с паспортом на имя Кирилл Лютов, которое носит его рассказчик в «Конармии». Главной же формирующей силой и мотивом этого цикла является раздваивание, двоение личности. Бабель прибегает к этому приему также в «Одесских рассказах», где сам рассказчик имени не имеет, зато вводится второй, местный рассказчик-сказитель Арье-Лейб. См. [Хетени 1988; 2016а].

ребление мужской словоформы «обезьян» объясняется в тексте: «обезьян» показан как человек (например, он читает газеты), он становится двойником рассказчика, который хиастически и сам становится животным. В гротескной параллели преобладает трагический полюс, ибо со смертью «обезьяна» умирает половина *Я*, предвещая утрату части этой ущербной идентичности иностранца за границей, предвещая выход из пограничного состояния и возвращение его из эмиграции на родину — обратно в советскую страну. Этот шаг можно понимать как «сдачу советского интеллигента».

Формалист Шкловский применяет ряд неожиданных нарративных поворотов, усложняющих поэтическую структуру текста. *Я* рассказчика раздвоено не просто внутренне, но становится многослойным персонажем, который и действует, и наблюдает, и рассказывает, и вспоминает. Вся книга начинается с заявления о смене идентичности: достаточно переодеться, чтобы изменить себя [Шкловский 1966: 175]. При демонстрации разрыва логической линии композиции и введения сомнений о достоверности, которые доходят до крайностей (печатается глава, страницы которой перечеркнуты красным крестом в книге), совершается акт и метафиктивного расшатывания текста, «разбалтывания» словами границ между реальностью и письмом. Нестабильность и обманчивость присутствуют постоянно: «Если вы поверите в мое композиционное разъяснение, то вам придется поверить и в то, что я сам написал Алино письмо к себе. Я не советую верить... Оно Алино. Впрочем, вы вообще ничего не поймете, так как все выброшено в корректуре» [Шкловский 1966: 227].

Рассказчик Шкловского безымянный, и только автобиографические совпадения проецируют на него имя автора. Его имя могло бы выступать в роли адресата писем, но и эти обращения остаются метафоричными: «милый» или «милый татарчонок» [Шкловский 1966: 192].

Согласно Ж. Деррида, его теории имени, отсутствие имени только акцентирует то свойство знаков, что все они предполагают отсутствие или удаленность того, что́ или кого этот знак обозначает; более того, если бы мы знали имя рассказчика, это «выхолащивало» бы (*vider*), лишало бы его своего содержания. Имя, как и все знаки, замещает, заменяет (*supplement*) ту личность, которой нет — имя создано для того, чтобы его носитель мог отсутствовать, в соответствии с пограничностью понятия Деррида *differance*. Но отсутствие или недостача являются неотъемлемыми чертами любого знака. Там, где нет отсутствия, нет и замены или дополнения; только там, где нет замены, можно представить абсолютное присутствие, без знака и значения [Bennington, Derrida 1991: 100–103].

В книге Шкловского женщина-адресат возвышена до сакральных высот несколькими приемами. Она недостижима и недоступна, она не появляется в физическом облике как персонаж, а присутствует только в виде своих писем — текстов, которые, видимо, были написаны ее страстным поклонником. Аля выступает в обращениях как «Ты», в описаниях как «Она», но, главное, героиня названа множеством имен, и эти пустые имена ее замещают наподобие табуированных имен божества: в посвящении она фигурирует как Эльза Триоле (Elsa Triolet)[14]: «Посвящаю Эльзе Триоле и даю книге *имя* Третья Элоиза» (курсив мой. — Ж. Х.) [Шкловский 1966: 173].

Отсылка к Руссо не касается имени женщины, а дает это имя самой книге, вместо названия выдвигая на первый план авторский акт, волю называния. Основные имена женщины Аля и Алик (четвертое и пятое в ряду полиномии) придают ей андрогинный характер, что опять же заставляет вспомнить мифологических существ. Это усиливает расплывчатую, двойственную сущность объекта религиозноподобного восхищения, поддержанного конкретными языковыми средствами в наррации. Мифологическое измерение расширяется до масштаба целого города и фетишизируется: «Берлин опоясан для меня твоим именем». «Пояс» создает и игру слов: «Скажите Але, что она снова на острове, ее дом опоясан Опоязом» [Шкловский 1966: 198].

---

[14] Урожденная Элла Каган, с 1918 года замужем за французом Андре Триоле, с 1928 года — за Луи Арагоном.

> Тоска, эмигрантская любовь и трамвай № 164 завели меня сюда, я долго ходил по мостикам над путями, которые перекрещиваются здесь, как перекрещиваются нити шали, проводимой через кольцо. <...> Это кольцо — Берлин. Это кольцо для моих мыслей — твое имя [Шкловский 1966: 211, 222].

Божественное качество, нуминозность становится реализованной метафорой: «Автомобили тоже проснулись или еще не легли спать. Аль, Аль, Эль, — кричат они: им хочется выговорить твое имя» [Шкловский 1966: 205]. С именем Аллы созвучны сокращения теонимов: мусульманское Алла и древнееврейский Эль. Эль — частый суффикс или префикс древних библейских имен, выступающий индикатором Бога (Элиэзер, Микаэль, Габриэль и т. п.). Библейские коннотации и ассоциации предлагаются в тексте прямо, и имеют прямое отношение к изменению словоформы имени: «Алик, ты попадешь в мою книгу, как Исаак на костре, сложенном Авраамом. А знаешь ли, Алик, что лишнее "а" в имя Авраама бог дал ему из великой любви? Лишний звук показался хорошим подарком даже для бога» [Шкловский 1966: 189]. Шкловский здесь вынужден адаптировать эту библейскую смену имени к русским словоформам имен: в русском добавление *А* указывает на добавленное *X* в библейском иврите (в котором гласные не пишутся), а этот согласный является элементом имени Бога, тетраграммы[15].

Вознесенный до небес женский персонаж становится все более и более отвлеченным, сублимируется и переходит в сферу отрицательного существования: безличие и безымянность адресата писем соединяются: «У нее как будто нет имени, нет самолюбия, она живет, не замечая себя» [Шкловский 1966: 122][16]; «Женщины, к которой я писал, не было никогда. Может быть, была другая,

---

[15] Сара получила такое же изменение имени — Сарах.

[16] В главе, где это сказано, говорится о любви японца и горничной Маши, которые расстаются и после революции обмениваются редкими письмами, потому что Маша не хотела покинуть родину. «А ты — не Маша» [Шкловский 1966: 225]. Невольно возникает ассоциация с «Машенькой» Набокова.

хороший товарищ и друг мой, с которой я не сумел сговориться. Аля — это реализация метафоры. Я придумал женщину и любовь для книги о непонимании, о чужих людях, о чужой земле» [Шкловский 1966: 255].

В итоге читатель получает книгу, которая составлена из любовных писем, но при этом носит название «Письма не о любви»; письма пишет безымянный мужчина к несуществующей женщине, и даже сами эти письма иногда перечеркнуты. Как только возникает хоть тень жизнеподобия, последнее тут же развеивается: «Я даю в своей книге вторую повышающую разгадку женщины, к которой писал, и вторую разгадку себя самого» [Шкловский 1966: 227]. Определение каждой стадии наррации вливается в постгоголевское сомнение относительно самого текста, напоминающее, в свою очередь, о ежеминутной необходимости определения меняющейся самоидентификации, проверки не только того, чему мы принадлежим, но и существуем ли мы вообще.

Магия имени рассказчика и автора «Zoo…» стремится к тому, чтобы уничтожением имени создать отсутствующего *Другого*. Деррида пишет, что абсолютное отсутствие имени собственного осуществляет абсолютное присутствие неназванного *Другого*, наподобие Бога, ибо дистанция между именем и названным стирается.

У Шкловского *mise en abyme* как повторный образ умножает, но заодно и уменьшает все более удаляющиеся друг от друга персонажи — пишущего автора и далекого адресата его писем, которые нарративно разведены вплоть до гротескной аннигиляции коммуникационных каналов. Это отдаление, стирание очертаний и умаление хиастически противостоят богоподобному возвеличиванию в многоименности адресата. Напряжение данного хиазма основано на удвоенном эффекте создания дистанции. Тревожное напряжение текста усугубляется и монтажной формой, фрагментарностью и структуры, и логики текста. Обнажения приемов и метафикциональность эффектов являются носителями главного смысла этого текста, согласно которому сам созданный и недоступный мираж *Другого* означает спасение авторского *Я*, а процесс письма становится аналогичным актом спасения для одинокого в чужой культуре эмигранта. Тот же путь прошел и Ганин Набокова: создал свое новое Я, черпая силу из своих воспоминаний о любви к отсутствующей женщине, и, освободившись от мечтаний, победно покинул тесный Берлин и уехал на Запад. А Шкловский уезжает на Восток: вскоре возвращается домой — просит разрешения вернуться. «Письмо тридцатое. Заявление в ЦИК СССР. Я не могу жить в Берлине. Всем бытом, всеми навыками я связан с сегодняшней Россией. Революция переродила меня, без нее мне нечем дышать» [Шкловский 1966: 255]. Этим решением, этим поражением завершается роман.

Сложный игровой мир многих произведений часто или направляет интерпретацию на путь интенционализма, стремления угадать «правила игры», то есть мысли автора, или же может доходить до степени полного отрыва от исходных текстов. Имена героев и стратегия именования, антропомастика, в художественной литературе в плане авторского участия являются важной точкой скрещения двух позиций: имя персонажа представляет собой тот элемент, в котором почти нельзя не предполагать интенциональность автора, делающего осознанный выбор. Более того, в стратегии именования, в имени, может проступать неосознаваемая проблема идентичности самого автора, демиурга и крестного отца своих героев. Именно здесь исследователь может уловить тот момент, когда он оказывается выше автора, видит его со стороны, ибо, согласно основному правилу психологии, человеку труднее всего проникать в познание самого себя.

«The viewer and the view»
Зеркальность, движение и мгновение. Набоков и Пастернак[1]

Имя Б. Пастернака нередко упоминается рядом с Набоковым, чаще всего в контексте литературных конфликтов — будь то события и реакции вокруг Нобелевской премии или стихи Набокова «Какое я сделал дурное дело...»; его интервью в сборнике «Strong Opinions» или эпиграмма о Пастернаке; отказ Набокова на просьбу переводить стихи из «Доктора Живаго» — и недостаточной исследованности тематических параллелей между Ларой и Лолитой. Если же речь пошла бы об инвариантах Набокова, то среди них, кроме зеркала, о котором ниже еще пойдет речь, выделяется мотив железных дорог как метафоры пересечений линий судьбы (ср. подобный мотив у Пастернака в «Письмах из Тулы», «Докторе Живаго»), столь важной и для романного творчества Набокова с самого его начала («Машенька» и др.), и для литературы эмиграции в целом.

В этой главе предлагается несколько наблюдений о том, как обогащается понимание отдельных текстов при параллельном чтении, при обнаруживании типологических или синхронных аналогий двух авторов, независимо от того, были ли знакомы им тексты другого.

---

[1] В главе использован текст статьи автора: «...the viewer and the view»: Зеркальность, движение и мгновение. Заметки к параллельному чтению Набокова и Пастернака // Studia Slavica Academiae Scientiarum Hungaricae. 2017. № 62(1). P. 135–142.

Прежде чем приступить к анализу, необходимо указать на те перспективы и направления исследования, которые выходили бы далеко за рамки главы и поэтому здесь даются пунктирно.

Первое направление — тема смерти, получающая особое переосмысление у обоих авторов. При всех различиях открывается общая основа: амбивалентное стремление побороть и принимать, дистанциировать и, интимизируя, приручить ее, утрачивая резкую линию между этим и другим(и) мирами. В их концепциях смерти одинаково центральное место занимает зеркало как инвариант (см. в пастернаковском «Зеркале»: «...и не бьет стекла»; и набоковский «As night unites the viewer and the view»).

Второе — это типологическое сопоставление смешения фиктивных и автобиографических элементов в прозе.

Третье направление, связанное с первым, — это изображение развития детского сознания как инициации или ряда посвящений на пути к открытию и определению языка, с одной стороны, и собственного *Я* — с другой. Эта тема означала бы не только сопоставление «Детства Люверс» и «Память, говори», но и разбор детской личности Лужина («Защита Лужина») и экзистенциальных поисков Цинцинната в «Приглашении на казнь». Слова Л. Флейшмана освещают общую философскую проблематику феноменологии в этих текстах:

> «Детство Люверс» — это повесть о «феноменологическом» прояснении познаваемого — через заблуждение, через туманное познание, — о процессах «приведения к ясности». От по-детски успокоительного значения «Мотовилихи» Женя идет к поискам «смысла» за явлением [Флейшман 1975: 97].

Четвертое направление возможных исследований — это вопрос авторства стихов в прозе, жанровая трансгрессия включения стихов интрадиегетических героев-авторов в романы, соотношение лирического и прозаического, диалог жанров. Стихи Живаго не включены в сам текст (как в «Даре» стихи Федора), а присоединены в конце книги, таким образом, скорее сопоставимы с той формой, которая наблюдается в «Pale Fire» Набокова, где поэмой героя открывается произведение (с той разницей, что фигура автора строк вырисовывается только косвенно, через эту поэму и через слова недостоверного нарратора Комментариев). Отличаются ли эти стихи от собственных стихов автора, меняется ли голос или другое качество лирики в зависимости от «двойного» авторства (героя и писателя)? Набоков, например, впоследствии включил стихи Федора в свой том стихов, без указания на роман и их фиктивного «автора» Годунова-Чердынцева — в то время как «стихотворения Юрия Живаго» в томах Пастернака выступают отдельным циклом. Означает ли это, что лирическое Я Федора совпадает с авторским, или, наоборот, указывает ли на то, что лирическое Я никогда не совпадает с авторским?

С точки зрения читательского подхода, естественно, различие огромное. Чтение прозы и чтение лирики требует разных читательских стратегий. Стихи Живаго, стоящие после текста романа, означают всего одну смену этой читательской стратегии, а отдельно стоящая поэма в «Pale Fire» Набокова требует две смены, ибо поэма Шейда вклинена между весьма обманчивыми Предисловием и Комментариями Кинбота. В первой же главе «Дара» Набокова то обстоятельство, что анализы стихов, рецензии на них и сами стихи Федора представлены в потоке чередующихся жанров, смывает жанровые границы, не только потому, что заставляет читателя часто менять коды и стратегию чтения — и при этом амплитуда изнашивается, уменьшается, — но и потому, что стихотворные строки не выделяются графически.

Комплекс понятий, которые создают впечатление параллельности, можно обозначать понятиями зеркальность, движение и мгновение, присоединяя ключевые слова: будущее и футуризм.

Как и в главе «Взор и узоры прозы...» (основанной на моих статьях 2010–2015-х годов), я попытаюсь более развернуто изложить мысль, что Набоков двадцатых годов мне не представляется в таком сильном контрасте с комплексным явлением авангарда, как это принято считать. Его, несомненно, сближали с авангардом основные эстетические принципы: признание самоценности искусства, отказ от психологизма и мимесиса в изображении; первичность формальной стороны текста; поэтизация прозы и прозаизация поэзии; объединение словесного и визуально-иконичного; внимание к графическому выделению текста при фонетической значимости; (ре)семантизация языковых элементов (сдвиги и смешение плоскостей языка); широкое применение обнажения приема и авторефлексивность письма по пути к металитературности; схематизация и деперсонализация персонажей (двуплоскостность, картонность фигур) и персонификация предметного мира (реализованные тропы, дезавтоматизация языка); сильная акцентированность личности Эго.

Рассказ Набокова «Путеводитель по Берлину» является, по всей вероятности, первым значительным рассказом писателя и, как отмечали многие исследователи, программным. В нем, например, на основе трех-четырех добавлений в довольно позднем английском переводе через 51 год («The New Yorker», 1 марта 1976)[2] улавливались ссылки и на В. Шкловского, и на формализм [Emery 2002: 303; Ронен 1999]. О. Ронен, с одной стороны, предполагает довольно узкую (к тому же идеологическую) ссылку всего лишь на одного Шкловского, хотя вопрос охватывает намного более широкую проблематику отношений с авангардом и формализмом. О приемах и об их обнажении, о близости прозы Сирина с формализмом первым написал В. Ходасевич в своем точном анализе его прозы уже в начале творчества своего младшего друга [Ходасевич 1937]. С другой стороны, Ронен показывает таким же прямым влияние символисткой лирики на берлинские рассказы Сирина-Набокова, хотя программный рассказ «Путеводитель по Берлину» и вся берлинская проза Сирина-Набокова, как я полагаю, отталкивается именно от символистских традиций и старается найти свой путь где-то между влияниями и отрицаниями. Здесь, в этой двойственности, одновременном поиске собственного голоса и независимости от явлений и направлений того времени, и одновременно

---

[2] На эти изменения сам автор указывает в примечаниях к сборнику рассказов, называя этот рассказ одним из самых замысловатых [Nabokov 1997: 670].

принадлежности к традициям, мне впервые представлялось нечто родственное с положением и взглядами раннего Пастернака, который, судя по анализам специалистов, тоже был уже уверен в своем голосе, но сомневался порою и ошибался в выборе между альтернативами групп, издательств и арт-товарищей. «Менявшиеся взаимоотношения Пастернака с символизмом и с футуризмом и определяют особенности позиции автора "Черного бокала"» [Флейшман 1995: 56]. Нечто похожее характерно для раннего Набокова 1920-х годов.

Именно процитированная статья Л. Флейшмана о «Черном бокале» обратила мое внимание на некоторые параллели в самих этих двух программных текстах — в «Черном бокале» и в «Путеводителе по Берлину». Первый текст — статья, написанная в высоко поэтизированной форме, второй — рассказ ars poetica, подчеркнуто лишенный сюжета и полный жанроразрушающих элементов, который и в названии указывает на это нарушение, на отклонение от канона жанра путеводителя. Путеводитель здесь понимается как реализованная метафора поиска путей поэтики, собственного голоса. В то время как Пастернак первые абзацы своей статьи посвящает учителям-символистам, с которыми он сводит счеты, Набоков передает свою полемику с символистами тем, что сосредотачивается на повседневной и материальной (низкой по иерархии искусства символизма) стороне «скучного» города, выстраивая из случайных реалий, не имеющих отношений к *realiora*. Элементы выбраны им так, чтобы они свидетельствовали не о городе, а о собственном взгляде эмигранта-нарратора, направленном на них, — и в этом взгляде подразумевается и взор, и миропонимание.

Косвенно утверждается то же «априорное условие <...> субъективного» и «оригинальности», возврат к которому провозглашается в «Черном бокале» [Флейшман 1995: 56]. Ибо нечто подобное наблюдается и в языке Пастернака — ежедневные действия, укладывание багажа и, главное, слова от корня, обозначающего движение и транспорт, метафоризуются для описания художественных позиций и процессов. В обоих текстах огромное значение играет дискрепанция фильмоподобного быстрого движения и остановленного мгновения. У Набокова движение рассказчика, трамвая, а в главке «Труды» самые разнообразные быстрые движения — водителя трамвая, носящего полутуловище коровы мясника, перевозчиков стекол и елок, кучера, почтальона и пекаря — создают фон для размышлений наблюдателя-рассказчика, направленных неизменно на будущее[3]. Набоковский эмигрантский «футуризм» сосредоточен на перенесении настоящего в будущее в качестве прошлого и видении при этом в предметах будущих музейных экспонатов[4].

> ...какой-нибудь берлинский чудак-писатель в двадцатых годах двадцать первого века, пожелав изобразить наше время, отыщет в музее былой техники столетний трамвайный вагон, желтый, аляповатый, с сидениями, выгнутыми по-старинному, и в музее былых одежд отыщет черный, с блестящими пуговицами, кондукторский мундир, — и, придя домой, составит описание былых берлинских улиц. Тогда все будет ценно и полновесно, — всякая мелочь: и кошель кондуктора, и реклама над окошком, и особая трамвайная тряска, которую наши правнуки, быть может, вообразят; все будет облагорожено и оправдано стариной [НРП, 1: 178].

Это сопровождается обращением к тезису романтизма о поэте-зеркале, заимствованному у Перси Биши Шелли, который тоже сравнивает и связывает творчество с движением:

> Мне думается, что в этом смысл писательского творчества: изображать обыкновенные вещи так, как они отразятся в ласковых зеркалах будущих времен, находить в них ту благоуханную нежность, которую почуют только наши потомки в те далекие дни, когда всякая мелочь нашего обихода станет сама по себе прекрасной и праздничной, —

---

[3] Ср. пастернаковские метафоры «носильщик нацепляет себе бляху будущего, путешественнику выясняется его собственный маршрут» [Пастернак 1916: 40]. Урбанистическая тема — одна из основных характерных черт в поэзии футуризма. В этих двух текстах метафоры берутся из городского пейзажа.

[4] «Poets are <...> the mirrors of the gigantic shadows which futurity casts upon the present <...> the influence which is moved not, but moves» (P. B. Shelley «A Defence of Poetry»).

в те дни, когда человек, надевший самый простенький сегодняшний пиджачок, будет уже наряжен для изысканного маскарада [НРП, 1: 178].

Не слышится ли в этой мысли эхо пастернаковских строк? «Преобразование временного в вечное при посредстве лимитационного мгновения — вот истинный смысл футуристических аббревиатур» [Пастернак 1916: 42]. Будет ли слишком далекой ассоциацией представлять ящик «со знаком черного бокала, и с надписью: "Осторожно. Верх"» [Пастернак 1916: 44] тем же ящиком, который как раз несут в этот музей? Вспомним неожиданное и повторное появление на вокзале среди ночи ящика, увиденного Мартыном в «Подвиге» Набокова. Мартын неожиданно сходит с проезда, чтобы остановить стремительный ход событий и на какое-то время сойти как раз с линии времени (спрятаться в природу на лето в Провансе): «...с глухим стуком человек катил мимо железную тачку, а на ней был ящик с таинственной надписью "Fragile"» [НРП, 3: 112][5]. Позднее

> Мартын, глубоко дыша, пошел по платформе, и носильщик, везущий на тачке ящик с надписью «Fragile», весело сказал, с особой южной металлической интонацией: «Вы проснулись вовремя». «Скажите, — полюбопытствовал Мартын, — что в этом ящике?» Тот взглянул на ящик, словно впервые его заметил. «Музей естественных наук», — прочел он адрес [НРП, 3: 213][6].

Вовремя сойти с поезда — это метафора изменения направления судьбы-жизни, представленной в пересечениях и линиях железных дорог у обоих писателей. Этот выход может подразумевать и отдаление от групп, и выход из-под влияний, разрыв с автоматизмами. В процитированном абзаце «Черного бокала» о временном и вечном ключевым понятием является та «поспеш-

---

[5] У Пастернака особое значение играют французские цитаты (см. [Флейшман 1995]).

[6] Ящик выступает в романе в семантическом кругу мотива укладывания вещей, переезда и поездки.

ность», с которой выполняется работа в рассказе Набокова и с которой Мартын выходит из поезда. Потом у Пастернака читаем: «Где обезьяна от искусства в limit = 0 видит формулу кинематического мгновения, посетитель зверинца прозревает прямо противоположный предел» [Пастернак 1916: 44].

Здесь встречается характерное для литературы берлинской эмиграции место, играющее центральную роль и в «Путеводителе по Берлину», — зоопарк, зверинец[7]. У Пастернака обезьяна — метафора «недоразвитой», отсталой стадии искусства, его миметической формы. Сочиненная Набоковым в послесловии к американскому изданию «Лолиты» мистификация может означать нечто подобное. «...начальный озноб вдохновения был каким-то образом связан с газетной статейкой об обезьяне в парижском зоопарке, которая, после многих недель улещиванья со стороны какого-то ученого, набросала углем первый рисунок, когда-либо исполненный животным: набросок изображал решетку клетки, в которой бедный зверь был заключен» [НАП, 2: 377].

Заключение посвящено одной весьма возможной текстуальной перекличке между двумя поэтами-прозаиками. В стихотворной части «Pale Fire» Набокова, написанной в 1962 году[8], в образе зеркального отражения с большой вероятностью можно говорить об особом виде интертекстуальности, о диалоге двух авторов и их текстов.

Как известно, доминантным образом и концептом произведения Набокова, начиная с названия, является зеркальное отражение, в его самом разнообразном и широком понимании: отражения этого мира в другом (угрожающем смертью) мире, человека в человеке и текста в тексте, а также отражений всех их самих в себе, друг друга и друг в друге под особым авторегистрирующим углом зрения творчества. Достойным отражением можно считать появление среди них аллюзии на раннее стихотворение Пастернака

---

[7] См. также «Zoo...» Шкловского, где в начале он цитирует «Зверинец» В. Хлебникова. См. также берлинскую мистификацию, Обезьянью Великую и Вольную Палату А. Ремизова.

[8] Стихотворение Набокова ввиду отсутствия автоперевода приведено в оригинале.

«Зеркало» (1917), ставшее широко известным и доступным как раз перед появлением романа Набокова в 1962 году.

Pale Fire

I was the shadow of the waxwing slain
By the false azure in the windowpane;
I was the smudge of ashen fluff — and I
Lived on, flew on, in the reflected sky.
And from the inside, too, I'd duplicate
Myself, my lamp, an apple on a plate:
Uncurtaining the night, I'd let dark glass
Hang all the furniture above the grass,
And how delightful when a fall of snow
Covered my glimpse of lawn and
                                  reached up so
As to make chair and bed exactly stand
Upon that snow, out in that crystal land!
Retake the falling snow: each drifting flake
Shapeless and slow, unsteady and opaque,
A dull dark white against the day's pale
                                          white
And abstract larches in the neutral light.
And then the gradual and dual blue
As night unites the viewer and the view,
And in the morning, diamonds of frost
Express amazement:
Whose spurred feet have crossed
From left to right the blank page
                                      of the road?
Reading from left to right in winter's code:
A dot, an arrow pointing back; repeat:
Dot, arrow pointing back...

[Nabokov 2011: 27].

Зеркало

В трюмо испаряется чашка какао,
Качается тюль, и — прямой,
Дорожкою в сад, в буреломе и хаос
К качелям бежит трюмо.

Там сосны враскачку воздух саднят
Смолой; там по маете
Очки по траве растерял палисадник,
Там книгу читает тень.

И к заднему плану, во мрак, за калитку,
В степь, в запах сонных лекарств
Струится дорожкой, в сучках и в улитках,
Мерцающий жаркий кварц.

Огромный сад тормошится в зале
В трюмо — и не бьет стекла!
Казалось бы, все коллодий залил,
С комода до шума в стволах.

Зеркальная все б, казалось, нахлынь
Непотным льдом облила,
Чтоб сук не горчил и сирень не пахла, —
Гипноза залить не могла.

Несметный мир семенит в месмеризме,
И только ветру связать,
Что ломится в жизнь и ломается в призме,
И радо играть в слезах.

Души не взорвать, как селитрой залежь,
Не вырыть, как заступом клад.
Огромный сад тормошится в зале
В трюмо — и не бьет стекла.
И вот, в гипнотической этой отчизне
Ничем мне очей не задуть.
Так после дождя проползают слизни
Глазами статуй в саду.

> Шуршит вода по ушам, и, чирикнув,
> На цыпочках скачет чиж
> Ты можешь им выпачкать губы черникой,
> Их шалостью не опоишь.
>
> Огромный сад тормошится в зале,
> Подносит к трюмо кулак,
> Бежит на качели, ловит, салит,
> Трясет — и не бьет стекла!

[Пастернак 1985: 77–78].

Совпадения, если и не точные, цитатные (и частично скрытые ввиду разноязычности), охватывают разные уровни текста. Обманчивость зеркального стекла между иносказательно представленными двумя мирами-пространствами внутри и снаружи, «тут» и «там» перемешивает и меняет местами предметы. Среди них в обоих инсценировках предметы — еда, мебель, книга — изнутри (см. «indoor scene») выходят в сад, а наружные явления и предметы (птицы, снег или дождь, разные растения и деревья) вселяются в комнату, и их разделяет граница занавески на окне, как порог иного мира. При этом пастернаковские «гипноз», «месмеризм», «призма» и «очи» — столь набоковские метафоры творчества — соответствуют в этих строках «Pale Fire» *кристаллу*, *диаманту* и *глазу*, что соединяет субъект и объект видения, «the viewer and the view». Вес этому интертекстуальному совпадению придает тот факт, что лирический субъект поэмы Набокова и объект записей Кинбота, поэт Шейд, ввиду широчайшей интертекстуальной канвы всего романа (не только поэмы, но и Комментариев) является интертекстуальным отражением поэтического наследия мировой литературы. И если пастернаковский *alter ego* не только входит в круг избранных референций, но стоит среди них самым первым в начальных строках поэмы набоковского Шейда, то эта аллюзия на Пастернака в тексте Набокова может быть связана с датой смерти Пастернака — всего за два года до появления «Pale Fire». В понимании текста этого многослойного и многожанрового романа сложная связь поэтических, эстетических и биографических перекличек между двумя писателями может открыть новую перспективу для сопоставительных исследований.

«Фарфоровая свинья» и «целлулоидные ящерицы»

*Предметный мир
и экзистенциальная эмиграция.
В. Набоков и Хармс*[1]

> Моя жизнь — сплошное прощание с предметами и людьми, часто не обращающими никакого внимания на мой горький, безумный, мгновенный привет[2].
>
> *Владимир Набоков.
> «Памяти Л. И. Шигаева», Берлин, 1934*

> Вместо меры наши мысли
> заключённые в предмет.
> Все предметы оживают
> Бытиё собой украшают.
>
> *Даниил Хармс.
> «Измерение вещей», Ленинград, 1929*

Близкий фокус, пристальное внимание к предметам и деталям является главной стилеобразующей особенностью поэтики Набокова с ранних лет творчества. На уроках живописи с Добужинским он научился «находить соотношения между тонкими

---

[1] В главе использованы материалы статей автора: Porcelán malac és celluloid gyík. Vladimir Nabokov tárgyleírásai // Jelenkor. 2019. № LXII(11). P. 1254–1263; Vladimir Nabokov tárgyleírásai és az egzisztenciális emigráció // Leírás: Elmélet, irodalom, kép / Ed. P. Hajdu, Z. Varga, C. Gy. Kálmán, D. J. Mekis. Budapest: Reciti Kiadó, 2019. P. 257–270. О Хармсе см. также [Хетени 2016b].

[2] Ср. интертекстуальную игру: «Сплошное прощание с людьми и предметами, как говорят в Париже» [Пелевин 2009].

ветвями голого дерева, извлекая из этих соотношений важный, драгоценный узор», что оказалось полезным позже, «когда приходилось детально рисовать, окунувшись в микроскоп, какую-нибудь еще никем не виданную структуру в органах бабочки», и внушил «кое-какие правила равновесия и взаимной гармонии», пригодившиеся «и в литературном [моем] сочинительстве» («Другие берега») [НРП, 5: 199].

Особое близкое отношение Набокова к предметам определялось и физиологическими причинами: его синестетическими способностями, которые (что любопытно) только в неродном английском языке ассоциируются с более конкретными предметами — weathered wood, polished ebony, vulcanized rubber, a sooty rag being ripped, ivory-backed hand mirror, drab shoelace, fold of pink flannel [Nabokov 1989a: 17–18]; а в более позднем русском (и переводном) тексте приведены исключительно хрместетические ассоциации (краски) или связанная с вкусовым чувством еда. В тексте «Других берегов» к тому же несравненно длиннее передается сенсуальное впечатление [НРП, 5: 157], охватывающее все пять чувств, чем в английском тексте [Nabokov 1989a: 17], и это позволяет определить доминирование русского, родного языка (см. более подробно в главах «Взор и узоры прозы...», «Симметризация, сенсибилизация...» и «Hybridization of tongues...»).

Фокус может не только сузиться и приблизить детали, но и расшириться и устремиться вдаль, что, соответственно, овеществляется в самом тексте в тех оптических приборах, микроскопах, очках, кристаллах, биноклях, который меняют фокус, или в камере-обскуре и в зеркалах, которые искажают предметы, дуплицируя, вновь создавая их варианты, или меняя их облик, или просто перерисовывая их пропорции. Близкий взгляд создает состояние медитации, далекий же — осмысление бесконечности, иными словами, оба направления оптической перемены трансцендентны, и они подготавливают отдаление от повседневных измерений через уход в микрокосм или макрокосм, проникновение в которые создает чувство «космической синхронизации» и вездесущности (*вездезрения*?) творчества.

> There is, it would seem, in the dimensional scale of the world a kind of delicate meeting place between imagination and knowledge, a point, arrived at by diminishing large things and enlarging small ones, that is intrinsically artistic [Nabokov 1989a: 125];
>
> Мне думается, что в гамме мировых мер есть такая точка, где переходят одно в другое воображение и знание, точка, которая достигается уменьшением крупных вещей и увеличением малых: точка искусства [НРП, 5: 256].

Кроме изменения ракурса внимания, в замедлении для углубления в созерцание, или параллельно и одновременно с ними, у Набокова вещи и предметы часто располагают к воспоминанию в качестве медиатора, открывая измерение прошлого как виртуальной реальности.

> Среди безделушек, накупленных перед отъездом из Биаррица, я любил больше всего <...> довольно символичный, как теперь выясняется, предметик, — вырезанную пенковую ручку, с хрусталиком. <...> Если один глаз зажмурить, а другой приложить к хрусталику <...> то можно было увидеть в это волшебное отверстие цветную фотографию залива и скалы, увенчанной маяком. И вот тут-то, при этом сладчайшем содрогании Мнемозины, случается чудо... [НРП, 5: 243].

В воспоминании о доэмигрантском эпизоде уже закодированы элементы хронотопической невозвратимости и дистанции (отдаленное идиллическое время детства, идиллия первой любви с Колетт, отдых на отдаленном атлантическом курорте), вследствие чего сцены и детали по своей природе обволакиваются ностальгической аурой.

Позже, в ранний период эмиграции 1920-х годов, таким же далеким местом становится потерянная Россия детства, с ее ушедшими предметами; но не личная, а общая потеря, ибо сам Набоков не оплакивал открыто то баснословное богатство, которое было оставлено семьей, о личных потерях писал всегда иронически и говорил только о конце России, и хотя с пафосом и горечью, но не в духе однотипных жалоб эмигрантов. Литературную форму этого саркастического подхода легко увидеть в начале «Подвига», в описании разрушения имения Эдельвейсов. Эссе на годовщину событий 1917 года заканчивается мыслями, которые объясняют, каким образом Набоков превратил психологическую реакцию на потери в чувство свободы и в положительный порыв к продолжению жизни:

> В эти дни, когда празднуется серый, эсэсерый юбилей, мы празднуем десять лет презрения, верности и свободы. Не станем же пенять на изгнание. Повторим в эти дни слова того древнего воина, о котором пишет Плутарх: «Ночью, в пустынных полях, далече от Рима, я раскинул шатер, и мой шатер был мне Римом» [Сирин-Набоков 1927: 2].

Со временем, особенно уже в период рождения мемуаров, этот взгляд меняется. В романе «Защита Лужина» в описании берлинской квартиры родителей будущей жены появляется каталог стереотипных вещей, граничащих с китчем, призванных показать эти предметы и всю квартиру симулякрами русского дома. Ирония над эмигрантской ностальгией, однако, слабеет в личных воспоминаниях. Фарфоровая свинья, выигрыш на ярмарке[3], для Набокова был образцом предмета, которому придают ценность личные мысли, и потеря описана в эссе «Человек и вещи» (1928), о котором еще пойдет речь ниже.

В шуточной авторецензии на мемуары «Conclusive evidence» (1951) Набоков пишет о том, что книга *Мистера Набокова* цели-

---

[3] Подарок судьбы — выигрыш на томболе и фарфоровый предмет вошли через два года в роман «Защита Лужина»: «Люстра отвечала ему странно знакомым дрожанием; <...> На многочисленных столиках, полочках, поставцах были всякие нарядные вещицы, <...> Для Лужина все это слилось в умилительный красочный блеск, из которого на мгновение выскакивал отдельный предмет, — *фарфоровый* лось или темноокая икона<...> Больше десяти лет он не был в русском доме и, попав теперь в дом, где, как на выставке, бойко подавалась цветистая Россия, он ощутил детскую радость, желание захлопать в ладоши, — никогда в жизни ему не было так легко и уютно. "От Пасхи осталось", — убежденно сказал он, указав пятым пальцем на большое деревянное яйцо в золотых разводах (томбольный *выигрыш* на благотворительном балу)» [НРП, 2: 376].

ком пронизана чувством глубокой потери. Хотя в первом романе, в «Машеньке», воспоминания Ганина о России играют центральную роль, но меньшая роль дана этой теме в рассказах, которые можно считать мастерской или лабораторией прозы ввиду их совершенно не скрытой металитературной тематики, и в этом аспекте предвосхищают самого зрелого Набокова. «Письмо в Россию» (1925, в английском автопереводе название еще более абстрактно, «A Letter That Never Reached Russia») посвящается как раз жесту отмежевания от прошлого во имя настоящего времени, и это отворачивание реализуется в пристальном внимании к реалиям, к деталям предметного мира.

> Странно: я сам решил, в предыдущем письме к тебе, не вспоминать, не говорить о прошлом, особенно о мелочах прошлого; ведь нам, писателям, должна быть свойственна возвышенная стыдливость слова <...> Не о прошлом, друг мой, я хочу тебе рассказывать. Сейчас — ночь. Ночью особенно чувствуешь неподвижность предметов, — лампы, мебели, портретов на столе. Изредка за стеной в водопроводе всхлипывает, переливается вода, подступая как бы к горлу дома [НРП, 1: 159–160].

В последних абзацах рассказа тезис счастья выводится опять же субъективной творческой ассоциацией о маленькой детали внешнего мира, о серповидных следах каблука старушки, которая повесилась на могиле мужа на кресте, и увиденной в этом полукруге очертания улыбки: «я вдруг понял, что есть детская улыбка в смерти» [НРП, 1: 162].

Даже при беглом чтении берлинского рассказа «Путеводитель по Берлину» того же 1925 года легко убедиться в том, что предметный мир чужого города богато обрабатывается авторской фантазией в процессе, который можно называть присваиванием, атрибуцией смысла. Такой процесс мышления проявляется не простым, а разоблаченным (металитературным) приемом, ибо незначительные, отстраненные детали городского пейзажа выбраны именно потому, что у них нет автоматической семантической ауры. Таким образом сам взгляд рассказчика, который выбирает детали и «одевает» их в метафоры, олицетворения или же в фиктивные истории, этот взгляд становится темой текста. Этот взгляд, вникая в предметы, присваивает им такую субъективную перспективу, которая из свойств этого предмета вовсе не следует ни по какой логике. Этот прием разоблачается в середине текста:

> Мне думается, что в этом смысл писательского творчества: изображать обыкновенные вещи так, как они отразятся в ласковых зеркалах будущих времен, находить в них ту благоуханную нежность, которую почуют только наши потомки в те далекие дни, когда всякая мелочь нашего обихода станет сама по себе прекрасной и праздничной... [НРП, 1: 178].

Однако подобными прямыми высказываниями Набокова ограничиваться нельзя. Нарративная канва этюда разоблачает в рассказчике того эмигранта, который, отклоняясь от стереотипных туристических штампов Берлина и составляя свой предметный мир из важных ему самому вещей, наделяет их собственными мыслями и ассоциациями, обставляет ими, как мебелью, свой виртуальный дом и создает (воссоздает) в этом процессе свой новый мир против чужого — чтобы приобрести домашнее, заменяющее давно знакомое и родное имущество как элемент того самоопределения (принадлежности, идентичности), которого лишен всякий эмигрант, и особенно был лишен беспаспортный россиянин в Берлине 1920-х годов [Hetényi 2011; 2015: 69–119].

Перцепция момента, настоящего времени отражается в текстах Набокова и в преобладании имен существительных, обозначающих, естественно, элементы предметного мира, но почти всегда «анимированных», одушевленных. В этих образах и живых картинах можно, конечно, прослеживать психологические механизмы классического олицетворения (см. ниже), но в случае Набокова этот традиционный по форме прием сопровождается противоположным аспектом, оборачивается в обратный метаморфоз персонажей в бездушные марионетки, куклы и автоматы, характерный для мировосприятия автора, без него набоковский текст не обходится. В текстах, таким образом, происходит хиастическое движение, одушевленный и неодушевленный мир меняются местами. Эта смена не просто формальный или стилистический прием, а выражение особого восприятия внешнего мира, «реальности» (это слово Набоков не может представить без кавычек)[4]. В романе «Король, дама, валет» Набоков доводит эту смену местами до того, что предметы действуют вместо своих куклообразно-типических хозяев: «его макинтош и ее кротовое пальто часами обнимались в тесном сумраке нагруженных вешалок, под охраной позевывающих гардеробщиц» [НРП, 2: 229].

Олицетворения при анализе часто просто регистрируются в текстах, без рассматривания психологических факторов создания образов, в которых предмету или вещи присваиваются черты, характерные для живых существ, присваивается сама по себе трудно определяемая душа (одушевление) и лицо (олицетворение). По мысли И. Канта, вещь — «вещь в себе» (Ding an sich) путем опыта не познается и не постигается человеком без тех качеств, которые субъектом придаются ему[5]. Олицетворение — акт фантазии, глубоко присущий человеку с детства, когда внимание более сосредоточено уже ввиду более узкого круга апперцепции окружения и одиночества наблюдателя в позиции инициации в этот мир. Фантазия придает знакомые черты незнакомым явлениям и предметам, чтобы они входили в круг осязаемости субъекта. Присвоение предметам человеческих черт, антропоморфизм — это комплексный интеллектуальный и эмоциональный процесс. Этот процесс творческий по своей сути, потому что

---

[4] Эта смена двух миров отмечается Набоковым и в анализе прозы Гоголя, в «Мертвых душах». «Анимированный» предметный мир возможен у разных писателей с разной перцепцией предметного мира и с другой функцией в тексте. Достаточно указать на мир современника Набокова, Ю. Олеши в «Зависти» (1927), или же на символистскую прозу, например на «Петербург» А. Белого с оживленными черными усиками, также на А. Ремизова, согласно которому, если долго рассматриваем предмет, то он приходит в жизнь, излучая «испредметное» [Ремизов 2000: 49].

[5] Ср.: «...представляемый объект с качествами, приписываемыми ему в чувственном наглядном представлении, нигде не встречается, да и не может быть нигде найден, так как именно наши субъективные свойства определяют форму его как явления» [Кант 1964: 62].

созданный «анимированный» предмет становится креацией своего создателя (создатель → создание), благодаря чему личность и идентичность самого одушевляющего лица утверждается (создание → создатель). К творческому отношению прибавляется отношение хозяина к его собственности: владение этим новосозданным предметом, который подчинен, об уникальности которого знает лишь один его творец; и поскольку это уже предмет «с душой», он обретает в «лице» этого предмета слугу или товарища, созданного им по своему вкусу и потребности. В психологии маркетинга известно явление, когда владелец оценивает стоимость своего имущества выше рыночной цены, ибо для него ценностью представляются и дополнительные личные отпечатки из общего их прошлого, присвоенные качества и черты, наложенные памятью, которые не видны и неизвестны постороннему [Kahneman et al 1990: 1325–1348]. Если в экономике существует понятие «налога на добавленную стоимость», то эту дополнительную ценность, наложенную владельцем и добавленную автором к комплексу образов и ассоциаций, можно называть наложенной и добавленной личностной ценностью, или присвоенным личностью качеством (*personally attributed quality*, PAQ)[6]. Вокруг «одушевителя» таким образом создается прирученный, интимный мир — вот поэтому одушевление можно считать явлением эмигрантской литературы. Естественно, из сказанного не следует, что олицетворение являлось бы спецификой эмигрантской литературы, ведь создание интимного и уникального поэтического мира чуть ли не универсально для искусства, однако если преобладание таких процессов становится доминантой поэтического языка автора, то по праву можно задать вопрос о функции такого преобладания и его связи с экзистенциальной ситуацией изгнания.

---

[6] Т. С. Элиот в эссе «The Use of Poetry and the Use of Criticism» (1933) в явлении интертекстуальности указывает на личностно насыщенную ценность (*personal saturation value*), то есть дополнительную коннотацию, которая появляется при распознавании источника и имени автора (например, имя Шекспира накладывает отпечаток высокой литературы и подключает все комплексное знание о Шекспире при чтении шекспировской аллюзии или цитаты) [Eliot 1986].

Авторов, склонных к одушевлению предметного мира, даже если они самые разные, выделить совсем нетрудно. Назовем некоторых: Белый, Пастернак, Олеша и Хармс; любопытно, что все они писали эссе, теоретические тексты или дневниковые записи о сущности предметов и о своем отношении к предметному миру. Опыт литературных текстов позволяет обнаружить и то, что понятие эмигранта нужно рассматривать в более широком смысле, в качестве метафоры некоторого комплексного художественного состояния. Эту мысль нетрудно подтвердить, если сопоставить эссе Набокова с трактатами Даниила Хармса или же их оптические приемы использования вещей с обращением с предметами в прозе Олеши (об этом см. ниже).

Упомянутое эссе, первоначально доклад Набокова, «Человек и вещи» чутко и четко описывает отношение субъекта-творца и созданного воображением одушевленного и подчиненного предмета-объекта. Это отношение уподобляется связи Творца и созданного им Человека. Создается строгая иерархия мира: «не только нет предмета без человека, нет предмета без определенного отношенья к нему со стороны человека <...> Нет одной вещи, <...> а четыре, пять, шесть, миллион вещей в зависимости от того, сколько людей смотрят на нее» [Набоков 1999b: 20]. Свой и чужой предмет таким образом даже в том случае непохожи, если они внешне одинаковы. «В чужом доме, на письменном столе я увидел в точь-точь такую же пепельницу, как на столе у меня, — и все-таки, эта — моя; та — чужая» [Набоков 1999b: 20].

За этими мыслями чувствуется логика эстетического творчества Набокова, в котором автор становится Богом и повелителем своего мира, своих «галерных рабов», «марионеток» (как впоследствии назовет их автор). «Анимированные» предметы (ставшие более ценными вследствие их уникальности) возвышают «аниматора», придавая его идентичности опору и уверенность.

Набоков в своем эссе обращает внимание на те слова повседневного языка, которые метонимически одушевляют предметы, уподобляя их частям тела: «Словами, которые мы употребляем для именованья различных частей нашего тела, окрестили мы части вещей, орудий, машин, уменьшая эти существительные, как будто говорим о наших детях. "Зубчики, глазок, ушко, волосок, носик, ножка, спинка, ручка, головка"» [Набоков 1999b: 21]. Эти слова физически приближают предметы к телу, при антропоморфизации предметный мир проглатывается. Эта символизация вещи, по словам Ж. Бодрийяра, выражает привилегизацию, индивидуализацию и субъективность [Baudrillard 1991].

В жанре эссе нет иного рассказчика, чем сам автор, поэтому текст помимо эстетических принципов в некотором роде разоблачает эмигрантские комплексы самого Набокова. Эмигрантское состояние и эстетический прием «анимации» в его прозе перекликаются: «анимация» предметов представляется не только поиском своего элемента и жажды дома в отчужденных краях, но и поэтическим приемом, который поднимает этот поиск до универсальных принципов мироощущения.

Противоположный жест в переоценивании мира, механизация и деперсонализация персонажей, только подтверждает эту двойную структуру. Человек — автомат, пишет Набоков, многие его реакции легко рассчитать, потому что они одинаковы у всех: пощекочешь кого, тот смеется. В глазах эмигранта его одиночество, отчужденность, отверженность, осознание им своей маргинальности, его обостренный, разоблачающий взгляд превращают жителей чужой страны в куклы, автоматы. Естественно, раз дома среди них искать нет надежды, они не могут обладать ни социальными, ни душевными качествами, их место занято «анимированным» обществом послушных предметов. Эти эмигрантские симптомы в эстетическом плане становятся приемом схематизации социальных соотношений (которые лишают человека дома в прямом и в переносном смысле) и в творческом процессе доводят до разрушения психологической прозы. У Набокова даже чувства направлены не на социум, а — опять-таки — на предметы: «Я думаю, что, углубляя эти аналогии и входя, сознаюсь, в некоторый антропоморфический азарт, можно вещам придавать наши чувства» [Набоков 1999b: 21]. В центре микромира (воображаемого космоса) вырисовывается творческая личность, ущербленный и закрытый, воображающий себя источником солиптического мира.

> Случалось ли тебе, читатель, испытывать тонкую грусть расставания с нелюбимой обителью? Не разрывается сердце, как при прощании с предметами, милыми нам. Увлажненный взор не блуждает округ, удерживая слезу, точно желал бы в ней унести дрожащий отсвет покидаемого места; но в лучшем уголке души мы чувствуем жалость к вещам, которых собой не оживили, едва замечали, и вот покидаем навеки. Этот мертвый уже инвентарь не воскреснет потом в памяти: не пойдет вслед за нами постель, неся самое себя; отражение в зеркальном шкафу не восстанет из своего гроба; один только вид в окне ненадолго пребудет, как вделанная в крест выцветшая фотография аккуратно подстриженного, немигающего господина в крахмальном воротничке. Я бы тебе сказал — прощай, но ты бы даже не услышала моего прощания. Все-таки — прощай. Ровно два года я прожил здесь, обо многом здесь думал, тень моего каравана шла по этим обоям, лилии росли на ковре из папиросного пепла, — но теперь путешествие кончилось [НРП, 4: 326–327].

В социуме идентичность формируется в динамичной коммуникации с другими людьми, во взаимном, двунаправленном движении, но в случае предметного мира этот опыт односторонен и статичен — предметы не отвечают на прощальные слова. Особенно важна эта разница в жанре воспоминания — память о людях не может совпадать с людьми в актуальное время, потому что они меняются независимо от вспоминающего: предметы же в его собственности и под его контролем, созданные и присвоенные владельцем качества в основном не меняются, разве что время оставляет на нем следы[7]. Предмет — носитель памяти тех мыслей и контактов, которые вспоминающий присваивает ему (см. выше о PAQ). В этом смысле творческая мысль определяет идентичность вспоминающего и того, кто атрибутирует смысл предметов.

---

[7] Отпечаток владельца и предмета как элемента идентичности в творчестве Набокова играют роковую роль — в «Отчаянии» убийцу разоблачает имя жертвы, выжженное на его палке, забытой на месте преступления. См. главу «Прах и промах...».

Роман «Transparent Things» (1972) в названии и в первом предложении противопоставляет вещи и человека-лицо (Person — персону, то есть Hugh Person). В этом позднем произведении прозрачность вещи понимается вовсе не так, как в случае живых существ в более раннем «Приглашении на казнь». Униформизированное общество зиждется на безличностных, прозрачных людях-автоматах, а прозрачные вещи покорно раскрывают свою внутреннюю суть и разрешают доступ ко всем своим качествам, которые только могут присваиваться им человеком, пристально смотрящим на него. Эти два романа, написанные с разницей в 34 года, соединены как раз общим в них предметом, карандашом, который становится мотивом и аллегорией сокращающейся вместе с ним жизни Цинцинната. И становится даже символом: этот образ, будучи медиатором творчества (им Цинциннат пишет дневник), расширен до многогранности и многозначности. В более поздних «Transparent Things» истории карандаша, начинающейся в лесу, и истории графитного стержня в нем посвящается целая глава. В 6-й же главе описание встречи с проституткой заменяется описанием предметов номера в гостинице и уходом в прошлое, (фиктивным) воспоминанием о русском писателе, его ночи и действиях чуть ли не вековой давности[8].

Набоковский взгляд — это взгляд эмигранта на предметы, которые занимают непропорционально большое место в жизни экспатрианта, ибо они участвуют в самоидентификации, преобразуются в частицы *Я*. Предметы и вещи, приближенные детали реалий персонифицируются (одушевляются, «анимируются»), ими обставлен и из них создан новый «дом» эмигранта. Вещи меняются местами с теми «живыми» существами, которые из людей превращены в маски, куклы, марионетки, автоматы, машины. В этом хиастическом процессе смены местами живого и неживого наблюдаются, с одной стороны, дистанционность, страх перед живыми «чужими» существами, макромиром (внешним миром), а с другой стороны — стремление к безопасному закрытому микромиру, подвластному его создателю и «аниматору».

---

[8] В писателе нетрудно обнаружить пародию на Ф. М. Достоевского.

В то же самое историческое время, когда эмигранты Набокова окружают себя предметами, создающими иллюзию дома, другой писатель, живущий в абсурдном советском мире, видит предметы такими же враждебными, как и свое окружение, и, олицетворяя и оживляя их, испытывает страх непознаваемости мира. У Хармса в «Трактате более или менее по конспекту Эмерсона» (1939) в числе предметов появляются несовершенные подарки, владельцами которых мы случайно становимся, и из этого выводятся абсурдные тезисы «Правильного окружения себя предметами» и «Правильного уничтожения вокруг себя предметов», откуда же выводится тезис о бессмертии: «Уничтожение же вокруг себя всегда совершенных подарков, деревянных шаров, целлулоидных ящериц и т. д. более или менее бескорыстному человеку не доставит ни малейшего сожаления. Правильно уничтожая вокруг себя предметы, мы теряем вкус ко всякому приобретению» [Хармс 2001: 29].

Для Набокова же случайные предметы — например, найденные на пляже осколки посуды являются подарками моря, а уже сгоревшие, ни к чему не годные спички в ящике стола в конверте или же фарфоровая свинья, выигранная некогда на ярмарке и забытая там же в гостинице, — все считаются подарками судьбы, одетые его писательским воображением и дорогие тем, что его рука к ним прикасалась.

> На ярмарке, в захолустном городке, я выиграл, стреляя в цель, грошовую фарфоровую свинью. Я оставил ее на полке в гостинице, когда уезжал. Этим самым я обрек себя на воспоминанье о ней. Я безнадежно влюблен в эту фарфоровую свинью. Меня разбирает нестерпимое, глуповатое умиленье, когда я думаю о ней, выигранной, и неоцененной, и покинутой [Набоков 1999b: 20].

Хармс в 1929 году, на год позже Набокова, пишет так:

> Вместо меры наши мысли
> заключённые в предмет.
> Все предметы оживают
> Бытиё собой украшают [Хармс 1997б: 297].

При кажущейся параллели между Набоковым и Хармсом в стремлении к анимации предметов, Хармс, живущий не в эмиграции, видит в предметах носителей вселенной, независимые друг от друга части, которые не подчиняются определению (мир сам по себе, и предмет сам по себе). Чтобы видеть предметы вне привычной сети связей, нужно их регистрировать «со стороны» и разбить их на кусочки — «саблей», то есть словом. «Самостоятельно существующие предметы уже не связаны законами логических рядов и скачут в пространстве, куда хотят, как и мы» («Сабля», 1929) [Хармс 1997б: 299]. Это отчуждение предметов означает разрушение уюта и привычности, что выражается у Хармса в образе дома как врага, разрушенного на бревна также при помощи слова-сабли: «Я плотник саблей вооружённый / встречаю дом как врага» [Хармс 1997б: 303] (см. еще [Жаккар 1995: 89–93]).

Получается зеркально-хиастическая картина: в то время как эмигрант Набоков воссоздает свой потерянный дом из слов, которыми присваивает и приручает чужой мир, — живущий географически дома, но на советской духовной чужбине Хармс создает адекватное отношение: разрушения дома, разрушения словами же логики предметного мира и личной связи с миром «существительных», создавая внутреннюю духовную и философскую эмиграцию.

Параллели в отношении двух столь разных писателей к предметам, их одушевление, перенос фокуса с личности владельца на владение разрешает увидеть в понятии эмиграции абстрактность, независимую от географических координат. Экспатриант плетет себе новый дом из слов и обставляет свое одиночество прирученными живыми предметами. Другой же автор, живущий в своей стране, но не находя дома, врагом обрушивается на свой «чужой» дом, разрезает привычные, слишком логичные, уютные слова и уединяется во внутренней эмиграции. Геосоциальное положение отличается, реакции на него устремлены в противоположные стороны (поиск дома и разрушение дома), а эстетическое воплощение в тексте одинаково: одушевление неживого предмета и деперсонификация, механизация человека. Общий элемент в двух принципах подхода можно назвать понятием экзистенциальной эмиграции. Типологическая параллель между творческими стратегиями Набокова и Хармса поднимает вопросы о том, насколько биографический фон и осознание исторического времени создает контекст для интерпретации конкретной литературной формы.

«ВЫДВИГИ»

Читатель, дошедший до этих строк, или прочитал всю книгу по порядку глав, или смотрел некоторые главы в отдельности, или решил начать с конца, чтобы получить резюме. Я подведу некоторые итоги разделов, чтобы удовлетворить ожидания читателя, не знакомого со всей книгой[1].

В первый раздел книги вошли статьи, которые предлагают альтернативное, более глубокое прочтение эротических текстов Набокова. Они родились с целью оторвать интерпретацию «Лолиты» и «Ады...» от миметического понимания и даже от морального анализа, не говоря уж об узком подходе, будто тема педофилии или изображение эротического в литературе считается непристойным. Я ввожу термин «эротекст», чтобы показать, как связано текстуальное и сексуальное — эти две тропинки инициации Набокова в тех сферах, где возможен восторженный подъем в непознаваемое, созданный из полигенетических слов-ключей, близких к символам. В их ряд входят образы, показывающие амбивалентную натуру человеческого мышления, связывающего положительные и отрицательные понятия воедино. Эта связь

---

[1] Результатом 20 лет моих исследовательских занятий творчеством В. Набокова и переводческой деятельности стала монография 2015 года, о которой я рассказала в предисловии. В настоящую книгу вошли работы разных лет, детальное изложение которых предыдущая книга (где обсуждались все без исключения романы и автобиография Набокова) вместила только в сжатом виде. При подготовке этой книги мои тексты были существенно переработаны по сравнению с первой публикацией, но в них не вошли результаты всех набоковедческих работ вышедших после их появления. Мои статьи-источники указаны и в начале отдельных глав, и перечислены в приложении к послесловию для соблюдения авторских прав и в знак благодарности публиковавшим их изданиям.

очевидна в анализе символов-инвариантов прозы Набокова — розы, пещеры, собаки, свиньи, палки, которым посвящены отдельные страницы и главы, причем я возвращаюсь к ним на протяжении всей книги. Мифопоэтический аспект анализа раскрывает не только веер разноцветных значений, но и превращает чтение в экстатический процесс, когда осознается бесконечный поиск, расплывчатость языка и недоступность смысла. Приближение к тайне-цели, восторг, подъем, «Иное» состояние души и тела, расширение границ собственного *Я*, бессловесное, чувственное музыкальное переживание, преодоление бинарного восприятия мира наступает у Набокова в эротическом и творческом экстазе, и в ощущении прикосновения к потусторонности. Любое из этих трех связано с преодолением границ: граней Эго и пределов знания, границ в пространстве и времени, лимита выразительных возможностей да и собственно границ мнимых норм. Мой анализ предлагает не психологическое прочтение «ненормальностей» (например, инцеста, номадизма, образа жизни либертина), а их трактовку через призму культурного наследия человечества, от мифов и фольклора до мировой литературы и истории культуры.

Во втором разделе я продолжаю исследовать методом «эротекстологии» другие романы и другие темы в творчестве писателя, которые расширяют, с одной стороны, семантическое поле уже указанных набоковских мотивов-инвариантов, или / и его сюжетообразующие матрицы, с другой. В числе таких матриц схема инициации, код Данте, механизм воспоминания в сюжете, или даже не лишенное общественного эха эстетическое набоковское понятие пошлости. Здесь снова проходит сквозной линией ситуация пограничности, переступание через порог потусторонности — в мир воспоминаний, в сферу литературы прошлого или смерти.

Третий раздел сосредоточен на «узорах прозы», на языковом материале произведений писателя-синестета, который мог семантизировать мельчайшие, визуальные-графические единицы текста. В этой его особенности сыграли роль не только несомненные синестетические способности (не зависимые от его воли ассоциативные процессы в мозгу), но и полиглоссия, развитая с детства, а также и другие факторы, которые я постаралась обобщить. Полиглоссия Набокова активно способствовала тому, что он смешивал языки, дробил и составлял новые слова и даже создал язык-гибрид. Другое важное следствие набоковского многоязычия — переводческие опыты и особенно автопереводы. А наличие параллельных оригиналов-источников текста одного произведения поднимает вопрос о стратегии перевода на третий язык; этот опыт, через который я прошла неоднократно, переводя набоковские романы и рассказы, помог мне прийти к некоторым соображениям о возможности техники гибридизации в переводе текстов двуязычных авторов.

Ракурс компаративного исследования определяет логику глав четвертого раздела, где я (по своему обычаю и методу) отталкиваюсь от текстовых единиц — стиха, значащего предмета, имени собственного, — чтобы проследить возможные параллели (типологические, пародийные) между Набоковым и его предшественниками, старшими или младшими современниками (в поле сопоставительного анализа вошли М. Лермонтов, А. Белый, В. Шкловский, Б. Пастернак и Д. Хармс), а также и взаимовлияния набоковского творчества и литературного контекста эпохи.

Раз книгу я назвала «Сдвиги», почему бы не назвать послесловие «Выдвиги», следуя традиции словотворчества Набокова, главного героя этой книги? В этой книге открылись некоторые закрытые ящики большого письменного стола Творчества Набокова, и хочется надеяться, что увиденное в них будет дальше жить и работать в Читателе — подобно тому, как фотография Машеньки, увиденная в выдвинутом ящике письменного стола, вызвала у Ганина взрыв воспоминаний и изменила его жизнь.

Библиография

Источники

Архив В. В. Набокова, 1918–1977 годы
Berg Collection — The Henry W. and Albert A. Berg Collection of English and American Literature (New York Public Library). Vladimir Nabokov papers 1918–1987.

Источники текстов произведений В. В. Набокова
НАП — Набоков В. В. Собрание сочинений американского периода в 5 томах / сост. С. Б. Ильин, А. К. Кононов; предисл. и коммент. А. М. Люксембурга, С. Б. Ильина. Т. 1–5. СПб.: Симпозиум, 2004–2008.

НРП — Набоков В. В. Собрание сочинений русского периода в 5 томах / сост. Н. И. Артеменко-Толстая; предисл. и примеч. А. А. Долинина, Ю. Левинга, М. Э. Маликовой и др. Т. 1–5. СПб.: Симпозиум, 2000–2008.

Два интервью 1997 — Набоков В. Два интервью из сборника «Strong Opiniongs» // В. В. Набоков: pro et contra / сост. Б. Аверин и др. Т. 1. СПб.: РХГИ, 1997. С. 146–167.

Набоков 1998 — Набоков В. Комментарий к роману А. С. Пушкина «Евгений Онегин» / Пер. Г. Дашевского. СПб.: Искусство-СПБ; Набоковский фонд, 1998.

Набоков 1999a — Набоков В. On Generalities // Звезда 1999. № 4. С. 12–14.

Набоков 1999b — Набоков В. Человек и вещи // Звезда 1999. № 4. С. 19–22.

Набоков 2000a — Набоков В. Пошляки и пошлость // Набоков В. В. Лекции по русской литературе / пер. А. Курт. СПб.: Азбука Классика, 2000. С. 389–393.

Набоков 2000b — Набоков В. Улисс, 1922 / пер. Е. Касаткиной // Лекции по зарубежной литературе. М.: Независимая газета, 2000. С. 367–464.

Сирин-Набоков 1927 — Сирин В. Юбилей. К десятой годовщине Октябрьского переворота // Руль. 1927. 18 ноября. С. 2.

Сирин-Набоков 1997 — Сирин В. Шахматная задача. Крестословицы // Новое литературное обозрение. 1997. № 23. С. 441–445.

ADA — ADA ONLINE with annotation by Brian Boyd. URL: http://www.ada.auckland.ac.nz/ (дата обращения: 27.06.2021).

Nabokov 1945 — Three Russian Poets: Selection from Pushkin, Lermontov and Tyutchev / Ed. and transl. by V. Nabokov. New York: J. Laughlin, 1945.

Nabokov 1951 — Nabokov V. Conclusive Evidence: A Memoir, New York: Harper, 1951.

Nabokov 1958a — Nabokov V. Notes // Lermontov M. A Hero of Our Time. Transl. by Vladimir Nabokov in collaboration with Dmitri Nabokov. New York: Doubleday Anchor Books, 1958. P. 195–244.

Nabokov 1958b — Nabokov V. Translator's Foreword // Lermontov M. A Hero of Our Time. Transl. by Vladimir Nabokov in collaboration with Dmitri Nabokov. New York: Doubleday Anchor Books, 1958. P. v–xix.

Nabokov 1964 — Pushkin Aleksandr. Eugene Onegin. A Novel in Verse 1–4. Transl. comm. intr. index by V. Nabokov. Bollingen Series LXXII. New York: Pantheon Books, 1964.

Nabokov 1966 — Nabokov V. Gift. St. Albans: Panther Books, 1966.

Nabokov 1970a — Nabokov V. The Annotated «Lolita». Edited, preface, introduction and notes by Appel A. Jr. New York; Toronto: McGraw Hill Book Company, 1970.

Nabokov 1970b — Nabokov V. Anniversary Notes // Supplement to Triquarterly. 1970. Vol. 17. P. 5–16.

Nabokov 1971a — Nabokov V. Glory. Harmondsworth: Penguin Books, 1971.

Nabokov 1971b — Nabokov V. Despair. Harmondsworth: Penguin Books, 1971.

Nabokov 1973 — Nabokov V. Mary. Harmondsworth: Penguin Books, 1973.

Nabokov 1974a — Nabokov V. Bend Sinister. Harmondsworth: Penguin Books, 1974.

Nabokov 1974b — Nabokov V. Look at the Harlequins! New York: McGraw-Hill, 1974.

Nabokov 1975 — Nabokov V. Transparent Things. Harmondsworth: Penguin Books, 1975.

Nabokov 1981 — Nabokov V. Lectures on Russian Literature. London: Weidenfeld & Nicolson, 1981.

Nabokov 1988 — Nabokov V. King, Queen, Knave. Oxford: Oxford University Press, 1988.

Nabokov 1989a — Nabokov V. Speak, Memory: An Autobiography Revisited. New York: Vintage Books, 1989.

Nabokov 1989b— Nabokov V. Pnin. New York: Books, 1989.

Nabokov 1990 — Nabokov V. Strong Opinions. New York: Vintage Books, 1990.

Nabokov 1995 — Nabokov V. The Real Life of Sebastian Knight. London: Penguin Books, 1995.

Nabokov 1997 — Nabokov V. The Stories of Vladimir Nabokov. New York: Vintage Books, 1997.

Nabokov 2000 — Nabokov V. Ada or Ardor. A Family Chronicle. Harmondsworth: Penguin Books, 2000.

Nabokov 2009 — Nabokov V. The Original of Laura. London: Knopf, 2009.

Nabokov 2011 — Nabokov V. Pale Fire. London: Penguin Classics, 2011.

Nabokov—Wilson letters 1979 — The Nabokov—Wilson letters: correspondence between Vladimir Nabokov and Edmund Wilson 1940–1971 / Ed. by S. Karlinsky. New York: Harper & Row, 1979.

Источники

Бабель 1966 — Бабель И. Э. Избранное. М.: Художественная литература, 1966.

Белый 1910 — Белый А. Символизм. М.: Мусагет, 1910.

Белый 1917 — Белый А. Жезл Аарона (О слове в поэзии) // Скифы. Сб. 1. Пг.: Скифы, 1917. С.155–212.

Белый 1990 — Белый А. Серебряный голубь. М.: Современник, 1990.

Блок 1960 — Блок А. А. Собрание сочинений: в 8 т. / под ред. В. Н. Орлова, А. А. Суркова, К. И. Чуковского. Т. 1: Стихотворения 1897–1904. М.; Л.: Гос. изд-во художественной литературы, 1960.

Волошин 1989 — Волошин М. Стихотворения. Из литературного наследия. М.: Книга, 1989.

Волошин 1995 — Волошин М. Стихотворения и поэмы. СПб.: Наука, 1995.

Гейне 1959 — Гейне Г. Мемуары // Гейне Г. Собрание сочинений: в 10 т. Т. 9. М.: Гос. изд-во художественной литературы, 1959. С. 199–256.

Гёте 1960 — Гёте И. В. Фауст / пер. Б. Пастернака. М.: Гос. изд-во художественной литературы, 1960.

Гоголь 1990 — Гоголь Н. В. Выбранные места из переписки с друзьями / сост. В. А. Воропаева. М.: Советская Россия, 1990.

Гомер 1953 — Гомер. Одиссея / пер. с древнегреческого В. В. Вересаева. М.: ГИХЛ, 1953.

Джойс 1993 — Джойс Дж. Улисс / пер. В. Хинкиса, С. Хоружего. М.: Республика, 1993.

Достоевский 2006 — Достоевский Ф. М. Записки из подполья. München: ImWerden Verlag, 2006. URL: https://imwerden.de/pdf/dostoevsky_zapiski_iz_podpolja.pdf (дата обращения: 27.06.2021).

Есенин 1988 — Есенин С. А. Сочинения. М.: Художественная литература, 1988.

Замятин 1988 — Замятин Е. И. О синтетизме // Замятин Е. И. Сочинения. М.: Современник, 1988.

Лермонтов 1957 — Лермонтов М. Ю. Герой нашего времени // Лермонтов М. Ю. Сочинения: в 6 т. / под. ред. Б. В. Томашевского. Т. 6: Проза. Письма; летопись жизни. М.; Л.: Изд-во АН СССР, 1957. С. 202–347.

Маяковский 1955 — Маяковский В. В. Полное собрание сочинений: в 13 т. Т. 1. М.: Гос. изд-во художественной литературы,1955.

Набокова 1979 — Набокова В. Предисловие // Набоков. В. Стихи. Ann Arbor: Ardis, 1979. P. VII–VIII.

Пастернак 1916 — Пастернак Б. Черный бокал // Второй сборник Центрифуги. М.: Центрифуга, 1916. С. 39–44.

Пастернак 1985 — Пастернак Б. Зеркало // Пастернак Б. Избранное: в 2 т. Т. 1. М.: Художественная литература, 1985. С. 76–77.

Пелевин 2009 — Пелевин В. Т. М.: Эксмо, 2009. URL: http://knizhnik.org/viktor-pelevin/pelevin-t/1 (дата обращения: 27.06.2021).

Писемский 1936 — Писемский А. Ф. Письмо к В. Дерели от 25 января 1879 года // Писемский А. Ф. Письма / подгот. текста и коммент. М. К. Клемана и А. П. Могилянского. М.; Л.: Изд-во АН СССР, 1936. С. 401–402.

Писемский 1959 — Писемский А. Ф. Масоны // Писемский А. Ф. Собрание сочинений: в 9 т. Т. 9. М.: Правда, 1959. С. 5–178.

Платон 2007 — Платон. Горгий // Платон. Диалоги / пер. С. Маркиша. Т. 1. М.: Эксмо, 2007. С. 255–366.

Платонов 1989 — Платонов А. Живя главной жизнью. М.: Правда, 1989.

Пушкин 1960 — Пушкин А. С. Путешествие в Арзрум // Пушкин А. С. Собрание сочинений: в 10 т. / под ред. Д. Д. Благого, С. М. Бонди, В. В. Виноградова, Ю. Б. Оксмана. Т. 5: Романы, повести. М.: ГИХЛ, 1960. С. 412–462.

Ремизов 1989 — Ремизов А. Крестовые сестры. М.: Современник, 1989.

Ремизов 2000 — Ремизов А. Подстриженными глазами // Ремизов А. Собрание сочинений: в 10 т. Т. 8. М.: Русская книга, 2000. С. 3–261.

Толстой 1982 — Толстой Л. Н. Крейцерова соната // Толстой Л. Н. Собрание сочинений: в 22 т. Т. 12. М.: Художественная литература, 1982. С. 123–198.

Хармс 1997a — Хармс Д. Месть // Хармс Д. Полное собрание сочинений: в 4 т. / сост. В. Н. Сажин. Т. 1: Стихотворения, переводы. СПб.: Академический проект, 1997. С. 148–156.

Хармс 1997b — Хармс Д. Измерение вещей; Сабля // Хармс Д. Полное собрание сочинений: в 4 т. / сост. В. Н. Сажин. Т. 2: Проза. Драматические произведения. Авторские сборники. Незавершенное. СПб.: Академический проект, 1997. С. 295–304.

Хармс 2001 — Хармс Д. Трактат более или менее по конспекту Эмерсона // Хармс Д. Полное собрание сочинений: в 4 т. / сост. В. Н. Сажин. Т. 4: Трактаты. Статьи. Письма. Дополнения: не вошедшее в т. 1–3. СПб.: Академический проект, 2001. С. 28–29.

Хлебников 1933 — Хлебников В. Собрание произведений: в 5 т. / под ред. Ю. Тынянова, Н. Степанова. Т. 5. Л.: Изд-во писателей в Ленинграде, 1933.

Хлебников 1986 — Хлебников В. Творения. М.: Советский писатель, 1986.

Хлебников, Крученых 2009 — Хлебников В., Крученых А. Буква как таковая // Русский футуризм. Стихи. Статьи. Воспоминания. СПб.: ООО «Полиграф», 2009. С. 80–81.

Ходасевич 1937 — Ходасевич В. О Сирине // Возрождение. 1937. 13 февраля. С. 3.

Чехов 1985 — Чехов А. П. Собрание сочинений: в 12 т. Т. 12. М.: Правда, 1985.

Шкловский 1925 — Шкловский В. Бабель. Критический роман // ЛеФ. 1925. № 2(6). С. 152–155.

Шкловский 1966 — Шкловский В. Zoo, или Письма не о любви // Шкловский В. Жили-были. Воспоминания, мемуары, записи. М.: Советский писатель, 1966. С. 165–256.

Amis 1959 — Amis K. She was a child and I was a child // The Spectator. 1959. November 6.

Anti-Thérèse 1750 — L' Anti-Thérèse où Juliette Philosophe, nouvelle Messine véritable, par M. de T***. Le Haye: Chez Étienne Louis Saurel, 1750.

Belser 1959 — Belser L. [Интервью с В. Набоковым] // Los Angeles Evening Mirror News. 1959. July 31.

Dante 1966–1967 — Dante Alighieri. La Divina Commedia. A cura di G. Petrocchi- Milano: Mondadori Editore, 1966–1967.

Dulaurens 1767 — Dulaurens H.-J. Je suis pucelle, histoire véritable. La Haye: Chez Frederic Staatman, 1767. URL: https://gallica.bnf.fr/ark:/12148/bpt6k56965579 (дата обращения: 27.06.2021).

Joyce 2021 — Joyce J. Ulysses. URL: http://www.james-joyce.ru/ulysses/ulysses-text-eng.htm (дата обращения: 27.06.2021).

Justine 1791 — Justine ou les Malheurs de la vertu. En Hollande: Libraires associés, 1791.

Lermontov 1958 — Lermontov M. A Hero of Our Time. Transl. by Vladimir Nabokov in collaboration with Dmitri Nabokov. New York: Doubleday Anchor Books, 1958.

Lolita Aphrodisiac 1960 — Lolita Aphrodisiac. New Zealand Court's Finding // The Time. 1960. July 6.

Nougaret 1765–1766 — Nougaret P. J.-B. Lucette ou le progres de la libertinage, par M. N***. Londres: Chez Jean Nourse, 1765–1766. URL: https://gallica.bnf.fr/ark:/12148/bpt6k15126982 (дата обращения: 27.06.2021).

Pushkin 1991 — Pushkin A. Eugene Onegin: A Novel in Verse: In 3 vols. / Transl. by Vladimir Nabokov. Vol. II: Commentary and Index. Princeton: Princeton University Press, 1991.

Thérèse Philosophe 1748 — Thérèse Philosophe ou Mémoires pour servir à l'histoire du père Dirrag et de mademoiselle Éradice. Vol. 1. La Haye, 1748.

Weöres 1980 — Weöres S. Egry Józsefről // Egry József írásai, írások Egry Józsefről. Budapest: Magyar Helikon, 1980. P. 85.

Библиография

Аверинцев 1970 — Аверинцев С. С. «Аналитическая психология» К.-Г. Юнга и закономерности творческой фантазии // Вопросы литературы. 1970. № 3. С. 113–143.

Александров 1999 — Александров В. Е. Набоков и потусторонность. СПб.: Алетейя, 1999.

Аппель 1989 — Из интервью, данного Альфреду Аппелю // Набоков В. Рассказы. Приглашение на казнь. Эссе, интервью, рецензии. М.: Книга, 1989. С. 408–436.

Бабиков 2010 — Бабиков А. Искусства милая скудель: «Лаура» Набокова и ее публикации // Звезда. 2010. № 6. С. 189–195.

Бахтин 1979 — Бахтин М. М. К исторической типологии романа // Бахтин М. М. Эстетика словесного творчества / сост. С. Г. Бочаров; примеч. С. С. Аверинцева, С. Г. Бочарова. М.: Искусство, 1979. С. 188–198.

Безродный 2008 — Безродный М. СОН 1 — СОН 2 — СОН 3 // Toronto Slavic Quarterly. 2008. Vol. 26. URL: http://sites.utoronto.ca/tsq/26/bezrodny26.shtml (дата обращения: 15.03.2014).

Бердяев 1990 — Бердяев Н. А. Самопознание. М.: Международные отношения, 1990.

Библиография 1962 — Библиография переводов романа «Герой нашего времени» на иностранные языки / сост. Б. Л. Кандель // Лермонтов М. Ю. Герой нашего времени. М.: Изд-во АН СССР, 1962. С. 203–218.

Бодуэн де Куртенэ 1963 — Бодуэн де Куртенэ А. И. Слово и «слово» и «Отклики»; К теории «слова как такового» и «буквы как таковой» // Бодуэн де Куртенэ И. А. Избранные статьи по общему языкознанию: в 2 т. Т. II. М.: Изд-во АН СССР, 1963. С. 240–245.

Букс 1993 — Букс Н. Двое игроков за одной доской: Вл. Набоков и Я. Кавабата // Cahiers de l'émigration russe. Nabokov et l'émigration / Dir. N. Buhks. 1993. № 2. P. 39–50.

Букс 1998 — Букс Н. Эшафот в хрустальном дворце. М.: НЛО, 1998.

Букс 1999 — Букс Н. Кросс-жанр. О романе Вл. Набокова «Подвиг» // Cahiers de l'émigration russe. Vladimir Nabokov — Sirin. Les années européennes. Paris, 1999. № 5. P. 77–92.

Буренина 2000 — Буренина О. Отчаяние как олакрез русского символизма (Федор Сологуб и Владимир Набоков) // Hypertext «Отчаяние» / Сверхтекст «Despair». Studien zu Vladimir Nabokovs Roman-Rätsel / I. Smirnov. München: Verlag Otto Sagner, 2000. S. 163–186.

Веселовский 1999 — Веселовский А. Н. Парацельс, Вейгель, Бёме // Веселовский А. Н. Избранные труды и письма. СПб.: Наука, 1999. С. 193–206.

Витгенштейн 1945 — Виттгенштейн Л. Философские исследования. 1945. URL: http://filosof.historic.ru/books/item/f00/s00/z0000273/index.shtml (дата обращения: 05.07.2021).

Гаспаров 2000 — Гаспаров М. Л. «Выхожу один я на дорогу...» (5-стопный хорей: детализация смысла) // Гаспаров М. Л. Метр и смысл. Об одном из механизмов культурной памяти. М.; Л.: РГГУ ИВГИ, 2000. С. 238–265.

Гинзбург 1912 — Гинзбург Д. Каббала, мистическая философия евреев. С предисловием Вл. Соловьева // Вопросы философии. 1912. Кн. 33. С. 277–300.

Давыдов 1982 — Давыдов С. «Тексты-матрёшки» Вл. Набокова. München: Verlag Otto Sagner, 1982.

Демурова 1991 — Демурова Н. О переводе сказок Кэрролла // Кэрролл Л. Приключения Алисы в Стране чудес. Сквозь зеркало и что там увидела Алиса, или Алиса в Зазеркалье / Подг. Н. М. Демурова. М.: Наука, 1991. С. 315–336.

Джонсон 2011 — Джонсон Д. Б. Миры и антимиры Владимира Набокова. СПб.: Symposium, 2011.

Долинин 1999 — Долинин А. Доклады Владимира Набокова в Берлинском литературном кружке // Звезда. 1999. № 4. С. 7–11.

Долинин 2004 — Долинин А. Истинная жизнь писателя Сирина. Работы о Набокове. СПб.: Академический проект, 2004.

Ерофеев 1989 — Ерофеев В. Набоков в поисках потерянного рая // Набоков В. Другие берега. М.: Книжная палата, 1989. С. 5–17.

Жаботинский 1926 — Жаботинский В. Летние лагеря и святой язык // Морген Журнал. 1926. 26 июля.

Жаккар 1995 — Жаккар Ж.-Ф. Даниил Хармс и конец русского авангарда. СПб.: Гуманитарное агентство Академический проект, 1995.

Жутовская 2011 — Жутовская Н. «Шутка манерной азбуки» // Звезда. 2011. № 4. С. 212–217.

Злыднева 2008 — Злыднева Н. В. Белый цвет в русской культуре XX века // Злыднева Н. В. Изображение и слово в риторике русской культуры XX века. М.: Индрик, 2008. С. 167–174.

Иванов 1974 — Иванов Вяч. Мысли о символизме // Иванов Вяч. И. Собрание сочинений: в 4 т. / под ред. Д. В. Иванова, О. Дешарт. Т. 2. Брюссель: Foyer Oriental Chrétien, 1974. С. 604–612.

Иванов 2015 — Иванов Вяч. Дионис и прадионисийство // Символ. 2015. № 65. С. 7–395.

Ишимбаева 2002 — Ишимбаева Г. Г. Немецкая тема в романе В. Набокова «Дар» // Межкультурный диалог на евразийском пространстве. Уфа. 2002. URL: www.bashedu.ru/evrazia/f_s/ichimbaeva.rtf (дата обращения: 27.06.2021).

Кант 1964 — Кант И. Критика чистого разума // Кант И. Сочинения в шести томах. Т. 3. М.: Мысль, 1964. С. 69–756.

Корнуэлл 2005 — Корнуэлл Н. Намеки на Ло: Сирены, Джойс и «Лолита» Набокова // Vittorio: Международный научный сборник, посвященный 75-летию Витторио Страды / С. Бочаров, А. Парнис. М.: Три квадрата, 2005. С. 603–622.

Кушелев-Безбородко 1862 — Кушелев-Безбородко Г. Памятники старинной русской литературы: Вып. 1–4 / под ред. Н. Костомарова. Вып. III. СПб.: Типография Кулиша, 1862.

Левин 1998 — Левин Ю. И. Биспациальность как инвариант поэтического мира Вл. Набокова // Левин Ю. И. Избранные труды. Поэтика. Семиотика. М., 1998. С. 323–391.

Левина-Паркер 2006 — Левина-Паркер М. Повторение. Répétition. Репетиция? Об одной повествовательной стратегии у Набокова и Белого // Империя N. Набоков и наследники / ред. Е. Сошкин, Ю. Левинг. М.: НЛО, 2006. С. 482–505.

Медарич 1991 — Медарич М. Вл. Набоков и роман XX столетия // Russian Literature. 1991. Vol. 29(1). P. 70–100.

Медарич 2000 — Медарич М. (Medarić M.) В. Набоков в русле орнаментальной прозы // Revue des études slaves. 2000. T. LXXII. № 3–4. P. 333–340.

Мережковский 1906 — Мережковский Д. С. Гоголь и черт. М.: Скорпион, 1906. URL: http://az.lib.ru/m/merezhkowskij_d_s/text_1906_gogol_i_chert.shtml. (дата обращения: 15.12.2020).

Набоков Pro et Contra 1997 — В. В. Набоков: pro et contra / сост. Б. Аверин и др. Т. 1. СПб.: РХГИ, 1997.

Набоковский вестник 1998 — Набоковский вестник. Вып. 2. Набоков в родственном окружении. СПб.: Дорн, 1998.

Падучева 1996 — Падучева Е. В. Рассказ Набокова «Набор» как эксперимент над повествовательной нормой // Падучева Е. В. Семантические исследования. Семантика времени и вида в русском языке. Семантика нарратива. М.: Школа «Языки русской культуры», 1996. С. 383–393.

Падучева 1999 — Падучева Е. В. К семантике слова «время»: метафора, метонимия, метафизика // Поэтика. История литературы. Лингвистика. Сборник к 70-летию Вяч. Вс. Иванова. М.: ОГИ, 1999. С. 761–776.

Панченко, Успенский 1983 — Панченко А. М., Успенский Б. А. Иван Грозный и Петр Великий: концепции первого монарха // Труды Отдела древнерусской литературы. Т. 37. Л.: Наука (Ленинградское отделение), 1983. С. 54–78.

Паперный 1992 — Паперный В. В поисках нового Гоголя // Связь времен. Проблемы преемственности в русской литературе конца XIX — начала XX в. М.: Наследие, 1992. С. 21–46.

Пимкина 1999 — Пимкина А. Игровой принцип творчества В. В. Набокова // Набоковский вестник. Вып. 4. Петербургские чтения. СПб.: Дорн, 1999. С. 135–139.

Пропп 1986 — Пропп В. Я. Исторические корни волшебной сказки. Л.: Изд-во Ленинградского университета, 1986.

Проффер 2000 — Проффер К. Ключи к «Лолите». СПб.: Симпозиум, 2000.

Ронен 1999 — Ронен О. Пути Шкловского в «Путеводителе по Берлину» // Звезда 1999. № 4. С. 164–172.

Сендерович, Шварц 1999 — Сендерович С., Шварц Е. «Лолита»: по ту сторону порнографии и морализма // Литературное обозрение. 1999. № 2. С. 63–72.

Скляренко 2012 — Скляренко А. Тройной сон в «Аде» Набокова // Топос. 2012. 12 марта. URL: http://www.topos.ru/article/literaturnaya-kritika/troinoi-son-v-ade-nabokova (дата обращения: 27.06.2021).

Сконечная 2000 — Сконечная О. Масонская тема в русской прозе Набокова: о переосмыслении писателем бродячих сюжетов массового сознания // Revue des Études slaves Paris. 2000. T. LXXII. № 3–4. P. 383–394.

Соловьев 1990 — Соловьев В. С. Лермонтов // Соловьев В. С. Литературная критика. М.: Современник, 1990. С. 282–283.

Солодуб и др. 2005 — Солодуб Ю. П., Альбрехт Ф. Б., Кузнецов А. Ю. Теория и практика художественного перевода: учебное пособие. М.: Academia, 2005.

Старк 1998 — Старк В. П. Пушкинский фон рассказа Набокова «Посещение музея» // Набоковский вестник. Вып. 1. Петербургские чтения. СПб.: Дорн, 1998. С. 66–71.

Тамми 1992 — Тамми П. Заметки о полигенетичности в прозе Набокова // Проблемы русской литературы и культуры / L. Byckling, P. Pesonen, Studia Russica Helsingiensia and Tartuensia III (Slavica Helsingiensia 11). 1992. С. 181–194.

Топоров 1983 — Топоров В. Н. Пространство и текст // Текст: семантика и структура / отв. ред. Т. В. Цивьян. М.: Изд-во АН СССР, Институт славяноведения и балканистики, 1983. С. 227–284.

Топоров 2001 — Топоров В. Н. Две заметки в области ономатологии // Имя. Внутренняя структура, семантическая аура, контекст. М.: ИС РАН, 2001. С. 61–91.

Топоров 2007 — Топоров В. Н. К интерпретации былины «Путешествие Вавилы со скоморохами»: мифологические истоки и историческая подкладка // Имя: семантическая аура / под ред. Вяч. Вс. Иванова и др. М.: Языки славянских культур, 2007. С. 90–112.

Туровская 1997 — Туровская С. «Посещение музея» В. Сирина: поэтика sub rosa // Культура русской диаспоры: саморефлексия и самоидентификация. Материалы международного семинара. Tartu: Ülikooli Kirjastus, 1997. С. 242–264.

Тынянов 1921 — Тынянов Ю. Н. Достоевский и Гоголь (к теории пародии). Пг.: ОПОЯЗ, 1921.

Успенский 1996 — Успенский Б. А. Мифологический аспект русской экспрессивной фразеологии // Успенский Б. А. Избранные труды: в 3 т. Т. 2: Язык и культура. М.: Школа «Языки русской культуры», 1996. С. 67–161.

Флакер 1987a — Флакер А. Литература и живопись // Russian Literature. 1987. Vol. 21(1). P. 25–36.

Флакер 1987b — Флакер А. Бабель и польское сакральное искусство // Russian Literature. 1987. Vol. 22(1). P. 29–38.

Флейшман 1975 — Флейшман Л. К характеристике раннего Пастернака // Russian Literature. 1975. Vol. 12. P. 79–126.

Флейшман 1995 — Флейшман Л. «Черный бокал» Пастернака в контексте литературной борьбы // Festschrift für Hans-Bernd Harder zum 60. Geburtstag / Hrg. von K. Harer und H. Schaller. München: Verlag Otto Sagner, 1995. S. 51–82.

Флоренский 2000 — Флоренский П. Сочинения: в 4 т. Т. 3 (ч. 1, 2): У водоразделов мысли. М.: Мысль, 2000.

Фрейденберг 1978 — Фрейденберг О. М. Миф и литература древности. М.: Наука, 1978.

Хетени 1988 — Хетени Ж. Проблематика многоликого рассказчика в «Конармии» Бабеля // Dissertationes slavicae. Sectio historiae litterarum. 1988. № 19. P. 107–123.

Хетени 1994 — Хетени Ж. «На берегу небесного озера...» Метафоры убежища в снах героев А. Платонова // Поиски в инаком. Фантастика и русская литература XX века / ред. Л. Геллер. Lausanne: Université de Lausanne, 1994. С. 101–110.

Хетени 1999 — Хетени Ж. Идея в образах, абстрактное в визуальном. Образы-идеи Исаака Бабеля // Russian Literature. 1999. Vol. 45(1). P. 75–85.

Хетени 2002 — Хетени Ж. Экфраза о двух концах — теоретическом и практическом // Экфрасис в русской литературе / под ред Л. Геллера. Lausanne: Université de Lausanne, 2002. С. 162–166.

Хетени 2003 — Хетени Ж. «Идеальная нагота» — Мотивы масонской инициации в рассказе Вл. Набокова «Посещение музея» // Studia Slavica Academiae Scientiarum Hungaricae. 2003. Vol. 48. № 1–3. P. 105–121.

Хетени 2005 — Хетени Ж. Лед, Лета, лужа: мост через реку. Масонский и дантовский код в романе Вл. Набокова «Защита Лужина» // Sub rosa. In honorem L. Szilard / ред. Д. Соколова. Budapest: ELTE BTK ITDI, 2005. P. 286–298.

Хетени 2007 — Хетени Ж. (Hetényi Zs.) Римские сестры Лолиты. К проблематике Набоков и античность, Набоков и Италия // Toronto Slavic Quarterly. Rome and Russia in the 20th Century: Literary, Cultural and Artistic Relations. 2007. Vol. 21 (Summer). URL: http://www.utoronto.ca/tsq/21/zsuzsa21.shtml (дата обращения: 27.06.2021).

Хетени 2010 — Хетени Ж. Мифологические парадигмы женственного, общение между земным и небесным в «Лолите» Набокова. Синкретический эротекст Набокова // L'ordre du chaos — le chaos de l'ordre. Hommages à Leonid Heller / Dir. A. Dobritsyn, E. Velmezova. Bern: Peter Lang, 2010. P. 225–233.

Хетени 2011a — Хетени Ж. Привал Очарованных Охотников в «Лолите» Набокова и остров Цирцеи у Гомера и Джойса. Полигенетические параллели и образы оборотня, свиньи и собаки // Russian Literature. 2011. Vol. 69(1). P. 39–55.

Хетени 2011b — Хетени Ж. Северо-запад и Восток: сдвиги и «гибридизация языков» Набокова // Восток и Запад: пространство природы и пространство культуры в русской литературе и фольклоре. Волгоград, 2011. С. 116–124.

Хетени 2012 — Хетени Ж. Симметризация, семантизация и смакование букв Вл. Набоковым // Визуализация литературы / ред. К. Ичин, Я. Войводич. Белград; Загреб: Филологический факультет Белградского университета; Философский факультет Загребского университета, 2012. С. 205–219.

Хетени 2013 — Хетени Ж. «Occult association of memories». Визуальная ассоциация и образы памяти в наррации Набокова // «Невыразимое выразимое». Экфрасис и проблемы репрезентации визуального в художественном тексте / ред. Д. Токарев. М.: НЛО, 2013. С. 495–507.

Хетени 2014 — Хетени Ж. Hybridization of tongue: лжеязык Набокова в «Bend Sinister» // Гибридные формы в славянских культурах / отв. ред. Н. Злыднева. М.: ИС РАН, 2014. С. 158–164.

Хетени 2015 — Хетени Ж. «Тройной сон». Лермонтовское у Набокова (проза, перевод, поэзия, публикация) // Lermontov in 21st Century Literary Criticism: Лермонтов в литературной критике XXI века / ed. M. Gyöngyösi, K. Kroó, T. Szabó. Budapest: L'Harmattan — ELTE, 2015. P. 84–101.

Хетени 2016a — Хетени Ж. Блоки, параллели и концептуальные коды цикла Исаака Бабеля «Конармия» // Исаак Бабель в историческом и литературном контексте: XXI век / ред. Е. Погорельская. М.: Гос. литературный музей — Книжники, 2016. С. 74–87.

Хетени 2016b — Хетени Ж. «Оптические иллюзии» Хармса и Эркеня. Эссе-минутки о том, что может быть абсурдом // Вестник РУДН. Серия: Вопросы образования: языки и специальность. 2016. № 4. С. 128–144. URL: http://www.d-harms.ru/library/opticheskie-illyuzii-harmsa-i-erkenya-esse-minutki-o-tom-chto-mozhet-bit-absurdom.html (дата обращения: 22.07.2021).

Чудаков 1977 — Чудаков А. П. Комментарии // Тынянов Ю. Н. Поэтика. История литературы. Кино. М.: Наука, 1977. С. 397–403.

Шапиро 1979 — Шапиро Г. Христианские мотивы, их иконография и символика, в романе Владимира Набокова «Приглашение на казнь» // Russian Language Journal 1979. Vol. 33. № 116 (Fall). P. 144–162.

Шапиро 1981 — Шапиро Г. Русские литературные аллюзии в романе Набокова «Приглашение на казнь» // Russian Literature. 1981. Vol. 9(4). С. 369–378.

Шестов 1975 — Шестов Л. На весах Иова. Paris: YMCA-PRESS, 1975.

Шлёцер 1916 — Шлёцер Б. Ф. Об экстазе и действенном искусстве: О творчестве А. Н. Скрябина. Пг.: тип. Сириус, 1916.

Шунейко 1996 — Шунейко А. А. Масонская символика в языке русской художественной литературы XVIII–XX веков (к постановке проблемы) // Язык и творчество: К 70-летию В. М. Григорьева. М.: РАН, Институт русского языка им. В. В. Виноградова, 1996. С. 325–330.

Эйхенбаум 1987 — Эйхенбаум Б. М. К вопросу о звуках стиха // Эйхенбаум Б. М. О литературе. М.: Сов. писатель, 1987. С. 325–328.

Эткинд 2002 — Эткинд А. Литературный дискурс о гомосексуальности от Розанова до Набокова // В поисках сексуальности / под ред. Е. Здравомысловой и А. Темкиной. СПб.: Дмитрий Буланин, 2002. С. 79–98.

Якобсон 1966 — Якобсон Р. Собака Калин Царь // Jakobson R. Selected Writings. Vol. IV. The Hague; Paris: Slavic Epic Studies, 1966. P. 63–79.

Якобсон 1987 — Якобсон Р. Новейшая русская поэзия. Набросок первый: Подступы к Хлебникову // Якобсон Р. Работы по поэтике / ред. М. Л. Гаспаров. М.: Прогресс, 1987. С. 272–316.

Якобсон 1992 — Якобсон-будетлянин науки. Воспоминания, письма, статьи, стихи, проза / сост., подг. текста, предисл. и комм. Б. Янгфельдт. М.: Гилея, 1992.

Ярхо 1974 — Всепьянейшая литургия. Перевод Б. Ярхо // Зарубежная литература средних веков. 2-е изд. / под. ред. Б. И. Пурищева. М.: Просвещение, 1974. С. 44–48.

A deux voix 1996 — A deux voix — Umberto Eco et Ilya Prigogine. Temps européens. Automne Genève: Édition du Centre Européen de la Culture de Genève, 1996.

Aldridge 1961 — Aldridge O. A. «Lolita» and «Les Liaisons Dangereuses» // Wisconsin Studies in Contemporary Literature. 1961. Vol. 2. № 3. P. 20–26.

Alexandrov 1991 — Alexandrov V. Nabokov's Otherworld. Princeton: Princeton University Press, 1991.

Alexandrov 1995 — Alexandrov V. Nabokov and Bely // The Garland Companion to Vladimir Nabokov / Ed. by Vladimir E. Alexandrov. New York; London: Routledge; Taylor & Francis Group, 1995. P. 358–366.

Alter 1997 — Alter R. Nabokov and the Art of Politics // Nabokov's «Invitation to a Beheading»: A Critical Companion / Ed. by Julian W. Connolly. Evanston, Ill.: Northwestern University Press, 1997. P. 47–65.

Anokhina 2012 — Anokhina O. Le rôle du multilinguisme dans l'activité créative de Vladimir Nabokov // Multilinguisme et créativité littéraire. Louvain-La-Neuve: Harmattan / Academia, 2012. P. 15–25.

Austin 1937 — Austin H. D. Artephius-Orpheus // Speculum. 1937. Vol. 12. № 2 (April). P. 251–254.

Baczko, Bosino 1989 — Baczko B., Bosino G. Lumières, utopias, révolutions: espérance de la démocratie. Genève: Giovanni Busino, 1989.

Barta 1995 — Barta P. «Obscure peregrinations». A Visit to the Museum // Studia Slavica Academiae Scientiarum Hungaricae. 1995. P. 227–234.

Barthes 1980 — Barthes R. La chambre claire. Note sur la photographie. Paris: Gallimard, 1980.

Baudrillard 1991 — Baudrillard J. Le système des objets. Paris: Gallimard, 1991.

Beaujour 1995 — Beaujour E. K. «Bilingualism» // The Garland Companion to Vladimir Nabokov / Ed. by Vladimir E. Alexandrov. New York; London: Routledge; Taylor & Francis Group, 1995. P. 37–43.

Bennington, Derrida 1991 — Bennington G., Derrida J. Jacques Derrida. Paris: Seuil, 1991.

Boyd 1985 — Boyd B. Nabokov's «Ada»: The Place of Consciousness. Ann Arbor: Ardis, 1985.

Boyd 1990 — Boyd B. Vladimir Nabokov: The Russian Years. Princeton, NJ: Princeton University Press, 1990.

Boyd 1991 — Boyd B. Vladimir Nabokov: The American Years. Princeton, NJ: Princeton University Press, 1991.

Boyd 1999 — Boyd B. Introduction // Nabokov V. Speak, memory: An Autobiography Revisited. Random House LLC; Everyman's Library, 1999.

URL: http://www.randomhouse.com/knopf/classics//catalog/display.pperl?isbn=9780375405532&view=printexcerpt (дата обращения: 28.01.2021).

Boyd 2001 — Boyd B. d'O You Get the Joke? // Nabokovian. 2001. № 47 (Fall). P. 9–14.

Bozovic 2016 — Bozovic M. Nabokov's Canon: from «Onegin» to «Ada». Evanston, Ill.: Northwestern University Press, 2016.

Brommer 1940 — Brommer P. Eidos et idea. Étude sémantique et chronologique des oeuvresde Platon. Assen: Van Gorcum, 1940.

Bühler 1913 — Bühler K. Die Gestaltwahrnehmungen. Experimentelle Untersuchungen zur psychologischen und ästhetischen Analyse der Raum- und Zeitanschauung. Stuttgart: Verlag von W. Spemann, 1913.

Caillois 1984 — Caillois R: Préface // Wirth O. Le tarot des imagiers du moyen âge. Paris: 1984. P. 15–16.

Connolly ed. 1997 — Nabokov's «Invitation to a Beheading»: A Critical Companion / Ed. by J. W. Connolly Evanston, Ill.: Northwestern University Press, 1997.

Cotton 1825 — Cotton H. The typographical gazetteer. Oxford: Bodleian Library, 1825.

Couturier 1996 — Couturier M. The Poerotic Novel: Nabokov's «Lolita» and «Ada». Seyssel: Champ Vallon, 1996.

Dällenbach 1977 — Dällenbach L. Le recit speculaire. Essai sur la mise en abyme. Paris: Seuil, 1977.

Davydov 1995 — Davydov S. «Poshlost» // The Garland Companion to Vladimir Nabokov Nabokov / Ed. by Vladimir E. Alexandrov. New York; London: Routledge; Taylor & Francis Group, 1995. P. 628–632.

Decharneux, Nefontaine 1999 — Decharneux B., Nefontaine L. L'initiation. Splendeurs et misères. Bruxelles: Labor, 1999.

Deleuze 2004 — Deleuze G. Desert Islands and Other Texts, 1953–1974. New York: Semiotext(e), 2004.

Deleuze, Guattari 1980 — Deleuze G., Guattari F. Trois nouvelles ou «Qu'est-ce qui s'est passé?» // Mille Plateaux. Capitalisme et Schizophrénie. Paris: Les Editions de Minuit, 1980. P. 235–252.

Dodds 1951 — Dodds E. R. The Greeks and the Irrational. Berkeley; Los Angeles: University of California Press, 1951.

Dworkin 1991 — Dworkin R. Liberty and Pornography // The New York Review of Books. 1991. August 15. P. 12–15.

Ehrenfels 1890 — Ehrenfels C. Über Gestaltqualitäten. Vierteljahrschrift für wissenschaftliche // Philosophie. 1890. № 14. S. 249–292.

Eliade 1954 — Eliade M. The Symbolism of the Center // Eliade M. The Myth of the Eternal Return. New York: Bollingen Foundation Inc., 1954. P. 12–17.

Eliade 1957 — Eliade M. Das Heilige und das Profane. Hamburg: Rowohlt, 1957.

Eliot 1986 — Eliot T. S. The Use of Poetry and the Use of Criticism. Studies in the Relation of Criticism to Poetry in England. Cambridge, MA: Harvard University Press, 1986.

Emery 2002 — Emery J. Guides to Berlin. Comparative Literature. 2002. № 54. P. 291–306.

Farkas 2009 — Farkas Á. I. As McFate would have it // The Anachronist. 2009. Vol. 14. P. 111–120.

Fechner 1876 — Fechner Th. G. Vorschule der Ästhetik. Leipzig: Breitkopf & Härtel, 1876.

Field 1977 — Field A. Nabokov: His Life in Part. New York: Viking Press, 1977.

Foster 1995 — Foster J. B. «Bend Sinister» // The Garland Companion to Vladimir Nabokov / Ed. by Vladimir E. Alexandrov. New York; London: Routledge; Taylor & Francis Group, 1995. P. 25–36.

Frege 1892 — Frege G. Über Sinn und Bedeutung // Zeitschrift für Philosophie und philosophische Kritik. 1892. Bd. 100. S. 25–50.

Garland Companion 1995 — The Garland Companion to Vladimir Nabokov / Ed. by Vladimir E. Alexandrov. New York; London: Routledge; Taylor & Francis Group, 1995.

Garziano 2012 — Garziano S. La poétique autobiographique de Vladimir Nabokov dans le contexte de la culture russe et occidentale. Lyon: Centre d'Études Slaves André Lirondelle, Univ. Jean Moulin, 2012.

Gasparov 2012 — Gasparov B. Beyond Pure Reason: Ferdinand de Saussure's «Philosophy of Language and its Early Romantic Antecedents». New York: Columbia University Press, 2012.

Genette 2004 — Genette G. Métalepse. De la figure à la fiction. Paris: Seuil, 2004.

Gove 1973 — Gove A. F. Multilingualism and Ranges of Tone in Nabokov's Bend Sinister // Slavic Review. 1973. Vol. 32. № 1 (March). P. 79–90.

Grayson 1977 — Grayson J. Nabokov Translated. A Comparison of Nabokov's Russian and English Prose. Oxford: Oxford University Press, 1977. P. 23–118.

Grossmith 1987 — Grossmith R. Spiralizing the Circle: The Gnostic Subtext in Nabokov's «Invitation to a Beheading» // Essays in Poetics. 1987. Vol. 12. № 2 (September). P. 51–74.

Hall 1960 — Hall W. J. E. The Obscene Publications Act, 1959 // The Modern Law Review. 1960. Vol. 23. № 3. P. 285–290. URL: www.jstor.org/stable/1091621 (дата обращения 08.07.2021).

Hetényi 1990 — Hetényi Zs. Fatal Hearts of the 1920s. On Mikhail Bulgakov's Story The Heart of a Dog // Scottish Slavonic Review. 1990. № 14 (July). P. 181–190.

Hetényi 1994 — Hetényi Zs. The Visible Idea. Babel's Modelling Imagery // Canadian Slavonic Paper. Centenary of Isaak Babel. 1994. Vol. XXXVI. № 1–2. P. 55–67.

Hetényi 1997 — Hetényi Zs. «Nabokov». Az orosz irodalom története a kezdetektől 1940-ig // Szerk. Zs. Zöldhelyi. Budapest: Nemzeti Tankönyvkiadó — Universitas, 1997. P. 299–303 (на венгерском языке).

Hetényi 2001 — Hetényi Zs. Heimat und Fremde. Die literarische Selbstidentifikation. Lev Lunz als russischer Schriftsteller und Jude und die beziehungenseiner Erzählung «Die Heimat» zur deutschen Literatur (F. Rosenzweig, G. Meyrink) // Ich und der / die Andere in der russischen Literatur. Zum problem von Identität und Alterität in den Selbst- und Fremdbildern des 20. Jahrhunderts / Hg. von Ch. Parnell. Frankfurt am Main; Berlin; Bern; Bruxelles; New York; Oxford; Wien: Peter Lang, 2001. S. 185–195.

Hetényi 2007 — Hetényi Zs. L'érotexte syncrétique de Nabokov // Le tabou dans le léxique de «Lolita». Noms et choses. Le corps de l'écriture dans la modernité slave / Dir. M. Weinstein. Aix-en-Provence: Publications de l'Université de Provence, 2007. P. 165–175.

Hetényi 2008a — Hetényi Zs. In a Maelstrom. A History of Russian-Jewish Prose 1860–1940. New York; Budapest: CEU-Press, 2008.

Hetényi 2008b — Hetényi Zs. Lolita as Goddess between Life and Death: from Persephone to the Poplars. Mythical Allusions in Nabokov's Novel // Intertexts. 2008. Vol. 12. № 1 (Spring). P. 56–76.

Hetényi 2010 — Hetényi Zs. Nomen est ponem? Name and Identity in Russian Jewish Emigré Prose on and in Berlin of 1920s // Transit und Transformation: Osteuropäisch-jüdische Migranten in Berlin 1918–1939. Charlottenburg und Scheunenviertel / V. Dohrn, G. Pickhan. Göttingen: Wallstein Verlag, 2010. S. 95–113.

Hetényi 2011 — Hetényi Zs. Lionized in Berlin. Translating «A Guide to Berlin» by Vladimir Nabokov and the writer's road to be published in Hungary // Ritka művészet. Rare Device. Writings in honour of Ágnes Péter / B. Gárdos, V. Ruttkay, A. Tímár. Budapest: ELTE BTK, 2011. P. 325–340.

Hetényi 2015 — Hetényi Zs. Nabokov regényösvényein. Budapest: Kalligram, 2015 (на венгерском языке).

Hetényi 2018 — Hetényi Zs. The Carroll Carroll Pattern: Nabokov and Lewis Carroll // Toronto Slavic Quarterly 2018. Vol. 2. P. 1–19. URL: http://sites.utoronto.ca/tsq/63/Hetenyi63.pdf (дата обращения: 27.06.2021).

Hetényi 2020 — Hetényi Zs. The Texture of Type: Nabokov's Sensory Perception of Alphabetical Letters: The Semanticized Graphic Form // Scando-Slavica. 2020. № 66(2). P. 217–231.

Idel 1988 — Idel M. Kabbalah. New Perspectives. New Haven and London: Yale University Press, 1988.

Jacq 1985 — Jacq C. Le Moine et le Vénerable. Paris: Robert Laffont, 1985.

Jakobson, Valesio 1966 — Jakobson R., Valesio P. Vocabularum Constructio in Dante's Sonnet «Se vedi li occhi miei» // Studi Danteschi. 1966. Vol. XLIII. P. 7–33.

Jimenez 2008 — Jimenez D. A New Generation of Lolitas Makes a Fashion Statement // The New York Times. 2008. September 26.

Johnson 1971 — Johnson D. B. Nabokov's «Ada» and Pushkin's «Eugene Onegin» // The Slavic and East European Journal. 1971. Vol. XV. № 3. P. 316–323.

Johnson 1978 — Johnson D. B. The Alpha and Omega of Nabokov's Prison-House of Language: Alphabetic Iconicism in «Invitation to a Beheading» // Russian Literature. 1978. Vol. 6. № 4. P. 347–364.

Johnson 1979a — Johnson D. B. A Guide to Nabokov's «A Guide to Berlin» // The Slavic and East European Journal. 1979. № 23(3) (Autumn). P. 353–361.

Johnson 1979b — Johnson D. B. Nabokov as Man of Letters: The Alphabetic Motif in His Work // Modern Fiction Studies. 1979. Vol 25. № 3. P. 397–412.

Johnson 1981 — Johnson D. B. Belyj & Nabokov: A Comparative Overview // Russian Literature. 1981. Vol. 9. № 4. P. 379–402.

Johnson 1985 — Johnson D. B. Worlds in Regression: Some Novels of Vladimir Nabokov. Ann Arbor: Ardis, 1985.

Jung 1989 — Jung C. G. Zwei Schriften über analytische Psychologie // Jung C. G. Über die Psychologie des Überwusten Gesammelte Werke. Bd. 7. Walter Verlag AG, Olten, 4. Auflage, 1989.

Kahneman et al 1990 — Kahneman D., Knetsch J. L., Thaler R. H. Experimental Tests of the Endowment Effect and the Coase Theorem // Journal of Political Economy. 1990. № 98. P. 1325–1348.

Karlinsky 1970 — Karlinsky S. «Anya in Wonderland»: Nabokov's Russified Lewis Carroll // Nabokov: Criticism, Reminiscences, Translations, and Tributes / Ed. by A. Appel Jr., C. Newman. Evanston, Ill.: Northwestern University Press, 1970. P. 310–315.

Karshan 2011 — Karshan T. Vladimir Nabokov and the Art of Play. Oxford; New York: Oxford University Press, 2011.

Kerényi 1942 — Kerényi K. Hermes und Eros // Kerényi K. Hermes, der Seelenführer. Zürich: Rhein Verlag, 1942.

Koppelman 2005 — Koppelman A. Does Obscenity Cause Moral Harm? // Columbia Law Review. 2005. Vol. 105. P. 1635–1679.

Kroó 2020 — Kroó K. Lermontov «Kimegyek az éji ködös útra...» című versének térpoétikájához // Nonum annum. Köszöntőkötet Hetényi Zsuzsa professzor tiszteletére / Szerk. M. Gyöngyösi et al. Budapest: ELTE BTK Orosz Nyelvi és Irodalmi Tanszék, 2020. P. 268–281 (на венгерском языке).

Larmour 2002 — Larmour D. H. J. Getting One Past the Goalkeeper: Sports and Games in «Glory» // Discourse and Ideology in Nabokov's Prose / Ed. by D. H. J. Larmour. London and New York: Routledge, 2002. P. 59–73.

Larmour 2005 — Larmour D. H. J. Leaving Eurydice in the Dark: The Absent Woman in Nabokov's Early Fiction // The McNeese Review. 2005. № 43. P. 1–16.

Leibniz, Humboldt 1990 — Leibniz, Humboldt, and the Origins of Comparativism / Ed. by T. De Mauro, L. Formigari. Amsterdam; Philadelphia: John Benjamin's Publishing Company, 1990.

Lévinas 1961 — Lévinas E. Totalité et infini. La Haye: Martinus Nijhoff, 1961.

Lévinas 1965 — Lévinas E. Phénomenologie de l'Eros // Totalité et Infini. IV B. Paris: Kluwer Academic, 1965.

Lévinas 1995 — Lévinas E Altérité et transcendance. Montpellier: Fata Morgana, 1995.

Leving 2011 — Leving Yu. Keys to «The Gift». A Guide to Vladimir Nabokov's Novel. Boston: Academic Studies Press, 2011.

MacKinnon 1987 — MacKinnon C. Francis Biddle's Sister // Feminism Unmodified. Cambridge, MA: Harvard University Press, 1987. P. 163–197.

Maier 1618 — Maier M. Atalanta fugiens. Oppenheim: Hieronymus Galler for Johann Theodor De Bry, 1618.

Manchester 1997 — Manchester C. Obscenity, Pornography // Art, media & arts law review. 1997. № 4. P. 65–87.

Merleau-Ponty 1964 — Merleau-Ponty M. Le visible et l'invisible, texte établi par Claude Lefort. Paris: Gallimard, 1964.

Merleau-Ponty 1968 — Merleau-Ponty M. L'union de l'âme et du corps chez Malebranche, Biran et Bergson. Paris: Librairie Philosophique J. Vrin, 1968.

Mikulašek 1993 — Mikulašek M. Gnosticky mytus v evoluci romanu prvni tretiny 20. stoleti: A. Belyj, H. Hesse, V. Nabokov, M. Bulgakov // Slavia. 1993. Vol. 62. №. 3. P. 365–370 (на чешском языке).

Morawski 1967 — Morawski S. Art and Obscenity // The Journal of Aesthetics and Art Criticism. 1967. Vol. 26. № 2. P. 193–207.

Moynahan 1995 — Moynahan J. Nabokov and Joyce // The Garland Companion to Vladimir Nabokov / Ed. by Vladimir E. Alexandrov. New York; London: Routledge; Taylor & Francis Group, 1995. P. 433–443.

Nabokov in Context 2018 — Nabokov in Context / Ed. by D. M. Bethea, S. Frank. Cambridge: Cambridge UP, 2018.

Naiman 2010 — Naiman E. Nabokov, Perversely. Ithaca-London: Cornell University Press, 2010.

Nicol 2003 — Nicol Ch. Buzzwords and Dorophonemes: How Words Proliferate and Things Decay in «Ada» // Nabokov at Cornell / Ed. by G. Shapiro. Ithaca: Cornell University Press, 2003. P. 91–100.

Nyegaard 2005 — Nyegaard O. Uncle Gustave's Present: The Canine Motif in «Lolita» // Nabokov Studies. 2005. Vol. 9. P. 133–155.

Ouaknin 1992 — Ouaknin M.-A. Lire aux éclats. Éloge de la caresse. Paris: Quai Voltaire, 1992.

Panofsky 1997 — Panofsky E. Hercules am Scheidewege und andere antike Bildstoffe in der neueren Kunst. Leipzig; Berlin: Gebr. Mann Verlag, 1997.

Parti 2008 — Parti K. Az eladók már rég hazamentek. A büntetőjog mint az online pornográfia szabályozásának eszköze [PhD értekezés]. Pécs, 2008. URL: https://ajk.pte.hu/sites/ajk.pte.hu/files/file/doktori-iskola/parti-katalin/parti-katalin-vedes-ertekezes.pdf (дата обращения: 27.06.2021) (на венгерском языке).

Penn State 2007 — What Happened Before the Big Bang? [Penn State] // ScienceDaily. 2007. July 3. URL: www.sciencedaily.com/releases/2007/07/070702084231.htm (дата обращения: 27.06.2021).

Píchová 2002 — Píchová H. Art of memory in exile: Vladimir Nabokov and Milan Kundera. Carbondale: Southern Illinois University Press, 2002.

Priahin — Priahin A. Noteworthy members of the Grand Orient of France in Russia and the Supreme Council of the Grand Orient of Russia's People. URL: www.freemasonry.bcy.ca/texts/russia/russian_masons.html (дата обращения: 9.07.2021).

Proffer 1968 — Proffer K. Keys to «Lolita». Bloomington: Indiana University Press, 1968.

Purdy 1968–1969 — Purdy S. B. «Solus Rex»: Nabokov and the Chess Novel // Modern Fiction Studies. 1968–1969. Vol. 14. № 4. P. 379–395.

Rea 2001 — Rea M. C. What Is Pornography? // Noûs. 2001. Vol. 35. № 1. P. 118–145.

Rigolot 1977 — Rigolot F. Poétique et onomastique: l'exemple de la Renaissance. Genève: Droz, 1977.

Ronen 1981 — Ronen I. and O. «Diabolically Evocative» — an inquiry into the Meaning of Metaphor // Slavica Hierosolymitana. 1981. Vol. V–VI. P. 371–386.

Rorty 1989 — Rorty R. Contingency, Irony and Solidarity. Cambridge; New York: Cambridge University Press, 1989.

Schneider 1970 — Schneider G. Der Libertin. Zur Geistes- und Sozialgeschichte des Bürgertums im 16 und 17 Jahrhundert. Stuttgart: Metzler Verlag, 1970.

Shapiro 1996 — Shapiro G. Lolita's Class List // Cahiers du monde russe. 1996. № 3. P. 317–336.

Shaw 1959 — Shaw J. T. Review [«A Hero of Our Time» by Mikhail Lermontov] // The Slavic and East European Journal. 1959. Vol. 17. № 2. P. 180–181.

Shvabrin 2011 — Shvabrin S. Vladimir Nabokov as Translator: Multilingual Works of the Russian Period. Ann Arbor: ProQuest, UMI Dissertations Publishing, 2011.

Starobinski 1971 — Starobinski J. Les mots sur les mots. Les anagrammes de Ferdinand de Saussure. Paris: Gallimard, 1971.

Steiner 1972 — Steiner G. Extraterritorial. London: Faber and Faber, 1972.

Stern 2013 — Stern L. Pornography and Disgust // Contemporary Aesthetics. 2013. № 11. URL: http://www.contempaesthetics.org/newvolume/pages/article.php?articleID=672 (дата обращения: 27.06.2021).

Sterzinger 1938 — Sterzinger O. Grundlinien der Kunstpsychologie: In 2 vols. Vol. 1. Graz: Leykam Verlag, 1938.

Straumann 2008 — Straumann B. Figurations of exile in Hitchcock and Nabokov. Edinburgh: Edinburgh University Press, 2008.

Strohl 2012 — Strohl M. Horror and Hedonic Ambivalence // The Journal of Aesthetics and Art Criticism. 2012. Vol. 70. № 2. P. 203–212.

Tamás 2020 — Tamás P. Vladimir Nabokov «Lolita» című regényének etikai olvasatai [PhD értekezés]. Budapest: ELTE, 2020.

Thierry 1987 — Thierry Y. Du corps parlant: le langage chez Merleau-Ponty. Bruxelles: Ousia, 1987.

Todd 1995 — Todd W. M. III A Hero of our Time // The Garland Companion to Vladimir Nabokov / Ed. by Vladimir E. Alexandrov. New York; London: Routledge; Taylor & Francis Group, 1995. P. 178–183.

Toporov 1981 — Toporov V. N. Die Ursprünge der indoeuropäischen Poetik // Poetica. 1981. Bd 13. № 3–4. S. 189–251.

Trescases 1983 — Trescases J. La symbolique de la mort ou herméneutique de la résurrection. Paris: Éditions de la Maisnie, 1983.

Trilling 1958 — Trilling L. The Last Lover. Vladimir Nabokov's «Lolita» // Encounter. 1958. № 10 (October). P. 9–19.

Trousdale 2010 — Trousdale R. Vladimir Nabokov's Invented Americas // Trousdale R. Nabokov, Rushdie, and the Transnational Imagination. Novels of Exile and Alternate Worlds. New York: Palgrave Macmillan, 2010. P. 37–69.

Walter 2002 — Walter B. D. Two organ-grinders: duality and discontent in «Bend Sinister» // Discourse and Ideology in Nabokov's Prose / Ed. by D. H. J. Larmour. London; New York: Routledge, 2002. P. 24–40.

Weininger 1910 — Weininger O. Der Hund // Der Sturm. 1910. Vol. 1. № 15 (9 Juni). URL: https://bluemountain.princeton.edu/bluemtn/?a=d&d=bmtnabg19100609-01.1.2&e=-------en-20--1--txt-txIN------- (дата обращения: 17.07.2021).

Wepler 2011 — Wepler R. Nabokov's Nomadic Humor // College Literature. 2011. Vol. 38. № 4 (Fall). P. 76–97.

Whiting 1998 — Whiting F. The Strange Particularity of the Lover's Preference: Pedophilia, Pornography, and the Anatomy of Monstrosity in Nabokov's «Lolita» // American Literature. 1998. Vol. 70(4). P. 833–863.

Wirth 1984 — Wirth O. A la mémoire de Stanislas de Guaita // Wirth O. Le tarot des imagiers du moyen âge. Paris: Tchou, 1984.

Wood 2010 — Wood M. What happened to Flora? // London Review of Books. 2010. Vol. 32. № 1 (January). P. 13.

Zimmer 2007 — Zimmer D. E. Lolita, USA. A Geographical Scrutiny of Vladimir Nabokov's novel «Lolita» (1955 / 1958). 2007. URL: http://www.d-e-zimmer.de/LolitaUSA/LoUSpre.html (дата обращения: 27.06.2021).

Zimmer, Hartmann 2002 — Zimmer D. E., Hartmann S. «The Amazing Music of Truth»: Nabokov's Sources for Godunov's Central Asian Travels in «The Gift» // Nabokov Studies. 2002. Vol. 7. № 1. P. 33–74.

Словари, энциклопедии

Аверинцев 2000 — Аверинцев С. С. София — Логос: Словарь. Киев: Дух і літера, 2000.

Брокгауз, Ефрон 1896 — Энциклопедический словарь / издатели Ф. А. Брокгауз, И. А. Ефрон. Т. XVIIa: Ледье—Лопарев. СПб.: Типо-Литография И. А. Ефрона, 1896.

Грушко, Медведев 1996 — Грушко Е. А., Медведев Ю. М. Собака // Словарь славянской мифологии. Н. Новгород: Русский Купец; Братья Славяне, 1996. URL: www.pagan.ru/slowar/sobaka (дата обращения: 27.06.2021).

Древнегреческо-русский словарь 1958 — Древнегреческо-русский словарь: в 2 т. Т. 1; 2 / сост. И. Х. Дворецкий; под ред. С. И. Соболевского. М.: ГИС, 1958.

Жмуров 2012 — Жмуров В. А. Номадизм // Жмуров В. А. Большая энциклопедия по психиатрии. М.: Джангар, 2012. URL: https://vocabulary.ru/termin/nomadizm.html (дата обращения: 27.06.2021).

Мифы народов мира 1982 — Мифы народов мира: в 2 т. / гл. ред. С. А. Токарев. Т. 2. М.: Советская энциклопедия, 1982.

Соловьев 2001 — Соловьев О. Масонство. Словарь-справочник. М.: Аграф, 2001.

Филиппов и др. 2011 — Филиппов А. В., Романова Н. Н., Летягова Т. В. Тысяча состояний души. Краткий психолого-филологический словарь. М.: Флинта, 2011.

Яценко 1999 — Яценко Н. Е. Номадизм // Яценко Н. Е. Толковый словарь обществоведческих терминов. СПб.: Лань, 1999. URL: http://www.slovarnik.ru/html_tsot/n/nomadizm.html (дата обращения: 27.06.2021).

Coil 1961 — Coil H. W. Coil's Masonic Encyclopedia / Ed. by W. M. Brown, W. L. Cummings. New York: Macoy Publishing & Masonic Supply Company, 1961.

Grimel 1951 — Grimel P. Dictionnaire de la mythologie grecque et romaine. Paris: Presse Universitaire de France, 1951.

Webster Dictionary 1913 — Webster's New International Dictionary of the English Language / W. T. Harris, F. Sturges Allen. Springfield, MA: G&C Merriam Company, 1913.

Webster Dictionary 1974 — Webster New World Dictionary of the American Language. Second College Edition / David B. Guralnik. Cleveland; New York: William Collins, 1974.

Избранная библиография работ Ж. Хетени о В. Набокове[1]

2003

«Идеальная нагота» — Мотивы масонской инициации в рассказе Вл. Набокова «Посещение музея» // Studia Slavica Academiae Scientiarum Hungaricae. 2003. Vol. 48. № 1–3. P. 105–121.

2005

Лед, Лета, лужа: мост через реку. Масонский и дантовский код в романе Вл. Набокова «Защита Лужина» // Sub rosa. In honorem L. Szilard / ред. Д. Соколова. Budapest: ELTE BTK ITDI, 2005. P. 286–298.

2007

L'érotexte syncrétique de Nabokov // Le tabou dans le léxique de «Lolita». Noms et choses. Le corps de l'écriture dans la modernité slave / Dir. M. Weinstein. Aix-en-Provence: Publications de l'Université de Provence, 2007. P. 165–175.

Римские сестры Лолиты. К проблематике Набоков и античность, Набоков и Италия // Toronto Slavic Quarterly. Rome and Russia in the 20th Century: Literary, Cultural and Artistic Relations. 2007. Vol. 21 (Summer).

Alliteráljunk! // Holmi. 2007. № 1. P. 105–110.

Un pont sur la rivière. Code maçonnique et code dantesque dans le roman de Vladimir Nabokov «La Défense Loujine» // La franc-maçonnerie et la culture russe / Dir. de J. Breuillard, I. Ivanova. Toulouse: Slavica Occitania, 2007. № 24. P. 583–602.

2008

Lolita as Goddess between Life and Death: from Persephone to the Poplars. Mythical Allusions in Nabokov's Novel // Intertexts. 2008. Vol. 12. № 1 (Spring). P. 56–76.

Nabokov erotextusa: szinkretikus szöveg és nominalizmus a «Lolitában» // Szóba formált világ Tanulmánykötet A. Han születésnapjára / szerk. Zs. Hetényi. Budapest: ELTE, 2008. P. 85–100 (на венгерском языке).

2010

Мифологические парадигмы женственного, общение между земным и небесным в «Лолите» Набокова. Синкретический эротекст Набокова //

---

[1] Среди моих работ о В. Набокове (их около 70) важное место занимают переводы произведений, список см. в главе «Набоков, Nabokov, Набоков. Гибридный перевод Набокова...».

L'ordre du chaos — le chaos de l'ordre. Hommages à Leonid Heller / Dir. A. Dobritsyn, E. Velmezova. Bern: Peter Lang, 2010. P. 225–233.

Из чего состоит живая собака? По кровной линии набоковских псов // Representations de l'animal dans la culture russe. Actes du colloque de Lausanne 2007 / L. Heller, Vinogradova de la Fortelle, A. Université de Lausanne, Section de langues et civilisations slaves. СПб.: Балтийские сезоны, 2010. С. 131–146.

Csehov-csapongások, nabokovos nézőpontból // Holmi. 2010. № 10. S. 1277–1288 (на венгерском языке).

2011

Привал Очарованных Охотников в «Лолите» Набокова и остров Цирцеи у Гомера и Джойса. Полигенетические параллели и образы оборотня, свиньи и собаки // Russian Literature. 2011. Vol. 69. № 1. P. 39–55.

Северо-запад и Восток: сдвиги и «гибридизация языков» Набокова // Восток и Запад: пространство природы и пространство культуры в русской литературе и фольклоре. Волгоград, 2011. С. 116–124.

Baljós kanyar // Élet és Irodalom. LV. № 8. 2011. Február 25 (на венгерском языке).

«Édesbús válsághangulat, LFS, gondolom magamban». Nabokov szovjet, oroszországi és magyar recepciója 1990 előtt // Literatura. 2011. № 2. P. 172–187 (на венгерском языке).

Kiradírozott önélet — Vladimir Nabokov: Laura modellje // Magyar Narancs. 2011. Május 26 (на венгерском языке).

Lionized in Berlin. Translating «A Guide to Berlin» by Vladimir Nabokov and the writer's road to be published in Hungary // Ritka művészet. Rare Device. Writings in honour of Ágnes Péter / B. Gárdos, V. Ruttkay, A. Tímár. Budapest: ELTE BTK, 2011. P. 325–340.

2012

Симметризация, семантизация и смакование букв Вл. Набоковым // Визуализация литературы / ред. К. Ичин, Я. Войводич. Белград; Загреб: Филологический факультет Белградского университета; Философский факультет Загребского университета, 2012. С. 205–219.

A szótól a betűig. Literátus litera-túra a transzlációban és transzliterációban (Nabokov szinesztetikus és többnyelvű szövegei) // A szótól a szövegig / V. Bárdosi. Budapest: Tinta kiadó, 2012. P. 109–114 (на венгерском языке).

Prenoćište začaranih lovaca u «Loliti» V. Nabokova i Kirkin otok kod Homera i Joycea. Poligenetske paralele i likovi transforma svinje i psa // Transfer. Zbornik Radova o transferima u kulturi / J. Vojvodić. Zagreb: Hrvatska Sveučilišna Naklada, 2012. P. 155–172 (на хорватском языке).

2013

«Occult association of memories». Визуальная ассоциация и образы памяти в наррации Набокова // «Невыразимое выразимое». Экфрасис и проблемы репрезентации визуального в художественном тексте / Д. Токарев М.: НЛО, 2013. С. 495–507.

Kommunáci bunyós bohócok. Nabokov és póslaszty // Whack fol the dah. Írások Takács Ferenc 65. születésnapjára: Writings for Ferenc Takacs on his 65th birthday. Budapest: ELTE BTK, 2013. P. 403–412 (на венгерском языке).

Livsfrisen. (Munch és Nabokov) // Holmi. 2013. Vol. XXV. № 2. P. 197–205 (на венгерском языке).

2014

«Ada»: Liber libidonis, ad liberiora. Амор и мораль, либертинаж и дендизм в «Аде» Набокова // Russian Literature. 2014. Vol. 76. № 1–2. С. 177–200.

Hybridization of tongue: лжеязык Набокова в «Bend Sinister» // Гибридные формы в славянских культурах / отв. ред. Н. Злыднева. М.: ИС РАН, 2014. С. 158–164.

A Carroll Carroll minta (Nabokov és Lewis Carroll) // Jelenkor. 2014. Vol. LVII. № 10. P. 1116–1125 (на венгерском языке).

Búcsú, távozás, átlépés Nabokov korai regényeiben // A búcsú a művészetben Kelet és Nyugat az irodalomban / Szerk. Zs. Hetényi, X. Gaál. Budapest. 2014. P. 21–32 (на венгерском языке).

Nabokovljevi nomadizmi: iskliznuće, alternativni prostori spoznaje // Nomadizam. Zbornik znanstvenih radova u spomen na profesora Aleksandra Flakera / Ured. J. Vojvodić. Zagreb, 2014. P. 125–136 (на хорватском языке).

Pillantások a Paradicsomba — a pornográfia definiálhatatlanságáról // A megértés mint hivatás. Köszöntő kötet Erdélyi Ágnes 70. születésnapjára / Szerk. T. Bárány, Zs. Gáspár, I. Margócsy, O. Reich, Á. Vér. Budapest: L'Harmattan, 2014. P. 221–236 (на венгерском языке).

«Siskov a nevem» Áttűnés a művészetbe. (Vladimir Nabokov «Vaszilij Siskov» című novellájához) // Jelenkor. 2014. Vol. LVII. № 12. P. 1192 (на венгерском языке).

2015
Nabokov regényösvényein. Budapest: Kalligram, 2015 (на венгерском языке).

Взор и узоры прозы. Два типа интерпретации букв и клеточные анаграммы: Набоков и предшественники // 1913 — «Слово как таковое»: к юбилейному году русского футуризма / сост. Ж.-Ф. Жаккар, А. Морар. СПб.: Европейский университет, 2015. С. 446–460.

«Тройной сон». Лермонтовское у Набокова (проза, перевод, поэзия, публикация) // Lermontov in 21st Century Literary Criticism: Лермонтов в литературной критике XXI века / M. Gyöngyösi, K. Kroó, T. Szabó. Budapest: L'Harmattan — ELTE, 2015. P. 84–101.

Dva lica raja — pornografija u teoriji, pornografija kod Nabokova // Umjetnost Riječi. 2015. № 59(1–2). P. 53–64 (на хорватском языке).

Előjáték és ujjgyakorlatok a Lolitához: V. Nabokov «A bűvölő» // Kalligram. 2015. Vol. XXIV. № 5. P. 67–72 (на венгерском языке).

Kiradírozott önélet: Nabokov «Laura modellje» // Világtalanul. Világirodalom-kritika Magyarországon / D. Zelei. Budapest, Pécs: Jelenkor Kiadó, 2015. P. 386–388 (на венгерском языке).

Nabokov almafája // Alibi hat hónapra: Bugyi / L. Márton, A. Brody. Budapest: AduPrint Kft, 2015. P. 98–102 (на венгерском языке).

Nabokov regényösvényein. Budapest: Kalligram, 2015 (на венгерском языке).

Név és identitás: irodalmi névadás emigráns szerzők műveiben (a berlini orosz írók példáin) // Emlékezés, identitás, diszkurzus / szerk. P. Bodor. Budapest: L'Harmattan, 2015. P. 39–66 (на венгерском языке).

2016
Языковой антиэквилизм В. Набокова // Omnis amor incipit ab aspectu: Köszöntő könyv Jászay László 65. születésnapjára / Sz. Janurik, A. Palágyi, I. Pálosi. Budapest: ELTE BTK, 2016. P. 103–108.

Három Nabokov-regényről: «Király, dáma, bubi» [fordította Vargyas Zoltán. Európa Könyvkiadó, Bp., 2011]; «Adomány» [fordította Pap Vera-Ágnes. Európa Könyvkiadó, Bp., 2010]; «Ada» [fordította M. Nagy Miklós, Európa Könyvkiadó, Bp., 2008] // Tiszatáj. 2016. Vol. LXX. № 5. P. 66–70 (на венгерском языке).

«Nabokov's Art as a Juggler's Act»: Vladimir Nabokov's Road to Publication in Hungary // Anzeiger für Slavische Philologie. 2016. Vol. XLIV. № 1. S. 9–14.

Pornografija u teoriji, pornografija kod Nabokova // Tijelo u tekstu. Aspekti tjelesnosti u sovremenoj kulturi / Ed. J. Vojvodić. Zagreb: Disput d.o.o, 2016. P. 53–64 (на хорватском языке).

2017

«...the viewer and the view»: Зеркальность, движение и мгновение. Заметки к параллельному чтению Набокова и Пастернака // Studia Slavica Academiae Scientiarum Hungaricae. 2017. Vol. 62. № 1. P. 135–142.

Vladimir Nabokov «Kuss, felejtés!» // Élet és Irodalom. 2017. Vol. LXI. № 36 (Szeptember 8) (на венгерском языке).

2018

The Carroll Carroll Pattern: Nabokov and Lewis Carroll // Toronto Slavic Quarterly 2018. Vol. 2. P. 1–19.

Nabokov, az önfordító Nabokov és a Nabokovot fordító paradoxonai // Filológiai Közlöny. 2018. № 64(1). P. 25–34 (на венгерском языке).

Philology in Translation — The Case Nabokov // Knizhevnost', kultura, folklor, pitan'ia slavistike. T. 1–2. Belgrad: Cigoja stampa, 2018. P. 318.

Translating self-translation and the units of the translation: the case of Nabokov // Studia Slavica Academiae Scientiarum Hungaricae. 2018. Vol. 63. № 1. P. 49–55.

2019

Porcelán malac és celluloid gyík. Vladimir Nabokov tárgyleírásai // Jelenkor. 2019. Vol. LXII. № 11. P. 1254–1263 (на венгерском языке).

Vladimir Nabokov in Context / David M. Bethea and Siggy Frank (Cambridge University Press, 2018) [Review] // Slavic Review. 2019. № 78 (3). P. 872–873.

Vladimir Nabokov tárgyleírásai és az egzisztenciális emigráció // Leírás: Elmélet, irodalom, kép / Ed. P. Hajdu, Z. Varga Z., Gy. Kálmán C., D. J. Mekis. Budapest: Reciti Kiadó, 2019. P. 257–270 (на венгерском языке).

2020

The Texture of Type: Nabokov's Sensory Perception of Alphabetical Letters: The Semanticized Graphic Form // Scando-Slavica. 2020. Vol. 66. № 2. P. 217–231.

2021

Переводить с двух оригиналов: гибридизация при переводе Набокова // Семантизация — Концептуализация — Смысл. Сборник в честь 80-летия профессора Ежи Фарыно / ред. R. Bobryk, С. Гончаров. Siedlce: Instytut Kultury Regionalnej i Badań Literackich im. Franciszka Karpińskiego, 2021. C. 423–432.

Kövirózsa, szélről // Élet és Irodalom. 2021. Vol. LXV. № 30 (július 30.) (на венгерском).

Предметно-именной указатель

В указатель не включены эпизодические упоминания исторических лиц, литературных персонажей, названий периодических изданий; также не включены упоминания исследователей и биографов Набокова, поскольку их имена и работы отражены в Библиографии.

Аарон 47, 48, 230, 343
Абрасакс (Абраксас) 33
абстрактный 31, 56, 60, 129, 148, 207, 245, 273, 276, 388
абсурд, абсурдный 117, 154, 190, 197, 231, 255, 269, 302, 308, 396
автомат 235, 262, 389, 393, 395
автоматизация, дезавтоматизация 262, 377
автоперевод 11, 12, 21, 105, 220, 242, 269, 272, 273, 280, 283, 297, 307–313, 315, 317, 329, 332, 335, 381, 388, 403, авторский перевод 181, 307, 311
автор 7, *passim*
  автор-демиург 7, 373
автореференция 252, 253, 316
авторефлексивность 128, 262, 377
ад, Ад 31, 32, 68, 123, 169–175, 179, 188, 192, 197–199, 201, 207, 210, 232, 249, 252, см. также *Аид, Преисподняя*

Ада (героиня романа «Ада, или Радости страсти. Семейная хроника») 122, 123, 125–128, 130, 136, 140, 154, 159, 160, 280, 290–293, 296
Адамович Георгий Викторович 295, 359
Аид 41, 71–73, 75, 76, 80, 85, 186, 193, 201, 228, 229, 232, 342, см. также *ад, Преисподняя*
Аксенов Василий Павлович 16, 39, 187
  Ожог 39
  Остров Крым 39
  Затоваренная бочкотара 187
аллегория, аллегоризация 35, 53, 55, 58, 59, 61, 63, 124, 131, 167, 189, 201, 217, 221, 228, 229, 232, 280, 303, 355, 362, 395
аллитерация 39, 48, 49, 274
алхимия 32, 33, 36, 54, 59, 69, 170, 174, 184, 230

Предметно-именной указатель

амбивалентность 31, 37, 39, 54, 87, 89, 108, 133, 143, 222, 232, 234, 243, 289, 355
анаграмма 18, 33, 57, 63, 77, 122, 213, 256, 261, 268, 272, 274–276, 290, 291, 297, 348, 355
анаморфоз 211
Андреэ Иоганн Валентин (Andreae Johann Valentin) 174
Chymische Hochzeit Christiani Rosenkreutz 174
андрогинность 77, 78, 130, 355
анимировать, анимированный 388, 390–393
Аннабелла (героиня романа «Лолита») 50, 51, 58, 68, 156
антиутопия, антиутопический 243, 245, 247, 299
Антихрист 243
Античность, античный 47, 54, 103, 109, 122, 131, 134, 138, 184, 194, 305, 306, 354
антропоморфизация 221, 393
антропоним, антропомастика 155, 305, 350, 352, 353, 355
Анубис 73, 197, 227, 229, 231
апокриф 55, 225, 226
Аппель Альфред (Appel Alfred) 35, 81, 82
Апулей 41, 45
Метаморфозы 41
Аристотель 206, 231
архетип 35, 36, 51, 59, 69, 72, 75, 85, 88, 108, 109, 122, 222, 226, 227, 289, 353
архив 20, 61, 249, 258, 361
аутистический 148, 208
Ахерон 228

Бабель Исаак Эммануилович 205, 368
Дневник 1920 года 205
Бальмонт Константин Дмитриевич 265
Барт Ролан (Barthes Roland) 101, 184
Бахтин Михаил Михайлович 144, 145
карнавал 101
роман 144
Беатриче 141
бездна 19, 63–65, 72, 92, 172, 327
безымянность 355, 358, 364, 366, 367, 371
Белый Андрей (Бугаев Борис Николаевич) 48, 54, 180, 240, 262, 264, 265, 301, 338–344, 346–348, 390, 392, 403
Глоссолалия. Поэма о звуке 262
Жезл Аарона 48, 262, 343
Магия слов 262
Мастерство Гоголя 340
Петербург 240, 339, 345, 347, 390
Серебряный голубь 340, 345
Бергсон Анри (Bergson Henri) 188
Бердяев Николай Александрович 94
беременность 53, 73, 126
Берлин 11, 116, 145, 148, 150, 174, 207, 228, 234, 268, 308, 316, 325, 340, 350, 351, 355, 357, 359, 362, 366, 368, 379, 371, 373, 384, 389
бес, бесовский 52, 73, 76, 78, 80, 84, 85, 94, 222, 226, 232–235, 237, 238, 240, 241, 243, 245, 256, 341

Бёклин Арнольд (Böcklin Arnold) 81, 209, 348
  Остров Мертвых 209, 348
Бёме Якоб (Böhme Jakob) 28
библейская герменевтика 19, 53, 69, 70
библиотека 20, 61, 116, 123, 131, 133, 243, 244, 249
Библия 32, 42, 43, 53, 69, 109, 229, 316, 357
бинарный, бинарность 18, 31, 37, 52, 54, 55, 62, 64, 68, 69, 76, 132, 167, 192, 232, 245, 344, 402
биография 119, 120, 139, 150, 152, 323, 338, 340
биспациальность 147, 181, 208
близнецы 36, 49, 51, 78, 128, 241
Блок Александр Александрович 54, 77, 141, 264
  Безрадостные всходят семена... 264
Блум Леопольд (герой романа Дж. Джойса «Улисс») 78–82, 84
Богородица, Дева Мария 55
Бодлер Шарль (Baudelaire Charles) 129
  Художник современной жизни (Le Peintre de la vie moderne) 129
Бодуэн де Куртенэ Иван Александрович 269, 283
божественное 30, 33, 34, 37, 39–41, 51, 58, 68, 69, 71, 76, 170, 171, 173, 206, 223, 226, 229, 232, 234, 235, 239, 269, 276, 289, 368
Боккаччо Джованни (Boccaccio Giovanni) 185

Боттичелли Сандро (Botticelli Sandro) 55, 209, 251
  Сад наслаждений 55
будетляне 271, 272
буква 10, 28, 33, 43, 45, 69, 80, 83, 174, 176, 207, 248, 251, 255, 261–289, 291, 294–298, 305, 310, 316, 317, 348, 368
  графический образ 254, 261–263, 272, 273, 276, 277, 279, 283, 298, 316
Булгаков Михаил Александрович 221, 229, 234
  Мастер и Маргарита 234
  Собачье сердце 221, 229
Бунин Иван Алексеевич 222
  Сны Чанга 222
Вейнингер Отто (Weininger Otto) 223
  Собака 223
Венера 54, 103, 109, 209
Вергилий (Публий Вергилий Марон) 170, 187, 232
  Энеида 193, 197, 232
вертикаль, вертикальный 46, 47, 57, 205, 254, 270, 279
Веселовский Александр Николаевич 28, 30
Ветхий Завет 173
взрыв 67, 86–89, 92, 93, 403
визуализация 10, 11, 99, 207, 270, 277, 360
визуальность, визуальный 10, 27, 32, 46, 78, 101, 102, 135, 145, 149, 152, 203–206, 208, 211, 213–217, 220, 243, 251, 257, 262, 263, 265, 267, 268, 272–274, 276, 278, 279, 280, 282, 283, 289, 296–299, 302, 377, 402

виртуализация пространства 142
виртуальный 81, 134, 143,
    145–148, 150, 157, 159, 204,
    386, 389
Виттгенштейн Людвиг
    (Wittgenstein Ludwig) 283
    Философские исследования 283
вода 31, 32, 41, 42, 45, 72, 77, 82,
    87, 88, 95, 104, 166, 179, 183,
    186, 194, 199, 213, 214, 230, 287,
    289–294, 314, 383, 388
Волошин Максимилиан Александрович 180, 264, 265
    Письмо 265
    Подмастерье 265
Ворагинский Иаков 229
    Золотая легенда 229
Вореш Шандор (Weöres
    Sándor) 93
воскресение, воскресающий бог
    148, 166, 169, 170, 188, 190, 200,
    201, 245, 255, 343, 363
восток, восточный 14, 17, 46, 61,
    122, 124, 150, 167, 173, 180, 190,
    201, 207, 230, 257, 304, 305, 344,
    см. также *ориентализм*
Врубель Михаил Александрович 81
    Демон сидящий 81
    Всепьянейшая литургия 80
вульгарное, вульгарность 38, 46,
    73, 100, 101, 123, 130, 156, 224,
    236–238, 243, 246
Гейне Генрих (Heine Heinrich)
    224, 269, 357, 364, 365
Геракл 47, 131, 227, 228
Германия 148, 239, 303–305, 365
герменевтика, герменевтический
    19, 20, 29, 53, 69, 70

Гермес 41, 47, 48, 73, 81, 85, 193,
    197, 227, 230, 232, 245, 342, 348
герметизм 348
герой-автор 359, 375; см. также
    *интрадиегетический
    рассказчик*
гештальт 204
Гёте Иоганн Вольфганг (Goethe
    Johann Wolfgang von) 233, 333
    Фауст 168, 174, 234, 239
гибридизация, метод перевода
    7, 13, 154, 298, 305, 312, 313,
    315, 355, 403
гностицизм, гностический 33, 39,
    52, 59, 69, 88, 139, 164, 166, 167,
    174, 177, 194
Гоголь Николай Васильевич 222,
    237, 238, 252, 322, 339, 340, 390
    Записки сумасшедшего 222
    Мертвые души 390
Гомер 71, 72, 316
горизонтальный 107, 255
город 52, 61, 66, 85, 90, 137, 145,
    149, 150, 155, 186–188, 190, 191,
    241, 285, 295, 301, 347, 355, 364,
    365, 370, 378, 388, 396
Гофман Эрнст Теодор Амадей
    (Hoffmann Ernst Theodor
    Amadeus) 183
граница 7, 17–19, 28, 37, 42, 43,
    48, 63–65, 1, 73, 88, 93, 100,
    108, 136, 147, 149, 152, 154,
    168, 175, 182, 183, 185, 186,
    190, 199, 220, 228, 230, 231,
    233, 234, 254, 279, 283, 285,
    289, 298, 303, 337, 345, 347,
    351, 363, 365, 369, 376,
    383, 402
графема 273, 274, 279, 315, 317

Грей Томас (Gray Thomas) 84
  Элегия, написанная на сельском кладбище 84
гротеск 135, 243, 245, 314, 340, 366, 368, 369, 372
Гулачи Лайош (Gulácsy Lajos) 95
  Поцелуй 95
Гумберт Гумберт (герой романа «Лолита») 14, 26, 30, 36–38, 40, 43, 44, 48, 50–56, 58–60, 62, 63, 65, 67, 74, 75, 77, 78, 82, 85, 92, 102, 103, 105–107, 109, 125, 126, 128, 131, 132, 140, 144, 154–156, 240, 246, 252, 313, 315, 367
Гумбольдт Александр фон (Humboldt Alexander von) 279
  Unforgreifliche Gedanken 279
Гюисманс Жорис-Карл (Huysmans Joris-Karl) 129, 130
  Наоборот 129
Да Винчи Леонардо (da Vinci Leonardo) 211
Данте Алигьери (Dante Alighieri) 53, 54, 103, 123, 169–173, 175, 177, 185, 187, 192, 201, 231, 232, 249, 274, 306, 402
  Божественная комедия 171, 185, 197, 231
  Ад 172, 173, 198, 232, 249, 252
Дарьяльский (герой романа А. Белого «Серебряный голубь») 340–342, 345
двойник, псевдодвойник 12, 50, 77, 78, 146, 155, 170, 251, 58, 341, 344–347, 361, 369
двойственность 7, 34, 37–39, 44, 222, 232, 235, 288, 351, 359, 377
двумирие 147, 181, 208

декодирование 54, 100, 263, 275, 316, 317
декорация 57, 137, 138, 165, 241, 317
Делаланд Шарль Флоран (Mangon-Delalande Charles-Florent-Jacques) 177
  Защита и апология масонства 177
Делёз Жиль (Deleuze Gilles) 142, 143, 146, 147
Деметра 71, 73
демон 38, 41, 47, 73, 106, 107
демонизация 103, 109
демонизм 340
денди 110, 112–115, 118–121, 129, 140
дендизм 110, 112, 114, 115, 119, 120, 123, 125, 129, 130, 132, 146
Денон (Dominique Vivant, Vivant Denon) 127, 128
  Point de lendemain 127
деперсонализация 262, 377, 393
Деррида Жак (Derrida Jacques) 369, 370, 372
деталь художественная 35, 82, 83, 149, 169, 170, 185, 190, 203, 204, 219, 234, 241, 249, 268, 272, 281, 305, 309, 317, 324, 330, 384–386, 388, 389, 395
детский 36, 51, 107, 145, 150, 152, 164, 172, 177, 179, 210, 216, 217, 241, 251, 278, 306, 322, 323, 336, 375, 387, 388
детство 13, 36, 56, 65, 117, 145, 146, 149, 164, 166, 169, 176, 186, 190, 217, 266, 268, 278, 307, 323, 325, 356, 386, 390, 403

Джойс Джеймс (Joyce James) 71, 77–85, 238, 240, 251
  Поминки по Финнегану 77
  Улисс 77, 78, 80–84, 238, 240
Диана 103, 134
диглоссия 7
Дионис 47, 90, 201, 342
дионисийство 29, 90, 201, 340, 342, 343
дневник 15, 37, 60, 14, 118, 119, 132, 138, 147, 166, 242, 334, 395
Добужинский Мстислав Валерианович 278
Довлатов Сергей Донатович 362
дом 49, 51, 52, 54, 56, 76, 78, 106, 117, 126, 129, 145, 149, 167, 174, 179, 183, 191, 192, 216, 235, 289, 302, 341, 351, 364, 365, 370, 387–389, 392, 393, 396, 397
Дон Жуан (Дон Гуан, Don Juan) 111, 287, 293
дорога домой 169, 296
Достоевский Федор Михайлович 16, 38, 73, 239, 247, 339, 341, 345, 395
  Бесы 73
  Преступление и наказание 345
Другой 112, 113, 257, 351, 359, 372
дубина 342, 343, 346
Дюлоран Анри-Жозеф (Dulaurens Henri-Joseph) 127
  Je suis Pucelle, Histoire véritable 127
дьявол, дьявольский 40, 61, 78, 174, 197, 223, 225, 226, 229, 230, 232
Ева и Лилит 30, 37, 42, 43, 103, 156
евреи 47, 224, 351, 357

Елена, спутница Симона мага 39
Ерофеев Венедикт Васильевич 187
  Москва — Петушки 187
Есенин Сергей Александрович 262, 264, 265
  Ключи Марии 262, 265
Жаботинский Владимир Евгеньевич 357
  Фельетоны 357
жанр 30, 80, 111, 125, 127, 133, 139, 287, 299, 329, 340, 345, 357, 368, 375, 376, 378, 393, 394
жезл 44, 47, 48, 52, 230, 342, 343, 344, 348
Женетт Жерар (Genette Gerard) 329
женское и мужское 44
жертва 56, 61, 75, 178, 244, 280, 300, 340, 345, 394
закон о непристойности 98
Замятин Евгений Иванович 135, 184, 265, 287
  Мы 184, 265, 287
заумь, заумники 262–266, 269, 271, 275, 276, 354
звук, звуковой 28, 52, 66, 78, 87, 88, 91, 94, 135, 138, 141, 159, 164, 184, 199, 215, 261–264, 266, 274, 277, 278, 281–285, 301, 310, 327, 371
зеркало 81, 126, 176, 177, 197, 199, 210–212, 214, 225, 242, 273, 285, 286, 289, 290, 357, 358, 360, 361, 363, 364, 374, 375, 379, 382, 385, 389
зоопарк 253, 368, 381
зрение 88, 93, 204, 282

Иванов Вячеслав Иванович 29, 30, 141, 262, 275
Дионис и прадионисийство 29
Мысли о символизме 141
О новейших теоретических исканиях в области художественного слова 262
игра; языковая игра 10, 14, 19, 27, 33, 40, 41, 47, 52, 55, 56, 58, 62, 69, 70, 75, 76, 81, 85, 99, 100, 102, 106, 112, 116, 118, 128, 137, 158, 128, 149, 165, 167, 168, 171, 173, 174, 181, 182, 184, 188, 190, 193, 196, 199, 200, 211, 235, 239, 240, 242–244, 251, 253, 268, 271, 278, 280, 282, 293, 308, 311, 314, 315, 347, 358, 357, 359, 364, 370, 373, 384
идентичность 7, 143, 153, 273, 299, 350, 351, 357, 359–362, 364, 368, 369, 373, 389, 391, 392, 394
ижица 30, 279, 280, 297, 298
Иисус Христос 54, 58, 73, 169, 188, 192, 197, 229, 230, 343, 348
икона 387
иконический 101, 262, 268, 272–274, 316, 377
именование 75, 351, 352, 354, 358, 366, 373, 392, см. также *называние, неназывание*
имя 14, *passim*
имя нарицательное 26, 27, 28, 352
инаковость 112, 136, 155, 166, 240, 365, 368
инвариант 9, 11, 12, 18, 36, 37, 46, 56, 57, 61, 64, 65, 69, 92, 107, 126, 134, 144, 150, 169, 171, 173, 185, 186, 189, 190, 192, 193, 234, 235, 245, 246, 253, 273, 316, 317, 323, 327, 364, 374, 375, 402
инициации мотив 133, 180, 181, 197, 201
инициация 19, 20, 39, 54, 59, 63, 70, 115, 133, 138, 139, 164, 165, 168–171, 179–181, 183, 187, 188, 194–201, 216, 220, 234, 243, 375, 401, 402
интеллигенция 344, 351
интенция автора, интенционализм 98, 99, 156, 353, 373
интервью 9, 82, 83, 132, 145, 163, 226, 236, 238, 239, 281, 356, 374
интерперсональный 49, 112, 113
интерпретация 8, 11, 29, 34–36, 70, 98, 101, 108, 109, 178, 182, 206, 251, 257, 261, 263, 268, 276, 291, 343, 353, 358, 373, 398, 401
интертекстуальность 231, 381, 391
интрадиегетический рассказчик 358, 359, 375, см. также *герой-автор*
инцест 36, 49, 51, 102, 130, 402
Исида 39, 51, 169
Иштар 169, 201 (Астарта 39)
Йожеф Аттила (József Attila) 86, 93
каббала 41, 46, 47, 53, 54, 69, 89, 91, 151, 174, 281, 354, 368
кадуцей 342
Кайюа Роже (Caillois Roger) 202
Камю Альбер (Camus Albert) 239
Кант Иммануил (Kant Immanuel) 390
карнавал 101
карты игральные 243, 349; карточная игра 184, 347

Каспар Давид Фридрих (Caspar David Friedrich) 93
Монах у моря, или Утренний туман в горах 93
Кафка Франц (Kafka Franz) 190, 239, 240
Превращение 240
Кинбот Чарльз (персонаж романа «Pale Fire») 91, 154, 158, 215, 334, 376, 383
кино 10, 339, 361
кириллица 265, 270, 277, 280, 298, 302
китч 53, 81, 101, 238, 335, 387
клеточные анаграммы 63, 261, 274, 275, 429
Климт Густав (Klimt Gustav) 95
Поцелуй 95
ключ 31, 59–64, 166, 208, 212, 218, 257, 270, 309, 356
Книга мертвых (Папирус Ани) 227
код, кодирование 31, 54, 73, 124, 149, 163, 170, 194, 197, 231, 232, 402
комментарий 51, 61, 82, 83, 113, 114, 121, 154, 267, 308, 322, 333, 334, 339, 341, 376, 383
комментарий как жанр 329
концепт 17, 68, 92, 139, 154, 337, 381
копия 12, 36, 81, 106, 109, 126, 208, 247, 331, 361
корень (тела, состава) 46, 47
космополит 146
Кристус Петрус (Petrus Christus) 212, 213

Ювелир в своей лавке (Св. Элигий в своей мастерской) 213
криптоним 325, 355, 359, 361
круг 27, 31, 35, 48, 51, 63, 85, 95, 122, 123, 165, 166, 168, 170, 171, 173, 192, 196, 198, 207, 208, 220, 223, 237, 243, 246, 266, 340, 362, 380, 383, 390
Крученых Алексей Елисеевич 262, 272, 273
Буква как таковая 262, 273
Крылов Иван Андреевич 222
Ксенофонт 131
Куильти (персонаж романа «Лолита») 40, 49–52, 55, 56, 58, 62, 63, 74–77, 82, 85, 106, 126, 155, 235, 314
культурный код 61, 67, 103, 109
куклы 63, 208, 288, 293, 389, 393, 395
кукольность, куклообразный 176, 208, 240, 390
Кундера Милан (Kundera Milan) 16, 127
Медленность 16, 127
Кэрролл Льюис (Carroll Lewis) 14, 308, 309, 326
Алиса в Стране чудес, переводы: *Соня в царстве дива*; *Приключения Алисы в Стране чудес* (А. Н. Рождественская) 326
Лакан Жак (Lacan Jacques) 344
латиница 265, 277
Лаура (адресат лирики Петрарки) 141
Лаура (героиня романа «The Original of Laura») 125, 138, 250, 251, 253

Леванда Лев Осипович 224
　Горячее время 224
Левинас Эммануэль (Lévinas Emmanuel) 39, 41, 43, 86, 112
Лейбниц Готфрид Вильгельм (Leibniz Gottfried Wilhelm) 279
　Nouveaux Essais sur l'entendement humain 279
лейтмотив 18, 48, 54, 63, 71, 104, 149, 150, 163, 169, 178, 191, 216, 273, 288, 316, 335, 346
Леман Роберт (The Robert Lehman Collection) 213
лента Мёбиуса 170, 192, 290
Лермонтов Михаил Юрьевич 16, 81, 114, 308, 309, 321–335, 337, 403
　Выхожу один я на дорогу… 16, 337
　Герой нашего времени 16, 114, 308, 322, 327, 330, 333, 334, 337
　Демон 81, 325
　Казачья колыбельная песня 326
　Мцыри 322, 323
　Прощай, немытая Россия… (в переводе В. Набокова *Farewell*) 326
　Родина (в переводе В. Набокова *My Native Land*) 326
　Сон (*В полдневный жар, в долине Дагестана…*) (в переводе В. Набокова *The Triple Dream; Тройной сон*) 323
лестница 32, 56, 167–170, 218, 365
Лета 163, 179, 199, 201, 228
либертин 111, 112, 115, 122–124, 127, 129, 137, 138, 402
либертинаж 110–112, 115, 119, 121, 122, 125, 128, 132, 134, 137

Лилит 30–32, 37, 42, 43, 54, 103, 105, 134, 138, 156
логомантия 18, 33, 40, 69, 70
Логос 40, 57, 68, 94, 113, 280, 295
Лолита (героиня романа «Лолита») 29, 30, 34, 36–40, 44, 49–58, 60, 62–64, 66, 67, 71, 73–77, 85, 93, 103–107, 125, 126, 130, 131, 134, 138, 155, 156, 249, 252, 281, 293, 367, 374
Лоуренс Дэвид Герберт (Lawrence David Herbert) 98
Лужин (герой романа «Защита Лужина») 15, 65, 68, 73, 84, 149, 150, 154, 163–179, 185, 207, 210, 271, 282, 286, 316, 375, 387
Лунц Лев Натанович 72, 183, 360
　Родина 72, 360
Люцифер (герой «Божественной комедии» Данте) 172, 175, 176
Майер Михаэль (Maier Michael) 59
　Atalanta Fugiens 59
Майн Рид (Рид Томас Майн, Reid Thomas Mayne) 115, 130
　Всадник без головы 115
Майринк Густав (Meyrink Gustav) 72, 183
　Голем 72, 183
Малевич Казимир Северинович 205, 289
　Белое на белом 289
Малларме Стефан (Mallarmé Stéphane) 43
　Послеполуденный отдых Фавна 43
Мандельштам Осип Эмильевич 262, 265
　О природе слова 262
　Слово и культура 262

Манн Томас (Mann Thomas) 186, 187, 239
  Волшебная гора 186, 239
  Марио и волшебник 187
  Смерть в Венеции 239
маргинальность 393
марионетки 178, 257, 389, 395
Маркиз де Сад (marquis de Sade) 124
  Justine ou les Malheurs de la vertu 125
Мартын (герой романа «Подвиг») 92, 104, 115, 117, 118, 149, 150, 190, 192, 193, 195, 210, 216–219, 228, 230, 232, 234, 246, 290, 294, 334–337, 380, 381
маска 50, 124, 156, 197, 226, 237, 241, 247, 256, 360, 367, 395
масонство 41, 69,138, 177, 178, 180,181, 183, 184, 186, 188, 193–196, 200–202
масоны 177, 178, 180, 188, 190, 191, 194–197, 199, 201
Матьюрин Чарльз (Maturin Charles Robert) 154
  Мельмот скиталец (Melmoth the Wanderer) 154
Машенька (героиня романа «Машенька») 281, 316, 363, 365, 366, 403
Маяковский Владимир Владимирович 222, 262, 264, 266–268, 270
  Как я сделался собакой 222
  Вывескам 270
Мережковский Дмитрий Сергеевич 237
Мемлинг Ганс (Memling Hans) 209, 212

Мерло-Понти Морис (Merleau-Ponty Maurice) 112
металитературный 253, 272, 316, 324, 325, 377, 388
метаморфоза 73, 75, 77, 78, 85, 107, 229, 248, 256, 257, 389
метаморфузия 308
метафиктивный 138, 369
метафикциональный 215, 256, 349, 357, 359, 372
метафора 30, 31, 46–48, 51, 52, 55, 57, 59, 75, 79, 80, 99, 102, 104, 107, 123, 126, 130, 134, 154–156, 159, 171, 175, 197, 205, 217, 229, 231, 243, 244, 246, 256, 272–274, 280, 288, 298, 301, 302, 331, 351, 353, 354, 366, 371, 372, 374, 378–381, 383, 389, 392
метемпсихоз 78–80, 83
микрокосмос 135
мимесис 205, 262, 337, 377
Минаев Игорь Евгеньевич 107
  Первый этаж 107
Мирабо Оноре (Mirabeau Honoré) 125, 126
  Le rideau levée ou l'éducation de Laure 125
Мировая Душа 141
Митра 227
миф 25, 32, 35–37, 39–41, 43, 47, 49, 51, 69, 71, 109, 131, 134, 169, 182–184, 191–193, 197, 201, 228, 229, 235, 341, 342, 402
мифологизация 103, 109, 133
мифопоэтика, мифопоэтический 40, 53, 57, 84, 159, 227, 340, 343, 348, 402
многокодовость 101
многоязычность 10

модель 100, 109, 178, 182, 199, 212, 251, 252, 326, 327, 359
моделировать 337
Моисей 343
Мольер (Поклен Жан-Батист, Molière, Poquelin Jean-Baptiste) 111
Дон Жуан, или Каменный пир 111
Мопассан Ги де (Maupassant Guy de) 238
Милый друг 238
Моцарт Амадей Вольфганг (Mozart Wolfgang Amadeus) 169, 199
Волшебная флейта 169, 199
мост 141, 163, 167, 169, 172, 179, 214, 220, 302, 304, 365
мотив 12, 17, 18, 31, 36, 37, 39, 40, 52, 55, 56, 62–64, 69, 71–78, 82–85, 92, 95, 103, 104, 107, 109, 122, 131, 133, 138, 141, 148, 149, 156, 157, 163, 165, 166, 168, 169–172, 175, 177, 179–181, 183–186, 188–193, 197, 198, 200, 201, 208–210, 215, 219, 221, 222, 225, 226, 230, 233–235, 240, 243, 245, 251, 252, 265, 270, 274, 288–290, 292, 293, 301, 316, 317, 327, 340, 341, 347– 349, 359, 360, 362–364, 368, 374, 380, 395, 402
музей 36, 57, 171, 174, 183–186, 188–194, 196–198, 207, 210, 231, 235, 296, 379, 380
музыка 64, 67, 86, 91–94, 101, 104, 131, 167, 179, 231, 271, 283, 295, 344

Мунк Эдвард (Munch Edvard) 12
Крик 13
Набоков Владимир Владимирович 7, *passim*
Ада, или Радости страсти. Семейная хроника (Ada or Ardor. A Family Chronicle) 13, 81, 110, 111, 113, 114, 116, 119, 121–123, 125, 126, 129–133, 137, 139, 141, 142, 158, 159, 253, 256, 257, 267, 282, 287–290, 292, 303, 304, 325, 401
Аня в стране чудес (перевод повести Л. Кэрролла «Алиса в Стране чудес») 308, 326; см. также Кэрролл Льюис *Алиса в Стране чудес*
Благость 8
Бродя по прихоти тропы уединенной... 326
Василий Шишков 8, 258, 359, 360
Велосипедист 193
Вершина 327
Волшебник 52, 129, 312
Горний путь (сборник) 29
Гроза (рассказ) 189
Гроза (стихотворение) 189
Дар 17, 64, 74, 150, 239, 244, 247, 257, 269, 271, 280, 295, 304, 325, 355, 357, 362, 375, 376
Другие берега 35, 118, 130, 137, 158, 210, 215, 269, 272, 277, 280, 302, 309, 322, 385
Звени, мой верный стих 326
Знаки и символы 8
К родине 193
Как я люблю тебя 327
Камера обскура 297, 311

Королек 317
Король, дама, валет 8, 297, 311
Крым 327
Лес 327
Лилит 26, 30, 31, 33, 37, 47, 51, 52, 67, 68, 126
Лолита 11–13, 17, 25, 26, 30, 33–37, 39, 43, 46, 51–53, 57, 59, 62, 71, 72, 74, 77, 81–83, 92–94, 96–99, 101–104, 107, 108, 111, 113, 114, 121, 123, 126–129, 131–133, 137, 140, 141, 144, 154–156, 187, 209, 233, 235, 240, 246, 248, 252, 262, 280, 281, 288, 292, 309–314, 317, 328, 367, 381, 401
Мадемуазель О 309
Машенька 8, 11, 13, 68, 118, 148, 186, 245, 273, 294, 312, 316, 324, 325, 361–363, 366, 371, 374, 388
Набор 8, 14, 93, 94, 216, 253, 357, 360, 367
Николка Персик (перевод романа Р. Роллана «Кола Брюньон») 308, см. также *Роллан Ромен*
Облако, озеро, башня 74, 184, 187, 240, 243, 367
Окно 327
Оригинал Лауры 115, 288, 295
Отчаяние 178, 213, 235, 245, 246, 262, 273, 308, 324, 338, 340, 343, 345–347, 358, 394
Памяти Л. И. Шигаева 384
Память, говори 17
Пасха 188
Письмо в Россию 8, 388
Пнин 8, 11, 149, 212, 249, 270

Подвиг 8, 17, 19, 68, 73, 92, 93, 104, 115, 117, 118, 130, 131, 134, 144, 149, 154, 156, 184, 186, 189, 190, 192, 193, 195, 210, 214, 216, 217, 219, 220, 225, 228, 230, 232, 234, 238, 246, 251, 281, 290, 294, 312, 334, 335, 380, 387
Посещение музея 36, 57, 68, 73, 174, 176, 180, 183, 190, 191, 193, 207, 208, 210, 231, 280, 289, 296
Пошляки и пошлость 238
Приглашение на казнь 11, 37, 68, 147, 154, 157, 165, 167, 170, 177, 200, 211, 216, 226, 232, 234, 236, 239, 240, 244, 247, 255, 273, 274, 279, 280, 289, 298, 299, 302, 348, 367, 375, 395
Прозрачные вещи (Transparent Things) 257, 274, 395
Путеводитель по Берлину 8, 14, 18, 81, 128, 253, 272, 282, 284, 286, 288, 294, 377, 378, 381, 388
Путь 327
Расстрел 193
Россия 193
С серого севера... 191
Сказка 81, 287
Слово 8, 93
Сны 193
Соглядатай 144, 255, 262, 358
Сон 193, 323
Сон на Акрополе 193
Сонет 327
Ужас 8
Человек и вещи 387, 392
Элегия 326
A Letter That Never Reached Russia 8, 307, 388

As night unites the viewer and the view 375, 382
Bend Sinister 150, 154, 246, 253, 255, 280, 288, 289, 298, 299, 300, 303, 304, 349
Conclusive Evidence 309
Despaire 311
Glory 156, 216, 220, 228, 307, 332
King, Queen, Knave 311
Laughter in the Dark 297, 308, 311
Lermontov as a West European Writer 322
Look at the Harlequins! 43, 82, 325
Nikolai Gogol 81, 322
On Generalities 246
Pale Fire 81, 156, 158, 303, 329, 334, 376, 381–383
Pnin 212, 307
Signs and Symbols 292, 307
Solus Rex 157
Speak, Memory: An Autobiography Revisited 309
Strong Opinions 82, 163, 374
Terra Incognita 157
The Lermontov Mirage 322
The Original of Laura 115, 138, 248, 249, 287
The Real Life of Sebastian Knight 153, 299
The Visit to the Museum 181
Three Russian Poets: Selection from Pushkin, Lermontov and Tyutchev (сборник переводов) 325
Transparent Things 257, 274, 395
Ultima Thule 157

Набоков Владимир Дмитриевич, отец 117, 118, 120, 146, 180, 322
Набоков Дмитрий Владимирович, сын 9, 114, 248, 322
Набоков Константин Дмитриевич, дядя 116, 119, 180
Набоков Сергей Владимирович, брат 119, 180
Набокова (Слоним) Вера Евсеевна, жена 83, 247
Набокова Елена Ивановна, мать 278
нагота 55, 95, 107, 109, 139, 169, 180, 200, 250
называние 25, 27, 30, 37, 42, 43, 46, 49, 149, 201, 218, 355, 370; см. также *именование, неназывание*
наименование 25, 27, 30, 37, 347, 355
нарративные псевдодвойники 12
нарратор 18, 153, 301, 357, 360, 376, 378
наррация 7, 18, 75, 85, 102, 123, 133, 140, 152, 155, 203, 207, 216, 222, 245, 251, 253, 256, 290, 329, 330, 344, 354, 359, 360, 370, 372
нацизм 246
небесное и земное 28, 30, 141, 213
«нетки» 211
немецкий язык 7, 117, 196, 251, 304
неназывание 19, 25, 26, 31, 70
нимфа 37, 39, 41, 47, 60, 78, 79, 81, 122, 134, 228
нимфетка 37, 38, 67, 85, 103, 106, 107, 125, 131, 144, 155, 187, 250
Ничто 86, 89, 90, 93, 287, 288, 364, 365

Новый Завет 90
ноль 287
номадизм 7, 137, 142–148, 150,151, 154–156, 158, 159, 167, 402
номинализм 25, 42
Нугаре Пьер Жан-Батист (Nougaret Pierre Jean-Baptiste) 126
Lucette ou le progres de la libertinage, par M. N*** 126
О (семантика буквы) 282–297
Обломов (роман И. А. Гончарова) 300
обнажение приема 215, 262, 357, 366, 377
оборотень, оборотничество 75, 76, 233
одежда 44, 107, 114, 116–118, 128, 130, 200, 255, 289, 340, 350, 379
Одиссей 72, 73, 75, 77, 81, 187
«одомашнивание» текста (доместикация, при переводе) 308, 309, 314, 317, 326
Озирис 192, 201, 342
Окуджава Булат Шалвович 125
Путешествие дилетантов 125
Олеша Юрий Карлович 135, 390, 392
Зависть 390
олицетворение 47, 19,308, 389, 390
онейрический 101, 139, 168, 193, 215, 295, 325
О происхождении племен, или Пещера сокровищ 51
опредмеченный 208, 349
ориго 252, 287, 288, 297

ориентализм 124
орнамент, орнаментальность 263, 283
Оруэлл Джордж (Orwell George) 239
Орфей 169, 192, 193, 199, 201, 207, 231, 289
остров 71–73, 157, 285,370
отсутствующий герой 334
палка, посох, трость 47, 81, 224, 230, 234, 241, 243, 315, 340–349, 394, 402
память 13, 17, 18, 29, 57, 59, 138, 139, 148, 153, 157, 179, 189, 203, 207, 208, 215–220, 228, 229, 271, 278, 291, 309, 323, 343, 354, 358, 363, 364, 375, 391, 394
Панофски Эрвин (Panofsky Erwin) 131
Геркулес на распутье и другие изо-мотивы античности в искусстве последующих эпох 131
парадигма 17, 25, 31, 32, 39, 155, 225, 350, 360, 364
Париж 11, 110, 157, 196, 340, 361, 384
пародия 14, 38, 48, 49, 52, 80, 106, 141, 158, 184, 201, 240, 246, 247, 267, 326, 339, 345, 346, 395
паронимия 57, 80
паспорт 61, 148, 360, 361, 366, 368
Пастернак Борис Леонидович 187, 233, 267, 300, 328, 374–376, 378–381, 383, 392, 403
Детство Люверс 375
Доктор Живаго 374
Зеркало 375, 382
Письма из Тулы 374
Черный бокал 378, 380

Пасхи мотив 179
пафос 45, 93, 108, 118, 133, 228, 230, 262, 327, 386
Пелевин Виктор Олегович 384
  Т 16
перевод 8, 11, 14, 16, 20, 21, 42, 64, 114, 154–157, 177, 181, 187, 191, 198, 214, 215, 219, 231, 232, 263, 268, 272, 273, 280, 287, 290, 292, 300, 303, 307–317, 321–332, 367, 377, 403
Персефона 73, 75, 79, 85, 103, 105, 134, 169, 192, 252
персона 35, 49, 50
Песнь Песней 55
Петербург 27, 110, 150, 186, 187, 191, 192, 199, 200, 210, 301, 302, 305
Петр I 352
Петрарка 103, 125, 131, 141, 251
Печорин Григорий Александрович (персонаж романа М. Ю. Лермонтова «Герой нашего времени») 114, 324, 329, 330, 331, 333, 334
пещера 44, 57–59, 61, 62, 69, 73, 103, 288, 290, 402
Пиаже Жан (Piaget Jean) 27
Пильняк Борис Андреевич 301
Писемский Алексей Феофилактович 195, 196
  Масоны 195
пистолет 35, 48, 49, 62, 99, 104, 331
пламя 31, 32, 43, 51, 52, 54, 62, 69, 95
Платон 41, 51, 59, 206, 229, 231, 254

Платонов Андрей (Климентов Андрей Платонович) 43, 45, 206
  Епифанские шлюзы 45
  Река Потудань 45
  Чевенгур 45
плодородие 32, 47, 48, 55, 59, 71, 85, 107, 344, 348
Плотин 86, 89
По Эдгар Аллан (Poe Edgar Allan) 106, 240, 313, 314
  Аннабель Ли 313
побег 142, 149, 150, 153, 296
поезд 117, 150, 190, 246, 294, 325, 365, 380, 381
полигенетизм 49, 55, 141, 338, 340
полигенетический символ 32, 36, 69, 341, 342
полиглоссия 18, 116, 278, 303, 403
полиглот, полиглотизм 8, 267, 309
полиномия 366, 368, 370
порнография 12, 17, 26, 34, 38, 42, 96–103, 107–109, 121
Последние новости (газета) 359
посох 47, 230, 342, 343, 346
постмодерн 8, 41, 87, 140, 142, 143, 251, 308
потустороннее 20, 32, 58, 69, 70, 86, 90, 104, 106, 109, 142, 186, 215, 228, 234, 272, 316, 335, 337
потусторонность 15, 17, 18, 48, 58, 92, 103, 147, 157, 164, 209, 210, 284, 302, 339, 402
пошлость 14, 37, 48, 49, 53, 73, 74, 76, 117, 120, 137, 156, 196, 216, 236–243, 245–247, 302, 304, 330, 340, 402
поэзия 30, 47, 118, 122, 135, 180, 218, 262, 266, 267, 308, 321, 326, 343, 344, 377, 379

поэт 16, 115, 121, 122, 129, 148, 237, 262, 267, 269, 278, 309, 314, 322, 323, 328, 334, 359, 365, 379, 381, 383
пратекст 17, 343
предмет (вещь) 26, 36, 69, 99, 167, 171, 184, 193–196, 198, 204, 207, 209, 211, 213, 244, 263, 292, 296, 340, 341, 344, 346, 352, 353, 356, 360, 362, 379, 383–398, 403
Преисподняя 41, 48, 58, 72, 94, 186, 201, 228, 348, , см. также *ад, Аид*
Прекрасная Дама (в творчестве А. А. Блока) 141
Пржевальский Николай Михайлович 151
Приап 47, 103
Привал Зачарованных Охотников (роман «Лолита») 60, 62, 72, 74, 75, 77, 106,
прием художественный 7, 18, 19, 26, 27, 78, 93, 100, 102, 107, 108, 115, 124, 183, 184, 193, 203, 207, 214–217, 241, 245, 247, 249, 252, 253, 255, 262, 267, 270, 282, 283, 289, 296, 299, 303, 305, 316, 324, 329, 330, 333, 334, 337, 340, 341, 345, 347, 349, 350, 357, 359, 362, 364, 366–368, 370, 372, 377, 388–390, 392, 393
«тройной сон» как прием 324, 325, 337, см. также *обнажение приема*
приключение 63, 91, 115, 145, 150, 158, 168, 307, 330, 335, 336
Прованс 150, 156, 186, 190, 336, 365, 380
Продик 131

промах 271, 338, 342, 346–349, 394
пространство 17, 18, 64, 65, 73, 74, 88, 99, 104, 110, 133–138, 142–144, 146–160, 164, 168, 175, 183, 185, 187, 190, 192, 193, 210, 216, 231, 234, 241, 289, 291, 326, 337, 338, 360, 383, 397, 402, см. также *спациальный*
профан 165, 195, 196, 199
профанный 165, 179, 186, 200
Пруст Марсель (Proust Marcel) 147, 240
В поисках утраченного времени 240
псевдо- 12, 26, 39, 103, 108, 109, 124, 126, 137, 159, 178, 235, 251, 273, 288, 336, 346
псевдоним 63, 127, 174, 258, 297, 322, 326, 355, 359, 362
псеглавый 73, 228–230
Психея 39, 41, 43, 45, 51
психоанализ 34
психологизм 137, 262, 377
психология, психологический 13, 15, 27, 36–38, 50, 59, 82, 102, 137, 138, 143, 146, 155, 163, 164, 182, 204, 215, 236, 244, 262, 269, 300, 351, 354, 366, 367, 373, 377, 387, 389–391, 393, 402
психопомп 48, 73, 84, 85, 170, 178, 185, 193, 197, 201, 222, 227, 230, 231, 233, 234, 245, 288, 342
Пульски Тереза (Pulszky Theresa) 327
путешествие 77, 125, 146, 151, 152, 170, 185, 187, 201, 228, 288, 323, 336, 337, 360, 394
Пушкин Александр Сергеевич 27, 114, 120, 129, 152, 156, 173,

196, 237, 240, 300, 308, 309, 313, 314, 321, 326, 333, 339, 341
Пророк 313
Путешествие в Арзрум 152
Пиковая дама 184, 187, 196
Евгений Онегин 83, 113, 114, 129, 154, 267, 268, 308, 309, 322, 329, 333
Цыганы 156
Пьер (герой романа «Приглашение на казнь») 197, 216, 232, 233, 236, 241–246, 273
рабби Нахман 43
Рабле Франсуа (Rabelais François) 80, 122
Равель Морис (Ravel Maurice) 94, 101
Болеро 94, 101
рай 17, 31, 32, 53–55, 63, 68, 69, 92, 103, 104, 132, 134, 150, 159, 164, 169, 173, 177, 186, 217, 250, 252, 291, 327
рассказчик 7, 15, 36, 49, 56, 66, 73, 74, 102, 103, 105, 106, 127, 133, 153, 155, 183–187, 189, 191, 194–200, 213, 231, 232, 235, 273, 313, 317, 334, 337, 357–359, 367–370, 372, 379, 388, 389, 393
реализованная метафора 123, 262, 267, 371, 378
река 37, 72, 157, 160, 171, 173, 186, 198, 199, 290
Рембо Артур (Rimbaud Arthur) 269
Ремизов Алексей Михайлович 166, 339, 381, 390
Крестовые сестры 166
Обезьянья Великая и Вольная Палата 381

реминисценция 9, 25, 77, 125, 126, 171, 172, 247, 285, 291, 313, 315, 317
Ренессанс 103, 125
Риголо Франсуа (Rigolot François) 352, 353
Роб-Грийе Ален (Robbe-Grillet Alain) 16
роза 27, 41, 53–58, 62, 69, 76, 182, 402
Роза (символ) 53, 54
розенкрейцеры 41, 54, 174
Розенцвейг Франц (Rosenzweig Franz) 183
розовый цвет 38, 53–56, 58, 74–76, 79, 107, 135, 189, 285, 323
Рой Виннифред (Roy Winnifred) 307
Роллан Ромен (Rolland Romain) 308, 309, 322
Роман о Розе 53
романтическое 19, 81, 91, 102, 103, 115, 131, 150, 156, 269, 294, 330, 335, 336
Рорти Роберт (Rorty Robert) 132
Россия 8, 45, 61, 68, 115, 121, 152, 158, 164, 168, 179, 180, 183, 190–195, 198, 199, 201, 219, 220, 226, 230–232, 238, 239, 258, 262, 270, 280, 289, 304, 326, 327, 333, 337, 356, 373, 386–388
Рукавишников Василий Иванович, дядя 116, 282
русификация 308, 313, 317
русский язык 13, 18, 21, 64, 76, 92, 115, 117, 138, 242, 246, 267, 268, 278, 279, 297, 300, 302–305,

307–312, 326, 329, 331, 332, 357, 371, 385
Руссо Жан-Жак (Rousseau Jean-Jacques) 122, 333, 370
Юлия, или Новая Элоиза 122, 333
Рушди Салман (Rushdie Salman) 158
Рылеев Кондратий Федорович 120
Рэй Джон (фиктивный автор предисловия к роману «Лолита») 26, 96, 97, 102
Сакральный 32, 179, 205, 223, 230, 348, 370
Салтыков-Щедрин Михаил Евграфович 237
Господа Головлевы 237
самоубийство 127, 139, 149, 163, 166, 290, 291, 293
Сартр Жан-Поль (Sartre Jean-Paul) 239
сатана, сатанинский 55, 63, 68, 78, 175, 201, 225, 226, 230, 241, 246
сатир 49, 77, 122
сатирический 129, 355
свинья 71–80, 83–85, 103, 229, 255, 384, 387, 396, 402
сдвиг 7, 8, 151, 262, 270, 298, 304, 351, 377, 403
сексуальность 15, 34, 44, 45, 52, 82, 111, 112, 135, 141, 243, 295
семантизация 194, 261, 262, 266, 377
сенсуальный 104, 112, 385
Серебряный век 29, 43, 120, 159, 339, 354
сефира 46–48

символ 8, 16, 27, 32, 35, 36, 41, 46–49, 53–55, 57–59, 62, 63, 68, 69, 71, 83, 150, 167, 178, 182–186, 189, 191, 194–197, 199, 200, 202, 213, 220, 222, 226, 245, 264, 287, 289, 308, 340–342, 346, 350, 354, 362, 395, 401, 402
символизм, символист 16, 29, 35, 43, 48, 54, 69, 81, 84, 141, 163, 180, 182, 184, 194, 207, 231, 255, 262–265, 269, 271, 283, 289, 301, 339, 345, 378
симметризация 204, 252, 277, 310, 317, 387
симметрия в языке 284, 285, 294, 296, 297
синестезия 278, 297
синестет 8, 266, 267, 269, 274, 278, 285, 287, 402
синестетизм 255, 268–270, 277, 279, 280, 283, 284, 286, 310, 316, 385, 402
синкретический эротекст 17, 19, 20, 25, 69, 70
Сирин Владимир 297, 362, 377, см. также *Набоков Владимир Владимирович*
Сирин-Набоков 268, 339, 377, 387, см. также *Набоков Владимир Владимирович*
Сказание о том, как сотворил Бог Адама 225
сказовый 241, 242
скипетр 46, 47, 54, 342
Скрябин Александр Николаевич 94, 95
К пламени 95
Мрачное пламя 95
Прометей (Поэма огня) 95

Слёзкин Юрий Львович 362
  Чемодан 362
Слово (журнал) 295
Слово о полку Игореве (переведено В. В. Набоковым) 308
смерть 15, 16, 17, 19, 31, 38, 50, 53, 55, 60, 67, 71, 73, 75, 79, 81, 84, 85, 88, 90, 95, 96, 103–109, 118, 120, 126, 148, 150–154, 157, 164–166, 173, 175, 176, 178, 192, 195–198, 201, 215, 219, 222–225, 227–230, 232–235, 239, 243, 248–250, 252–258, 265, 275, 280, 288–290, 292, 293, 302, 303, 305, 306, 312, 316, 322, 328, 337, 343, 347, 348, 358, 363, 364, 367, 369, 375, 381, 383, 388, 402
смерть-сон 16, 17, 201
собака 71, 73, 75–78, 80, 84, 85, 103, 197, 221–235, 240, 242, 402
советский 11, 183, 188, 194, 199, 243, 244, 301, 303–305, 369, 396, 397
Современные записки (журнал) 152, 340, 359
Сократ 131, 229
солипсизм, солиптический 120, 131, 132, 145, 213, 393
Соловьев Владимир Сергеевич 141, 195, 324
Соловьева Поликсена Сергеевна (Allegro) 326
  Приключения Алисы в Стране чудес 326
Сологуб Федор Кузьмич 237, 339, 341
  Мелкий бес 237, 341
сон 16
  Сон Чжуан Цзы 17

Сорокин Владимир Георгиевич 16, 226
  День опричника 226
  Теллурия 16
  Dostoevsky-Trip 16
Соссюр Фердинанд де (Saussure Ferdinand de) 274, 275
София, софийное (философское понятие) 58, 88, 141, 167
спациальный 31, см. также *пространство*
спираль 92, 95, 188, 192, 252, 323, 324
Стайнер Джордж (Steiner George) 143, 351
стереотип 102, 103, 108, 123, 130, 132, 140, 156, 223, 237, 238, 300, 302, 303, 355, 387, 389
Стикс 72, 82, 198, 228, 292
Стрекоза (журнал) 304
струны 47
субкультура 46, 97, 101, 123, 156, 183
сумасшествие 94, 154, 293, 349
сюжет 10, 14, 19, 27, 30, 34, 36, 45, 55, 59, 60, 62, 65, 67, 69, 78, 81, 84, 103, 108, 115, 125, 126, 131, 134, 137, 139, 140, 144, 148, 149, 153–156, 163, 169, 181, 183–185, 187, 200, 203, 214, 229, 230, 245, 250, 255, 256, 274, 287, 295, 304, 311, 325, 330, 337, 341, 344, 359, 360, 363, 366, 378, 402
Т (семантика буквы) 273–275, 284, 293, 294
табу 30, 42, 131, 229, 291, 368, 370
Таро 51, 174, 175, 202, 343

тахта, сцена в романе «Лолита» 43, 55, 56, 58, 64, 67, 92, 108, 109, 209
театральность, театр 10, 17, 80, 107, 119, 120, 129, 137, 199, 240, 241, 257, 317, 360, 361, 364
телесность 37, 109, 112, 146, 249
тело 15, 30, 33, 34, 36, 41, 44, 46, 50, 62, 69, 76, 89, 91, 95, 100, 103, 104, 106, 107, 109, 112, 113, 122, 138, 147, 205, 170, 252, 255, 258, 265, 276, 281, 283, 296, 392, 393, 402
типологический 156, 374, 375, 398, 403
Толстой Иван Никитич 9
Толстой Лев Николаевич 104, 239, 240
   Анна Каренина 240
   Воскресение 240
   Крейцерова соната 104, 240
   Смерть Ивана Ильича 240
топос 31, 39, 53, 73, 109, 134, 169, 185, 234, 269, 301, 316, 335, 354
Тора 51, 268
Тот 48, 193, 227
трагическое 97, 139, 163, 256, 334, 369
трансгрессия 89, 148, 325, 375
трансфер 18
трансцендентальный 18, 41, 48, 58, 68, 69, 89, 92, 108, 112, 146, 167, 323, 336
Триоле Эльза (Triole Elsa, Каган Элла Юрьевна) 370
троп 13, 144, 145, 147, 229, 262, 267, 340, 377
тропа, тропинка 9, 10, 13, 17, 19, 20, 70, 144, 145, 148, 150, 169, 171, 179, 210, 253, 287, 326, 327, 336, 401
«трупизация» 107
Тургенев Иван Сергеевич 222, 239
   Муму 222
Тынянов Юрий Николаевич 339
   Достоевский и Гоголь. (К теории пародии) 339
   О пародии 339
Тютчев Федор Иванович 44, 308, 309, 326
Уайлд Оскар (Wild Oscar) 188, 252, 253, 254
   Портрет Дориана Грея 188
Уакнин Марк-Ален (Ouaknin Marc-Alain) 41
убийство 43, 50, 52, 56, 62, 118, 345, 349
убийца 56, 105, 229, 246, 340, 394
Уилсон Эдмунд (Wilson Edmund) 82, 321
утопия, утопический 101, 135, 137–139, 243, 247, 263, 285, 289, 291
фабула 149, 250, 330
фаллический 26, 47, 48, 54, 55, 57, 61, 62, 99, 315, 342
фантастическое 72, 101, 135, 170, 183, 200, 237
фашизм 246
физиологический 11, 40, 47, 55, 64, 88, 92, 99, 107, 118, 136, 268, 269, 283, 385
фиктивный 124, 149, 153, 159, 203, 209, 214, 215, 258, 300, 302, 357, 360, 375, 376, 389, 395
филология, филологический 10, 103, 143, 277, 309, 329

филологизм 329, 331
Филон Александрийский 67, 68
философия 10, 16, 25, 33, 41–43, 45, 53, 59, 69, 86, 102, 109–112, 128, 130–133, 135, 139, 143, 182, 194, 206, 207, 257, 264, 283, 300, 338
философия языка 27–29, 43, 279, 299, 303
фильм 100, 101, 105, 107, 127, 138, 168, 252, 290, 293, 360, 361
Флоренский Павел Александрович 42, 289, 354
фокализация 360, 368
фольклор 32, 37, 42, 45, 46, 53, 55, 61, 80, 226, 246, 341, 342, 402
фонетический 12, 25, 27, 38, 48, 56, 57, 76, 77, 159, 188, 251, 262, 265, 266–268, 274, 283–285, 289, 295, 296, 305, 377
фотогороскоп 243
фотография (фотокарточка) 10, 57, 97, 101, 117, 205, 207–209, 243, 288, 290–293, 360, 361, 363, 386, 394, 403
фрагмент 248, 253, 311
Франция 111, 129, 150, 183, 186, 192, 210, 365
французский язык 18, 52, 108, 117, 126, 175, 213, 242, 267, 287, 291, 300, 307, 309, 314, 331
Фреге Готлоб (Frege Friedrich Ludwig Gottlob) 263
Фрейд Зигмунд (Freud Sigmund) 15, 16, 34, 35, 49, 108, 218, 239, 254
Фрейденберг Ольга Михайловна 205

Фрэзер Джеймс Джордж (Frazer James George) 50, 62
Золотая ветвь 50
футуризм, футуристы 255, 261, 262, 264, 269, 283, 354, 376, 378, 379
Хайдеггер Мартин (Heidegger Martin) 86
хаос 45, 89, 185, 196, 305, 306, 382
Хаос 41, 164, 227, 232
Хармс Даниил (Ювачёв Даниил Иванович) 135, 255, 264, 384, 392, 396, 397, 398, 403
Измерение вещей 384
Месть 264
Сабля 397
Случаи 255
Сундук 255
Старуха 255
Трактат более или менее по конспекту Эмерсона 396
Харон 172, 228, 234, 290
Хемингуэй Эрнест (Hemingway Ernest) 240
По ком звонит колокол 240
Хёйзинга Йохан (Huizinga Johan) 182
Homo ludens 182
хиазм, хиастический 47, 57, 148, 175, 369, 372
Хлебников Велимир (Хлебников Виктор Владимирович) 262, 266, 267, 272, 273, 381
Второй язык 266
Зверинец 381
О простых именах языка 266
Перечень. Азбука ума 266
Художники мира 266
Ходасевич Владислав Фелицианович 181, 258, 377

Хоу Уильям (Howe William H.) 249
Бабочки Северной Америки 249
Христофор 228–230, 295
хронология 83, 233, 299, 309
хронотоп 137, 142, 144, 155, 186, 215, 220, 257, 386
Цербер 191, 227–229, 235
Церера 73, 103
Цимцум 88, 91
Цинциннат Ц. (герой романа «Приглашение на казнь») 73, 138, 147, 154, 157, 165–167, 173, 197, 200, 208, 211, 212, 226, 232, 233, 240–245, 255, 267, 275, 280, 367, 375, 395
Цирцея 71–77, 81, 103, 134, 233, 235, 240, 292, 342
Цицерон Марк Туллий 131, 329
Сон Сципиона 131
Черный Саша (Гликберг Александр Михайлович) 222
Дневник Фокса Микки 222
Чернышевский Николай Гаврилович 152
Чехов Антон Павлович 151, 222
Каштанка 222
читательские стратегии 376
читатель 8–11, 14, 15, 27, 28, 35, 46, 53, 60, 61, 66, 68, 84, 98–100, 102, 104, 105, 109, 135, 140, 141, 153, 178, 181, 182, 188, 192, 193, 200, 202, 204, 208, 215, 238, 248–251, 266, 271, 293, 303, 309, 310, 312–314, 316, 324, 329, 330, 333, 334, 343, 346, 347, 353, 357, 358, 372, 376, 394, 401, 403
Чужой 113, 351

Шатобриан Рене (Chateaubriand René) 128, 129, 291, 333
шахматы 47, 62, 65, 84, 116, 148, 149, 164, 165, 167–169, 171, 173–175, 179, 181, 242, 243, 271, 288, 316
Шекспир Уильям (Shakespeare William) 104, 187, 240, 314, 391
Гамлет 238
Шелли Перси Биши (Shelley Percy Bysshe) 379
A Defence of Poetry 379
Шестов Лев Исаакович 29, 30, 43–45
Шкловский Виктор Борисович 261, 283, 350, 355, 359, 368–373, 377, 381, 403
Слово как таковое 261
Zoo, или Письма не о любви, или Третья Элоиза 368, 369, 381
Шодерло де Лакло Пьер (Chauderlos de Laclos Pierre) 121, 122
Опасные связи 122
Шоу Дж. Томас (Shaw J. Thomas) 328, 329
Шульгин Василий Витальевич 188
Три столицы 188
Эго 77, 166, 262, 360, 377, 402
Эгри Йожеф (Egry József) 93
эдипов комплекс 16, 36
эзотерический 19, 34, 52, 59, 69, 70, 123, 169, 174, 182, 194
Эйк Ян ван (Eyck Jan van) 209, 212
Эйнштейн Альберт (Einstein Albert) 87, 91

экзегетика 19, 69, 70
Эко Умберто (Eco Umberto) 182
    Имя розы 182
    Маятник Фуко 182
экстаз 17, 19, 30, 32, 33, 39, 56, 64, 66, 67, 69, 86, 88–90, 92–95, 104, 138, 253, 254, 272, 327, 402
экфрасис 72, 203, 205–208, 213–216, 220
Элиаде Мирча (Eliade Mircea) 186
    Le sacré et le profane 186
Элиот Томас Стернз (Eliot Thomas Stearns) 185, 305, 306, 391
    Animula 305
    The Use of Poetry and the Use of Criticism 391
Эллис Генри Хейвлок (Ellis Henry Havelock) 82
    Этюды психологической сексуальности 82
эмблема, эмблематичный 27, 44, 46, 47, 49, 54, 55, 59, 75, 78, 80, 81, 122, 129, 138, 144, 149, 154, 194, 196, 207, 226, 231, 237, 245, 287, 297, 342, 355, 356, 360, 364, 365, 368
эмиграция 7, 11, 14, 91, 117, 119, 120, 131, 145, 158, 163, 200, 219, 295, 298, 307, 308, 327, 350, 351, 359, 361, 363, 364, 369, 374, 381, 386, 397
    экзистенциальная эмиграция 384, 398
эмоции, эмоциональный 8, 10, 99, 100, 107, 118, 120, 148, 149, 159, 164, 218, 229, 263, 265, 266, 310, 332, 356, 390

Эней 169, 186, 193, 201
энигматический 183
Энциклопедический словарь, издатели Ф. А. Брокгауз, И. А. Ефрон 42
Эренбург Илья Григорьевич 234, 368
    Хулио Хуренито 234, 368
Эрос 40, 57
Эрос и Логос 40, 68, 94, 113,
Эрос и Танатос 71, 85, 107, 108, 254
«эросмерть» 108
Эрот 40, 41, 43, 47, 48, 51, 54
эротика, эротизация 7, 17–19, 25, 26, 32, 34, 39–41, 43–45, 53, 56, 67, 68, 70, 76, 85, 96, 98, 103, 107, 108, 111, 112, 123, 125, 128, 129, 132, 138, 281, 287
эскапизм 142, 148, 152
эстетизации риторики 102, 103
эстетика, эстетический 13, 40, 67, 98, 102, 110, 115, 120, 128, 141, 152, 178, 237, 238, 245, 246, 250, 263, 282, 285, 338, 376, 383, 392, 393, 397, 402
этика, этический 7, 112, 113, 115, 120, 236, 263
Юнг Карл Густав (Jung Karl Gustav) 27, 34–36 , 38, 50, 59
юмор 116, 120, 123, 143, 169, 242, 356
Я 14, 49, 64, 92–94, 101, 113, 115, 148, 254–256, 345, 351, 358–360, 364, 368, 369, 373, 375, 376, 395, 402
Якобсон Роман Осипович 224, 266, 267, 274
Янус 63, 108, 342

ab ultima manu 312
acte gratuit 148, 150, 336
alter ego 359, 383
ars poetica 239, 357, 378
Artefius 230
   Clavis Sapientiae 230
audition colorée («цветной слух») 270, 277, 297, см. также синестезия, хроместезия
Berg Collection (The Henry W. and Albert A. Berg Collection of English and American Literature, New York Public Library) 20, 61, 249, 358
cosmic synchronization 92
eye rhyme 267, см. также *визуальное*
femme fatale 42
fiction 13, 183
L'Anti-Thérèse Ou Juliette Philosophe, nouvelle Messine véritable, par M. de T*** 125
Les amours de Zéokinizul, roi de Kofirans, ouvrage traduit de l'arabe du voyageur Krinelbol 124

Liber libidonis 52, 110, 131, 146, 325
Livsfrisen (фриз жизни) 12
mise en abyme 122, 141, 367, 372
mot anagrammisé 274
Nerciat André-Robert Andréa de 138
Mon Noviciat ou les joies de Lolotte 138
parodia sacra 80
personally attributed quality (PAQ) 391
portemanteau 308, 315, 325
public image 14
Russian Review (журнал) 322
Simplizissimus (журнал) 304
Textanschauung 28
The New York Times (газета) 249
The New Yorker (журнал) 377
The Confessions of Victor X. 82
Valentinus (Базилеос Валентинос, Василий Валентин) 174
   Azoth 174
Weltanschauung 28

Об авторе

Жужа Хетени / Zsuzsa Hetényi, Будапешт, ELTE — литературовед, удостоена престижного приза «Беллетрист» 2020 года, профессор кафедры русской литературы и русского языка Будапештского университета ELTE (Венгрия), доктор Венгерской академии наук, художественный переводчик, эссеист, публицист. Автор монографий об И. Бабеле (1992) и о русско-еврейской литературе (2000; на английском: «In a Maelstrom», 2008), соавтор и главный редактор «Истории русской литературы с 1941 года до наших дней», 1997, 2002). Ее монография «По тропам романов Набокова» с анализом всех двадцати книг автора вышла в 2015 году (928 с., на венгерском языке). Ее книга «О чем же те книги» («To know what those books are about», в 2 т., 2020, на венгерском языке) посвящена изучению теории чтения, анализа и интерпретации, во втором томе предлагаются анализ произведений и творческие портреты 22 авторов русской прозы XX века с обзорными теоретическими главами.

Область исследований: русская проза XX века; двуязычные авторы; семантика города; проблемы идентичности в тексте; русско-еврейская проза 1860–1940; литература Шоа; вопросы художественного перевода.

Публикации Ж. Хетени (около 500 к 2021 году) связаны не только с изучением литературы, но и с ее переводческим опытом: она перевела на венгерский язык произведений И. Бабеля, В. Набокова, М. Булгакова, А. Платонова, Е. Замятина, Л. Лунца,

В. Аксенова, И. Эренбурга, А. Солженицына, Ф. Горенштейна, В. Войновича, В. Сорокина, Т. Толстого и других авторов. Список публикаций см. на сайте ВАН: https://vm.mtmt.hu/www/index.php?AuthorID= 10007324.

За перевод в соавторстве с мужем Шимоном Маркишем с венгерского на русский язык романа лауреата Нобелевской премии Имре Кертеса «Обездоленность» им была присуждена премия Милана Фюшта ВАН (2002).

Присцилла Мейер

НАБОКОВ И НЕОПРЕДЕЛЕННОСТЬ: СЛУЧАЙ «ИСТИННОЙ ЖИЗНИ СЕБАСТЬЯНА НАЙТА»

СПб.: Academic Studies Press / Библиороссика, 2020, 272 с.

Перевод В. Полищук

ISBN 978-1-6446932-1-6 (Academic Studies Press)

ISBN 978-5-6043579-8-9 (Библиороссика)

Выход: ноябрь 2020
Переплет, формат 60×90 1/16

Неопределенность является одной из отличительных черт постмодернизма. В основе книги «Истинная жизнь Себастьяна Найта» лежит неопределенность реальности. Можно ли назвать первый англоязычный роман Набокова, написанный задолго до появления термина «постмодернизм» (1938-1939), постмодернистским? Для П. Мейер не столь важно отнесение романа к тому или иному литературному направлению, как ключевое для Набокова понятие «потусторонности» и его стремление перебросить мост через бездну между нашим миром и миром потусторонним, заставляющие читателя блуждать в зеркальных лабиринтах героев-двойников и противопоставляемых друг другу понятий.

Присцилла Мейер — профессор-эмерит Уэслианского университета, автор известной книги «Найдите, что спрятал матрос. "Бледный огонь" Владимира Набокова» (НЛО, 2007), автор более чем 50 научных статей, редактор книг о Гоголе, Достоевском, Набокове, Битове и Алешковском.

Алисса Динега Гиллеспи

ПОЭТИЧЕСКОЕ ВООБРАЖЕНИЕ ПУШКИНА

СПб.: Academic Studies Press / Библиороссика, 2021, 304 с. : ил.

Перевод О. Якименко

ISBN 978-1-6446932-2-3 (Academic Studies Press)

ISBN 978-5-6044208-2-9 (Библиороссика)

Выход март 2021
Переплет, формат 60×90 1/16

Центральными для исследования А. Д. Гиллеспи становятся проблемы амбивалентности художественного мира Пушкина, проявляющей себя на разных уровнях организации его произведений — лингвистическом, сюжетном, образном. Отнюдь не возвышающая ясность, а двойственность, нагруженная этическими сомнениями, служит доминантой его творчества. Обращаясь к этим темам, автор рассматривает смелые интертекстуальные сопряжения, раскрывая уникальность «поэтического воображения» Пушкина, не избегая темных и тревожащих аспектов его творчества. Концепция А. Д. Гиллеспи дает русскоязычным читателям возможность по-новому воспринять пушкинские произведения, снимая флер сакральности с фигуры поэта, и расширить для себя научный и общекультурный контекст осмысления пушкинского наследия.

Алисса Динега Гиллеспи — профессор русского языка и литературы в Боудин-колледже (Мэн), автор книг и статей, посвященных русской литературе, в том числе Л. Н. Толстому, М. Горькому, А. С. Пушкину, О. Э. Мандельштаму, М. И. Цветаевой, И. А. Бродскому и др.; активно переводит русскую поэзию.

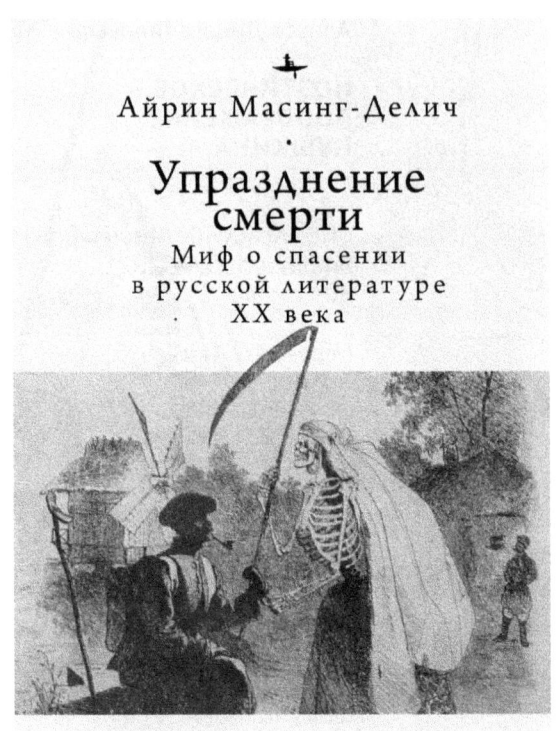

Айрин Масинг-Делич

УПРАЗДНЕНИЕ СМЕРТИ: МИФ О СПАСЕНИИ В РУССКОЙ ЛИТЕРАТУРЕ XX ВЕКА

СПб.: Academic Studies Press / Библиороссика, 2020, 448 с.

Перевод М. Абушика

ISBN 978-1-6446931-9-3
(Academic Studies Press)

ISBN 978-5-6044208-1-2
(Библиороссика)

Выход: сентябрь 2020
Переплет, формат 60×90 1/16

«Откроет ли коммунизм возможность победить смерть?» — вопрос, которым задавались жители СССР в 1920-х годах. «Придет время <...> и смерть будут лечить, как лечат сейчас грипп, воспаление легких или туберкулез. И это не религиозная сказка, вроде оживления Лазаря Иисусом Христом, а реальные перспективы развития науки», — писал в 1965 году журнал «Наука и религия». Подобные высказывания иллюстрируют «непомерный интерес к физическому бессмертию на земле», как его определяет историк-советолог П. Уайлз. В своей книге известная исследовательница А. Масинг-Делич обращается к анализу литературно-философского мифа о достижении бессмертия и рассматривает тексты разных жанров: от реалистического «романа воспитания», посвященного идейному обращению в социалистическую веру богостроительства («Исповедь» Максима Горького, 1907), до сказочной поэмы о «похоронах» смерти-сохи («Торжество земледелия» Николая Заболоцкого, 1931).

Айрин Масинг-Делич — профессор-эмерит Университета штата Огайо, профессор-исследователь Университета Северной Каролины в Чапел-Хилле. В сфере ее научных интересов — русская литература конца XIX века, советская литература 1920-х годов, проза Тургенева, Достоевского и Набокова.

Джиллиан Портер

ЭКОНОМИКА ЧУВСТВ: РУССКАЯ ЛИТЕРАТУРА ЭПОХИ НИКОЛАЯ I (Политическая экономия и литература)

СПб.: Academic Studies Press / Библиороссика, 2021, 256 с. : ил.
Серия: Современная западная русистика

Перевод О. Поборцевой

ISBN 978-1-6446931-8-6
(Academic Studies Press)

ISBN 978-5-6043579-6-5
(Библиороссика)

Выход: сентябрь 2021
Переплет, формат 60×90 1/16

В центре исследования Джиллиан Портер стоит понятие «амбиция», пришедшее в русскую литературу в начале XIX века из постнаполеоновской Франции путем «культурного заражения». Объектом изучения становится несовпадение как культурно-исторического контекста, так и семантического объема слов *амбиция* и *ambition* во Франции и в России, что в некотором смысле стало источником нового развития в русской литературе. Герои книги — персонажи Пушкина, Гоголя и раннего Достоевского, предшественники «лишних людей», движимые амбицией, которая неизменно приводит их отнюдь не к благополучию, а в сумасшедший дом. Другой темой становится изучение традиции русского гостеприимства в меняющейся экономической парадигме и типа скупца, а также их представление в произведениях русской классики.

Джиллиан Портер — профессор Колорадского университета в Боулдере, преподает русскую литературу и историю русского кинематографа. Ее исследования посвящены связям между экономической историей и культурным производством в России с конца XVIII века. В настоящее время также занимается историей движения за эмансипацию женщин в России.

Содержание

СДВИГИ 5

ЭРОТЕКСТ

Синкретический эротекст Набокова («Лолита») 25

Остров Цирцеи. Полигенетические параллели оборотней, свиньи и собаки («Лолита», Гомер и Джеймс Джойс) 71

Насыщенное нулевое состояние после взрыва-экстаза (слово, образ, музыка и физика) 86

«Душеубийственная прелесть». Порнография, эротизм и смерть («Лолита») 96

Liber libidonis, ad liberiora. Амор и мораль, либертинаж и дендизм («Ada or Ardor: A Family Chronicle») 110

«Бродячей радуясь судьбе...» Номадизм Набокова: эскапизм и альтернативные пространства сознания 142

ЧЕРЕЗ ПОРОГИ

«Мост через реку». Дантов код в «Защите Лужина» 163

«Идеальная нагота». Мотивы инициации в «Посещении музея» 180

«Occult association of memories». Экфрасис и визуальные образы памяти 203

Из чего состоит «живая собака»? По кровной линии набоковских псов 221

Клоуны коммунацисты. О набоковской пошлости 236

«Прозрачность и прочность такой необычной гробницы» («The Original of Laura») 248

УЗОРЫ ПРОЗЫ

Взор и узоры прозы. Два типа интерпретации в семантизации букв и клеточные анаграммы. Набоков и предшественники 261

Симметризация, сенсибилизация и «смакование слов» 277

«Hybridization of tongues». Сдвиги и «гибридизация языков» Набокова в «Bend Sinister» 298

Набоков, Nabokov, Набоков. Гибридный перевод Набокова с оригиналов на двух языках на третий язык 307

ОТРАЖЕНИЯ

«Тройной сон». Лермонтовское у Набокова (проза, перевод, поэзия, публицистика) 321

Прах и промах. Белый и Набоков: параллель, пародия, полигенетизм 338

Антропоним как прием проблематизации идентичности в изгнании. Набоков и Шкловский в Берлине 350

«The viewer and the view». Зеркальность, движение и мгновение. Набоков и Пастернак 374

«Фарфоровая свинья» и «целлулоидные ящерицы». Предметный мир и экзистенциальная эмиграция. В. Набоков и Хармс 384

«ВЫДВИГИ» 399

Библиография 404
Указатель 432
Об авторе 456

Научное издание

**Жужа Хетени
СДВИГИ
Узоры прозы Nabokova**

Директор издательства *И. В. Немировский*
Заведующая редакцией *М. Вальдеррама*

Ответственный редактор *И. Знаешева*
Дизайн *И. Граве*
Редактор *Ю. Булдакова*
Корректоры *А. Филимонова, Л. Виноградова*
Верстка *Е. Падалки*

Подписано в печать 29.11.2021.
Формат издания 60 × 90 $^1/_{16}$. Усл. печ. л. 29,0.
Тираж 500 экз.

Academic Studies Press
1577 Beacon Street, Brookline, MA 02446 USA
https://www.academicstudiespress.com

ООО «Библиороссика».
190005, Санкт-Петербург, 7-я Красноармейская ул., д. 25а

Эксклюзивные дистрибьюторы:
ООО «Караван»
ООО «КНИЖНЫЙ КЛУБ 36.6»
http://www.club366.ru
Тел./факс: 8(495)9264544
email: club366@club366.ru

Книги издательства можно купить
в интернет-магазине: www.bibliorossicapress.com
e-mail: sales@bibliorossicapress.ru

*Знак информационной продукции согласно
Федеральному закону от 29.12.2010 № 436-ФЗ*